Hanói
Haiphong

Vinh

REGIÃO
CENTRAL

Hue
Danang
Hoi An

Hanói
pp. 156-181

Kontum

REGIÃO
CENTRO-SUL

Buon
Ma Thuot
Nha Trang
Dalat

HO CHI MINH
Ho Chi Minh
Phan Thiet

Vinh Long
Can Tho

0 km   200

Região Centro-Sul
pp. 106-123

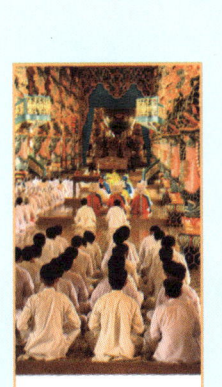

Ho Chi Minh
pp. 56-87

GUIA VISUAL · FOLHA DE S.PAULO

VIETNÃ
E ANGKOR WAT

GUIA VISUAL - FOLHA DE S.PAULO

VIETNÃ
E ANGKOR WAT

DK

PubliFolha

DK | Penguin Random House

Título original: *Eyewitness Travel Guide – Vietnam & Angkor Wat*

Publicado originalmente na Grã-Bretanha em 2007 pela Dorling Kindersley Limited, 80 Strand, WC2R 0RL, Londres, Inglaterra, uma empresa da Penguin Random House.

Copyright © 2007, 2015 Dorling Kindersley Limited
Copyright © 2015 Publifolha Editora Ltda.

ISBN 978-85-7914-084-6
2ª edição brasileira: 2015

Todos os direitos reservados. Nenhuma parte desta obra pode ser reproduzida, arquivada ou transmitida de nenhuma forma ou por nenhum meio sem a permissão expressa e por escrito da Publifolha Editora Ltda.

Proibida a comercialização fora do território brasileiro.

COORDENAÇÃO DO PROJETO: PUBLIFOLHA
Editor-assistente: Thiago Blumenthal
Assistente editorial: Paula Marconi
Coordenadora de produção gráfica: Soraia Pauli Scarpa
Produtora gráfica: Mariana Metidieri

PRODUÇÃO EDITORIAL: PÁGINA VIVA
Edição: Maria Sylvia Corrêa
Tradução: Anna Quirino
Revisão: Rita Del Monaco e Luísa Elias

DORLING KINDERSLEY
Gerente do projeto: Aruna Ghose
Editora do projeto Shahnaaz Bakshi
Gerente de arte: Priyanka Thakur
Editora de arte: Kavita Saha
Edição de texto: Arunabh Borgohain, Jyoti Kumari, Jayashree Menon, Asavari Singh
Arte: Shipra Gupta
Gerente de cartografia: Uma Bhattacharya
Pesquisa iconográfica: Taiyaba Khatoom e Sumita Khatwani
Diagramação: Vinod Harish
Colaboradores: Claire Boobbyer, Andrew Forbes, Dana Healy, Richard Sterling
Consultoria: Claire Boobbyer e Dana Healy
Fotografia: Demetrio Carrasco, David Henley, Chris Stowers
Ilustrações: Gary Cross, Surat Kumar Mantu, Arun Pottirayil, Gautam Trivedi, Mark Warner

Esse livro segue as regras do Acordo Ortográfico da Língua Portuguesa (1990), em vigor desde 1º de janeiro de 2009.

Impresso na Malásia.

Foi feito o possível para garantir que as informações desse guia fossem as mais atualizadas até o momento da impressão. No entanto, alguns dados, como telefones, preços, horários de funcionamento e informações de viagem, estão sujeitos a mudanças. Os editores não podem se responsabilizar por qualquer consequência do uso desse guia, nem garantir a validade das informações contidas nos sites indicados.

Os leitores interessados em fazer sugestões ou comunicar eventuais correções podem escrever para atendimento@publifolha.com.br.

PUBLIFOLHA
Divisão de Publicações do Grupo Folha
Al. Barão de Limeira, 401, 6º andar
CEP 01202-900, São Paulo, SP
Tel.: (11) 3224-2186/2187/2197
www.publifolha.com.br

UM MUNDO DE IDEIAS
www.dk.com

Imagem principal da capa: Ha Long Bay, no Norte do Vietnã

◄ Bela plantação de arroz em terraços, no Vietnã

Sumário

Queima de incenso no Pagode Thien Hau (p. 74)

Introdução ao Vietnã

Descubra o Vietnã **8**

Vietnã Dentro do Mapa **14**

Retrato do Vietnã **16**

Vietnã Mês a Mês **34**

A História do Vietnã **40**

Pescadores trabalham nos canais do delta do Mekong

Cabanas sobre palafitas de madeira em meio aos arrozais inundados de Son La

Vietnã Região por Região

Vietnã em Destaque **54**

Ho Chi Minh **56**

Delta do Mekong e Sul do Vietnã **88**

Esculturas do pagode Thien Hau

Região Centro-Sul **106**

Região Central **124**

Hanói **156**

Norte do Vietnã **182**

Excursão a Angkor **206**

Escultura do pagode Dieu De

Indicações ao Turista

Onde Ficar **232**

Onde Comer e Beber **242**

Compras **254**

Diversão **260**

Atividades ao Ar Livre e Interesses Especiais **264**

Manual de Sobrevivência

Informações Úteis **270**

Informação de Viagem **280**

Índice Geral **286**

Agradecimentos **298**

Frases **300**

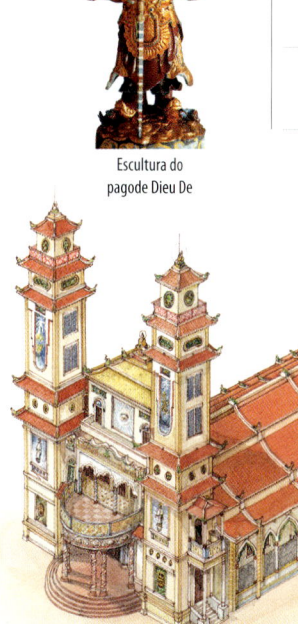

Mescla arquitetônica incomum na Sede Sagrada do Cao Dai *(pp. 78-9)*

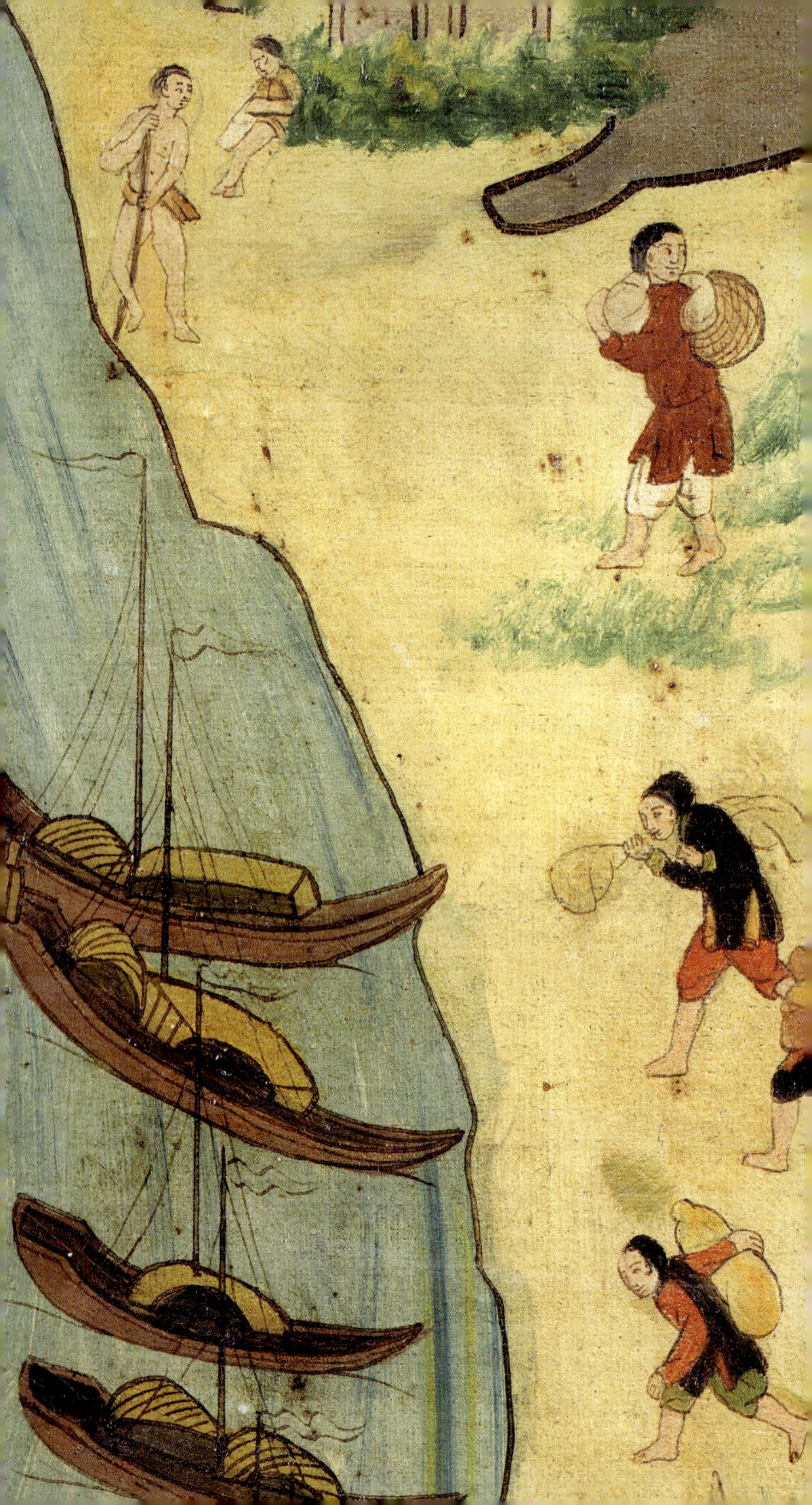

INTRODUÇÃO AO VIETNÃ

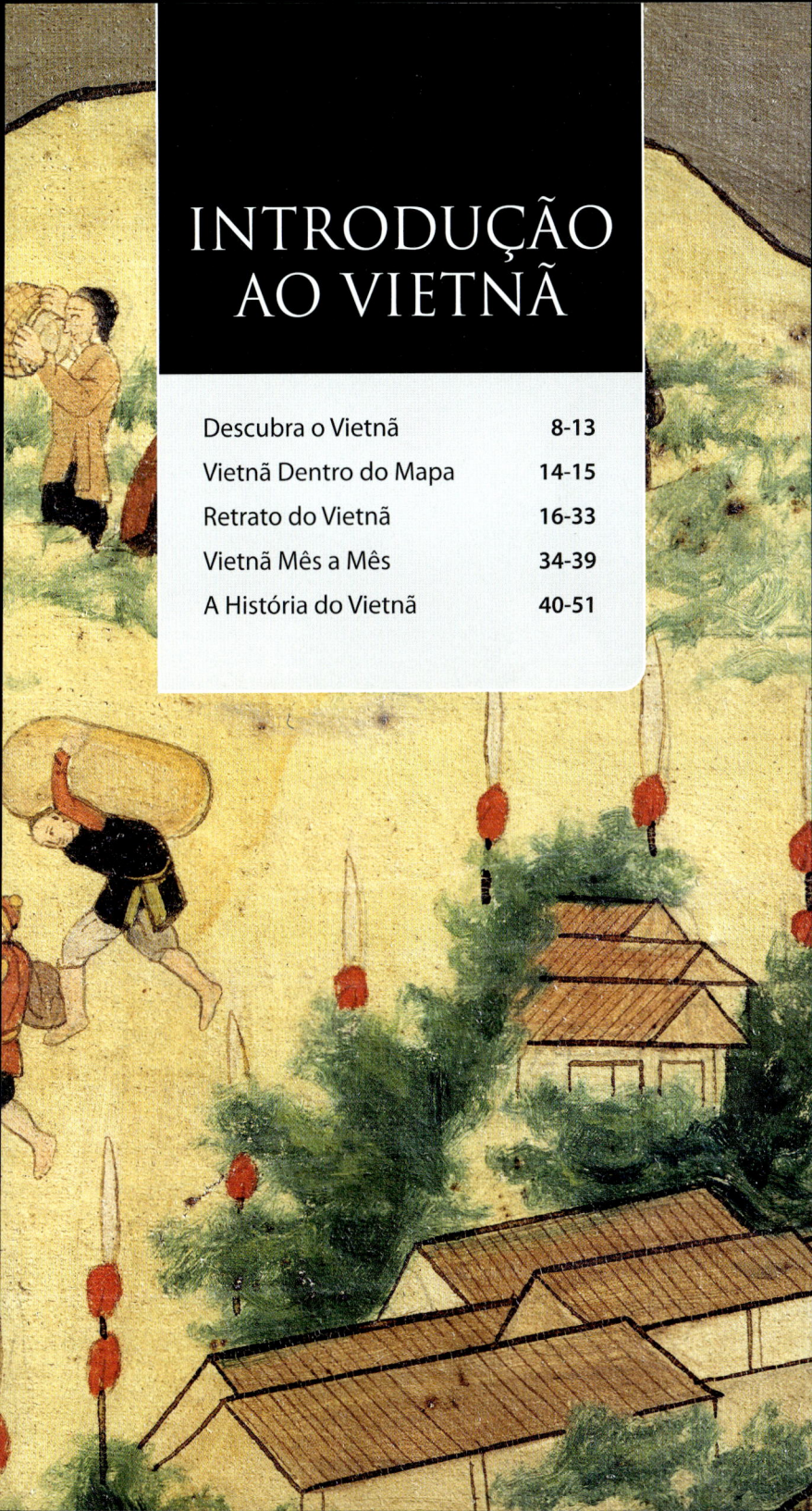

Descubra o Vietnã	8-13
Vietnã Dentro do Mapa	14-15
Retrato do Vietnã	16-33
Vietnã Mês a Mês	34-39
A História do Vietnã	40-51

DESCUBRA O VIETNÃ

Os passeios a seguir foram concebidos de maneira a incluir o maior número possível de atrações em um período. Os primeiros itinerários propõem dois dias nas principais cidades do Vietnã: Hanói e Ho Chi Minh. Há sugestões adicionais para os visitantes que quiserem ficar mais tempo em cada cidade. Depois, um roteiro de duas semanas abrange os maiores destaques entre essas duas cidades ao longo da Rodovia 1, de norte a sul. A viagem começa em Hanói e contempla vários Patrimônios da Humanidade pela Unesco, como a baía de Halong, Hue e Hoi An, além dos balneários de Nha Trang e Mui Ne, até chegar a Ho Chi Minh. Siga seus passeios favoritos ou apenas se inspire neles.

Baía de Halong
Um passeio de barco por essa impressionante baía, pontuada por penhascos que se erguem do mar, é uma experiência memorável.

2 Semanas de Hanói a Ho Chi Minh

- Maravilhe-se com as paisagens fantásticas dos penhascos de calcário da **baía de Halong**.
- Explore o legado da dinastia Nguyen na Cidade Imperial de **Hue**.
- Passeie pelas ruelas da antiga **Hoi An** e mande fazer um terno sob medida.
- Descubra as ruínas *cham* em **My Son** e admire as esculturas elaboradas dessa antiga civilização.
- Deguste frutos do mar e passeie pelas praias desertas próximas a **Quy Nhon**.
- Vá de barco às ilhas do litoral e relaxe nas areias de **Nha Trang**, principal balneário do país.
- Pratique kitesurfe e deslize em um trenó na areia no moderno balneário de **Mui Ne**.

Legenda
— 2 Semanas de Hanói a Ho Chi Minh

Hue
Famosa por sua rica cultura, a cidade de Hue abriga ruínas de numerosos palácios, túmulos e templos.

◀ Representação de uma plantação de arroz no norte do Vietnã, 1838

DESCUBRA O VIETNÃ | 9

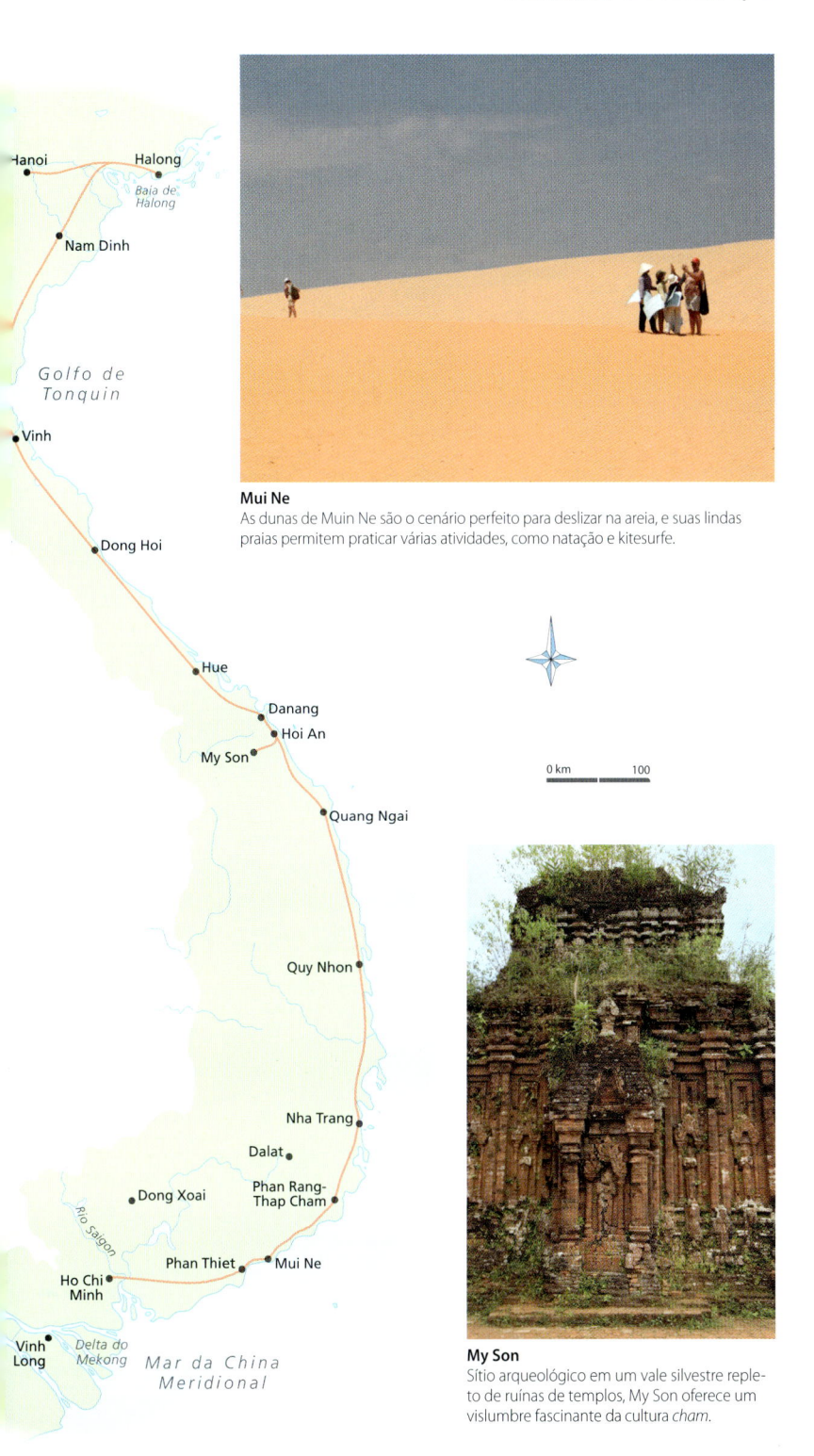

Mui Ne
As dunas de Muin Ne são o cenário perfeito para deslizar na areia, e suas lindas praias permitem praticar várias atividades, como natação e kitesurfe.

My Son
Sítio arqueológico em um vale silvestre repleto de ruínas de templos, My Son oferece um vislumbre fascinante da cultura *cham*.

2 Dias em Hanói

As atrações de Hanói ficam concentradas em poucas áreas – o Centro Histórico, o Bairro Francês e a Praça Ba Dinh –, o que facilita visitar a pé os templos, museus e mercados da cidade.

- **Chegada** Pelo aeroporto Noi Bai, de Hanói, 35km ao norte da cidade. São 45min de táxi até o centro e 1h ou mais de micro-ônibus ou ônibus.
- **Como circular** Há voos domésticos regulares entre Hanói e Ho Chi Minh e outras grandes cidades do país.

1º Dia
Manhã Comece o dia cedo com um passeio pelo **lago Hoan Kiem** (p. 164). Atravesse a ponte vermelha The Huc até Den Ngoc Son, que fica em uma ilha na margem norte do lago, e veja as pessoas acenderem incenso nos altares do templo. Depois passeie em volta do lago e veja os praticantes de tai chi e jovens pintando marcos locais como Thap Rua, ou Torre da Tartaruga. Vá para o norte até o agitado **Bairro Antigo** (pp. 160-1), onde é fácil localizar várias atrações com a ajuda de um mapa. Entre elas estão o interessante Museu da Casa Memorial, o elegante

O charmoso Pagode de Um Pilar fica no meio de um lago de lótus, em Hanói

Templo Bach Ma (p. 162), dedicado ao espírito-guardião de Hanói, o Portão Quan Chuong, e o **Mercado Dong Xuan** (p. 162), o maior e mais antigo da cidade.

Tarde Visite o **Sofitel Metropole Hotel** (p. 166), o mais prestigioso de Hanói, com paredes caiadas e persianas verdes, e depois dobre a esquina para ver a imponente fachada da **Ópera** (p. 166). Prossiga com o tema da arquitetura visitando nos arredores o **Museu Nacional da História Vietnamita** (pp. 166-7), cujo exterior é quase tão impressionante quanto o grande acervo de artefatos na parte interna. Passe pelo menos uma ou duas horas no local e, a seguir, vá até o **Museu da Prisão Hoa Lo** (p. 165), que era conhecido pelos prisioneiros de guerra americanos como o "Hilton de Hanói". Depois de um passeio de uma hora por ali, se ainda houver tempo, faça uma curta caminhada até o **Pagode do Embaixador** (p. 165), repleto de estátuas de Buda.

2º Dia
Manhã Dê a largada no dia com uma visita ao **Mausoléu de Ho Chi Minh** (p. 169), na Praça Ba Dinh, para pagar tributo ao maior herói do Vietnã. Os sóbrios blocos de pedra do mausoléu estão em forte contraste com a vizinha **Palafita de Ho Chi Minh** (p. 169), que serviu de residência a Ho por mais de dez anos. A seguir, faça uma parada no magnífico **Pagode de Um Pilar** (p. 169), localizado em um laguinho de lótus. Porém, reserve bastante tempo para explorar a **Cidadela de Hanói** (p. 172), que só recentemente foi aberta ao público. Depois de conhecer a história milenar da cidade, vire a esquina e visite o **Museu de História Militar** (p. 168) ou o **Museu de Belas-Artes** (p. 168).

Tarde Adentre nos terrenos do **Templo da Literatura** (pp. 170-1), atração mais antiga e popular de Hanói que, em geral, fica lotada de grupos de turistas. Admire suas belas construções, como o portão Khue Van Cac, ou Constelação de Literatura, e o Templo de Confúcio, no centro do complexo. Daí, pegue um táxi até o **Museu de Etnologia** (p. 176) e conheça os diversos grupos étnicos do país. Como opção, vá até o imenso **Ho Tay**, ou **lago Oeste** (p. 172), para visitar o Templo Quan Thanh e os pagodes Tran Quoc e Kim Lien, à beira-d'água.

Para esticar a viagem...
Passe meio dia ou o dia inteiro no oeste da cidade vendo os antigos pagodes **Thay** e **Tay Phuong** (p. 177), com suas estátuas religiosas e entalhes em madeira.

A austera fachada do Mausoléu de Ho Chin Minh, em Hanói

2 Dias em Ho Chi Minh

Ainda chamada de Saigon pela maioria de seus habitantes, Ho Chi Minh é o motor da economia vietnamita. Essa cidade dinâmica apresenta uma curiosa mistura de influências culturais chinesas, francesas e americanas.

- **Chegada** Pelo aeroporto Tay Son Nhat, que fica apenas 7km ao norte do centro. Leva meia hora de táxi até o centro, mas pode demorar mais no horário de pico.
- **Saída** Ho Chi Minh tem conexões de voo domésticas para Hanói e todas as demais grandes cidades do Vietnã.

O elaborado telhado de barro do Pagode Quan Am, em Ho Chin Minh

1º Dia
Manhã Comece o dia na Praça Lam Son, no coração de Saigon, onde se ergue o neoclássico **Teatro Municipal** (p. 62), entre os dois mais famosos hotéis da cidade: o **Continental** (p. 62) e o **Caravelle** (p. 62). Dali, ande uma quadra para admirar a elaborada fachada do **Edifício do Comitê do Povo** (p. 63), antes conhecido como Hôtel de Ville. Apenas dois quarteirões ao norte fica a **Catedral de Notre Dame** (p. 64), com suas características agulhas gêmeas, que compõem, talvez, a visão mais emblemática da cidade. Passe o resto da manhã no vasto **Palácio da Reunificação** (p. 65) e reviva os dias anteriores à entrada dos tanques pelos portais pondo fim à Guerra do Vietnã, em 1975.

Tarde Respire fundo e entre no **Museu de Vestígios da Guerra** (p. 69), que narra os horrores da Guerra do Vietnã. A maior parte dos visitantes deixa o local lamentando a falta de humanidade engendrada por conflitos do gênero. Para se alegrar, dê um pulo até o **Mercado Ben Thanh** (p. 70) para fazer compras. Escolha suvenires como peças de laca ou tecidos étnicos, mas nada muito volumoso, pois não será fácil carregar peso até o topo da **Bitexco Financial Tower** (p. 63), para o último passeio do dia, no **Saigon Skydeck**. Aprecie a beleza das vistas panorâmicas que o arranha-céu oferece e veja quantas atrações da cidade você consegue identificar lá de cima.

2º Dia
Manhã Siga para o norte a partir do centro até o **Pagode do Imperador de Jade** (pp. 66-7), que reúne várias atrações em um espaço pequeno. Entre elas, estão a Sala dos Dez Infernos, a Sala das Mulheres e o tanque de tartarugas. Enquanto estiver nesse lado da cidade, pare no **Templo Le Van Duyet** (p. 68), dedicado ao general Le Van Duyet, um dos muitos heróis nacionais do Vietnã. Na volta para o centro, confira o **Museu da História Vietnamita** (p. 65) e conheça o complexo passado do país. Depois, estique as pernas no **Jardim Botânico e Zoológico de Saigon** (p. 65), situado nos arredores.

Tarde Vá até o Distrito 5 da cidade, a maior Chinatown do Vietnã, também conhecida como **Cholon** (pp. 72-3), que significa "mercado grande". Siga direto para o **Mercado Binh Tay** (p. 75) para experimentar o ritmo do comércio frenético e, depois, visite seus templos antigos e envolventes, situados nas ruas secundárias. Não deixe de conhecer o **Pagode Quan Am** (p. 74), que abriga muitas divindades, ou o **Pagode Thien Hau** (p. 74), decorado com frisos e placas de intrincados entalhes. Complete o dia com uma visita ao Distrito 11 e ao tranquilo **Pagode Giac Vien** (p. 75), um dos lugares de culto mais antigos de Ho Chi Minh.

> **Para esticar a viagem...**
> Agende um passeio de um dia pelos **Túneis Cu Chi** (p. 76), exemplo clássico da engenhosidade vietnamita, e à **Sede Sagrada do Cao Dai** (pp. 78-9), incrível amálgama de ícones religiosos.

A imponente Catedral de Notre Dame, em Ho Chin Minh

2 Semanas de Hanói a Ho Chi Minh

- **Aeroportos** Chega-se pelo aeroporto Noi Bai, em Hanói. A saída é pelo aeroporto Tan Son Nhat, em Ho Chi Minh.
- **Transporte** Junte-se a uma excursão de Hanói à baía de Halong, então alugue um carro e dirija o restante do itinerário. O trem cobre a rota de Hanói a Ho Chi Minh e para nas principais cidades, como Hue e Nha Trang, mas não em locais como My Son e Mui Ne.

1º Dia: Hanói
Passeie pelas ruas estreitas do **Bairro Antigo** de Hanói (pp. 160-1), onde vitrines coloridas, aromas exóticos e os curiosos pregões dos ambulantes criam um ambiente inebriante. Entre no Museu da Casa Memorial para conhecer o interior de uma típica casa-tubo e, depois, percorra as ruas da região especializadas em determinados produtos, como a Rua Hang Gai, ou Rua da Seda. Depois de um almoço tranquilo, caminhe rumo ao sul até o **lago Hoan Kiem** (p. 164), parando para ver o arco da ponte The Huc e o pequeno pagode Thap Rua, que fica numa ilhota no lago. A seguir, penetre nas alamedas arborizadas do Bairro Francês, onde atrações como a **Ópera** (p. 166) e o **Museu da História Vietnamita** (p. 166) falam do passado colonial da cidade.

2º e 3º Dias: Baía de Halong
Faça uma excursão de Hanói até a **baía de Halong** (pp. 186-7) e pernoite nessa magnífica paisagem de pináculos de calcário que se erguem das águas verde-esmeralda da baía. Passeie de caiaque, explore cavernas iluminadas e tire muitas fotos.

4º e 5º Dias: Hue
Dedique um dia para explorar a **Cidade Imperial** (pp. 144-7), no centro da Cidadela de Hue, que foi capital do Vietnã de 1802 a 1945. Não deixe de ver o Palácio Thai Hoa, com sua sala do trono de decoração esplêndida, o muito bem restaurado The Mieu e as Nove Urnas Dinásticas, cada uma pesando mais de 2 toneladas. Termine o dia com uma suntuosa refeição composta por vários pratos da cozinha imperial. No segundo dia, faça um passeio de barco pelo **rio Perfume** (p. 152) e, a seguir, visite alguns dos **Túmulos Reais** (p. 149), todos eles com luxuosa decoração e em meio a jardins lindíssimos. Os mais impressionantes são os de Tu Duc e Minh Mang.

6º Dia: Danang
Vá de manhã até as montanhas de Mármore, ao sul de **Danang** (p. 138), aprecie as vistas do litoral e explore os belos santuários abrigados em imensas cavernas. Volte para a cidade e visite o Museu de Escultura Cham (p. 138), que contém alguns exemplos refinados de entalhes na pedra criados pela civilização cham. À noite, passeie pelo rio Han e admire a nova Ponte do Dragão, que expele fogo de verdade.

7º Dia: Hoi An
Para muitos dos que visitam o Vietnã, um passeio pelo **Bairro Antigo** de Hoi An (pp. 130-2) é o ponto alto da viagem. A área combina pagodes ornamentados, museus evocatórios e casas antigas. Mande fazer uma roupa sob medida em uma das butiques finas da cidade e prove as delícias de seus restaurantes.

Escadaria que leva à construção octogonal de The Mieu, em Hanói

8º Dia: My Son
Passe o dia explorando **My Son** (pp. 134-6), que já foi o mais importante centro religioso da cultura *cham*. Suas ruínas lembram as do Angkor Wat, no Camboja. Embora as bombas dos EUA tenham destruído a maior parte do local na década de 1960, o trabalho de restauração prossegue. Não deixe de ver os grupos B e C, que têm as ruínas mais bem preservadas. Há várias esculturas nos edifícios D1 e D2.

9º Dia: Quy Nhon
Grande cidade portuária com um amplo trecho de praia, **Quy Nhon** (pp. 122-3) oferece a oportunidade de experimentar o Vietnã real sem o assédio de ambulantes. Visite as **Thap**

Vista da torre Thap Rua, no meio do lago Hoan Kiem, em Hanói

DESCUBRA O VIETNÃ | **13**

Canteiros de flores diante da elegante Catedral Nha Trang, com a torre do relógio em destaque

Doi Cham *(p. 123)*, ou Torres Cham Duplas, no lado oeste da cidade, coma deliciosos pratos de frutos do mar e faça um passeio pelo litoral ao sul da cidade, para ver praias de cartão-postal, de águas azul-turquesa.

10º e 11º Dias: Nha Trang
Principal balneário do Vietnã, **Nha Trang** *(pp. 112-5)* tem várias atrações que podem ser visitadas em uma só manhã. Comece pela gótica **Catedral Nha Trang** *(p. 112)* e depois vá até o **Pagode Long Son** *(p. 112)*, no alto da montanha. A seguir, visite o **Instituto Oceanográfico** *(p. 114)*, em Cau Da, com mostras da diversidade de vida marinha, e explore também as bem preservadas **Torres Cham de Po Nagar** *(p. 113)*. À tarde, relaxe na praia e aguarde a chegada dos ambulantes com tentadoras ofertas de frutos do mar, drinques de sorvete ou uma massagem suave. À noite, visite os bares, abertos a maior parte da noite.

No dia seguinte, faça um passeio de barco até as ilhas *(p. 114)* que ficam próximas à praia, para mergulhar e tomar sol. Conclua o dia em uma visita ao aquário, com almoço e drinques grátis em um bar flutuante.

12º e 13º Dias: Mui Ne
Em menos de duas décadas, **Mui Ne** *(pp. 110-1)*, com seus 20km de praia, deixou de ser uma pequena vila pesqueira e virou um sofisticado balneário que compete com Nha Trang. Passe a manhã praticando windsurfe e kitesurfe; há vários locais que oferecem aulas para iniciantes. Depois, vá conhecer as enormes dunas de areia, onde o "trenó na areia" é o passatempo predileto. Dedique o restante do dia para descansar na praia, provar os deliciosos frutos do mar ou permitir-se algumas horas de relaxamento em algum spa.

Elaborada fachada entalhada de uma das Torres Cham de Po Nagar, em Nha Trang

14º Dia: Ho Chi Minh
Inicie o itinerário pelo **Palácio da Reunificação** *(p. 65)* e saiba como foram os últimos dias da Guerra do Vietnã. Desse ponto, siga para **Dong Khoi** *(pp. 60-1)*, a principal rua da cidade, para ver a **Catedral de Notre Dame** *(p. 64)* e o **Correio Central** *(p. 164)*, que constituem vestígios do passado colonial da cidade. Ande pela área de Dong Khoi em direção ao rio Saigon, parando para ver o ornamentado **Edifício do Comitê do Povo** *(p. 63)*. Adquira alguns suvenires característicos nas lojas de Dong Khoi e escolha um dos elegantes restaurantes locais para um almoço tranquilo. Em seguida, suba até o 49º andar da **Bitexco Financial Tower** *(p. 63)*, cujo **Saigon Skydeck** oferece uma visão esplêndida do centro da cidade. Termine o dia com um drinque ao pôr do sol no Saigon Bar do **Caravelle Hotel** *(p. 62)*.

> **Para esticar a viagem...**
> Agende uma excursão ao **delta do Mekong** *(p. 88-105)* e passe de um dia até uma semana explorando os mercados flutuantes, os pomares, os santuários de aves e os pagodes *khmer*.

Vietnã Dentro do Mapa

O Vietnã ocupa a península da Indochina, dentro dos trópicos, 11 graus ao norte do Equador. Faz fronteira com a China, o Laos e o Camboja. Sua área é de aproximadamente 331.000km², e o litoral se estende por 3.260km, desde o mar da China Meridional até o golfo de Tonquim. Com uma população diversificada de quase 92 milhões de habitantes, o Vietnã se divide em 58 *tinh* (províncias), e 5 *thu do* (municípios). Embora Hanói seja a capital, a cidade de Ho Chi Minh comanda a economia nacional.

Legenda dos símbolos *na orelha da contracapa*

VIETNÃ DENTRO DO MAPA | 15

Sudeste Asiático

Legenda
- Rodovia
- Estrada principal
- Ferrovia
- Fronteira internacional

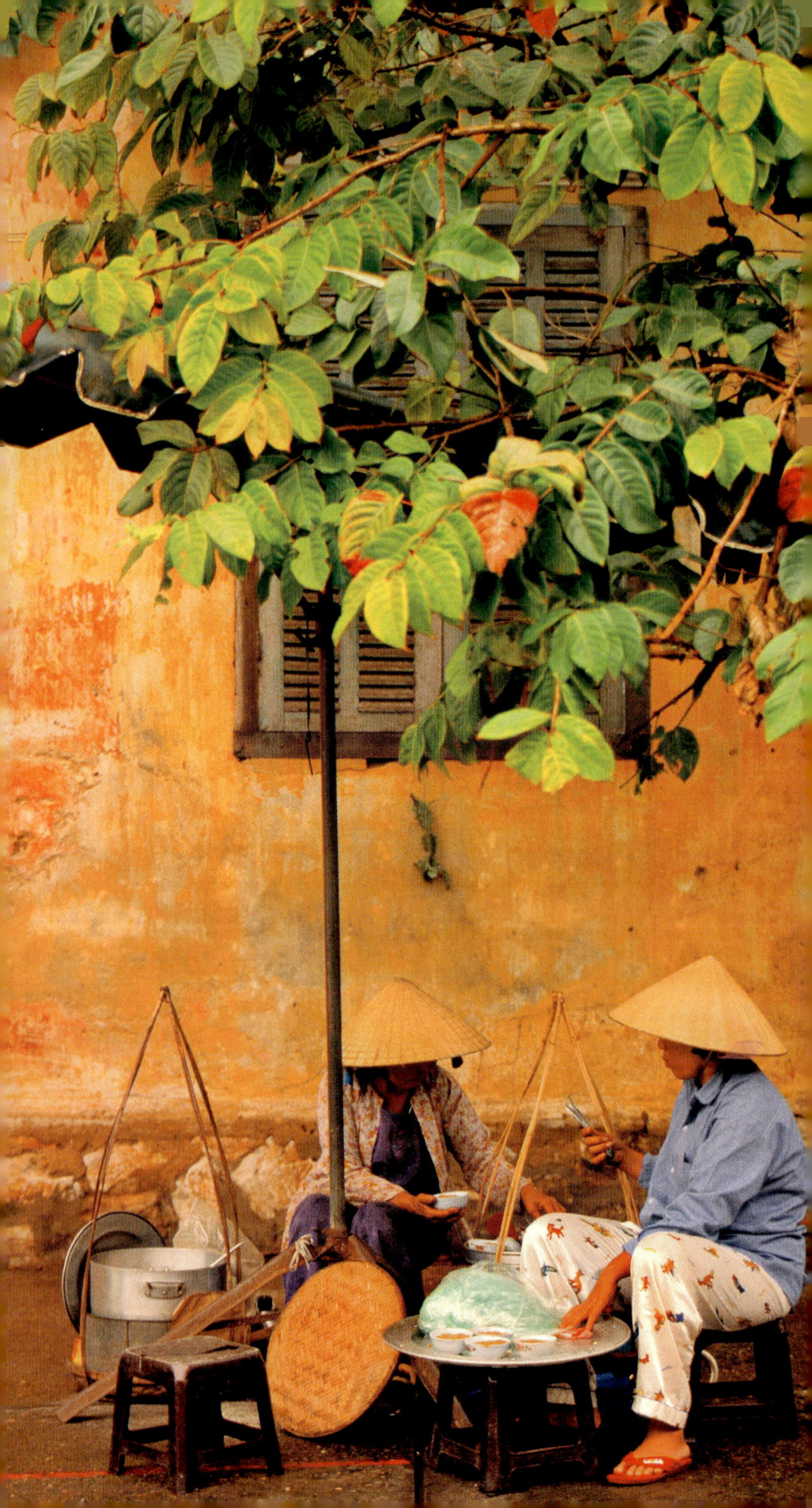

RETRATO DO VIETNÃ

Montanhas verdes, belas praias, pagodes antigos e o encanto de uma cultura fascinante atraem milhões de visitantes ao Vietnã todos os anos. O país emergiu da década de 1990 como uma nação cada vez mais próspera, com forte turismo, sobretudo em razão de reformas econômicas e do esforço bem-sucedido de seu povo para sua reconstrução após a guerra e para afastá-lo dos pricípios comunistas que regiam a nação.

Banhado pelas águas tépidas do mar da China Meridional, o Vietnã fica na extremidade sudeste da península da Indochina. A oeste estão o Laos e o Camboja, separados do Vietnã pelas montanhas Anamitas, ou cordilheira Truong Son, enquanto ao norte encontra-se a China. O território vietnamita é comprido e fino – tem apenas 50km na parte mais estreita. A linha litorânea se estende do golfo de Tonquim, ao norte, até o golfo da Tailândia, ao sul.

Os vietnamitas costumam dividir o país em três regiões. Ao norte, dominado por Hanói, sua charmosa capital, e cercado por montanhas em três lados, está o fértil delta do rio Vermelho. A extensa parte central do Vietnã é marcada por diversas praias belíssimas, pela antiga cidade imperial de Hue, pela cidade mercantil de Hoi An e pela grande cidade portuária de Danang, junto com o que sobrou da Zona Desmilitarizada (DMZ). A metade inferior do território se alarga e abriga o planalto ao redor de Pleiku e Dalat.

No extremo sul fica a florescente cidade de Ho Chi Minh, grande centro comercial do país, e o delta do Mekong. Caracterizada por palmeiras e muitos canais, essa região bucólica é o maior cinturão de produção de arroz do Vietnã.

A diversidade geográfica do país se reflete em seu povo, e a nação abriga 54 grupos étnicos reconhecidos. O maior deles, o vietnamita, ou *kinh*, constitui 86% de seus 92 milhões de habitantes, que vivem principalmente nas planícies litorâneas e no delta.

O rio Yen serpenteia em direção ao Pagode do Perfume *(pp. 196-7)*

◄ Ambulantes organizam uma cozinha precária, a fim de preparar lanches quentes, em Hoi An *(pp. 128-33)*

Minoria *hmong* do planalto do Norte

Grande parte das minorias étnicas vive nos planaltos Central e do Norte; diferenciam-se pela cultura, pela história e pela língua sem igual. A etnia chinesa, ou *hoa*, por sua vez, está baseada nas planícies e nas cidades maiores, ao passo que os povos *cham* e *khmer* ocupam as planícies litorâneas do sul e o delta do Mekong.

Cultura

A estrutura tradicional da sociedade vietnamita sempre foi hierarquizada e patriarcal. Extraídos basicamente do modelo confucionista, os deveres filiais e familiares são tidos como virtudes fundamentais. Os idosos são respeitados, e a educação é altamente valorizada. O papel das mulheres mudou desde que foram emancipadas pelo regime comunista. Atualmente, embora as mulheres tenham obtido igualdade no âmbito público, o lar ainda está sob o comando feminino.

A cultura do Vietnã se tornou mais fascinante por causa das influências estrangeiras que assimilou com o passar dos séculos. Quase mil anos de ocupação chinesa deixaram marcas nos vietnamitas, que selecionaram e adotaram os costumes, as tradições, as crenças e a arquitetura que mais se adaptavam à sua cultura. Mas essa sempre foi uma relação de amor e ódio, pois o Vietnã rivaliza com a cultura chinesa, mas rejeita qualquer tipo de dominação política por parte do vizinho do norte. Menos abrangente foi o impacto dos franceses, que atacaram Saigon após a onda de execuções católicas do século XIX e avançaram na conquista do país. A influência do poderio colonial é mais notável na arquitetura das cidades e, até certo ponto, na comida.

Alguns vietnamitas, os *Viet Kieu*, que saíram do país fugindo do comunismo do Vietnã do Norte na década de 1950 e do Vietnã do Sul após 1975, agora estão voltando e levando consigo influências culturais do Ocidente. Enquanto membros da geração mais velha se recusam a visitar sua terra natal, que continua governada pelas mesmas pessoas que os forçaram ao exílio, outros estão de volta para abrir empresas ou descobrir suas "raízes".

Venda de baguetes francesas

O turismo e a mídia também tiveram seu papel na ocidentalização da cultura, o que fica evidente entre os jovens urbanos. Todos estão aprendendo inglês, os smartphones são cobiçados e os jeans e as roupas de grife se tornaram comuns. Durante a década de 1990, o Vietnã era conhecido por sua moda sóbria; agora há um forte comércio de roupas, acessórios e artigos domésticos com tecidos luxuosos e design original. Entre as moças, as roupas de estilo ocidental se tornaram cotidianas, mas o tradicional *ao dai*, conjunto de vestido com calça comprida, continua a ser usado em ocasiões especiais, nas escolas e em eventos formais.

Mulher vietnamita com o tradicional *ao dai*

Exuberantes pilares entalhados com dragões enfeitam o Pagode Quan Am, em Ho Chi Minh *(p. 74)*

Religião

Durante os anos de comunismo, o ateísmo era incentivado oficialmente, mas nesse novo momento de pragmatismo as antigas fés e tradições florescem. O Vietnã adotava uma mistura de crenças baseadas no Tam Giao (religião tripla), que mescla budismo, taoismo e confucionismo, à qual foram acrescentadas a veneração aos antepassados, crenças espirituais nativas e até tradições hindus do antigo Champa. O país também tem grande número de católicos e adeptos de crenças peculiares como o caodaísmo *(p. 27)* e o *hoa hao*. Todas as fés são toleradas, desde que não ameacem o poder do Partido Comunista.

Monge budista em oração

Idioma e Literatura

O vietnamita, ou *tieng Viet*, é o idioma oficial do Vietnã, falado por cerca de 87% da população como primeira língua. Até por volta do ano 1000, não havia forma escrita do vietnamita. Mas, no século XI, foi introduzido um sistema chamado *chu nom*, que usava caracteres chineses adaptados. No século XVII, missionários europeus desenvolveram uma escrita romanizada, o *quoc ngu*, que se tornou a escrita aceita. No entanto, existem variações dialetais inter-regionais e dentro de uma mesma religião. O Vietnã possui um rico legado literário, escrito em chinês, em *chu nom* e em *quoc ngu*. O poema épico *O conto de Kieu*, escrito pelo mandarim e estudioso Nguyen Du (1766-1820), é um clássico conto com moral, consagrado como a maior obra da literatura vietnamita. Igualmente notáveis são os poemas da concubina Ho Xuan Huong (1772–1822), famosa por sua poesia satírica.

Atualmente, como resultado da gradual liberalização política, surgiu um novo estilo de texto que explora "questões proibidas" e se concentra na condição do indivíduo. Bao Ninh é um escritor popular, cujo romance *Tristeza da guerra* consiste numa narrativa vigorosa sobre a Guerra do Vietnã. Entre alguns autores atuais destacam-se Pham Thi Hoai, Nguyen Huy Thiep e Duong Thu Huong.

Desenvolvimento Econômico

O Vietnã já foi um dos países mais pobres do mundo, mas entre os anos 1990 e início dos 2000 sua economia recebeu um forte impulso, a princípio devido à adoção das *doi moi* (reformas econômicas), que, implementadas em 1986, permitiram o estabelecimento de empresas de livre mercado, aboliram a prática da agricultura coletiva e definiram as etapas da liberalização política.

O país exibe o maior crescimento econômico da Ásia, com uma taxa de mais de 7% desde 2005. Em 1993 o Banco Mundial declarou que 58% da população vivia na pobreza. Em 2008 esse número estava em menos de 16%. A agricultura, que ainda é o elemento mais importante da economia, forma a maior parte do setor de exportação e emprega quase 65% da população. Agora o Vietnã é o segundo maior exportador mundial de arroz – uma façanha espantosa para uma nação que enfrentava a fome na década de 1980.

Motonetas e prédios modernos da cidade de Ho Chi Minh

O setor industrial também mostrou enorme expansão e progresso. A mineração continua a ser parte integrante da economia, e a produção de petróleo, gás e carvão responde por mais de 25% do produto interno bruto. A indústria do turismo é uma das maiores captadoras de moeda estrangeira do país. O Vietnã também fez grandes avanços no cenário internacional. Em 1995 tornou-se membro da Associação das Nações do Sudeste Asiático (Asean) e, em 2006, da Organização Mundial do Comércio.

A partir de 2008, a economia vietnamita entrou em fase de retração, em grande parte devido à falta de disposição dos dirigentes do partido comunista de implementar novas reformas. Muitas empresas estatais faliram.

Arroz: o produto agrícola mais importante do Vietnã

Governo e Política

O Vietnã possui apenas um partido, o comunista. Hoje, Nyugen Tan Dung e Troung Tan Sang são, respectivamente, o primeiro-ministro e o presidente da República, escolhidos pelo Congresso Nacional, que se reúne a cada cinco anos. De natureza autoritária, o partido opõe-se às dissidências; muitos indivíduos que expressaram sua desaprovação ao regime foram punidos. Contudo, desde a adoção do capitalismo de livre mercado limitado, o partido passou a adotar reformas. Mas, ao mesmo tempo, está envolvido em corrupção, o que retarda o processo de qualquer mudança política. Assim, enquanto as reformas econômicas se aceleram, as liberdades individuais e os direitos políticos continuam defasados. Em 2009, Hanói bloqueou os sites de redes sociais. Vários jornalistas estrangeiros foram detidos e expulsos por denunciarem crimes contra os direitos humanos. Enfim, em 2012, a situação dos cidadãos nos campos de reeducação e de trabalho se tornou pública. Hoje é grande o desejo de mudança entre os vietnamitas, e o povo reconhece que o aumento do direito de expressão política não é apenas desejável, mas fundamental para que o desenvolvimento continue.

Conservação

Apesar da crescente prosperidade, o Vietnã ainda é um país pobre, com rápido crescimento populacional e recursos territoriais limitados. Projeções indicam que em 2020 terá o dobro da população da Tailândia, mas com menos da metade de terras aráveis. Atualmente, segundo o Centro de Monitoramento da Conservação Mundial, cerca de 30.000ha de florestas são destruídos por ano. Tanto a fauna como a flora sofreram com caçadores e agricultores, mas os programas de relocação e socialização das terras provocou o impacto mais duradouro no ambiente. Na década de

1980, grandes áreas de terras cultiváveis foram desmatadas para programas agrícolas inúteis, que não tiveram resultado.

As perspectivas para o meio ambiente do país estão melhorando. Leis de proteção ambiental e de espécies ameaçadas são aprovadas a cada ano, respeitando o pronunciamento que Ho Chi Minh fez em 1962, "a floresta é ouro". Indiretamente, o turismo teve impacto positivo no ambiente, com o surgimento de uma nova fonte de renda que se mostra mais lucrativa do que a caça e a derrubada de árvores.

Turismo

No início da década de 1990, quando o Vietnã se abriu ao turismo, muitos visitantes foram atraídos pelas imagens de uma nação dilacerada pela guerra. Desde então, os vietnamitas se empenharam para modificar essa visão, enfatizando as belezas do país. Pagodes históricos e desbotadas construções coloniais francesas foram restaurados, enquanto hotéis e restaurantes voltaram ao setor privado, o que permite que seus donos se esforcem pela excelência, numa indústria cada vez mais competitiva. A infraestrutura rodoviária e ferroviária precisa de modernização, mas os aeroportos e as empresas aéreas nacionais já oferecem serviços de alto padrão.

Loja com muita variedade de utensílios, em Hoi An

A indústria do turismo tem crescido quase 20% por ano, número que começou a diminuir em 2008. Milhares de visitantes são atraídos ao país pelos monumentos antigos, pelas praias maravilhosas, pela culinária sofisticada, pelas excelentes oportunidades de compras e pela cordialidade do povo vietnamita. Outro efeito positivo da explosão turística foi o ressurgimento da cultura tradicional, com músicas, danças e apresentações teatrais. Antigos festivais reapareceram, e florescem velhas artes, como as marionetes na água.

Pavilhão Hien Lam, na Cidadela de Hue, uma das principais atrações turísticas do país *(p. 147)*

Paisagem e Vida Selvagem

O Vietnã é um dos países asiáticos com mais diversidade ecológica. Os hábitats vão das montanhas frias do noroeste ao delta dos rios Vermelho e Mekong, passando pelas estreitas planícies litorâneas e pelos planaltos do centro. Para os fãs de vida selvagem, há os extensos parques nacionais do norte do país, repletos de fauna e flora fascinantes *(p. 205)*. O delta do Mekong oferece excelentes oportunidades de avistamento de pássaros migratórios e nativos *(p. 101)*, enquanto em mar aberto existem muitas ilhas, algumas com recifes de coral intocados *(p. 194)*.

Legenda
- Os deltas
- Planalto Central
- Litoral central
- Montanhas do norte

Os Deltas

O amplo e fértil vale do rio Vermelho forma a parte mais importante do norte do país, ao passo que o sul é dominado pelas ricas terras aluviais do delta do Mekong. A maior parte do arroz é produzida nesses cinturões. Mas, enquanto o delta do rio Vermelho é quase totalmente ocupado pela agricultura, o do Mekong também abriga pântanos e mangues ricos em vida selvagem.

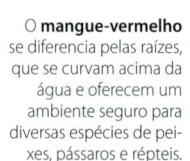

O **mangue-vermelho** se diferencia pelas raízes, que se curvam acima da água e oferecem um ambiente seguro para diversas espécies de peixes, pássaros e répteis.

Espécie ameaçada, o **grou-de-cabeça-vermelha**, também conhecido como grou-sarus, vive quase exclusivamente nos campos do delta do Mekong, com maior concentração no Santuário de Pássaros Tam Nong.

A **víbora verde** é um pequeno predador arborícola que atordoa roedores, lagartos e passarinhos com seu veneno tóxico antes de devorá-los.

Planalto Central

Na parte sul da cordilheira Truong Son, o relevo do planalto Central varia entre montanhas escarpadas no extremo oeste e elevações férteis no interior. No solo vulcânico avermelhado ao redor de Pleiku e Kontum há plantações de café, chá e seringueiras, ao passo que as montanhas dispõem de florestas com rica variedade de fauna e flora.

Os **elefantes asiáticos** foram muito usados na área florestal, mas agora estão sob ameaça de extinção. O Parque Nacional Yok Don *(p. 122)* é um importante local de preservação.

A *Paulownia*, ou **árvore-da-imperatriz**, é uma espécie decídua do Vietnã e do sul da China que produz uma flor roxa, semelhante à dedaleira, no início da primavera.

O **leopardo-nublado** tem esse nome por causa das formas alongadas de sua pelagem amarelada. Possui pernas curtas, cauda felpuda e é aparentado do extinto tigre-dente-de-sabre.

Borboletas do Vietnã

O Vietnã está repleto de borboletas coloridas, desde as gigantes, elegantes, de asas largas, que esvoaçam nas azaleias dos jardins, até as nuvens de borboletas multicoloridas do Parque National Cuc Phuong (p. 197), que surgem entre abril e maio. No Parque Nacional Tam Dao, no norte, foram identificadas mais de 300 espécies, ao passo que no Parque Nacional Cat Tien (p. 81) a contagem chegou a 440 espécies. Em geral, o nome das borboletas é tão bonito e evocativo quanto o colorido de suas asas. Algumas das espécies mais conhecidas são: cauda-de-dragão-branca, asa-de-renda-vermelha e rainha-da-selva.

Cauda-de-andorinha

Asa-de-renda-vermelha

Pavão-amor-perfeito

Jezebel-vermelha

Litoral Central

Na extremidade norte da região central há uma faixa muito longa e comparativamente estreita de planície litorânea que acompanha as águas agitadas do mar da China Meridional. Embora o solo não seja tão produtivo como o dos deltas, há lindas praias, principalmente ao redor de Nha Trang (p. 115), na metade inferior da região Central.

A **tartaruga-asiática-de-três-listras** é uma espécie nativa dos canais do norte do Vietnã e da região Central e está em perigo iminente de extinção.

O **guarda-rio-de-peito-branco** tem o dobro do tamanho do guarda-rio-comum. Ele anuncia sua presença com um grito agudo. Possui bico largo vermelho, e as belas asas e a cauda azuis contrastam com o peito branco.

Há **coqueiros** por todo o Vietnã. Eles fornecem muitos produtos, como o alimento de seus frutos nutritivos, madeira para a construção de barcos, folhas para a cobertura de casas e fibra para capachos e artesanato.

Montanhas do Norte

Elas rodeiam o delta do rio Vermelho em três lados. Picos pontiagudos e recortados se destacam acima dos vales, formando a parte mais inacessível do país. As encostas forradas de florestas do noroeste constituíam um refúgio seguro para a fauna e a flora; agora, porém, novas estradas, desmatamento e ocupação humana representam uma ameaça crescente às belezas naturais da área.

O **Rhododendron campanulata** é uma planta selvagem que floresce nas encostas rochosas das partes mais altas e remotas da cordilheira Truong Son. Suas belas flores são venenosas.

O **urso-negro-asiático** é um onívoro noturno, que se diferencia pela macia camada de pelos pretos e pela mancha branca em forma de V no peito. Agora raramente é avistado no Vietnã.

O **macaco-cotó** é um primata vigoroso, encontrado no norte do Vietnã. Ele pesa até 10kg e pode viver mais de 30 anos.

Os Povos do Vietnã

Mais de 54 grupos étnicos oficialmente reconhecidos convivem no Vietnã. A etnia vietnamita – ou *kinh*, do sul da China – responde por cerca de 86% da população. Estabelecidos ao longo do litoral e nos deltas dos rios Vermelho e Mekong, os *kinh* dividem as planícies com os *hoa*, a etnia chinesa, e com os povos *khmer* e *cham*. Outros 50 grupos étnicos vivem espalhados pelos planaltos Central e do Norte, cada um com seus costumes, trajes e idiomas. Enquanto os grupos do Norte, como tai e *hmong*, migraram quase todos da China, os do planalto Central são nativos.

Casal de noivos *kinh* com *ao dai* de seda, traje tradicional

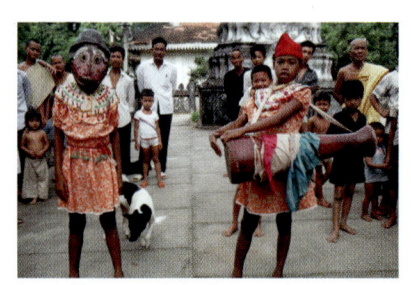

A etnia **khmer** veio do Camboja e ainda segue muitos de seus costumes e tradições. Uma delas é a Prathom Sva Pol (Dança do Macaco), encenada no Festival Oc Om Boc (*p. 37*), na qual dançarinos com máscaras retratam o espírito de macacos.

O povo **bahnar**, do planalto Central, concentra suas atividades culturais em volta das *nha rong* (casas comunitárias). Com exclusivos telhados cônicos e altos, tais construções são inauguradas com música de gongo, danças e jarras de aguardente de arroz.

Porta-bebês são usados pelas mães quase desde o parto para carregar os filhos para qualquer lugar.

Distribuição dos Grupos Étnicos

Legenda

1. Khmer
2. Cham Balamon
3. Cham Bani
4. K'ho/ Lat
5. Ede/ Rhade
6. Jarai
7. Bahnar
8. Mnong
9. Bru
10. Muong
11. Black Thai
12. Flower Hmong
13. Red Dao

A etnia *kinh* responde por quase 86% da população do país.

Os muçulmanos **cham**, ou *cham bani*, seguem uma forma de islamismo xiita. As preces das sextas-feiras são entoadas por um grupo de cerca de 50 sacerdotes, que usam sarongues brancos e cobrem a cabeça raspada com turbante cerimonial.

Os **bru** moram no planalto Central e pertencem ao grupo *mon-khmer*. Vivem do cultivo do arroz de várzea e se divertem com animada música folclórica. Um hábito comum entre eles é o fumo, e é fácil ver adultos e até crianças com um cachimbo na boca.

Membros da tribo **mnong** eram famosos por capturar e treinar elefantes; e gostavam do fumo comunitário do tabaco em narguilés. Agora, homens e mulheres dessa sociedade matrilinear são conhecidos pela habilidade de trançar cestas, estampar tecidos e fabricar joias.

A **proteção de cabeça** exclusiva das mulheres da etnia tai preta consiste num turbante preto enfeitado com bordados de cores vivas.

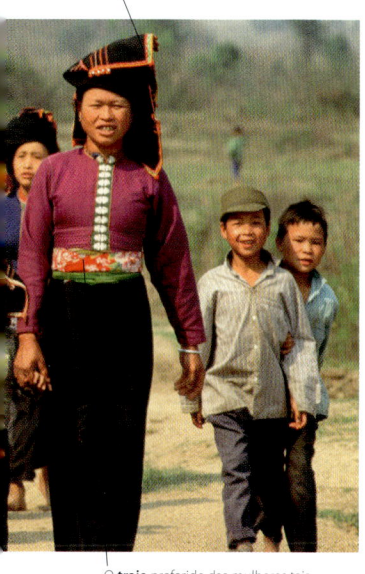

Comunidade Tai

Segunda maior minoria étnica do Vietnã, os tais se dividem nos subgrupos preto, branco e vermelho, classificação que tem como base a cor de seus trajes e os assentamentos iniciais ao redor dos rios Preto e Vermelho. Os tais pretos são os mais engenhosos e prósperos desses subgrupos, e cultivam ricos arrozais nas terras altas do noroeste. Embora valorizem muito a educação, são fiéis à sua herança cultural. Continuam a adorar os espíritos e, através dos séculos, mantiveram vivas e inalteradas suas antigas canções e danças.

As mulheres **hmong das flores** estão entre as mais diferenciadas de todos os grupos minoritários. Elas se vestem com elaboração, usando camadas de roupas coloridas, e dedicam a maior parte do tempo aos delicados bordados que as tornaram famosas *(pp. 202-3)*.

O **traje** preferido das mulheres tais consiste numa saia justa usada com faixa e uma blusa fechada na frente por botões de prata.

Os **muong** são merecidamente consagrados pelas habilidades de tecelões. Em geral, colocam o tear de bambu numa parte sombreada embaixo das palafitas.

A subdivisão **dao vermelha**, do grupo minoritário *dao*, do norte do Vietnã, tem esse nome por causa dos brilhantes turbantes vermelhos usados pelas mulheres, que se embelezam raspando o cabelo e as sobrancelhas. A etnia *dao* é a mais empreendedora entre os povos do planalto, e vive da agricultura, da tecelagem e da produção de papel. Também possui uma rica herança literária, grafada numa variação da escrita chinesa.

As Religiões do Vietnã

As três correntes mais importantes da tradição religiosa vietnamita são o budismo, o taoismo e o confucionismo, conhecidos coletivamente como Tam Giao (Três Ensinamentos ou Tripla Religião). E há também costumes nativos de adoração de espíritos, veneração de antepassados e divinização de heróis patriotas do Vietnã – todos praticados abertamente. O caodaísmo é uma religião sincrética recente criada no sul. O país tem também grande população de cristãos e um pequeno grupo de hindus e muçulmanos *cham*.

Confúcio, Buda e Lao Tsé: os três grandes mestres religiosos

Tam Giao

No Vietnã, o budismo maaiana vinculou-se ao confucionismo, um sistema ético originário na China, e ao taoismo, também chinês. Esses três ensinamentos ficaram conhecidos como Tam Giao. Os vietnamitas seguem tanto o budismo maaiana como o teravada.

O **budismo teravada** afirma estar mais ligado aos ensinamentos de Buda, e foi levado ao Vietnã por comerciantes da Índia. Os monges usam mantos amarelo-alaranjados e entoam as escrituras do *Tripitaka*, que faz parte dos princípios budistas.

Entre os **bodisatvas** idolatrados pelos budistas maaianas estão Dai The Chi Bo Tat (Deus Poderoso); Thich Ca (Buda Histórico); e Quan Am (Deusa da Misericórdia).

Lao Tsé, filósofo chinês do século VI a.C., identificou o Tao (O Caminho) como a fonte natural de tudo no mundo, garantidor da estabilidade. O taoismo se concentra em seguir o Caminho para viver em harmonia com o universo.

A **queima de incenso**, uma prática budista, passou a fazer parte da vida religiosa no panteão do Tam Giao, da veneração dos antepassados, dos templos caodaístas e até das igrejas católicas.

Grupos de túmulos familiares podem ser vistos por toda parte. A religião da etnia vietnamita é voltada para a família, e a proximidade dos antepassados é reconfortante e uma garantia de continuidade. Esse costume surgiu com o confucionismo.

O chinês **Confúcio** (551-479 a.C.) é reverenciado há séculos. Seus ensinamentos englobam um código de ética que exalta a lealdade ao Estado e à família. Suas ideias levaram à criação de uma complexa hierarquia familiar que estende o respeito, a cooperação e a submissão aos mais distantes primos.

Caodaísmo

Elaborado por Ngo Van Chieu, um funcionário público vietnamita, o Cao Dai (espírito supremo) reinterpreta aspectos do Tam Giao. A base dessa religião incomum é a crença nos Agentes Divinos, que fazem contato com os sacerdotes durante as sessões. Entre os santos padroeiros estão Joana D'Arc, Louis Pasteur e Charlie Chaplin. Condenado inicialmente pelos comunistas, agora o caodaísmo é tolerado e possui quase 3 milhões de seguidores.

Os **sacerdotes do caodaísmo** vestem trajes amarelos, azuis e vermelhos que simbolizam o budismo, o taoismo e o confucionismo, e usam mitras quadradas com o Olho Divino.

As **cerimônias caodaístas** da Sede Sagrada *(pp. 78-9)* são muito coloridas, assim como os elaborados trajes dos fiéis, que combinam e se misturam com os pilares cheios de dragões entalhados.

O **Olho Divino**, que tudo vê, símbolo do caodaísmo, apareceu a Ngo Van Chieu numa visão. Dentro de um triângulo, essa imagem está em todos os templos do Cao Dai.

Culto aos Antepassados e aos Espíritos

Praticado por quase todos, o culto aos antepassados e aos espíritos forma uma quarta corrente não reconhecida do Tam Giao. Enquanto a veneração pelos antepassados veio da China, a idolatria dos espíritos é uma tradição do Sudeste Asiático. Oficialmente, o budismo e o confucionismo desaprovam essas práticas, mas nunca conseguiram eliminá-las.

As **tabuletas dos antepassados**, baseadas na tradição confucionista de devoção filial, estão em muitas casas e altares de templos. A tabuleta memorial completa, com retrato e descrição do falecido, é colocada junto a oferendas de frutas, flores, incenso, chá e até cigarro e bebida alcoólica.

Dinheiro da alma, em geral na forma de dólares falsos, é mandado para o mundo espiritual: ele é queimado junto com outros itens feitos de papel, como carro, televisor e casa.

Outras Religiões

A diversidade étnica do Vietnã resulta numa variedade eclética de religiões e sistemas de crenças. Como resultado dos esforços de missionários europeus do século XVI em diante, o país abriga quase 9 milhões de cristãos, dos quais mais de 90% são católicos. Uma religião mais obscura é a Hoa Hao, concentrada no delta do Mekong. Essa seita se baseia numa interpretação puritana do budismo, e ficou conhecida pela oposição militante ao comunismo durante a Guerra do Vietnã. Além disso, variações do hinduísmo e do islamismo são seguidos pelos *cham* do litoral central e do delta do Mekong, respectivamente.

O **animismo** se baseia na crença de que existem espíritos guardiões em pedras, campos, florestas e outros seres inanimados. Os vietnamitas, em especial os povos das montanhas, costumam fazer casinhas para agradar essas entidades e deixam oferendas em santuários.

Catedrais e igrejas, encontradas por todo o Vietnã, atendem à comunidade cristã.

Música e Teatro Tradicionais

O Vietnã conta com um longo e rico legado de música e teatro, que mistura influências locais e estrangeiras. O repertório de tradições musicais tem um papel essencial nas muitas formas de teatro do país, e inclui canções folclóricas, música clássica, composições imperiais e as melodias exclusivas das variadas minorias étnicas. Essa herança rica está profundamente enraizada na cultura vietnamita e faz parte de todos os festivais e comemorações.

Músico toca *dan bau*, instrumento de apenas uma corda

Música no Vietnã

A música tradicional vietnamita engloba diversos gêneros, como música de corte, religiosa, cerimonial, de câmara, folclórica e de teatro. Influências estrangeiras deixaram sua marca, com a adoção de tradições operísticas da China e também de ritmos indianos, pelo contato com o império cham. Mas tudo foi modificado para criar um estilo próprio, que usa uma escala de cinco tons, em contraste com a de oito tons da música ocidental.

O **hat chau van** usa canto e dança cadenciados para induzir o transe numa pessoa que se supõe estar distante dos espíritos. Essa forma de arte surgiu no século XVI como encantamento durante os rituais religiosos.

O **quan ho** é um concurso de canto que vem do século XIII e constitui parte importante dos festivais de primavera. Essa arte popular apresenta grupos de rapazes e moças que se revezam para cantar, num desafio alternado em que respondem um ao outro, num tradicional ritual de namoro.

Dan day: alaúde retangular, de braço comprido e três cordas.

Trong de: tambor tocado com baqueta de madeira de lei.

Phach: instrumento de madeira parecido com a castanhola.

O **ca tru (hat a dao)**, ou canto por remuneração, é um tipo de música de câmara. Nessa forma de entretenimento as mulheres cantam e tocam *phach* para homens prósperos. Essa arte do século XV perdeu popularidade no período comunista. Em 2009, foi declarada Patrimônio Cultural Imaterial em risco de desaparecimento pela Unesco.

O **nhac tai tu**, outra forma de música de câmara, acompanha o teatro *cai luong*. Os instrumentos da foto acima são: *dan tranh* (à esq.), uma cítara de dezesseis cordas; *dan nguyet* (centro), e flauta (à dir.).

Instrumentos Musicais

Os vietnamitas possuem variados instrumentos musicais, feitos de materiais naturais, como madeira, chifre de animais, bambu, pedra e junco. Entre os mais usados estão o *dan bau*, no qual uma única corda é esticada sobre uma caixa de som e tangida por uma palheta de madeira; o *dan nguyet*, alaúde em forma de lua tocado no Vietnã desde o século XI; o *dan trung*, xilofone de bambu; o *broh*, alaúde de bambu com duas cordas; o *dan ty ba*, violão em forma de pera; e diversos tipos de gongos *(cong chien)* e tambores *(trong)*.

Dan trung

Cong chien

Trong

Broh

Gêneros Teatrais

O Vietnã apresenta uma notável tradição de gêneros de artes cênicas, sendo que a música, o canto e a dança são aspectos fundamentais de todas as formas teatrais. As apresentações variam de estilo e conforme a plateia. O cheo é um gênero popular de teatro que oferece ensinamentos morais para as comunidades rurais, enquanto o roi nuoc (marionetes na água) faz um belo espetáculo no fim da estação da colheita. O tuong, ou hat boi, uma forma mais clássica de teatro, desenvolveu-se como diversão para o rei e sua corte, e o cai luong, um formato modernizado do tuong, foi criado por intelectuais urbanos.

O **roi nuoc**, forma de arte inigualável, usa a água como palco (p. 163). Marionetes coloridas, controladas por titereiros escondidos, encenam temas do folclore, da mitologia, da história e da vida diária, acompanhadas por conjunto musical, tambores e fogos de artifício.

A **maquiagem elaborada**, os trajes e os cenários do *tuong* são baseados nos princípios teatrais tradicionais. Por exemplo: a maquiagem ajuda a definir o personagem. Assim, o rosto pintado de vermelho simboliza lealdade e bravura, enquanto o rosto branco caracteriza crueldade e vilania.

O **tuong (hat boi)**, influenciado pela ópera chinesa, usa gestos estilizados e simbolismo para representar emoções e personagens. Louva os valores confucionistas da coragem, da virtude e da piedade filial, e explora os temas da lealdade ao rei e do bem que supera o mal.

O **cai luong (teatro reformado)** surgiu no sul do Vietnã no início do século XX e incorpora elementos do teatro francês sob forma de cenas faladas. Menos estilizado que o teatro tradicional, o *cai luong* lida com temas sociais, como corrupção, alcoolismo e jogo.

Atores com trajes da corte, em Hue

Música e Dança da Realeza

A diversão da plateia real do Vietnã busca sua principal inspiração na música da corte imperial chinesa. A *nha nhac* (música da corte) foi introduzida no século XIII e chegou ao auge na dinastia Nguyen (p. 45). As apresentações dessa música elegante, acompanhadas de danças, eram realizadas em cerimônias da realeza, como coroações e funerais, e também em eventos religiosos e ocasiões especiais. Com a queda da monarquia no Vietnã, a *nha nhac* ficou esquecida, mas reviveu há poucos anos. Em 1996 foi acrescentada à lista da Faculdade de Arte de Hue, e em 2003 a Unesco a reconheceu como Patrimônio Oral e Imaterial.

O **cheo (teatro popular)** foi criado por agricultores de arroz do delta do rio Vermelho. Em geral, as apresentações ocorrem fora da casa comunitária da vila e combinam cantos, danças, poesias e improvisos.

Dançarinas tradicionais

Arquitetura

A longa história de invasões estrangeiras no Vietnã produziu um legado sob a forma dos diferentes estilos arquitetônicos encontrados por todo o país. A arquitetura local, na forma de "casas-tubo" e pagodes de um andar, coexiste ao lado de edificações com influências estrangeiras. Prédios antigos do litoral central indicam a inspiração *cham*, ao passo que elementos chineses se refletem nos pagodes, principalmente em Hanói e Hue. A influência francesa permeia as construções coloniais.

Casa de Diep Dong Nguyen, antiga casa-tubo de Hoi An

Pagodes

Em geral, os pagodes vietnamitas têm apenas um andar, apoiado em pilares de madeira que suportam uma complexa estrutura de vigas em balanço. A cobertura é de telhas de barro, com beirais levantados. O interior consiste em salão dianteiro, salão central e salão principal com altar, quase sempre dispostos em níveis ascendentes. A maioria dos pagodes dispõe de tanque sagrado, campanário e jardim. Usa-se um simbolismo elaborado, que inclui diversos ideogramas chineses.

Aposentos de monges ou monjas — Telhas de barro — Beirais levantados

O **Pagode Thay**, em Hanói, apoia-se em plataforma de pedra que suporta colunas de pau-ferro, as quais sustentam o peso da construção. O telhado baixo e inclinado tem beirais levantados, com remates elaborados de dragões. Grades de madeira permitem a passagem de ar fresco.

O **Pagode de Um Pilar**, em Hanói, erguido sobre um único pilar de madeira enterrado num tanque, tem desenho semelhante ao de uma flor de lótus. Incendiado em 1954, agora se apoia em pilar de concreto. O fogo sempre ameaça os pagodes de madeira.

O **Pagode Tran Quoc**, em Hanói, exemplo famoso de pagode de um andar, surgiu em volta de muitas estupas de tijolo. Considerado o pagode mais antigo do Vietnã, foi erguido pelo imperador Ly Nam De no século VI, à margem do rio Vermelho. Porém, em razão de uma erosão profunda, foi transferido para o atual sítio, em Ho Tay *(p. 172)*.

Típicos beirais chineses de pontas levantadas

O **Thanh Long**, ou dragão, está ligado às mitologias vietnamita e chinesa, associado ao poder imperial, à prosperidade, à longevidade e à boa sorte. Os temas com dragões são muito usados para decorar pagodes e templos.

Os **pagodes de muitos andares** vêm da tradição chinesa. Eles costumam apontar para o céu, e são cobertos com telhas de barro.

Cidadelas Reais

As cidadelas vietnamitas são imponentes. Foram construídas para a defesa contra ataques físicos e espirituais. Conseguia-se isso quando eram adotadas as enormes muralhas quadradas de pedra, tipicamente chinesas, dotadas de ameias, junto com elementos do *feng shui*. A arquitetura militar de influência francesa deu origem a cidadelas com muralhas maciças, cercadas de fosso e marcadas por torres, com a defesa de ameias e bastiões pentagonais.

Portão Ngo Mon da cidadela de Hue. A cidadela tem muralhas de pedra e, com suas cinco entradas, está de acordo com os princípios do *feng shui*. A passagem central, usada exclusivamente pelo imperador, é ladeada por aberturas para os mandarins da corte real.

O **portão Hien Nhon da Cidadela de Hue** é um exemplo dos elementos decorativos sino-vietnamitas combinados com o gênio militar francês. Esse portão tem torres elaboradas e plataformas de dois andares para oferecer pontos de observação aos soldados.

A Arquitetura Francesa

Capital da Indochina francesa no século XIX, Hanói foi transformada com a construção de mansões em estilo provinciano francês, de prédios administrativos que copiavam o estilo parisiense e até edificações franco-góticas, como a Catedral de Hanói.

Janela com persiana

Portão de ferro batido

A **Casa de Hóspedes Estatal** de Hanói, antiga residência do governador francês, é um belo prédio colonial restaurado, com elaborada cobertura de ferro batido na entrada.

O **palácio presidencial** de Hanói constitui um exemplo perfeito do estilo colonial francês, com escadaria grandiosa, portões de ferro batido, obras artísticas belle époque e colunata. Construído entre 1900 e 1906, é rodeado por amplos jardins e pomares.

As Casas-Tubo e sua Adaptação Moderna

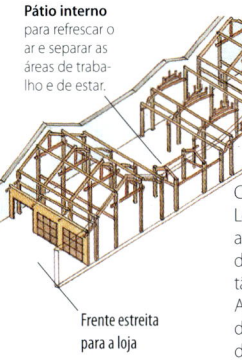

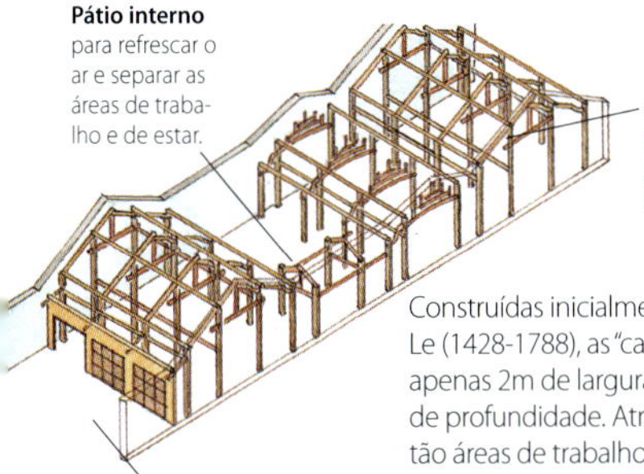

Pátio interno para refrescar o ar e separar as áreas de trabalho e de estar.

A **parte de trás da casa** era ocupada pela cozinha e pelo banheiro.

Construídas inicialmente no início da dinastia Le (1428-1788), as "casas-tubo" chegam a ter apenas 2m de largura, mas alcançam até 80m de profundidade. Atrás da fachada da loja estão áreas de trabalho, pátios e salas de estar. Agora essas casas se elevaram para criar "prédios-foguete", finos e altos, ainda com áreas definidas pela ocupação original da terra.

Frente estreita para a loja

Coloridos "prédios-foguete" enfileirados em Hanói

Tet Nguyen Dan

Como festival mais importante do país, o Tet Nguyen Dan (Festival do Primeiro Dia) marca o início do Ano-Novo lunar. Comemorado como tempo de renascimento e renovação, esse festival de primavera é uma oportunidade de agradecer aos antepassados e prestar-lhes homenagem. Os preparativos começam uma semana antes, quando as pessoas saldam as dívidas, limpam os túmulos da família, decoram a casa com flores de pêssego ou laranjinha *kinkan* e fazem oferendas ao Imperador de Jade *(pp. 66-7)*. Os três principais dias do Tet são dedicados a assuntos domésticos, quando as famílias se reúnem para preparar comidas, trocar presentes e desejar feliz Ano-Novo.

No Tet, tradicionalmente as casas são decoradas com laranjinhas *kinkan*

Veneração dos Antepassados

A veneração vietnamita dos antepassados encontra sua maior expressão no Tet, quando se acredita que o espírito dos mortos da família visitem os vivos. Os antepassados são invocados com preces, comidas especiais e simbólicos presentes de papel, como dinheiro falso, roupas e até relógios.

Oferendas de comida e bebida

Retrato do falecido

Nomes dos mortos

Bastões de incenso

Coloridos arranjos de flores enfeitam ruas e mercados de todo o Vietnã no tempo do Tet. Ramos de flores de pêssego simbolizam prosperidade e bem-estar e decoram casas, lojas e templos.

Capelas ou altares da família fazem parte de quase todas as casas do país. Ali estão retratos de antepassados junto a tabuletas com seus nomes, incenso, flores e oferendas de frutas, arroz e bebida alcoólica.

Os **bastões de incenso** têm papel fundamental nos ritos do Tet. Diz-se que sua fumaça perfumada alcança o céu e atrai os antepassados para as comemorações na terra. Bastões de todos os tamanhos são feitos em vilarejos e deixados para secar ao sol, até serem vendidos nas cidades.

Túmulos de antepassados espalhados por campos cultivados são comuns no Vietnã. No Tet, os parentes limpam os túmulos de seus ancestrais e fazem muitas ofertas para deixar em paz o espírito dos mortos.

Comida Especial do Tet

O Tet é um tempo prazeroso, e as festas não estão completas sem uma porção de petiscos. As famílias talvez tenham de economizar o ano todo, mas considera-se que o banquete resultante vale a pena. O menu conta com carne de porco, pato e frango, além de sopas especiais e montanhas de arroz. Frutas tropicais suculentas encerram as refeições, especialmente a pitaia e a melancia, cuja polpa vermelha é auspiciosa.

Os **confeitos tradicionais do Tet** consistem em frutas cristalizadas, coco, suco de graviola, raiz de lótus ou gengibre e doces de arroz. Os mercados se enchem de doces na semana que precede o Tet.

Banh chung e **banh tet** são guloseimas saborosas muito associadas ao Tet. Elas consistem em arroz-glutinoso, pasta de feijão e gordura de porco cozidos em pacotinhos de folha de bananeira.

Ingredientes do *banh tet*

Festividades do Tet

As atividades do Tet, pródigas, exuberantes e muito respeitadas, eram desaprovadas nos tempos de austeridade comunista, mas voltaram à cena poucos anos atrás. Comunidades inteiras participam dos tradicionais cantos, músicas e danças, além de feiras, procissões e jogos, que continuaram a ocorrer através dos séculos. Os jovens aproveitam para se encontrar e namorar.

O **xadrez humano**, jogado apenas no Tet, é o único jogo em que as pessoas do local são os peões. Os participantes devem ser jovens, atraentes e sem casos recentes de má sorte na vida.

O **Bit mat dap nieu** (quebra dos potes) é uma brincadeira na qual os foliões, usando máscaras espalhafatosas como venda, tentam quebrar potes de barro com um bastão de madeira.

A **dança do dragão** é uma antiga tradição originária da China. Para saudar o ano que chega, moços fantasiados serpenteiam pelas ruas, acompanhados por tambores. O dragão simboliza boa sorte, e consta que essa dança afugenta os demônios.

Animada procissão de fogos

Os Fogos do Tet

Os fogos de artifício faziam parte das festas do Tet, mas foram banidos do Vietnã desde 1994 por motivos de segurança pública, e uma imitação deles aparece nos desfiles. Segundo a tradição, barulhos altos assustam os maus espíritos, mas mesmo a reprodução de gravações de fogos explodindo é proibida por lei.

VIETNÃ MÊS A MÊS

Boa parte dos festivais tradicionais do Vietnã está muito ligada às tradições culturais chinesas e segue o calendário lunar, que tem meses de apenas 29,5 dias. Por isso as datas solares mudam anualmente e os festivais não caem em datas fixas. Por sua vez, os feriados seculares são fixados pelo calendário ocidental, e muitas vezes estão ligados à recente história revolucionária do país. Nas últimas duas décadas, com a liberalização da economia e da sociedade vietnamitas, muitos festivais tradicionais também voltaram a ocorrer, inclusive aqueles relacionados às dinastias imperiais do Vietnã. Eles são marcados por cerimônias de veneração de antepassados, desfiles coloridos, banquetes, cantos e danças. Além dos eventos nacionais, existem diversos festivais regionais, em especial no delta do rio Vermelho. As minorias étnicas do norte e as etnias cham e khmer, do sul, realizam os próprios festivais.

Primavera (Fev-Abr)

Tempo de renovação e renascimento, a primavera é a estação mais festiva do Vietnã. Inaugurada com o Ano-Novo lunar, o Tet *(pp. 32-3)*, marca um longo período de festividades por todo o país.

1º Mês Lunar

Tet Nguyen Dan *(fim jan-fev)*. Conhecido como Tet, trata-se do festival mais importante do calendário vietnamita. Ruas e residências são decoradas com luzes e flores; montam-se barracas para vender comidas tradicionais; familiares trocam presentes e fazem banquetes. Oficialmente, é um feriado de três dias, mas os negócios costumam fechar por uma semana.

Fundação do Partido Comunista Vietnamita *(3 fev)*. Comemora o dia em que Ho Chi Minh criou o partido, em 1930.

Festival Tay Son *(início fev)*, no distrito de Tay Son, província de Binh Dinh. Para lembrar da rebelião Tay Son, no século XVIII, essa festa de uma semana tem desfile de elefantes, competição de tambores e apresentações de artes marciais

Festival Yen Tu *(meados fev-fim abr)*, na montanha Yen Tu *(p. 189)*. Reverencia a fundação da seita budista Truc Lam. Romeiros sobem até o topo para queimar incenso e meditar nos pagodes.

Festival de Lim *(meados fev)*, na vila de Lim, província de Bac. Realizado catorze dias após o Tet, esse festival é mais conhecido pelas canções folclóricas *quan ho*. Com trajes étnicos, homens e mulheres cantam de improviso uns para os outros, muitas vezes com réplicas espirituosas. Também tem luta livre e competição de tecelagem.

Festival do Pagode do Perfume *(fev-mai)*, no Pagode do Perfume *(pp. 196-7)*. Diz-se que esse belo local é o céu de Buda. Milhares de peregrinos visitam o pagode para comemorar esse festival que dura três meses.

Mulheres em trajes tradicionais cantam no Festival Lim

2º Mês Lunar

Festival Hai Ba Trung *(início mar)*, em Hai Ba Trung *(p. 167)*, Hanói. Homenageia as heroicas irmãs Trung. Uma procissão leva a imagem delas do templo até o rio Vermelho, num banho cerimonial.

Festival do templo Ba Chua Kho *(mar)*, no próprio templo, em Co Me, província de Bac Ninh. Os fiéis se reúnem no templo a fim de pedir boa sorte à senhora Chua Kho e emprestar dinheiro dela num ritual simbólico.

3º Mês Lunar

Festival do Pagode Thay *(5-7 abr)*, no próprio pagode *(p. 177)*, província de Ha Tay. As pessoas se reúnem para venerar o santo padroeiro das marionetes na água, Tu Dao Hanh. Diz-se que ele se tornou budista no Pagode Thay. Em dois dias de festas, são feitos muitos shows de marionetes para marcar a ocasião.

Festival Hon Chen *(início abr)*, no Templo Hon Chen *(p. 152)*, em Hue. Baseado num antigo

Feira livre enfeitada com o colorido das flores durante o Tet

Oferendas à senhora Chua Kho, no Festival do Templo Ba Chua Kho

festival *cham*, esse evento semestral, realizado no terceiro e no sétimo meses lunares, homenageia a deusa Thien Y A Na. O evento tem a procissão de barcos do rio do Perfume e encenação de quadros tradicionais.

Thanh Minh *(início abr)*. Dedicado à alma dos mortos, esse festival é comemorado por todo o país. São feitas oferendas aos espíritos dos falecidos e seus túmulos são consertados e limpos.

Festival dos Templos dos Reis Hung *(abr)*, nesses templos *(p. 177)*, província de Phu Tho. Essa festa de três dias presta homenagem aos reis Hung, e as comemorações contam com desfiles alegres, que ocorrem em volta dos templos. Diversos eventos culturais, como a ópera clássica de Den Ha e apresentações de canções *xoan*, ocorrem em Den Thuong.

Dia da Libertação *(30 abr)*. Comemora a tomada de Saigon pelas forças comunistas em 30 de abril de 1975.

Verão (Mai-Jul)

Com o solstício de verão comemorado no início de junho, é nessa estação quente e chuvosa que o país observa seus feriados nacionais mais importantes.

4º Mês Lunar

Dia do Trabalho *(1º mai)*. Legiões de trabalhadores desfilam pelas cidades para afirmar sua solidariedade com operários do mundo todo.

Aniversário de Ho Chi Minh *(19 mai)*. Esse feriado laico se tornou um evento quase espiritual, já que Ho Chi Minh alcançou a condição de um herói divinizado no Vietnã.

Aniversário de Buda *(28 mai)*. Também chamado Le Phat Dan. Lanternas são penduradas em templos e casas para comemorar o nascimento, a iluminação e a morte de Buda.

Festival da Vila Tra Co *(30 mai-7 jun)*, no distrito de Hai Ninh, província de Quang Ninh. No extremo nordeste do país, esse festival rural destaca eventos como concursos de criação de porcos e de culinária, jogos tradicionais e danças.

Limpeza e decoração de pequeno túmulo para o Thanh Minh

Astrologia Vietnamita

O zodíaco vietnamita abrange um ciclo de doze anos, cada um representado por um animal. Em vez de séculos, o calendário lunar é dividido em ciclos de 60 anos, chamados *hoi*, compostos de cinco ciclos de doze anos com os animais.

Cavalo *(Ngo)* 2014, símbolo de liberdade e autoconfiança.

Cabra *(Mui)* 2015, associado à criatividade e ao bom gosto.

Macaco *(Than)* 2016, versátil e brincalhão; ligado a inventores, artistas e a todas as engenhosidades.

Galo *(Dau)* 2017, corajoso e flexível, mas pode ser pensativo e pretensioso.

Cachorro *(Tuat)* 2018, considerado afortunado, leal e popular.

Porco *(Hoi)* 2019, é honesto, paciente e associado à virilidade.

Rato *(Ty)* 2020, saudado como mensageiro da boa sorte.

Búfalo *(Suu)* 2021, ligado à riqueza alcançada com trabalho duro.

Tigre *(Dan)* 2022, cordial, mas terrível; corajoso diante do perigo.

Gato *(Meo)* 2023, tranquilo, realista, inteligente e artista.

Dragão *(Thin)* 2024, símbolo imperial, associado ao elemento masculino *yang*.

Serpente *(Ty)* 2025, enigmático, sensato; gosta de viver bem.

Cavalo *(Ngo)* 2026, símbolo de liberdade e autoconfiança.

Símbolo da realeza, o dragão adorna muitos palácios e túmulos

Desfile colorido festeja o Dia Nacional, ou Quoc Khanh, em Hanói

5º Mês Lunar

Tet Doan Ngo *(início jun)*. Também conhecido como Festival da Morte do Inseto Interior, o Tet Doan Ngo marca o solstício de verão. Esse festival taoísta cai no período mais quente do ano, quando as febres provocadas por insetos estão no auge. Para garantir saúde e bem-estar, são feitas oferendas ao deus da morte.

Festival do Templo Chem *(meados jun)*, na vila de Thuy Phuong, no distrito de Tu Liem, em Hanói. Em honra a Ly Ong Trong, grande guerreiro do século III, o festival apresenta cerimônias elaboradas, como corrida de barco-dragão, liberação de pombos e banho ritual das imagens do templo.

6º Mês Lunar

Festival da Vila de Dad Xa *(9-10 jul)*, no distrito de Tam Thanh, província de Phu Tho. Feito para homenagear a vitória do general Ly Thuong Kiet sobre os chineses em 1075. As festas incluem corrida de barco no Song Da, ou rio Preto.

Festival Tam Tong *(jul)*, no distrito de Vinh Loc, província de Thanh Hoa. Sem data fixa, o Tam Tong ocorre em tempo de seca.

Outono (Ago-Out)

Se o sul fica quente e chuvoso, o norte se torna mais fresco e agradável. Quando as folhas mudam de cor, o outono é um bom momento para ir aos festivais do norte.

7º Mês Lunar

Festival Hon Chen *(início ago)*, Templo Hon Chen (p. 152).

Trung Nguyen *(meados ago)*. Festival mais importante depois do Tet, o Trung Nguyen taoísta também tem um equivalente budista, o Vu Lan, ao mesmo tempo. Diz-se que os espíritos perdidos saem do inferno nesse dia para perambular pela terra. Queima-se dinheiro falso para aplacar as almas penadas.

Festival do Templo de Le Van Duyet *(fim ago-início set)*, no próprio templo (p. 68), na cidade de Ho Chi Minh. O festival ocorre no aniversário da morte de Le Van Duyet. As pessoas lotam seu mausoléu para rezar por boas colheitas, segurança e felicidade. São apresentados recitais de dança e a ópera tradicional.

8º Mês Lunar

Dia Nacional *(2 set)*. Marca a proclamação de independência, feita por Ho Chi Minh em 1945. Em Hanói, o dia é comemorado com desfiles animados na Praça Ba Dinh.

Festival de Luta de Búfalos de Do Son *(início set)*, em Do Son, província de Haiphong. Um desfile de seis búfalos especialmente treinados é conduzido com pompa pela arena; eles são separados em pares para lutar. Aponta-se o ganhador quando um dos búfalos foge. O espetáculo não dura muito, e no fim do dia os animais são abatidos e consumidos.

Festival Trung Thu ou de meados do outono *(meados set)*. Também conhecido como Festival da Lua das Crianças, trata-se de um evento colorido, com festejos e alegria. As crianças ganham brinquedos e máscaras festivas e saboreiam bolos da lua bem fresquinhos. Desfiles com lanternas, jogos, brincadeiras e demonstrações de artes marciais fazem parte das festividades.

Bolo doce da lua decorado para o Festival Trung Thu

Festival da Baleia *(set)*. A veneração das baleias é uma prática antiga, com raízes nas culturas *cham* e *khmer*. Grandes procissões se reúnem no templo para fazer oferendas. Em Phan Thiet (p. 110), o festival também inclui a comunidade

Festival de Luta de Búfalos de Do Son, em Haiphong

VIETNÃ MÊS A MÊS | 37

Dançarinas e músicos da etnia *cham* comemoram o Festival Kate

chinesa, com desfiles por toda a cidade.

Festival Kate *(set-out)*, nas torres de Po Klong Garai, em Phan Rang-Thap Cham *(p. 111)*. Esse grande festival de dez dias segue o calendário *cham* e é a festa mais importante dessa etnia. Centenas de devotos em belas procissões coloridas, junto com músicos tradicionais, caminham até as torres para homenagear as divindades, os governantes *cham* e reverenciar seus heróis nacionais.

9º Mês Lunar

Festival do Pagode Keo *(meados out)*, na vila de Vu Nhat, província de Thai Binh. O aniversário da morte do monge budista Duong Khong Lo é lembrado com três dias de festejos, com uma grande procissão e rituais religiosos. Competições de culinária e de caça ao pato, além de um concurso de trombetas e tambores.

Aniversário de Confúcio *(fim out-início nov)*. Como sistema estatal de administração, o confucionismo pode ter desaparecido no regime comunista, mas Confúcio ainda é venerado. A data foi declarada Dia do Professor, e o sábio recebe incenso e preces em muitos templos.

Inverno (Nov-Jan)

Agora o tempo fica frio e chuvoso no norte, tradicional território da etnia vietnamita, onde surgiu a maioria dos festivais, mas há poucos festejos nessa estação.

10º Mês Lunar

Festival Oc Om Boc e Corridas de Ngo *(meados nov)*, em Soc Trang *(p. 100)*. Esse festival *khmer* é dedicado à lua. Os moradores colocam vasilhas de arroz, bananas e cocos em templos, esperando colheitas abundantes e muito peixe. O principal evento tem uma série de corridas de *ngo* (canoa), com competidores do Vietnã e do Camboja. Cada barco é escavado num tronco de árvore.

Festival do Templo Nguyen Trung Truc *(fim nov)*, na vila de Long Kien, no distrito de Cho Moi, província de An Giang. Esse templo é dedicado a Nguyen Trung Truc (1837-1868), herói nacional divinizado, famoso por liderar o movimento contra os franceses no sul do Vietnã. Corridas de barco e partidas de xadrez fazem parte das festas, junto com a encenação do naufrágio do navio francês *Esperance* pelas mãos de Nguyen Trung Truc e seus companheiros.

11º Mês Lunar

Festival de Flores de Dalat *(dez)*, em Dalat *(pp.118-20)*. Realizado às margens do lago Xuan Huong, esse festival exibe muitas espécies de lindas flores que desabrocham nos morros frios ao redor de Dalat. Além das flores, há música e dança, e também arranjos de lanternas coloridas.

Festival Trung Do *(fim dez)*. Esse festival homenageia o patriota Ly Bon, que liderou uma revolta bem-sucedida contra os chineses em 542. Depois ele se proclamou imperador Li Nam De. São realizados tradicionais jogos de bola, conhecidos como *phet*, durante as comemorações.

Natal *(25 dez)*. Embora seja um país basicamente budista, o Vietnã tem uma grande comunidade cristã. Assim, o Natal é celebrado com entusiasmo, principalmente nas grandes cidades, onde ruas e lojas são decoradas com luzes, neve falsa e diversos enfeites.

12º Mês Lunar

Ano-Novo *(1º jan)*. Nenhum evento especial está ligado a esse recente acréscimo emprestado do calendário ocidental, mas o dia é reconhecido oficialmente como feriado. Vem ganhando reconhecimento; porém, nem chega aos pés do Tet.

Arranjo festivo de bastões de incenso, velas e dinheiro da alma

Feriados

Ano-Novo 1º jan

Tet Nguyen Dan 19-21 fev (2015)

Dia da Fundação do Partido Comunista do Vietnã 3 fev

Dia da Liberação 30 abril

Dia dos Reis Hung 28 abr (2015)

Dia do Trabalho 1º mai

Aniversário de Ho Chi Minh 19 mai

Dia Nacional 2 set

O Clima do Vietnã

Embora o Vietnã tenha clima tropical, há muitas diferenças de norte a sul e do litoral aos planaltos. Em geral, as monções trazem chuvas pesadas entre maio e outubro, ao passo que o tempo fica relativamente seco de novembro a fevereiro. O período de calor, entre fevereiro e abril, pode ser bem desagradável, com temperaturas que atingem os 35°C e umidade do ar ao redor de 80% a 100%.

No âmbito regional, o sul é bem mais quente e úmido, com temporais na estação chuvosa. O litoral central é assolado por tufões entre julho e novembro, mas os invernos costumam ser frios e chuvosos. O norte enfrenta invernos frios e úmidos entre novembro e março, com nevadas ocasionais no monte Fansipan. Os verões do norte são quentes e úmidos.

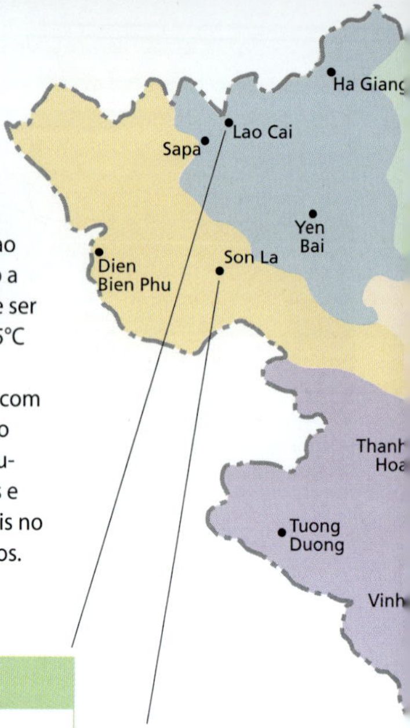

LEGENDA

- Verão quente e úmido; inverno frio e seco com geadas ocasionais
- Verão ameno e úmido; inverno frio e chuvoso; neve em áreas altas
- Verão fresco e chuvoso; inverno gelado e seco, com alguma chuva
- Verão quente e úmido; inverno frio e chuva ocasional
- Verão quente e seco; inverno frio e chuvoso
- Clima seco moderado o ano todo, com curta monção de inverno
- Verão quente com muita chuva; inverno frio e seco
- Verão quente e úmido; inverno quente e seco com alguma chuva
- Verão quente com tempestades; inverno quente e úmido

0 km — 200

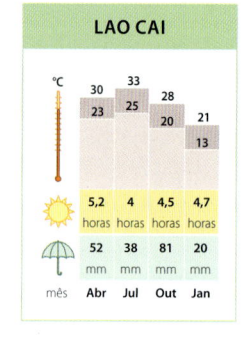

LAO CAI

mês	Abr	Jul	Out	Jan
°C (máx)	30	33	28	21
°C (mín)	23	25	20	13
sol	5,2 horas	4 horas	4,5 horas	4,7 horas
chuva	52 mm	38 mm	81 mm	20 mm

SON LA

mês	Abr	Jul	Out	Jan
°C (máx)	21	23	19	19
°C (mín)	13	18	13	5
sol	5,8 horas	3,8 horas	5,0 horas	4,3 horas
chuva	279 mm	209 mm	38 mm	12 mm

CHAU DOC

mês	Abr	Jul	Out	Jan
°C (máx)	35	32	30	31
°C (mín)	24	23	24	21
sol	5 horas	4 horas	7 horas	8 horas
chuva	70 mm	190 mm	230 mm	10 mm

Mercado flutuante de Cai Rang pela manhã, em Can Tho

VIETNÃ MÊS A MÊS | 39

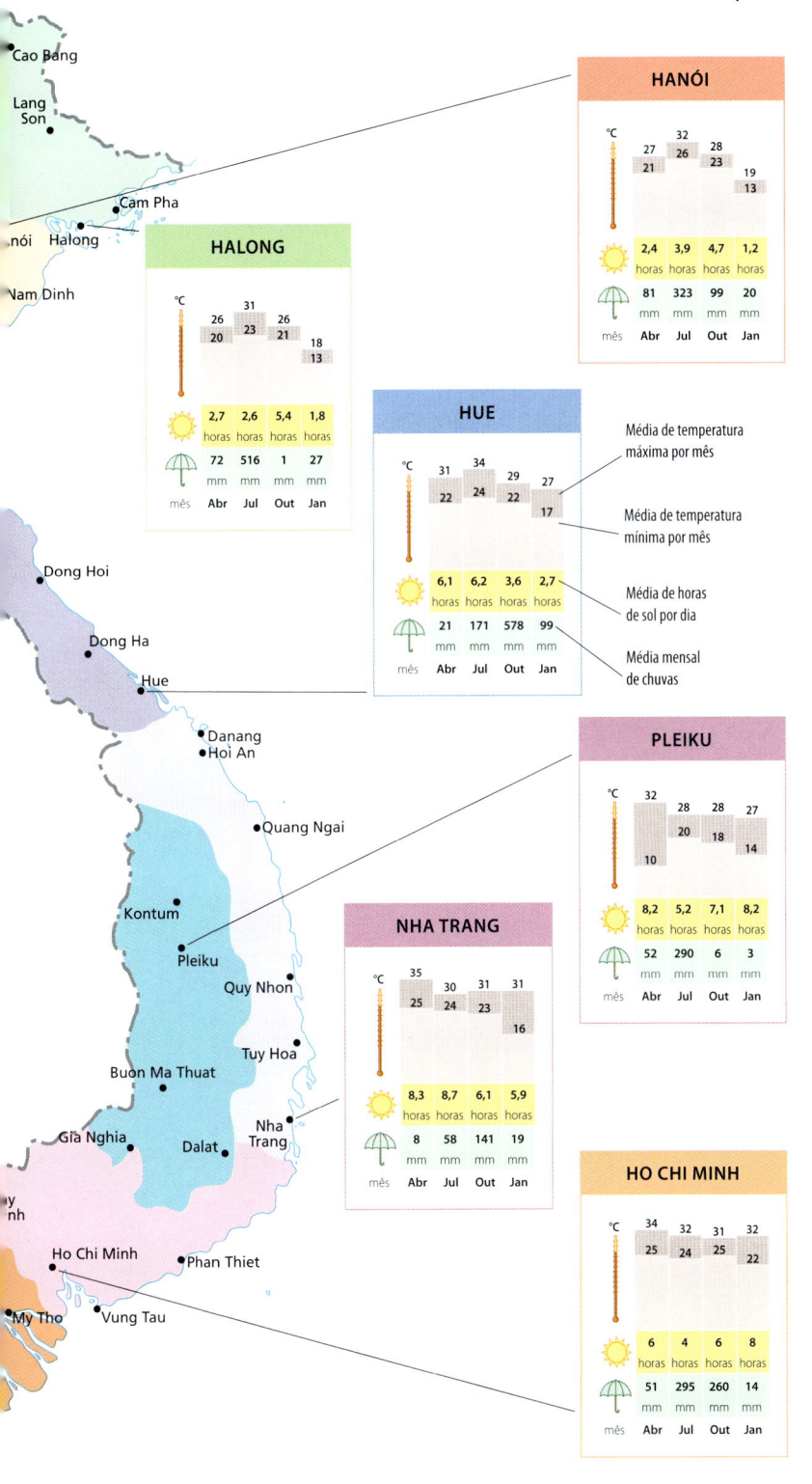

HANÓI

°C				
	27	32	28	
	21	26	23	19
				13

☀	2,4 horas	3,9 horas	4,7 horas	1,2 horas
☂	81 mm	323 mm	99 mm	20 mm
mês	Abr	Jul	Out	Jan

HALONG

°C				
	26	31	26	
	20	23	21	18
				13

☀	2,7 horas	2,6 horas	5,4 horas	1,8 horas
☂	72 mm	516 mm	1 mm	27 mm
mês	Abr	Jul	Out	Jan

HUE

°C				
	31	34	29	27
	22	24	22	17

— Média de temperatura máxima por mês

— Média de temperatura mínima por mês

☀	6,1 horas	6,2 horas	3,6 horas	2,7 horas
☂	21 mm	171 mm	578 mm	99 mm
mês	Abr	Jul	Out	Jan

— Média de horas de sol por dia

— Média mensal de chuvas

PLEIKU

°C				
	32	28	28	27
		20	18	14
	10			

☀	8,2 horas	5,2 horas	7,1 horas	8,2 horas
☂	52 mm	290 mm	6 mm	3 mm
mês	Abr	Jul	Out	Jan

NHA TRANG

°C				
	35	30	31	31
	25	24	23	
				16

☀	8,3 horas	8,7 horas	6,1 horas	5,9 horas
☂	8 mm	58 mm	141 mm	19 mm
mês	Abr	Jul	Out	Jan

HO CHI MINH

°C				
	34	32	31	32
	25	24	25	22

☀	6 horas	4 horas	6 horas	8 horas
☂	51 mm	295 mm	260 mm	14 mm
mês	Abr	Jul	Out	Jan

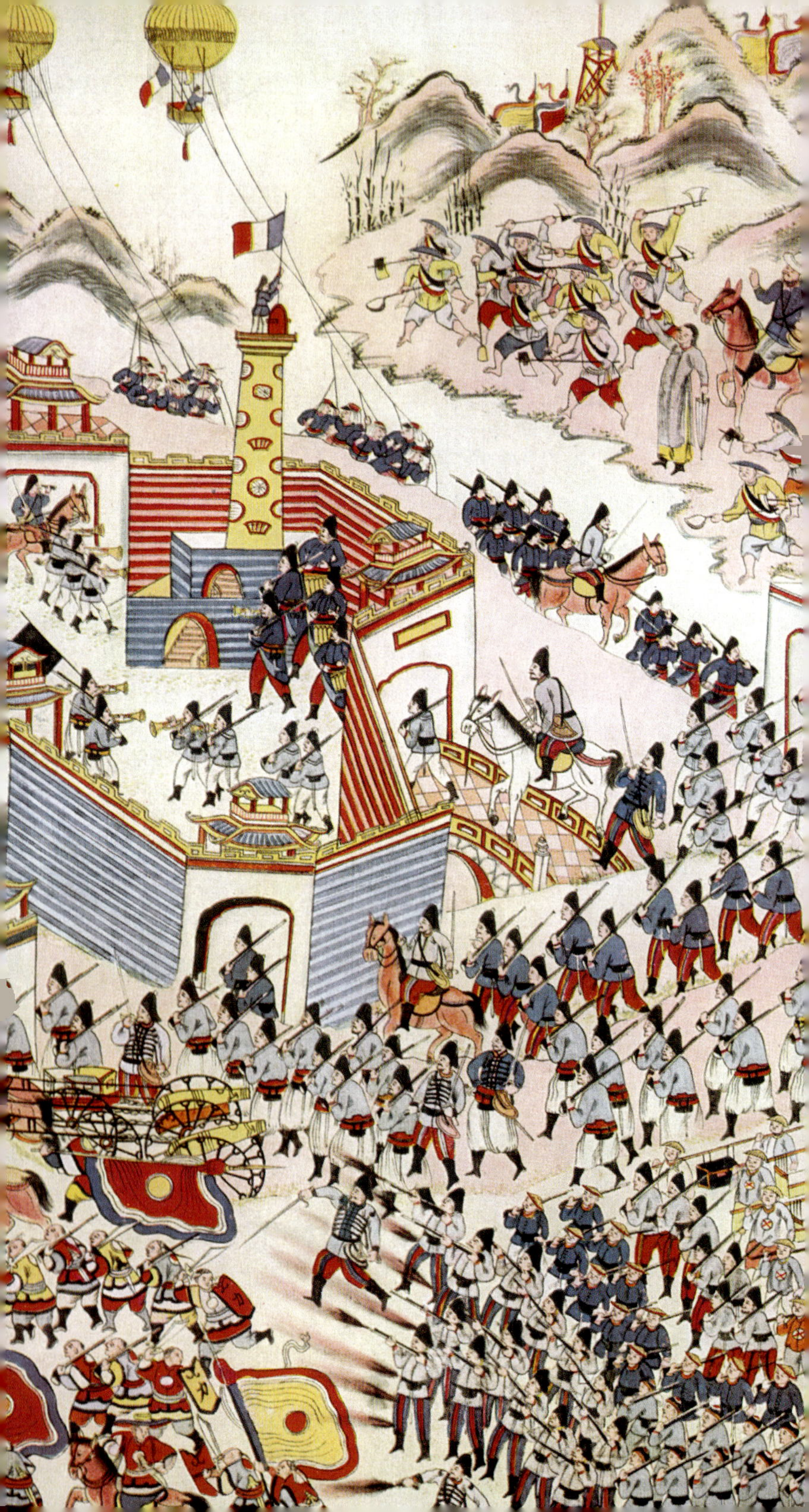

A HISTÓRIA DO VIETNÃ

A história inicial do Vietnã perdeu-se na névoa do tempo e nas lendas. Mas, quando se traça sua jornada nos séculos de história registrada, constata-se que a nação foi constantemente assediada por invasões estrangeiras e guerras civis. A narrativa histórica – desde a retomada da independência, em 979, depois de mil anos de ocupação chinesa, até a reunificação, em 1975 – também revela a inabalável determinação vietnamita para obter autonomia e liberdade.

Acredita-se que há mais de 5 mil anos o povo vietnamita aprendeu a cultivar arroz e instalou-se nas terras férteis ao redor das atuais Guangxi e Guangdong, na China. Seus vizinhos do norte, os chineses han, obrigaram-nos a fugir para o sul, onde o líder vietnamita se proclamou Viem De (Imperador Vermelho do Sul) e fundou um reino chamado Xich Qui, no delta do rio Vermelho.

Esse período representa o mais antigo Estado vietnamita mítico e também a primeira separação documentada da China.

Diz a lenda que o rei De Minh de Xich Qui casou-se com a filha do senhor Dragão do Mar. Dessa união nasceu Lac Long Quan, considerado o primeiro rei vietnamita. Para manter a paz com os chineses, ele desposou a princesa Au Co, uma bela chinesa imortal, que lhe deu cem filhos. Depois Lac Long Quan enviou sua esposa e 50 filhos para as montanhas e ficou à beira-mar com os outros 50. Foi assim que nasceu o povo vietnamita: metade vivendo no planalto e metade no delta do rio Vermelho. Lac Long Quan criou o primogênito para ser rei dos kinh (vietnamitas) e deu-lhe o nome real de Hung Vuong. Ele se tornou o primeiro de uma linhagem de lendários reis Hung, cuja dinastia, Van Lang, ficava sediada em Phu Tho, na margem esquerda do rio Vermelho, cerca de 80km a noroeste da atual Hanói. Acredita-se que os antigos tambores de bronze escavados no norte do Vietnã e no sul da China, atribuídos à civilização dong son, estivessem associados a essa dinastia importante.

O Período dos Reis Hung

Segundo o folclore, dezoito reis Hung governaram em sequência durante 150 anos. No século III a.C., a dinastia Van Lang entrara em declínio. Em 258 a.C., Thuc Phan, soberano de Au Viet, reino rival do norte, derrotou o rei Hung e fundou um novo Estado, chamado Au Lac, com capital em Co Loa, perto de Hanói.

Os estudiosos consideram que esse seja o primeiro Estado vietnamita, que floresceu com Thuc Phan, monarca que reinou com o nome de An Duong Vuong.

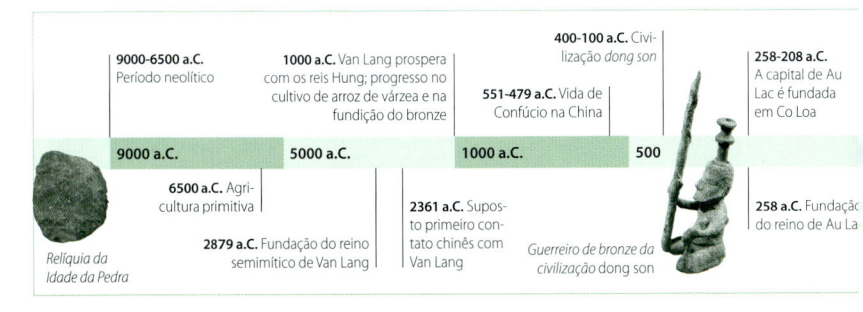

9000-6500 a.C. Período neolítico

1000 a.C. Van Lang prospera com os reis Hung; progresso no cultivo de arroz de várzea e na fundição do bronze

400-100 a.C. Civilização *dong son*

551-479 a.C. Vida de Confúcio na China

258-208 a.C. A capital de Au Lac é fundada em Co Loa

9000 a.C. — **5000 a.C.** — **1000 a.C.** — **500**

6500 a.C. Agricultura primitiva

2879 a.C. Fundação do reino semimítico de Van Lang

2361 a.C. Suposto primeiro contato chinês com Van Lang

258 a.C. Fundação do reino de Au Lac

Relíquia da Idade da Pedra

Guerreiro de bronze da civilização dong son

◀ Os franceses usaram balões ancorados para fins de reconhecimento na captura de Hong Hoa, na Indochina, em 1884

Conexão Chinesa

Com o passar do tempo, o desenvolvimento do Vietnã foi marcado por sua proximidade com a China. Em 207 a.C., Trieu Da, general chinês renegado, conquistou Au Lac e o anexou aos próprios territórios no sul da China. Nam Viet, o reino que ele fundou, tinha capital em Fanyu, onde hoje fica a província chinesa de Guangdong. O reinado de Trieu Da marcou o início de quase mil anos de ocupação da China, que fez do Vietnã um posto avançado ímpar da civilização chinesa no Sudeste Asiático.

Estátua de guerreiro *han*

Provavelmente, o Nam Viet era tão vietnamita quanto chinês. Apesar de a dominante dinastia Han Ocidental (206 a.C.-9 d.C.) considerar a área ao sul do rio Yang-tsé como parte da civilização Han, o modo de vida e os valores culturais chineses impunham-se cada vez mais ao Nam Viet.

O reino se tornou um Estado tributário da dinastia Han Ocidental em 111 a.C., quando os sucessores de Trieu Da reconheceram a soberania do imperador Wudi (reinado 141-87 a.C.). Quando se estabeleceu a autoridade Han, os territórios vietnamitas se transformaram na província chinesa de Giao Chi.

Durante os primeiros séculos de domínio chinês, foram feitas muitas tentativas de achinesar os vietnamitas, mas com sucesso limitado. Embora eles adotassem muitas facetas da cultura chinesa, da educação ao confucionismo, taoismo e budismo, eles se recusavam firmemente a se tornar parte da China, e a resistência e as rebeliões permearam todos os longos anos de domínio chinês.

Em 40 d.C. duas nobres vietnamitas, as irmãs Trung (p. 167), lideraram a primeira e mais famosa tentativa de liberdade. Elas se proclamaram rainhas de um reino independente, com capital em Me Linh. No entanto, apenas três anos depois, os han restabeleceram o controle chinês na região.

Apesar das repetidas revoltas, o domínio chinês continuou pelos nove séculos seguintes. Em 679 o Vietnã se tornou um apêndice da dinastia Tang (618-907), com o nome de An Nam, ou Sul Pacificado, com capital em Tong Binh, à margem do rio Vermelho, perto da atual Hanói.

A Criação do Dai Viet

O milênio de ocupação estrangeira terminou em 938, quando Ngo Quyen, um dos mais celebrados heróis nacionais do Vietnã, destruiu com engenhosidade uma frota chinesa que tentava navegar pelo rio Bach Dang, perto de Haiphong, colocando uma barreira de estacas com ponta de ferro no leito do rio. Após esse triunfo, ele se proclamou rei Ngo Vuong do Dai Viet, e transferiu a capital de Dai La, na fortaleza de Tong Binh, de volta para Co Loa, antiga sede do Au Lac, primeiro reino vietnamita livre.

Pintura retrata a batalha das irmãs Trung contra os chineses

---

208 a.C. Capital muda para Fanyu, em Guangdong

1º d.C. Governante *han* impõe cultura chinesa ao Vietnã

40 Revolta das irmãs Trung

100 Surge o reino de Cham

Escultura do reino de Cham

| 200 a.C. | 100 a.C. | 0 | 100 d.C. | 200 | 300 |

111 a.C. Nam Viet conquistado pelo imperador *han* Wudi

1º d.C. Fundação do reino de Funan

43 Reconquista chinesa

300 Capital do reino de Cham em Cingapura

Joias de Funan

Ruínas arquitetônicas de My Son *(pp. 134-6)*, capital religiosa do reino Cham entre o século IV e o XIII

Funan e Champa

Enquanto a cultura vietnamita, influenciada pelos chineses, se desenvolvia no coração do delta do rio Vermelho, o sul presenciava o surgimento de dois reinos indianos: Funan e Champa. Precursor do grande império *khmer*, acredita-se que Funan tenha sido fundado no século I d.C. No auge do poder, sua influência se estendia por boa parte do Camboja e pelo litoral leste da Tailândia. É provável que tenha sido criado por um comerciante da Índia, que, segundo a lenda, casou-se com a filha de uma divindade naga (serpente) e fundou a dinastia.

Entre os séculos II e VI, os governantes de Funan enriqueceram o reino com o comércio. Há indícios de que negociavam com a China, a Índia e até o Império Romano. Mas, no final do século VI, Funan foi sobrepujado por um novo poder *khmer*, o reino de Chen La. Localizado bem no interior, estava menos sujeito aos ataques javaneses e às enchentes desastrosas. Atualmente, resta pouca coisa de Funan além das ruínas da cidade portuária de Oc Eo, perto de Rach Gia, e alguns objetos em museus de Hanói, Ho Chi Minh e Long Xuyen.

Os primeiros registros do reino de Champa datam de 192 d.C., quando os assentamentos de Cham, que se acreditavam originários de Java, começaram a aparecer ao longo do litoral central do Vietnã. No apogeu, eles controlavam as terras que se estendiam de Vinh até o delta do Mekong, e distinguiam-se no comércio marítimo com exportações de escravos e sândalo.

Por volta de 800, o reino de Champa sentia-se cada vez mais ameaçado pelo novo reino *khmer*, muito poderoso, de Angkor, e pela expansão vietnamita para o sul. A situação piorou com o passar dos séculos. Em 1471, Cham sofreu uma derrota terrível dos vietnamitas. Champa foi reduzido a uma pequena parte do território do sul de Nha Trang a Phan Thiet, e sobreviveu até 1720, quando o rei e muitos de seus súditos fugiram para o Camboja, a fim de não se submeterem aos vietnamitas.

Estátua do período Oc Eo

---

600 Tong Binh fortificada por importante cidadela chinesa chamada Dai La

618-907 Administração da dinastia Tang; capital muda para Tong Binh; chineses chamam Vietnã de An Nam (Sul Pacificado)

700 Capital do reino Cham em Indrapuram

907 Queda da dinastia Tang

938 Independência com o rei Ngo Vuong do Dai Viet

544 Revolta de Ly Bon

500 Reino de Funan sobrepujado pelo *khmer*

700 Sistema de diques do rio Vermelho reforçado e ampliado por chineses

Imperatriz Wu Zetian, dinastia Tang

945 Morre o rei Ngo Vuong

979 Começa avanço vietnamita para o sul

Templo da Literatura, em Hanói, um centro do saber

tes. O budismo se tornou a religião oficial, e o confucionismo foi adotado para a administração estatal durante o reinado de Ly Thai To. Com essa dinastia, o Vietnã começou a progredir como poderoso país autônomo, embora permanecesse muito ligado ao universo cultural da China. Seguia um sistema de governo muito centralizado, com tributação nacional, estrutura legal codificada e exército profissional. No comando estava o rei, um monarca absoluto e mediador entre o céu e a terra.

Consolidação do Dai Viet

Ngo Vuong morreu em 945, e a independência vietnamita viu-se ameaçada novamente, pois o controle foi dividido entre senhores feudais rivais. Por sorte, em 968 Dinh Bo Linh, o senhor mais poderoso, reunificou o país, denominando-o Dai Co Viet. Ele assumiu o nome de Tien Hoang De e fundou a efêmera dinastia Dinh (968-980). Também restabeleceu uma relação de país tributário com a China para evitar mais invasões. Depois, em 979, o trono foi tomado por Le Dai Hanh, que fundou a primeira dinastia Le (980-1009) e continuou a conquista de Champa.

Dinastia Ly

Considerada a primeira formação dinástica vietnamita totalmente independente, a dinastia Ly (1009-1225) foi criada pelo culto e corajoso Ly Thai To. Em 1010, ele levou a capital de volta para Dai La, em Tong Binh, dando-lhe o auspicioso nome de Thang Long (p. 164), ou Dragão Ascendente. Essa foi a capital do Vietnã nos 800 anos seguin-

Dinastia Tran

A dinastia Tran (1225-1400) introduziu reformas nas terras e defendeu o Vietnã de ataques mongóis. Em 1288 o herói nacional Tran Jung Dao derrotou uma importante invasão mongol, na segunda batalha do rio Bach Dang, usando as táticas de Ngo Quyen de fincar estacas de metal no leito do rio. Ao mesmo tempo, o Vietnã continuou seu avanço para o sul, apoderando-se do território *cham* até Hue.

Nguyen Trai, mentor de Tran Hung Dao

Última Dinastia Le

Em 1407 a dinastia Ming invadiu o Vietnã, mas foi expulsa em 1428 pelo líder nacionalista Le Loi, durante o turbulento levante de Lam Son. Os chineses tiveram de reconhecer a autonomia de Dai Viet após essa vitória, e Le Loi fundou a última dinastia Le (1428-1788). Seu sucessor, Le Than Ton, infligiu uma derrota esmagadora ao reino de Champa em 1471, empurrando a fronteira para o sul de Qui Nhon. Naquele momento, o Vietnã já se tornara uma força importante no Sudeste Asiático.

Imagem do Buda Amitabha, da dinastia Ly

1009-1225 Dinastia Ly

1225-1400 Dinastia Tran

Soberano mongol, Kublai Khan

1000 — 1100 — 1200 — 1300

1010 Ly Thai To estabelece a capital em Thang Long

1070 Criado o Templo da Literatura

Estacas com ponta de metal usadas para atingir navios na batalha de Bach Dang

1288 Tran Hung Dao derrota os mongóis na batalha de Bach Dang

Uma Nação Dividida

À medida que a dinastia Le estendia seus domínios, atraía a ira dos senhores feudais locais. Em 1527 Mac Dang Dung, um oportunista da corte Le, apoderou-se do trono. Mas de 1539 em diante o poder real foi dividido entre as famílias Trinh e Nguyen. Por mais de dois séculos, a nação permaneceria dividida, com os Nguyen desenvolvendo sua capital em Hue para competir com a capital dos Trinh em Thang Long. Com os Nguyen, os vietnamitas conquistaram o baixo Camboja, e o delta do Mekong começou a absorver o assentamento *khmer* de Prey Nokor, depois renomeado como Saigon.

Santuário para Quang Trung, líder da rebelião Tay Son

Primeiras Influências Europeias

Em 1545 os portugueses fundaram as primeiras feitorias europeias no Vietnã. No início, ajudaram os senhores Nguyen a montar uma fundição e fabricar armas. Mais tarde, porém, auxiliaram igualmente os Trinh, de modo que pudessem tirar vantagem do comércio de especiarias. Os holandeses, seguidos pelos franceses, substituíram os portugueses como principais comerciantes do século XVII. Missionários cristãos também fizeram incursões, destacando-se a figura de Alexandre de Rodes (1591-1660), jesuíta francês que converteu milhares de vietnamitas ao cristianismo, o que lhe valeu a expulsão. No entanto, isso levou ao início do interesse francês na área, por sua riqueza.

Rebelião Tay Son

Em resposta aos anos de guerra civil e aos governos cruéis dos senhores Trinh e Nguyen, em 1771 estourou a rebelião Tay Son. Apoiada por comerciantes e camponeses, ela foi liderada por três irmãos, que derrotaram os Nguyen em 1783. O último senhor, Nguyen Anh, fugiu para o exterior e buscou ajuda francesa. Em 1786, os Tay Son destronaram os Trinh, provocando uma invasão chinesa. O mais notável dos irmãos, Tay Son, esmagou os chineses e se proclamou imperador Quang Trung. Ele morreu em 1792, deixando em seu lugar um Tay Son bastante enfraquecido.

Triunfo da Dinastia Nguyen

Em 1788 Nguyen Anh voltou e assumiu o controle de Saigon, com a ajuda do missionário francês Pigneau de Behaine (1741-1799). Após a morte de Quang Trung, Nguyen Anh derrotou facilmente os Tay Son no norte. Em 1802, ele se declarou o primeiro governante da dinastia Nguyen e transformou Hue na nova capital.

Porta da Cidadela de Hue, construída pelo imperador Nguyen Gia Long

- **1428-1788** Última dinastia Le
- **1407-28** Ocupação Ming
- **1516** Chegada de navegantes portugueses
- **1471** Vitória Le sobre Champa empurra os *cham* para o sul
- **1539-1787** Guerras Trinh Nguyen
- *Escultura de argila da dinastia Trinh*
- **1627** Chegada do missionário francês Alexandre de Rodes
- **1680-1757** Nguyen conquista o delta do Mekong
- *Espadas, rebelião Tay Son*
- **1771-92** Rebelião Tay Son
- **1802-1902** Dinastia Nguyen, em Hue
- **1832** Dinastia Nguyen acaba com a autonomia *cham*

Tropas francesas chegam à baía de Haiphong, em 1884

O Controle Francês

Nguyen Anh concedeu-se o título de Gia Long, que derivava de Gia Dinh e Thang Long, antigos nomes da cidade de Ho Chi Minh e Hanói, representando assim a unificação do Vietnã. Governante poderoso, morreu em 1820.

Minh Mang (reinado 1820-41), filho de Gia Long, herdou o trono e o legado do envolvimento francês nos negócios vietnamitas. Diferentemente do pai, ele não era grato aos franceses. Ao contrário, foi hostil a eles e editou decretos proibindo a expansão do catolicismo. O filho dele, Thieu Tri (reinado 1841-47), seguiu políticas semelhantes, assim como Tu Duc (reinado 1847-83) que acusou os convertidos de "tolos seduzidos pelos padres".

Tais medidas contra os franceses instigaram uma facção imperialista na França a executar uma "missão de civilização", que levou à perda da independência nacional por quase cem anos. Em 1858-9, como resposta ostensiva à execução de missionários, a França ocupou sumariamente Danang. Dois anos depois, tomou Saigon, e em 1865 forçou Tu Duc a formar a Cochinchina, uma colônia francesa. Por volta de 1883, a França controlava todo o país, transformando Annam (no norte) e Tonquim (no centro) em protetorados. Tu Duc morreu nesse ano, e seus sucessores foram reduzidos a fantoches dos franceses. Enquanto isso, a França ocupou o Camboja e o Laos e em 1887 criou a União Indochinesa, com capital em Hanói.

Período Colonial

Paul Doumer, governador francês da Indochina (1897-1902), invocou o An Nam, ou Sul Pacificado, do século VII, dizendo que "quando a França chegou à Indochina, os anamitas estavam prontos para a servidão". A partir de então e durante muitas décadas o Vietnã sofreu sob a imposição francesa de altos impostos, monopólios estatais de sal, álcool e ópio, e com o trabalho forçado, conhecido como *corvée*. Os franceses também lucraram com os cafezais e as plantações de seringueiras, além dos amplos recursos minerais do país. Tudo isso mudou em 1940, quando a Alemanha nazista ocupou a França e estabeleceu o regime fantoche de Vichy. Na Indochina, as autoridades de Vichy colaboraram com o Japão, parceiro do Eixo alemão, e o Vietnã caiu sob um novo e brutal domínio colonial.

Paul Doumer, governador da Indochina francesa

Avanço da Resistência Socialista

Já no início do século XX movimentos nacionalistas começaram a surgir por todo o Vietnã. A revolução chinesa de 1911 inspirou os vietnamitas, e o Partido Nacional Viet Nam (VNQDD) foi criado, numa imitação do Kuo-

1820-41 O imperador Minh Mang baixa decretos contra os franceses

1832 São extintos os últimos principados de Champa

1858-59 A França toma posse de Danang

1865 A Cochinchina é declarada colônia francesa

1883 A França estabelece protetorados em Annam e Tonquim

1887 A França cria a União Indochinesa com Vietnã, Laos e Camboja

1890 Nascimento de Ho Chi Minh, perto de Kim Lien

Imperador Minh Mang

mintang nacionalista chinês. Em 1930, os franceses mandaram Nguyen Thai Hoc, presidente do VNQDD, para a guilhotina com doze de seus companheiros. Em 1941 Ho Chi Minh (p. 173), arquiteto da independência do Vietnã, voltou ao país depois de anos. Criou a Liga de Independência Vietnamita, ou Vietminh, e começou a organizar movimento nacionalista contra franceses e japoneses. Em março de 1945, face à iminente derrota na guerra do Pacífico, o Japão se apossou da administração direta do regime de Vichy. Mas Ho Chi Minh e suas forças já haviam libertado partes do extremo norte e avançavam sobre Hanói.

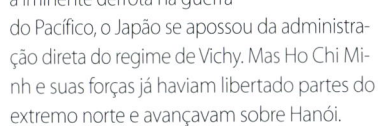

Os japoneses se renderam em 15 de agosto de 1945. Em 2 de setembro Ho Chi Minh proclamou a independência nacional na Praça Ba Dinh, em Hanói.

Ho Chi Minh *(à esq.)* e estrategistas militares em Dien Bien Phu, em 1953

Primeira Guerra da Indochina

Depois que a Alemanha saiu da França, o general Charles De Gaulle e os principais oficiais mais graduados estavam determinados a retomar a Indochina, e reinstalaram tropas francesas no Vietnã. Isso provocou um levante em Hanói em 1946 e a eclosão da Primeira Guerra da Indochina. De sua fortaleza em Viet Bac, as forças vietminh, comandadas pelo general Vo Nguyen Giap, defenderam-se e se apossaram de amplas faixas do país. Os franceses mantiveram o controle sobre Hanói, Saigon e as grandes cidades, mas não se saíram vitoriosos. Em 1946 Ho Chi Minh avisara os franceses: "Vocês podem matar dez dos meus homens para cada um que eu matar dos seus. Mas, mesmo com essa desproporção, vocês perderão e eu vencerei". Por volta de 1954, os *vietminh* infligiram a derrota final aos franceses na batalha de Dien Bien Phu (p. 199). Contudo, os EUA, na fúria de refrear o comunismo, já haviam financiado quase 80% do esforço de guerra francês, preparando o cenário para a Guerra do Vietnã.

Prelúdio da Guerra do Vietnã

A Conferência de Genebra ocorreu em 1954. Nela, França, Grã-Bretanha, EUA e URSS decidiram dividir o Vietnã no paralelo 17, programando eleições gerais para 1956. As eleições nunca foram realizadas, e a divisão se tornou permanente. O norte se tornou a República Democrática Comunista do Vietnã, com capital em Hanói e liderada por Ho Chi Minh, e o sul virou a República do Vietnã, anticomunista, com capital em Saigon, comandada por Ngo Dinh Diem, católico fervoroso e aliado dos EUA.

Soldados *vietminh* atacam base francesa em Dien Bien Phu

Cartão-postal francês da Indochina

1911 Ho Chi Minh viaja para Paris. Entra no Partido Comunista Francês em 1920

1924 Ho Chi Minh torna-se agente do Comintern

1930 Ho Chi Minh forma o Partido Comunista Indochinês em Hong Kong

1940 França é ocupada pela Alemanha nazista; regime de Vichy

1945 9 de março, japoneses dão golpe contra franceses; 15 de agosto, Japão se rende

1945 Bao Dai, imperador Nguyen, abdica; Ho Chi Minh proclama a independência

Bao Dai *(à dir.)* com o general Navarre

1954 A França é derrotada em Dien Bien Phu

1946 Primeira Guerra da Indochina, quando franceses reimpõem seu domínio

A Guerra do Vietnã

A partir de 1954, o Vietnã do Sul, sob o comando do presidente Diem, foi amparado financeira e politicamente pelos EUA. Com Diem, comunistas e budistas foram perseguidos, enquanto o Vietnã do Norte era hostil aos católicos, muitos dos quais fugiram. O país todo estava envolvido em agitações e disputas, e chegara o momento para a intervenção dos EUA. Enquanto isso, o Vietnã do Norte aliou-se à China e à URSS, e em 1960 foi formada a Frente de Libertação Nacional (FLN), ou Vietcongue, com a missão de unificar o país. Em 1960 militares americanos chegaram ao Vietnã do Sul, dando início aos quinze anos da guerra que os vietnamitas chamam de Guerra Americana e os americanos, de Guerra do Vietnã.

Guerra de Guerrilha
Tanto a FLN quanto o aliado Exército do Vietnã do Norte (ENV) eram adeptos do preparo de armadilhas simples mas mortais.

Americanos em Arrozais do Delta do Mekong

Em 1967 havia meio milhão de soldados americanos no Vietnã, muitos deles recrutados havia um ano. A maioria era inexperiente e desmotivada, e tinha de lutar em terreno desconhecido e difícil, atravessando arrozais e pântanos atrás dos esquivos oponentes. Mais profissionais, forças americanas especializadas montaram as Patrulhas de Reconhecimento de Longo Alcance (PRLA), que permaneciam na selva ou em áreas pantanosas em perigosas missões de cinco dias.

Incidente no Golfo de Tonquim (1964) Os EUA acusaram os barcos da FLN de torpedearem sem provocação o *USS Maddox*. Para Lyndon Johnson, esse incidente deu motivo para bombardear o Vietnã do Norte e mandar tropas para o país.

Morte Vinda do Ar
A Força Aérea dos EUA (USAF) e os aliados sul-vietnamitas usaram armas químicas, como o fósforo branco, contra as posições inimigas. Aqui, aeronave dos EUA bombardeia Danang em 1966.

Trilha Ho Chi Minh
Com caminhos ocultos e estreitos e pontes frágeis, a Trilha Ho Chi Minh (*p. 155*) era usada por tropas comunistas para ir do Vietnã do Norte a Saigon.

1954 Tratado assinado na Convenção de Genebra sancionou a divisão do Vietnã

1960 Comunistas criam a Frente de Libertação Nacional do Vietnã do Sul

Ngo Dinh Diem (1958), presidente do Vietnã do Sul

1965 Chegada da primeira tropa de combate dos EUA; começa o bombardeio do Vietnã do Norte

1955 — 1960 — 1965

Monge budista se sacrifica em protesto contra o governo de Diem, em 1963

1963 Diem é assassinado, supostamente por generais do Vietnã do Sul

1964 Dizem que torpedeiros norte-vietnamitas atacaram destróieres americanos no golfo de Tonquim

A HISTÓRIA DO VIETNÃ | 49

Ofensiva do Tet (1968) A batalha mais longa e sangrenta foi a Ofensiva do Tet, em janeiro, quando as forças comunistas tomaram a antiga capital imperial de Hue e a mantiveram mesmo com contra-ataques maciços por 25 dias. Os dois lados sofreram pesadas baixas.

Colina Hambúrguer (1969) Em 10 de maio, o 101º batalhão aerotransportado dos EUA atacou tropas que ocupavam a montanha Ap Bia, perto do Laos. Em dez dias, 46 soldados americanos morreram e 400 ficaram feridos, dando ao local o epíteto de "colina Hambúrguer".

Bombardeios de Napalm
Composto de gasolina gelatinizada, cruel mas eficaz, o napalm matou milhares de pessoas. Quando essa imagem terrível de crianças vitimadas foi transmitida pelo mundo, em junho de 1972, a opinião pública dos EUA virou-se contra a guerra.

Protestos Contra a Guerra
No final da década de 1960 e na década de 1970, o movimento contra a guerra ganhou força em toda parte, até nos EUA. Esses manifestantes estão na frente da embaixada Americana, na Grosvenor Square, em Londres.

Acordos de Paz de Paris (1973) Henry Kissinger e Le Duc Tho assinaram o tratato em 23 de janeiro. As tropas dos EUA se retiraram do Vietnã e o Norte soltou quase 500 prisioneiros de guerra.

29 de abril de 1975
Os últimos funcionários americanos em Saigon foram levados de helicóptero até barcos da marinha dos EUA no mar da China Meridional, enquanto a cidade era tomada pelas vitoriosas forças comunistas.

Memorial ao Massacre de My Lai

1968 É lançada a Ofensiva do Tet em jan-fev; em março, o Massacre de My Lai *(p. 123)* choca o país

1969 Ho Chi Minh morre; Nixon propõe conversações de paz

1972 Americanos bombardeiam porto de Haiphong

1971 O *New York Times* divulga trechos de documentos do Pentágono que expõem o envolvimento dos EUA na Guerra do Vietnã

1973 Assinado acordo de cessar-fogo; tropas dos EUA saem do Vietnã

1975 O Sul se rende ao Norte; instalado governo provisório

Distintivos antiguerra usados na década de 1970

Manifestante sobe em estátua perto do Capitólio e agita bandeira vietcongue (1971)

Reunificação e Isolamento

Após a vitória do Vietnã do Norte, em 1975, subiu ao poder Le Duan, secretário-geral do Partido Comunista depois da morte de Ho Chi Minh. Foram suas políticas de governo doutrinárias que orientaram a década seguinte. Em julho de 1976, o Vietnã foi reunificado oficialmente, proclamando-se a República Socialista do Vietnã. Seis meses depois, no Quarto Congresso do Partido, foi tomada a decisão de avançar com a coletivização forçada da indústria, do comércio e da agricultura no sul. Funcionários do antigo regime do Vietnã do Sul sofreram perseguição, e muitos foram obrigados a passar longos períodos de reeducação em áreas subdesenvolvidas de fronteira, uma política que privou o país dos serviços de milhares de cidadãos habilitados e cultos. Saigon recebeu o nome de Ho Chi Minh – uma designação nunca totalmente aceita na região. Em Cholon *(pp. 72-3)* e em todo o sul, a perseguição aos comerciantes logo parou os negócios, um movimento que irritou a China, pois a maior parte do comércio era controlada pelos chineses. Em 1977 um grande número de refugiados, chamados "gente do barco", começou a fugir para o exterior, desfalcando ainda mais o país de recursos humanos. Além disso, o severo embargo comercial imposto pelos EUA depois de 1975 contribuiu para a desintegração econômica do Vietnã.

Saída de tropas vietnamitas do Camboja, em 1989

As dificuldades aumentaram no âmbito regional. Em 1976 o Kampuchea Democrático de Pol Pot (Khmer Vermelho do Camboja), apoiado pela China, atacou o Vietnã, que respondeu com a assinatura de um pacto de segurança com a União Soviética em 1978, derrubando Pol Pot no final do mesmo ano. No início de 1979, a China revidou, invadindo o norte do Vietnã e destruindo diversas capitais de província. Hanói, execrada pela China e por boa parte do Ocidente, foi forçada a fazer uma aliança mais próxima com a URSS. No início da década de 1980, empobrecido e isolado, o Vietnã caminhava para a fome e o colapso econômico.

Refugiados navegam para Manila, em 1978

Renovação

A morte de Le Duan, em 1986, trouxe mudanças. Nguyen Van Linh tornou-se líder do partido, e foi adotada a política de reformas econômicas no Sexto Congresso do Partido,

---

1975 Reunificação do Vietnã sob um governo comunista

1979 A China invade o norte do Vietnã

Pol Pot, ditador cambojano

1989 As tropas vietnamitas se retiram do Camboja

1994 Suspensão do embargo dos EUA

| 1976 | 1980 | 1984 | 1988 | 1992 | 1996 |

1978 O Vietnã invade o Camboja e derrota o Khmer Vermelho

1986 Morte de Le Duan; reformas econômicas

Le Duan

1995 Vietnã entra na Asean; reatadas as relações diplomáticas com os EUA

1976 É criada a República Socialista do Vietnã

abrindo caminho para uma reforma econômica e social gradual sob comando do Partido Comunista. A política de liberalização foi acelerada com o colapso da União Soviética e o fim da Guerra Fria, em 1991. O Vietnã perdeu seu aliado e protetor financeiro e foi forçado a restabelecer contato com a China, a se aproximar de seus vizinhos do Sudeste Asiático e a se abrir cada vez mais ao Ocidente. Por causa disso, em 1994 os EUA suspenderam o embargo comercial e em 1995 reataram relações diplomáticas com Hanói. No mesmo ano, o Vietnã tornou-se membro da Associação das Nações do Sudeste Asiático (Asean). Em 1997 a política de continuidade da reforma econômica foi confirmada com a eleição do progressista Tran Duc Luong como presidente e de Phan Van Khai como primeiro-ministro.

Tran Duc Luong com o presidente Bill Clinton (2000)

Renascimento

A partir da virada do século XX, o Vietnã vem passando por notáveis reviravoltas. Em 2000 a visita do presidente americano Bill Clinton foi um indício da rápida melhora das relações entre dois antigos inimigos. Em 2001 veio a normalização das relações comerciais entre Washington e Hanói e a eleição de Nong Duc Manh como secretário-geral do Partido Comunista – posição mais poderosa do Vietnã, seguida pelo primeiro-ministro e pelo presidente. Considerado modernizador, Nong Duc Manh prometeu que se concentraria no desenvolvimento econômico e combateria a currupção e a burocracia desnecessária. Em 2006 Nguyen Tan Dung, primeiro-ministro mais jovem do país, foi confirmado pela Assembleia Nacional. Ele é o primeiro líder pós-Guerra do Vietnã sem experiência em lutas de independência, eleito para conquistar o desenvolvimento e "retirar o país do atraso". Durante os dois anos que se seguiram, o país continuou a prosperar economicamente.

O Vietnã foi, desde então, um dos países asiáticos com crescimento econômico mais rápido. Em 2010 ocorreu a entrada de marcas estrangeiras e a construção de muitos arranha-céus modernos na cidade de Ho Chi Minh. Porém, a ausência de esforços para continuar as reformas levou a uma contração da economia e gerou tensões sociais. Em 2011 houve uma série de tumultos e protestos em resposta à brutalidade da polícia e à expropriação em larga escala de terras por parte do governo, o que gerou constrangimento e censura em relação aos principais dirigentes do país. Apesar disso, a maioria dos vietnamitas tem mais liberdade do que seus antepassados tiveram em qualquer momento da longa história do país.

Vista da cidade de Ho Chi Minh

2001 Nong Duc Manh se torna secretário-geral do Partido Comunista

2005 Primeiro-ministro Phan Van Khai visita os EUA

2008 Alta da inflação gera incerteza na economia

2010 Após muitas visitas ao Vietnã, a Secretária de Estado dos EUA Hillary Clinton manifesta apoio ao país nas disputas territoriais com a China

2012 O cidadão americano Nguyen Quoc Quan é retido como preso político pelo Vietnã, acusado de atividades pró-democracia

2000 | 2004 | 2008 | 2012 | 2016 | 2020

2000 Visita do presidente Clinton; O Vietnã abre Bolsa de Valores

2003 Primeiro navio de guerra visita a cidade de Ho Chi Minh

2006 Nguyen Tan Dung e Nguyen Minh Triet eleitos primeiro-ministro e presidente

2014 Ocorrem protestos inflamados no Vietnã contra o expansionismo chinês

2012 Tensão entre Vietnã e China avança sobre o mar da China Meridional. Bui Thi Minh Hang é mandado para campo de reeducação

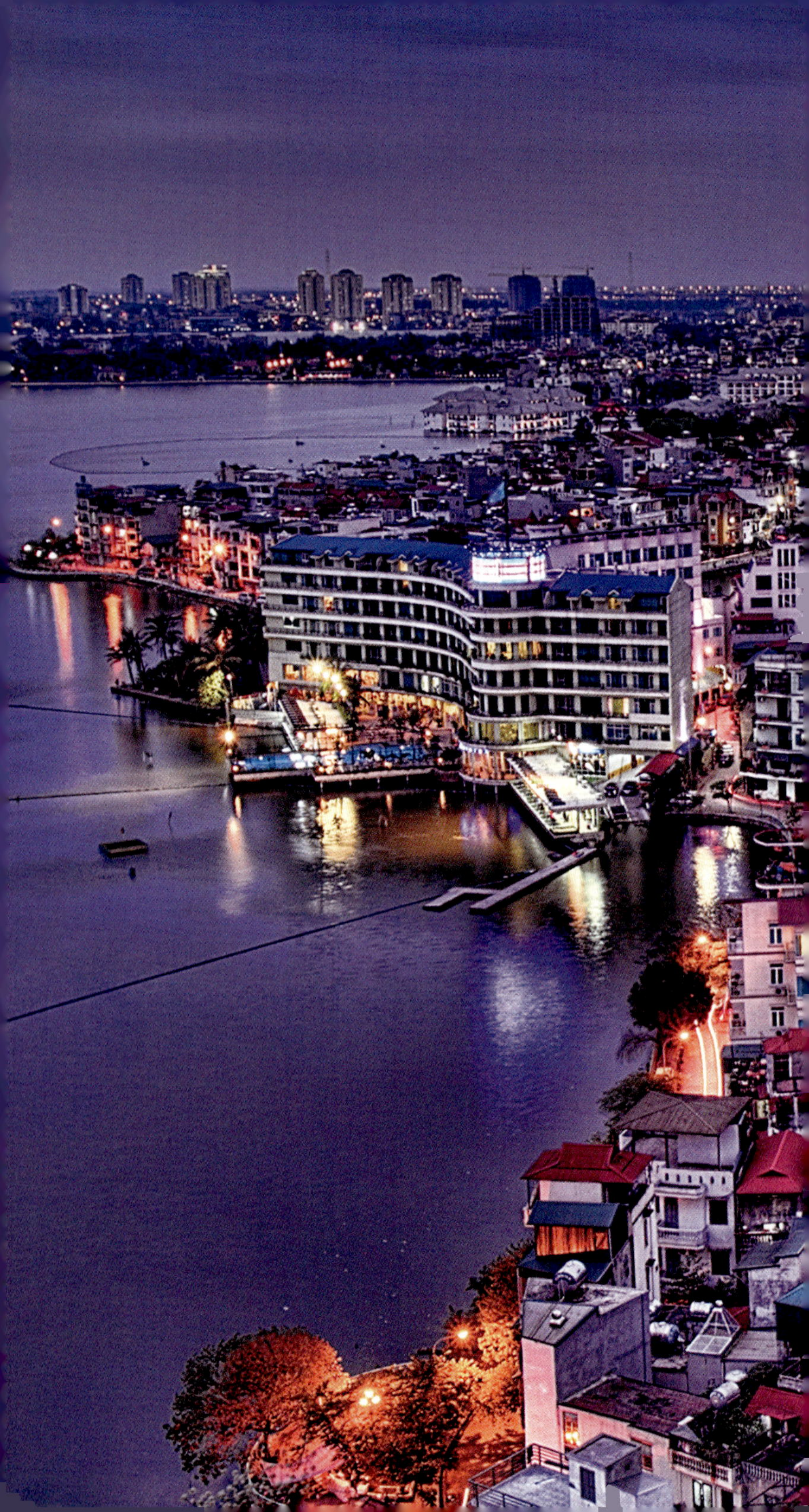

VIETNÃ REGIÃO POR REGIÃO

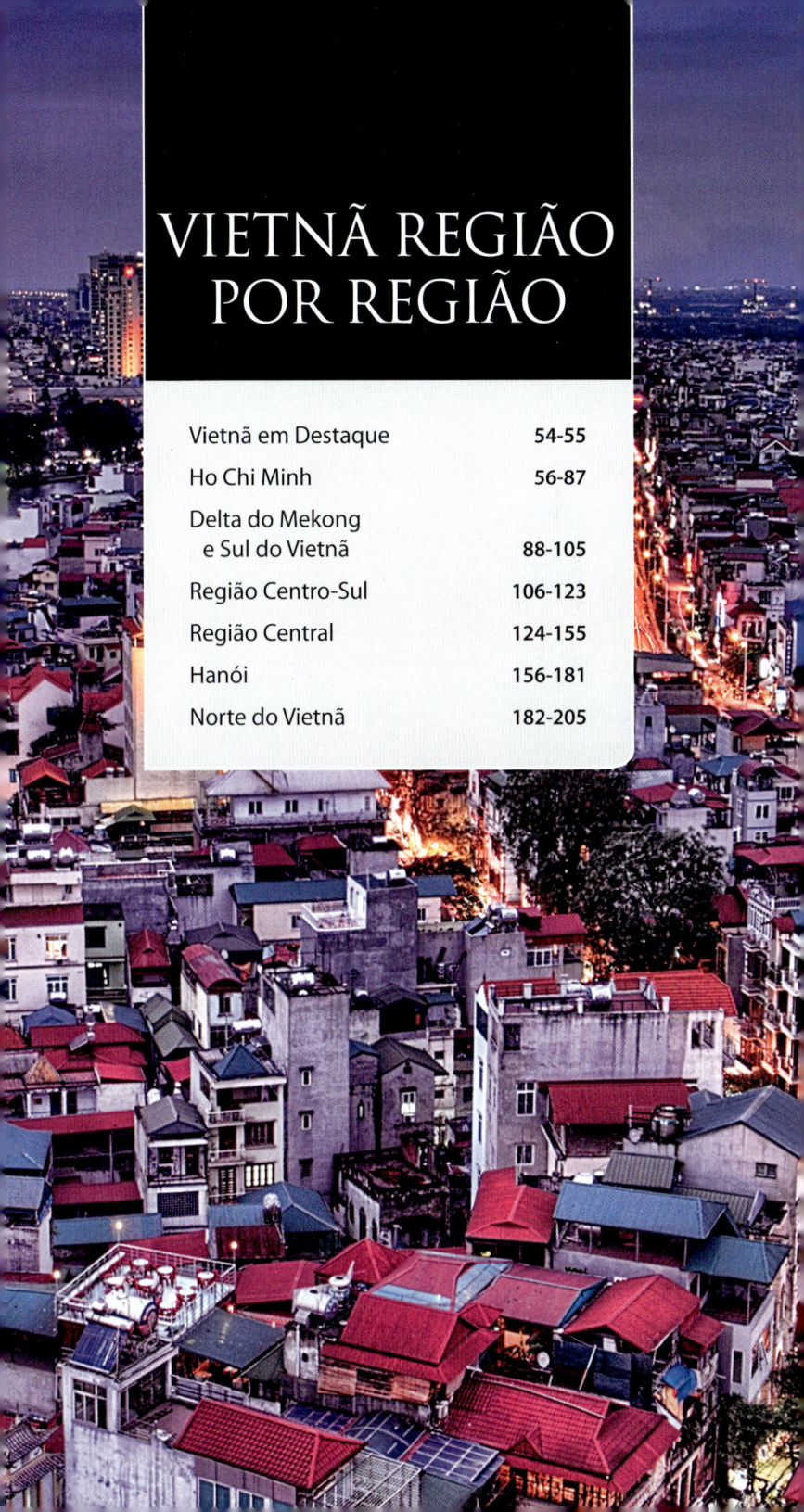

Vietnã em Destaque	54-55
Ho Chi Minh	56-87
Delta do Mekong e Sul do Vietnã	88-105
Região Centro-Sul	106-123
Região Central	124-155
Hanói	156-181
Norte do Vietnã	182-205

Vietnã em Destaque

País comprido e estreito, dotado de relevo variado, o Vietnã conta com vales magníficos e distantes a noroeste; altos picos e planaltos em uma crista montanhosa; e praias de águas mornas no litoral sul. O caudaloso rio Vermelho, no norte, e o rio Mekong, no sul, formam dois deltas muito férteis, com florestas viçosas, canais sinuosos e vastos arrozais. Além de sua riqueza natural, o Vietnã é um tesouro de arte e cultura, o que fica evidente nos museus, na requintada arquitetura francesa de Hanói, nos palácios reais da antiga Hue, nos restaurantes elegantes e na vida noturna vibrante da cidade de Ho Chi Minh. Este guia divide o Vietnã em seis regiões, cada uma com seu código de cor, como aparece aqui.

NORTE DO VIETNÃ *(pp. 182-205)*

HANÓI *(pp. 156-81)*

Sapa *(pp. 200-1)*, localizada numa parte distante do norte do Vietnã, ganhou fama pela beleza deslumbrante. A paisagem é marcada por campos de arroz que ocupam terraços em desnível nas encostas das montanhas Hoang Lien, cultivados há muitos séculos pelas minorias étnicas da região.

O **Bairro Antigo** *(pp. 160-1)* é o único centro comercial de Hanói. Originalmente conhecido como 36 Ruas, costumava atender às necessidades do palácio no século XIII. Agora esse mercado colorido e movimentado oferece seda, café moído na hora, lanternas e muito mais.

Tra Vinh *(p. 93)* é uma fértil cidade do delta. Dispõe de diversos canais estreitos que serpenteiam no meio de folhagens densas, coqueiros e pomares. Conhecida pela diversidade religiosa, Tra Vinh acolhe grande número de budistas *khmer* e cristãos.

DELTA DO MEKONG E SUL DO VIETNÃ *(pp. 88-105)*

◀ Vista de Ho Tay, ou lago Oeste, ao crepúsculo, em Hanói

VIETNÃ EM DESTAQUE | 55

Pavilhão Hien Lam, Cidadela de Hue *(pp. 144-7)*, também conhecido como Pavilhão do Esplendor. Esse requintado templo de três telhados se encontra dentro do Cercado Amarelo da Cidade Imperial e guarda as pesadas Nove Urnas Dinásticas.

As Torres Cham Po Nagar *(p. 113)* foram erguidas no século VIII e estão entre os sítios *cham* mais importantes do Vietnã. Localizadas em Nha Trang, essas ruínas magníficas dão uma ótima ideia dos estilos arquitetônicos do poderoso reino de Cham.

A praia Mui Ne *(p. 110)* se estende por 20km e é uma das melhores ao sul de Nha Trang. Com os ventos frequentes entre outubro e fevereiro, é ideal para surfar. A vila de Mui Ne ganha vida pela manhã, quando os comerciantes de peixe entram em ação.

O **Rooftop Garden, do Rex Hotel** *(p. 64)*, é um dos restaurantes mais concorridos da cidade de Ho Chi Minh e oferece uma vista espetacular das ruas típicas e agitadas do centro da cidade.

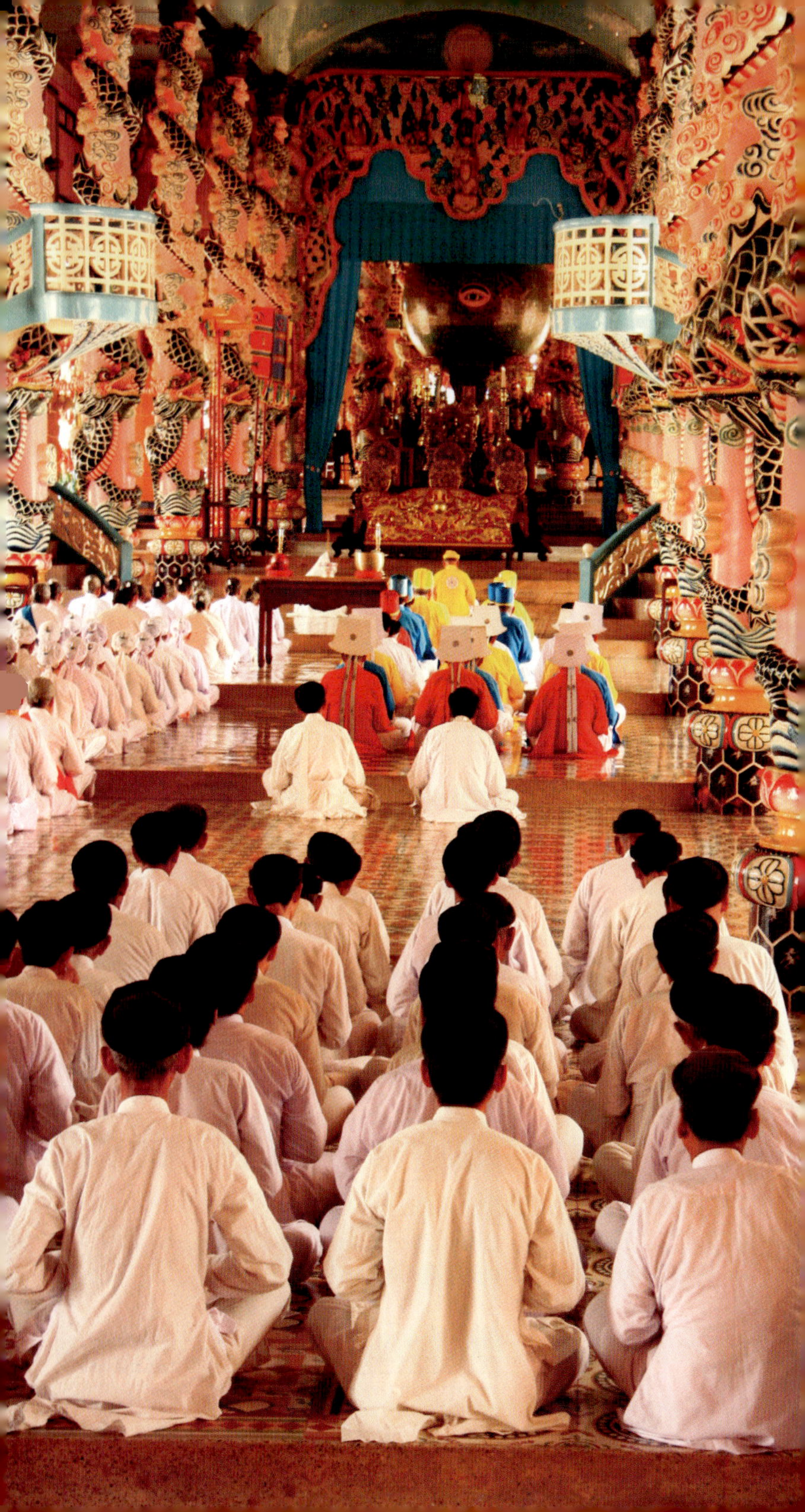

HO CHI MINH

A maior cidade do Vietnã é também sua capital comercial e está se tornando rapidamente a janela do país para o mundo. Tomada por uma atividade frenética, a cosmopolita Ho Chi Minh é moderna, ouve música pop e toma vinho francês. Ao lado de hotéis, shopping centers e restaurantes chiques existem pagodes antigos e construções coloniais, que lembram um passado diferente mas vibrante.

Fundada séculos atrás para ser um posto comercial *khmer*, a cidade de Ho Chi Minh estava destinada a grandes feitos. Por volta do século XVIII, então chamada Saigon, tornara-se capital de província da dinastia Nguyen. Contudo, na segunda metade do século XIX, o controle da cidade passou aos franceses, e Saigon transformou-se na capital da Cochinchina francesa. Esse foi um período de grande desenvolvimento da infraestrutura e da arquitetura, durante o qual Saigon ganhou o apelido de "Paris do Oriente". Muitas edificações erguidas nesses tempos estão em boas condições até hoje. Em 1954 a cidade foi proclamada capital do Vienã do Sul *(p. 47)*. A guerra entre os Estados Unidos e o Norte comunista durou até 1975, quando o Vietnã do Norte apoderou-se de Saigon e a rebatizou de Ho Chi Minh.

Com o crescimento econômico e a liberalização cultural, a cidade entrou em um período de modernização e evolui e se reinventa constantemente. Com população estimada em 7 milhões de pessoas, assumiu a posição de grande centro industrial, gastronômico e de entretenimento do país. Todos os dias abrem restaurantes e cafés sofisticados, que oferecem grande variedade de iguarias internacionais, enquanto bares, boates e discotecas estão no coração da florescente vida noturna.

O melhor lugar para ter uma noção de tudo é Dong Khoi *(pp. 60-1)* e o restante do Distrito 1. A área atrai muitos turistas, pois conta com prédios históricos e museus, lojas sofisticadas e cafés de rua, além de gente de todas as idades que circulam em motonetas barulhentas, provocando engarrafamento.

Um imenso retrato de Ho Chi Minh domina o grande salão do Correio Central

◄ Seguidores da religião Cao Dai meditam em templo

Como Explorar Ho Chi Minh

A área mais notável da cidade fica em volta da Rua Dong Khoi, no Distrito 1, que dispõe de lojas da moda, museus e restaurantes excelentes. Também apresenta exemplos de construções coloniais francesas, como o Teatro Municipal, a Catedral de Notre Dame e o Correio Central. Ao norte estão amplas áreas residenciais e o histórico Pagode do Imperador de Jade, conhecido pela arquitetura sofisticada e pelos entalhes ornamentais. A oeste fica Cholon, ou Chinatown. Reduto de chineses, no local se encontram ervas, remédios tradicionais e outros produtos, além de alguns dos pagodes mais antigos da cidade.

Principais Atrações

Igrejas, Templos e Pagodes
- ⑧ Catedral de Notre Dame
- ⑫ *Pagode do Imperador de Jade pp. 64-7*
- ⑬ Templo Le Van Duyet
- ⑭ Pagode Vinh Nghiem
- ⑰ Pagode Xa Loi
- ⑱ Templo Hindu de Mariamman
- ㉑ Pagode Hoi Quan Nghia An
- ㉒ Pagode Thien Hau
- ㉓ Pagode Quan Am
- ㉕ Pagode Phung Son
- ㉖ Pagode Giac Vien
- ㉗ Pagode de Um Pilar Thu Duc
- ㉚ *Sede Sagrada do Cao Dai pp. 78-9*

Prédios Históricos e Atrações
- ④ Edifício do Comitê do Povo
- ⑥ Bitexco Financial Tower
- ⑨ General Post Office
- ㉘ Túneis Cu Chi

Teatro
- ② Teatro Municipal

Museus e Palácios
- ⑤ Museu de Ho Chi Minh
- ⑩ Palácio da Reunificação

- ⑪ Museu da História Vietnamita
- ⑮ Museu da Mulher do Vietnã do Sul
- ⑯ Museu de Vestígios da Guerra
- ⑳ Museu de Belas-Artes

Praias, Fontes, Reservas Naturais e Montanha
- ㉙ Nui Ba Den
- ㉝ Praia Ho Coc
- ㉞ Fontes Termais de Binh Chau
- ㉟ Parque Nacional Cat Tien

Cidades e Mercados
- ⑲ Mercado Ben Thanh
- ㉔ Mercado Binh Tay
- ㉛ Vung Tau
- ㉜ Long Hai

Hotéis
- ① Caravelle Hotel
- ③ Continental Hotel
- ⑦ Rex Hotel

HO CHI MINH | 59

Legenda
— Rodovia nacional
— Estrada principal
═ Estrada secundária
— Ferrovia

Como Circular

As áreas de Dong Khoi e Cholon podem ser exploradas confortavelmente a pé. Porém, o meio de transporte mais popular é o Honda *om*, ou mototáxi. Uma corrida para quase qualquer ponto da cidade costuma custar alguns dólares. Agora são comuns os radiotáxis, com taxímetro. A maior parte das agências de viagem organiza passeios aos arredores da cidade.

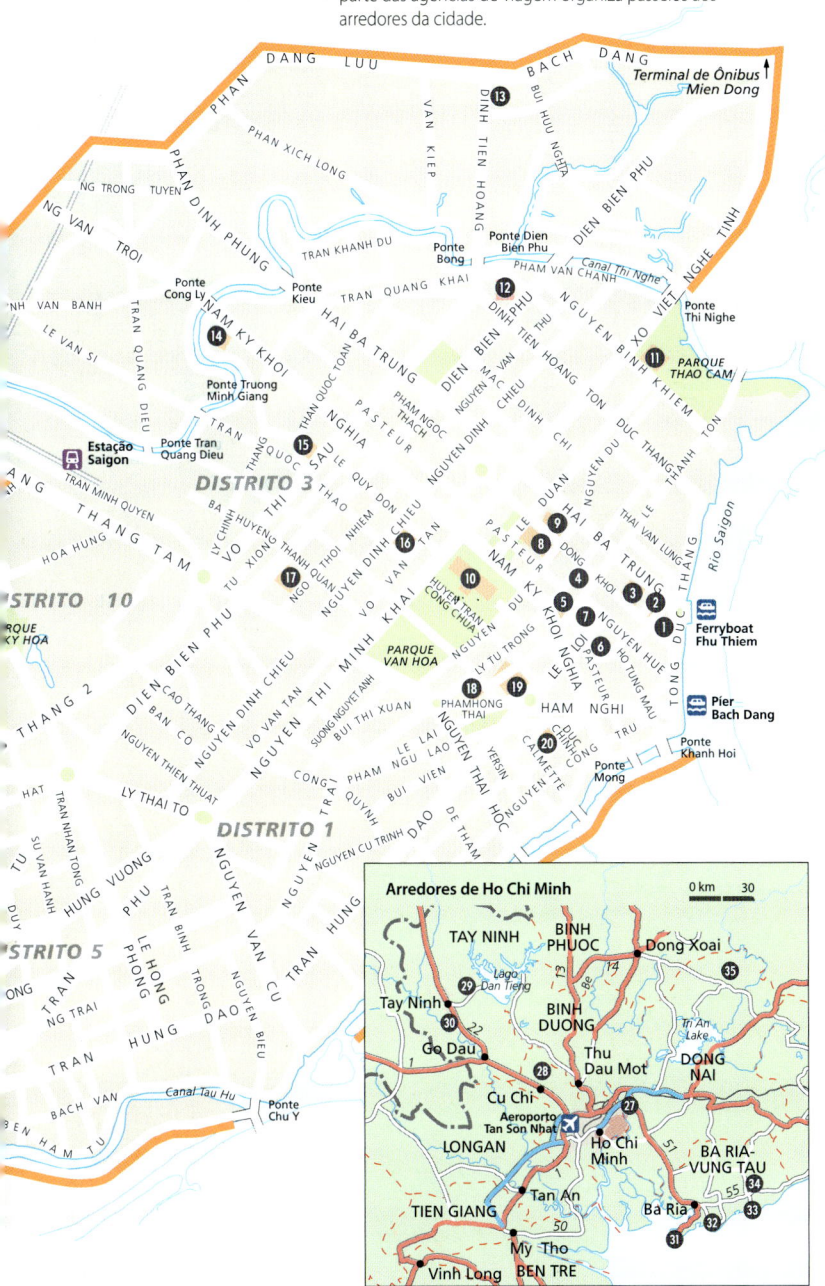

Legenda dos símbolos *na orelha da contracapa*

Rua a Rua: Dong Khoi

Parte mais animada da cidade, a área em torno da Rua Dong Khoi é o centro nervoso de Ho Chi Minh. Ela se tornou famosa durante a colonização francesa, e nessa época era conhecida como Rue Catinat. Com hotéis requintados, butiques elegantes e cafés aconchegantes, que coexistiam com bares e bordéis, ela ficava no centro da ação de *O americano tranquilo*, romance de Graham Greene. No regime comunista, a maioria desses estabelecimentos foi fechada, mas a liberalização econômica do Vietnã, em 1986, deu à área um novo fôlego: reapareceram os hotéis elegantes, os restaurantes e as lojas. Agora a vibração de Dong Khoi não tem igual no país e faz justiça a seu antigo apelido: "Paris do Oriente".

Dong Khoi vista do Diamond Plaza *(p. 263)*

❾ ★ Correio Central
Um dos mais bonitos prédios coloniais franceses da cidade, tem estrutura com pé-direito muito alto, bancos confortáveis, e oferece um refúgio refrescante para o calor da rua.

O **Edifício Metropolitano** abriga a sede do HSBC e um café famoso.

❽ ★ Catedral de Notre Dame
Essa catedral alta, do final do século XIX, foi construída com pedras extraídas do local e coberta com telhas de barro vermelhas importadas da França. A imagem da Virgem Maria foi acrescentada ao gramado da frente na década de 1950.

❹ Edifício do Comitê do Povo
No antigo Hôtel de Ville agora funciona o Comitê do Povo da cidade de Ho Chi Minh. Esse é um dos prédios coloniais mais grandiosos e mais fotografados da cidade.

Veja hotéis e restaurantes dessa região nas pp. 236-41 e 246-53

HO CHI MINH | 61

Lower Dong Khoi
Essa área tornou-se uma das mais elegantes de Saigon para compras em butiques. Marcas locais, como a Khai Silk, podem ser encontradas ali ao lado de famosos nomes internacionais, como Louis Vuitton (à esquerda).

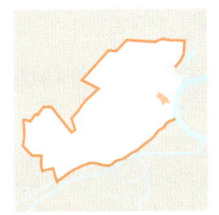

0 m 150

Localize-se

Legenda

— Percurso sugerido

O **Vincom Shopping Center** (Vincom Towers) é um dos maiores shopping centers modernos do Vietnã, com uma grande variedade de marcas importadas.

❸ **Continental Hotel**
Construído no clássico estilo colonial francês, esse hotel elegante é um refúgio sereno do burburinho da cidade. O átrio central é frequentado no chá da tarde e o pátio oferece refeições ao ar livre no verão.

❷ ★ **Teatro Municipal**
Essa bonita construção neoclássica, conhecida como Ópera nos tempos coloniais, recebia a alta sociedade francesa.

→ Caravelle Hotel

❼ **Rex Hotel**
Base procurada por diversos jornalistas durante a Guerra do Vietnã, o Rex é um dos marcos mais conhecidos da cidade. O bar da cobertura oferece ótima vista da rua abaixo.

❶ Caravelle Hotel

Pça Lam Son 19, Distrito 1. **Mapa** 2 F3. **Tel** (08) 3823 4999. ◯ diariam. 🚫
💻 🌐 caravellehotel.com

Ao ser inaugurado, na noite de Natal de 1959, o Caravelle Hotel, com dez andares, era o prédio mais alto da cidade. Na festa de gala o hotel foi elogiado pela imprensa local por seu sistema de ar-condicionado central e pelos vidros à prova de bala. Seus projetistas foram considerados quase videntes, pois o hotel se tornou quartel-general de diplomatas e jornalistas durante a Guerra do Vietnã *(pp. 48-9)*. A Austrália e a Nova Zelândia mantiveram embaixadas ali, enquanto o *Washington Post*, o *New York Times*, a *Associated Press* e muitas outras agências de notícias montaram escritórios no hotel. Os repórteres brincavam dizendo que podiam cobrir a guerra sem sair das poltronas do bar da cobertura. O glamour se perdeu após a queda de Saigon, em 1975, quando o governo assumiu o hotel. Em 1998, após reformas profundas, ele foi reaberto.

Agora, com sua torre nova e alta, forrada de mármore, o Caravelle é um dos hotéis mais luxuosos da cidade. Embora os mais velhos possam nem reconhecê-lo, o bar da cobertura, com terraços curvos, continua no auge, e há poucos lugares melhores para um conquetel à noite.

❷ Teatro Municipal

Pça Lam Son 7, esquina das ruas Le Loi e Dong Khoi, Distrito 1. **Mapa** 2 F3. **Tel** (08) 3829 9976. ◯ varia. 🚫 💻

Belíssimo prédio em estilo colonial francês, o Teatro Municipal (Nha Hat Thanh Pho) foi construído em 1899 como sala de concertos para os franceses. Ainda chamado de Ópera, o salão serviu temporariamente como quartel-general da Assembleia Nacional do Vietnã do Sul, em 1956. Uma escadaria leva à entrada, que é ladeada por duas enormes colunas em formato de deusas greco-romanas. Figuras aladas e arabescos refinados embelezam os beirais sob o telhado, ao passo que o terreno tem muitas fontes e estátuas.

Apesar de o interior não ser tão ornamentado, é um ambiente excelente para todo tipo de apresentação, desde teatro tradicional vietnamita e música erudita ocidental até concertos de rock e ginástica. Os detalhes da programação estão afixados em murais na bilheteria.

Figuras entalhadas no topo do Teatro Municipal

O suntuoso saguão do Caravelle Hotel decorado para o Natal

Clientes no tranquilo pátio do Continental Hotel

❸ Continental Hotel

Rua Dong Khoi 132-134, Distrito 1. **Mapa** 2 F3. **Tel** (08) 3829 9203. ◯ diariam. 🚫 💻
🌐 continentalsaigon.com

Com fachada imponente, o Continental é o grande destaque entre os hotéis, e foi construído durante o domínio francês. Foi erguido ao redor de um pátio com jasmineiros-australianos. No interior, escadas acarpetadas de vermelho conservam a madeira de lei tropical original. A estrutura, na maior parte, foi poupada da "modernização" que assolou alguns outros prédios históricos da cidade, e o hotel exibe muito bem a pátina da idade que tem.

O hotel também ganhou um lugar nos anais da história por atrair visitantes ilustres, desde que foi concluído, em 1886. Durante a Guerra do Vietnã, excelentes jornalistas, como Walter Cronkite (1916-2009), se hospedavam ali e passavam horas no famoso bar do terraço, que apelidaram de "Plataforma Continental".

Os escritores André Malraux (1901-1976) e W. Somerset Maugham (1874-1965) também foram hóspedes famosos, mas Graham Greene (1904-1991) foi quem imortalizou o Continental no romance *O americano tranquilo* (1955). Não é de surpreender que ele tenha captado tão bem o espírito da época e do hotel, já que morou muitos meses no local.

Veja hotéis e restaurantes dessa região nas pp. 236-41 e 246-53

❹ Edifício do Comitê do Povo

Esquina das ruas Le Thanh Ton e Nguyen Hue, Distrito 1. **Mapa** 2 E3. ⬤ ao público.

Projetado pelo arquiteto francês P. Gardes e terminado em 1908, o Edifício do Comitê do Povo, antes conhecido como Hôtel de Ville, talvez seja a construção mais fotografada da cidade. Foi na frente desse prédio que, em 1945, milhares de pessoas se reuniram para criar o Comitê Administrativo Provisório do Vietnã do Sul. Ele ainda abriga o governo da cidade e fica bem no centro. Ao contrário da crença popular, essa construção notável nunca foi hospedaria nem está aberta à visitação.

Espelhada na prefeitura de Paris, conta com dois andares dispostos em duas alas, que saem de um salão central, e uma torre de relógio. Sua cobertura é de telhas de barro, e a elegante fachada pintada de branco e creme tem muitos ornamentos. Apesar da óbvia aparência parisiense, o prédio combina com o visual da cidade, principalmente à noite, quando fica bem iluminado.

Infelizmente, o público não pode ver o interior ornamentado e seu lustre. No entanto, a praça na frente do salão, que tem uma estátua de Ho Chi Ming com uma criança de colo, é um bom ponto para observar a construção.

A imponente fachada do Comitê do Povo, em estilo colonial francês

Foto tirada na queda de Saigon (1975), em exibição no Museu de Ho Chi Minh

❺ Museu de Ho Chi Minh

Rua Ly Tu Trong 65, Distrito 1. **Mapa** 2 E4. **Tel** (08) 3829 9741. ◯ 8h-17h.
W hcmc-museum.edu.vn

Antiga residência do governador-geral francês, essa e muitas outras construções da cidade parecem ter vindo da França em peças soltas e montadas no local. Estrutura acinzentada, com colunata, tem uma presença marcante. Os salões espaçosos, com pé-direito alto e lustres, também são muito procurados para fotografias de casamento.

Espalhado por dois andares sinuosos, o museu procura mostrar 300 anos da história da cidade. Contudo, seu nome original, Museu Revolucionário, é um indicador preciso do conteúdo que se pode esperar. O primeiro andar tem algumas exposições de fotografias de Saigon durante o domínio francês, mapas antigos e documentos meio decompostos, do século XVII, tempo em que a cidade foi fundada. Também há relíquias da história natural do Vietnã e trajes étnicos de casamento.

O segundo andar é dedicado à luta do Vietnã contra o imperialismo. Estão expostas armas, como rifles AK-47 e bombas improvisadas, fotografias de soldados, cartas da frente de batalha e manifestos políticos. Do lado de fora são exibidas muitas máquinas de guerra, entre as quais figuram um helicóptero Huey, um caça a jato e um tanque americano.

❻ Bitexco Financial Tower

2 Hai Trieu St, District 1. **Mapa** 2 F4. **Tel** (08) 3915 6868. ◯ 9h30-21h30 diariam.
W saigonskydeck.com

Poucos anos após ser inaugurado em 2010, esse arranha-céu se tornou um marco da cidade e símbolo de sua renovação. Sua forma esguia encimada por um heliporto projetado é visível de qualquer lugar do centro.

A maior atração para os visitantes é o 49º andar, onde o Saigon Skydeck oferece vistas panorâmicas do centro da cidade e do rio Saigon. O observatório dispõe de informações sobre a história e a cultura de Ho Chi Minh. Há binóculos à disposição nas paredes de vidro. O espaço também abriga muitas lojas sofisticadas e ampla variedade de bons restaurantes e cafés. Desse ponto elevado – são 178m acima do nível do chão –, torna-se possível admirar diversas atrações da cidade, como o Teatro Municipal, o Edifício do Comitê do Povo e o Mercado Ben Thanh. A vista privilegiada dá também uma ideia do ritmo frenético com que a cidade vem se desenvolvendo, com novas estruturas sendo erguidas por todo lado.

Rose Garden Restaurant, no Rex Hotel

❼ Rex Hotel

Blv Nguyen Hue 141, Distrito 1.
Mapa 2 E4. **Tel** (08) 3829 2185.
diariam.
w rexhotelvietnam.com

Localizado no centro da cidade, o Rex Hotel é uma parte importante da história da cidade de Ho Chi Minh desde que foi erguido, na década de 1950. Construído por incorporadores franceses, logo se tornou o foco das atividades sociais e militares de soldados americanos durante a Guerra do Vietnã. Era dali que oficiais dos EUA transmitiam o resumo diário para a imprensa, que ficou conhecido como "Loucuras das Cinco Horas", sabidamente com caráter de autopromoção.

Agora, com seu bar de cobertura muito concorrido, o Rex ainda funciona como importante ponto de reunião. Nele são realizados encontros corporativos, jogadores procuram os jogos de bingo e muitos casamentos ocorrem no pátio central.

❽ Catedral de Notre Dame

Pça Cong Xa Paris 1, Distrito 1.
Mapa 2 E3. 8h-10h30, 15h-16h seg-sáb; missas aos dom.

A Catedral de Notre Dame (Nha Tho Duc Ba), ao estilo de uma basílica, é a maior igreja construída no Império Francês. Ao ser terminada, em 1880, suas agulhas de 40m de altura a transformaram na edificação mais alta da cidade. À primeira vista, parece ser de tijolo, mas de fato a fachada é de azulejos vermelhos trazidos de Marselha e cimentados nas paredes de granito. Os vitrais de Chartres instalados foram destruídos na Segunda Guerra Mundial, sendo substituídos depois por vidros simples. O interior quase não tem enfeites, mas a luz natural cria um ambiente sereno.

Na frente da catedral há uma imagem da Virgem Maria. Esculpida em Roma, foi levada para o Vietnã em 1959 e ganhou o nome de Santa Maria Rainha da Paz, na esperança de que ela pudesse trazer paz ao país dilacerado pela guerra.

Embora a comunidade católica não seja mais uma força política, muitos fiéis ainda lotam a igreja. O campanário, aberto aos domingos, oferece belas vistas.

Virgem Maria, na Catedral de Notre Dame

❾ Correio Central

Pça Cong Xa Paris 2, Distrito 1.
Mapa 2 E3. **Tel** (08) 3829 3274.
7h-20h diariam.

Projetado pelo arquiteto francês Gustave Eiffel entre 1886 e 1891, o Correio Central (Buu Dien Trung Tam) é uma das edificações mais atraentes da cidade. Sua fachada maciça é avermelhada, com ornamentos creme, e também apresenta entalhes dos rostos de filósofos e cientistas famosos, sob os quais há inscrições finamente gravadas. No todo, o prédio é um templo à arte da comunicação por correspondência.

Curiosamente, o interior lembra um salão de estação de trem, com teto abobadado apoiado em pilares de ferro batido pintados de verde e com capitéis dourados. O piso tem intricado trabalho de azulejos, sobretudo no vestíbulo, onde enormes mapas antigos iluminados por lustres descrevem a cidade e a região. Um dos mapas mostra como ela era em 1892, e outro, em 1932. Um grande retrato de Ho Chi Minh parece observar o movimento diário.

Bancos de madeira estão disponíveis para os clientes, assim como um quiosque que vende selos e suvenires. O salão todo é refrescado por ventiladores de teto.

Correio Central: interior alongado e com pé-direito alto

Veja hotéis e restaurantes dessa região nas pp. 236-41 e 246-53

Fachada do Palácio da Reunificação, exemplo ímpar da arquitetura vietnamita da década de 1960

❿ Palácio da Reunificação

Rua Nam Ky Khoi Nghia 135 Distrito 1. **Mapa** 2 D3. **Tel** (08) 3822 3652. 7h30-11h, 13h-16h diariam, exceto durante trabalhos oficiais.
w dinhdoclap.gov.vn

Instalado num terreno espaçoso e ajardinado, esse prédio histórico é um símbolo importante da política do país. Durante o século XIX, o Palácio da Reunificação era o Palácio Norodom, antiga residência do governador-geral francês. Mais tarde foi ocupado por Ngo Dinh Diem, presidente do Vietnã do Sul (*p. 47*), e ganhou o nome de Palácio Presidencial. Em 1962 boa parte da construção foi destruída quando a própria força aérea de Diem a bombardeou numa tentativa fracassada de assassiná-lo. O prédio foi reconstruído logo depois, mas Diem morreu antes de voltar para lá. Era no Salão de Recepções Internacionais desse antigo palácio que o presidente Van Thieu recebia dignitários e presidentes, até embarcar num helicóptero no heliponto da cobertura e fugir antes que as tropas do Vietnã do Norte tomassem Saigon. Em 1975 o Sul se rendeu ao Norte, e as portas do palácio foram derrubadas por um tanque do exército norte-vietnamita. A fotografia desse fato (*p. 63*) virou símbolo da reunificação do país.

Agora o interior permanece quase intocado, com corredores compridos e largos que se abrem para saguões e salões de recepção com pé-direito alto. Os aposentos de moradia, construídos em volta de um átrio ensolarado, têm decoração suntuosa, com lustres brilhantes e finas antiguidades. Não perca as patas de elefante na "mostra de presentes presidenciais" e a grande peça laqueada com cenas da dinastia Le (*p. 44*).

No subsolo há um bunker e um centro de operações militares, com transmissores de rádio e mapas. Curiosamente, o terceiro andar também exibe uma sala de jogos.

Ao lado existe um parque arborizado, um bom lugar para relaxar.

⓫ Museu da História Vietnamita

Rua Nguyen Binh Khiem 2, Distrito 1. **Mapa** 2 F1. **Tel** (08) 3829 8146. 8h-11h, 13h30-16h30 ter-dom.
Jardim Botânico e Zoológico de Saigon: rua Nguyen Binh Khiem 2. **Tel** (08) 3829 3728. 7h-21h diariam.

Construído em clássico estilo de pagode, esse museu atraente, também conhecido como Bao Tang Lich Su, dispõe de amplo acervo de objetos que abrangem quase toda a história do Vietnã.

Relíquias do início da evolução cultural do país podem ser vistas na forma de implementos e ferramentas pré-históricas.

Depois vêm objetos de bronze do período dos reis Hung (*p. 41*). Exposições notáveis contam com tambores de bronze da civilização Dong Son e emblemas da cultura Oc Eo, inclusive uma moeda romana do século II d.C.

Há igualmente peças da dinastia Nguyen (*p. 45*), a exemplo de uma rica coleção de trajes e joias. Também estão expostas muitas relíquias dos povos cham e khmer, como um lingam de pedra e cerâmicas. Uma peça notável é uma múmia de 1869.

Meio deslocada, mas interessante, é a programação diária de marionetes na água (*p. 163*).

O museu fica no terreno amplo e panorâmico do **Jardim Botânico e Zoológico de Saigon**, que oferece o ambiente ideal e tranquilo para um passeio relaxante.

Vaso da dinastia Le

Visitantes interagem com elefantes no Jardim Botânico e Zoo

⑫ Pagode do Imperador de Jade

Um dos pagodes mais ornamentados da cidade, essa pequena casa de oração homenageia o Rei de Todos os Céus, Ngoc Huang, ou Imperador de Jade – principal divindade taoísta. Erguido pela comunidade cantonesa em 1909, tem fachada rósea simples, mas o telhado é uma complexa obra de arte, assim como as largas portas de madeira, entalhadas com imagens de deuses e homens. O grande destaque, porém, são as imagens de divindades budistas e taoístas, coloridas e douradas, dentro do templo. Qualquer superfície é embelezada com azulejos e entalhes, a maioria deles com muitas figuras e símbolos religiosos.

Painel entalhado retrata um dos mil tormentos na Sala dos Dez Infernos

Sala das Mulheres
Esse fascinante recinto conta com duas fileiras de seis estatuetas femininas de cerâmica envoltas em roupas coloridas. Cada figura representa um ano lunar e é dotada de um vício ou uma virtude. Kim Hoa, deusa das mães, comanda essa reunião colorida.

LEGENDA

① **O incinerador** é usado para queimar oferendas votivas de papel. Diz-se que a fumaça que sobe alcança os antepassados no céu.

② **O Rei do Inferno** e seu cavalo vermelho, em tamanho real, sobressaem na Sala dos Dez Infernos, forrada de relevos de madeira que retratam cenas lúgubres da danação.

③ **Abrigo das Tartarugas** Esse pequeno santuário abriga diversas tartarugas, consideradas símbolo de boa sorte e fortuna no Vietnã. Embora as imagens de tartarugas sejam comuns, tais abrigos são raros.

↗ Para o portão principal

Pátio Externo
Com a sombra de arbustos floríferos e de uma velha figueira, o pátio externo é um local tranquilo, com bancos e um tanque de tartarugas.

Veja hotéis e restaurantes dessa região nas pp. 236-41 e 246-53

HO CHI MINH | 67

Cobertura Tradicional com Telhas Verdes de Barro
Uma profusão de dragões, que se acredita serem a conexão com o divino, desponta na confusão de cumeeiras, num elaborado trabalho de madeira e telhas de barro.

PREPARE-SE

Informações Práticas
Rua Mai Thi Luu 73, Distrito 3.
Mapa 2 D1. ⏲ 6h-18h diariam.
Pode ser difícil parar um táxi ao sair do templo; assim, convém combinar antes para que um venha pegá-lo.

★ **Santuário Principal**
Servido por guardas e com traje resplandecente, o Imperador de Jade comanda o santuário principal.

★ **Guardas Demônios Gigantes**
Feitos de um tipo resistente de papel machê, os dois guardas demônios enormes são ricamente pintados e têm roupas vistosas. Um deles mantém um dragão do mal sob o pé; o outro, um tigre agressivo.

★ **Mãe dos Cinco Budas**
Um dos altares mais notáveis do local é o de Phat Mau Chuan De, Mãe de Cinco Budas dos Pontos Cardeais. Sua imagem ao estilo hindu tem ao lado as figuras dos cinco filhos.

O Significado Religioso do Lar

O Deus da Cozinha (Ong Tao) fica no coração do lar e atua como informante do Imperador de Jade, pois sabe tudo que se passa na casa. É retratado como uma pessoa gorda e divertida, cuja calça se incendiou por ficar muito perto do fogo. A maior parte das cozinhas do Vietnã tem um altar para ele, e todos os anos, durante o Tet *(pp. 32-3)*, Ong Tao relata a conduta de cada família ao Imperador de Jade. Se houver discórdia, a família é punida; mas, se houver harmonia, será recompensada. Para conseguir um bom relato, no altar de Ong Tao nunca faltam oferendas de comida, bebida e incenso.

Oferendas para Ong Tao

⓭ Templo Le Van Duyet

Rua Bis Phan Dang Luu 1, Distrito Binh Thanh. **Tel** (08) 3841 2517.
◯ amanhecer-anoitecer diariam.
🎌 Festival do Templo Le Van Duyet (fim ago-início set).

Dedicado ao general Le Van Duyet (1763-1831), esse talvez seja o melhor exemplo de templo consagrado a um herói nacional e não a uma divindade. Le Van Duyet ajudou a reprimir a rebelião Tay Son (p. 45) e ganhou elogios do imperador Gia Long. Após a morte, Van Duyet foi repudiado pelo imperador Minh Mang (reinado 1820-41), mas voltou a ser valorizado na década de 1840; um templo foi erguido em sua homenagem. O santuário principal foi despojado de qualquer imagem, menos de um grande retrato de Le Van Duyet, para lembrar aos devotos que eles estavam adorando um mortal. Há uma fascinante coleção de objetos pessoais do general, como cristais, armas e até um tigre empalhado. Os frequentadores são devotos que vão fazer oferendas ou até executar algum juramento solene em vez de solicitar um tabelião.

Com o tempo, o templo se transformou num complexo de prédios interligados, claustros, pátios e áreas abertas. Da rua, um portão leva a um amplo parque, com árvores altas que fazem sombra nos bancos. O lado de fora do templo é notável pelos painéis de mosaico e relevos nos muros. Por fora, o santuário é incomum pela falta de decorações. Todos os pilares e altares são feitos de madeira entalhada e polida, assim como os grous gigantes e os cavalos de tamanho real que se veem ali. Em compensação, a parte interna do santuário anexo é uma explosão de cores: os pilares têm dragões vermelhos e dourados. O túmulo de Le Van Duyet também está no local. Ocorre um festival anual no templo para lembrar o aniversário de sua morte.

⓮ Pagode Vinh Nghiem

Rua Nam Ky Khoi Nghia 339, Distrito 3. **Mapa** 1 B2. **Tel** (08) 3848 3153. ◯ amanhecer-anoitecer diariam.

Terminado com a ajuda da Associação de Amigos Japão-Vietnã em 1971, esse é, sob alguns aspectos, o maior pagode da cidade. Certamente sua torre de oito andares, à esquerda de um portão alto, é a maior. Cada lado da torre é adornado com uma imagem de Buda em alto-relevo. À direita do portão fica uma torre menor, de 5m de altura, feita de blocos de concreto. A qualidade e a cor desse concreto fazem a estrutura ter aspecto de granito. Do outro lado de um pátio de 20m fica o prédio principal, grande e baixo. Uma escadaria íngreme leva ao santuário, onde cinco portas maciças e laqueadas se abrem para o primeiro salão. As paredes são forradas de excelentes pinturas com cenas das escrituras e de notas explicativas colocadas ao lado. Mais adiante fica o altar principal com um imenso Buda Sentado, ladeado por discípulos.

Atrás do santuário há um salão solene, cheio de fotografias e lembranças dos que já se foram. Há uma estátua de Quan Am, deusa da misericórdia, no altar desse recinto.

No segundo andar, um claustro leva a uma galeria de arte onde artistas locais expõem seus trabalhos. Jardins de pedras e topiaria ladeiam o prédio.

Enorme Buda com suástica, no Pagode Vinh Nghiem

A torre do Pagode Vinh Nghiem se destaca no local

Pátio amplo e exterior ricamente ornamentado do Templo Le Van Duyet

Veja hotéis e restaurantes dessa região nas pp. 236-41 e 246-53

⓯ Museu da Mulher do Vietnã do Sul

Rua Vo Thi Sau 202, Distrito 3. **Mapa** 1 C3. **Tel** (08) 3932 0322. 7h30-11h30, 13h30-17h diariam.

Em 1985, a fim de expor a contribuição cultural e militar feita pelas mulheres sul-vietnamitas, foi criado o Museu da Mulher do Vietnã do Sul (Bao Tang Phu Nu Nam Bo). Seus dez salões ocupam três andares e estão cheios de peças fascinantes, que vão de placas e medalhas militares a uma seleção de belos trajes étnicos.

Em geral, o percurso começa no terceiro andar. As peças desse conjunto de salas são dedicadas às mulheres que participaram de lutas por independência e unificação no século XX. Fotografias forram as paredes, e alguns objetos pessoais estão expostos em caixas de vidro, indicando que as mulheres vietnamitas também combatiam.

O segundo andar dá prosseguimento ao tema, com o acréscimo de estátuas e grandes quadros de eventos históricos. Há também a recriação de uma cela de prisão onde permaneceu uma heroína nacional.

O primeiro andar, concentrado em artesanato e costumes tradicionais, é o mais colorido. A antessala, com a imitação da entrada de um templo enfeitada com muitos objetos, é dedicada à antiga prática vietnamita de culto às deusas.

No salão seguinte, plataformas apresentam manequins vestidos com trajes regionais requintados. Num amplo salão à esquerda fica uma mostra complexa sobre a produção de tecidos de algodão e esteiras de junco. Esses produtos são tecidos por mulheres em vilas de artesanato sulistas.

O conjunto do museu também se orgulha de ter cinema, uma pequena biblioteca e uma butique.

Tanque exposto no terreno do Museu de Vestígios da Guerra

⓰ Museu de Vestígios da Guerra

Rua Vo Van Tan 28, Distrito 3. **Mapa** 2 D3. **Tel** (08) 3930 5587. 7h30-12h, 13h30-17h diariam.

Instalada no antigo prédio do Serviço de Informações dos EUA, essa exposição era conhecida como Museu dos Crimes de Guerra. Filmes, fotos e outros itens mostrados no local documentam as atrocidades cometidas por soldados americanos, chineses e franceses, com detalhes macabros. Os eventos, narrados do ponto de vista vietnamita, são comoventes e provocam reflexão. Entre as peças mais perturbadoras estão vidros cheios de formol com fetos deformados em consequência de desfolhantes químicos usados na Guerra do Vietnã. Também há fotos que mostram os efeitos da tortura, o vídeo de um prisioneiro sendo jogado de um helicóptero por agressores do Vietnã, muitas armas e veículos militares americanos e até uma guilhotina francesa.

Bomba de fragmentação do Museu de Vestígios da Guerra

⓱ Pagode Xa Loi

Rua Ba Huyen Thanh 89, Distrito 3. **Mapa** 1 C4. **Tel** (08) 3930 7605. 7h-11h, 14h-19h diariam.

Esse foi um dos pagodes mais importantes durante a revolução comunista. Erguido em 1956, foi o centro de resistência ao regime corrupto de Ngo Dinh Diem (p. 47) no início da década de 1960. Três de seus monges se sacrificaram em público como gesto de protesto, e, numa ocasião, cerca de 400 fiéis e sacerdotes foram presos. Essas ações eram fundamentais para enfraquecer a ampla oposição ao domínio de Diem, o que acabou por levar a um golpe cujo resultado foi seu assassinato, em 1963.

Agora restam poucos traços desses eventos tumultuados, pois ergueu-se uma torre de sete andares acima do complexo do templo. O telhado alcança 15m de altura, e grandes painéis pintados no topo das paredes retratam cenas da vida de Sidarta Gautama. Os aposentos dos monges ficam no primeiro andar do prédio principal de dois andares, e o santuário, incomum pela decoração simples, fica em cima. O amplo espaço está livre de móveis, pilares, incensórios e qualquer adorno para que o visitante seja atraído pela maciça imagem de bronze de um Buda Sentado, no fundo do altar.

Colossal Buda de bronze no Pagode Xa Loi

Imagens coloridas de deusas na fachada do Templo Hindu de Mariamman

⑱ Templo Hindu de Mariamman

Rua Truong Dinh 45, Distrito 1. **Mapa** 2 D4. **Tel** (08) 3823 2735. amanhecer-anoitecer diariam.

Dedicado a Mariamman, uma encarnação de Shakti, deusa hindu da força, o Templo Hindu de Mariamman atende não só a pequena comunidade de hindus de Ho Chi Minh, mas também atrai muitos devotos de diversas etnias vietnamitas budistas, que buscam boa sorte ou são atraídos por superstições.

Construído no final do século XIX, o templo é pequeno mas bonito e muito bem conservado pelo governo. A parede vermelha da fachada está cheia de imagens de divindades, vacas e leões, todos pintados em tons vivos de cor-de-rosa, verde e azul. Acima da entrada, uma torre piramidal escalonada, coberta com mais imagens esculpidas, principalmente divindades femininas, se eleva do telhado.

No interior, a estátua imponente de um leão com manto vermelho guarda a entrada, que se abre para um pórtico descoberto que rodeia o santuário principal. Três paredes do pátio têm nichos com imagens de diversos deuses e deusas. Instalado no centro do pórtico, o próprio santuário é ligeiramente levantado. Feito de pedra, lembra o estilo arquitetônico do Angkor Wat *(pp. 216-7)* e forma o cenário para a representação de Mariamman, com muitos braços. A deusa está rodeada de muitas divindades de apoio, a exemplo de Ganesha, o deus-elefante hindu, além de duas divindades femininas, uma de cada lado. Na frente dela há dois *lingam* (símbolos fálicos hindus).

Ao redor do altar existem diversos queimadores de incenso e lamparinas de latão. As pessoas seguram bastões de incenso nas duas mãos enquanto rezam. A parte de trás do santuário tem uma parede contra a qual os fiéis pressionam a cabeça, na esperança de que a deusa seja capaz de ouvir suas preces com clareza.

⑲ Mercado Ben Thanh

Esquina dos bulevares Le Loi e Ham Nghi, Distrito 1. **Mapa** 2 E4. 6h-17h diariam; até mais tarde do lado de fora.

Um dos marcos mais reconhecidos da cidade, esse famoso centro de compras foi construído em 1914 pelos franceses, que o chamaram de Les Halles Centrales, em referência ao mercado de Paris. A edificação principal que abriga o mercado é feita de concreto armado e ocupa uma área enorme. Sua característica mais notável é a maciça torre do relógio, que domina o bairro.

Com centenas de lojistas, o mercado oferece uma seleção variada e ampla de mercadorias, que vão de comida e artigos de couro a utensílios para a casa e roupas, além de ferramentas e animais vivos. O ambiente é de alta energia e grande confusão; os produtos chegam de todo o país, e durante todo o dia os comerciantes apregoam suas mercadorias, os clientes pechincham e os turistas buscam grandes ofertas.

Quando se entra pela porta principal, no Bulevar Le Loi, as mercadorias genéricas ficam à esquerda. À direita há roupas e tecidos. Mais adiante, à direita, estão alimentos secos, como chá, café e temperos, além de comida industrializada. Na metade do caminho, alimentos frescos ficam à direita, e barracas de comida ficam à esquerda. Os restaurantes são famosos pela qualidade e pelo preço. Como as indicações estão em inglês e em vietnamita, o cliente pode apontar para o menu a fim de fazer seu pedido.

Banca com bom estoque no Mercado Ben Thanh

Veja hotéis e restaurantes dessa região nas pp. 236-41 e 246-53

⑳ Museu de Belas-Artes

Rua Pho Duc Chinh 97A, Distrito 1.
Mapa 2 E5. **Tel** (08) 3829 4441.
◯ 9h-17h ter-dom.

À primeira vista, esse prédio elegante, amarelo-queimado com detalhes brancos, parece tipicamente francês. De tamanho grande, a edificação apresenta colunas e trabalhos de ferro batido nas janelas e terraços, tudo coberto por um telhado ao estilo chinês.

O museu dispõe de três andares de arte vietnamita, com porcelanas, trabalhos de laca, esculturas e pinturas a óleo de pintores vietnamitas e estrangeiros. O primeiro andar apresenta exposições rotativas de arte contemporânea. O segundo piso é dedicado, em grande parte, à arte política; há pinturas de alguns dos melhores artistas do país, e quase todas as obras estão relacionadas à Guerra do Vietnã. Esse andar também tem uma excelente seleção de porcelanas, em sua maior parte de origem ou inspiração chinesa.

O acervo mais interessante do museu se encontra no terceiro andar. Obras de arte dos povos *cham*, *funan*, *khmer*, chinês e indiano estão bem representadas no local. Em exposição há muitas antiguidades, cerâmicas e esculturas de Oc Eo, objetos de arte e madeira entalhada chineses, além de estátuas *cham*. O grande destaque é um conjunto de estátuas fúnebres de madeira do planalto Central que datam do início do século XX. Infelizmente a maior parte das indicações está em vietnamita.

Duas galerias atrás do museu também vendem peças de arte contemporânea. O museu abriga mostras de artistas locais com bastante frequência, e há, ainda, diversas galerias privadas no pátio.

Obra com capacetes de soldados desconhecidos, Museu de Belas-Artes

㉑ Pagode Nghia An Hoi Quan

Rua Nguyen Trai 678, Cholon.
Mapa 4 E4. **Tel** (08) 3853 8775.
◯ amanhecer-anoitecer diariam.

Famoso pelos minuciosos e intricados entalhes de madeira, esse pagode é um dos mais antigos de Ho Chi Minh. Construído no século XIX, o templo foi consagrado a Quan Cong, general chinês divinizado, e a Nghia An, fiel tratador de seu cavalo.

Busto de pedra, Museu de Belas-Artes

À esquerda ficam dois grandes destaques do pagode: as estátuas, em tamanho maior que o natural, de Nghia An e do cavalo vermelho de Quan Cong. As pessoas rezam ao pé das estátuas, tocando-as para obter bênçãos. Dos dois, o cavalo é considerado o mais sagrado. Os devotos tocam o sino em volta do pescoço dele e engatinham por baixo de seu corpo, encostando nele para simbolicamente conseguir graças ao longo da vida. À direita há um altar fechado com vidro dedicado a Ong Bon, guardião da felicidade e da virtude. O santuário principal apresenta frisos de um tigre e de um dragão. As caixas de vidro atrás do grande altar contêm imagens de Quan Cong e de seus assistentes: Quan Binh, mandarim-chefe, à direita; e Chau Xuong, general-chefe, à esquerda.

No décimo quarto dia do primeiro mês lunar, grupos de dança caracterizados como unicórnios, leões e dragões se apresentam na frente do templo. Após esse culto se realizar, têm início numerosas atividades artísticas que duram algumas noites. Essas performances são realizadas como demonstração da admiração da comunidade Hoa por Quan Cong.

Vietnã em Filmes

Cenário para mais filmes de Hollywood do que qualquer país da região, o Vietnã aparece em muitos deles, mas nem sempre em histórias de guerra. O primeiro filme rodado ali foi *Terra de paixões* (1932), um drama romântico com Clark Gable, enquanto as duas versões de *O americano tranquilo*, em 1957 com Audie Murphy e em 2002 com Michael Caine, se concentram na política e na ética. Já os filmes de guerra são inúmeros, mas estão muito bem representados com o alegórico *Apocalypse Now* (1979), de Francis Ford Coppola, e o realista *Platoon* (1986), de Oliver Stone.

Cena de *Platoon*, de Oliver Stone

Fora de Hollywood, *Indochina* (1993) de Regis Wargnier, é uma visão sensual da vida dos privilegiados do Vietnã colonial. O diretor franco-vietnamita Tran Anh Hung (banido do país) fez *Cyclo* (1996), um olhar inflexível sobre o lado mais decadente da moderna cidade de Ho Chi Minh. Seu *Cheiro de papaia verde* (1993) é uma festa para os olhos.

Passeio a Pé por Cholon

Ponto de negociantes chineses há mais de três séculos, Cholon, que significa "mercado grande", é um dos centros comerciais mais animados da cidade de Ho Chi Minh. Também chamado Distrito 5, têm mercados sempre movimentados e cheios de lojas especializadas, que vendem sedas, especiarias, ervas medicinais, chapéus, peças de jade e cerâmica, entre outras coisas. Concentrando grande parte da etnia chinesa *hoa*, Cholon é um centro religioso e abriga diversos pagodes e templos de estilo chinês. Esses prédios notáveis ficam em Nguyen Trai, rua principal de Cholon, ou ao seu redor. A melhor maneira de conhecer as vielas desse distrito barulhento é a pé.

Incenso em espiral no Pagode Thien Hau (p. 74)

O **mercado de eletrônicos** é o destino de quem quer comprar TVs, torradeiras, ar-condicionado e muito mais.

Pagode Phuoc An Hoi Quan 1
A comunidade *fujian* ergueu esse pagode em 1902, consagrando-o a Quan Cong. As lanças dispostas na frente do altar principal representam as virtudes cardeais.

② **Pagode Quan Am**
Único complexo de templos da cidade cortado por uma rua, esse pagode, também conhecido como Ong Lang, possui fachada bem colorida e telhado de barro (p. 74).

Legenda
••• Percurso sugerido

③ **Pagode Thien Hau**
Talvez a característica mais notável desse pagode seja o friso do telhado, primorosamente entalhado, que retrata cenas de lendas chinesas (p. 74).

Veja hotéis e restaurantes dessa região nas pp. 236-41 e 246-53

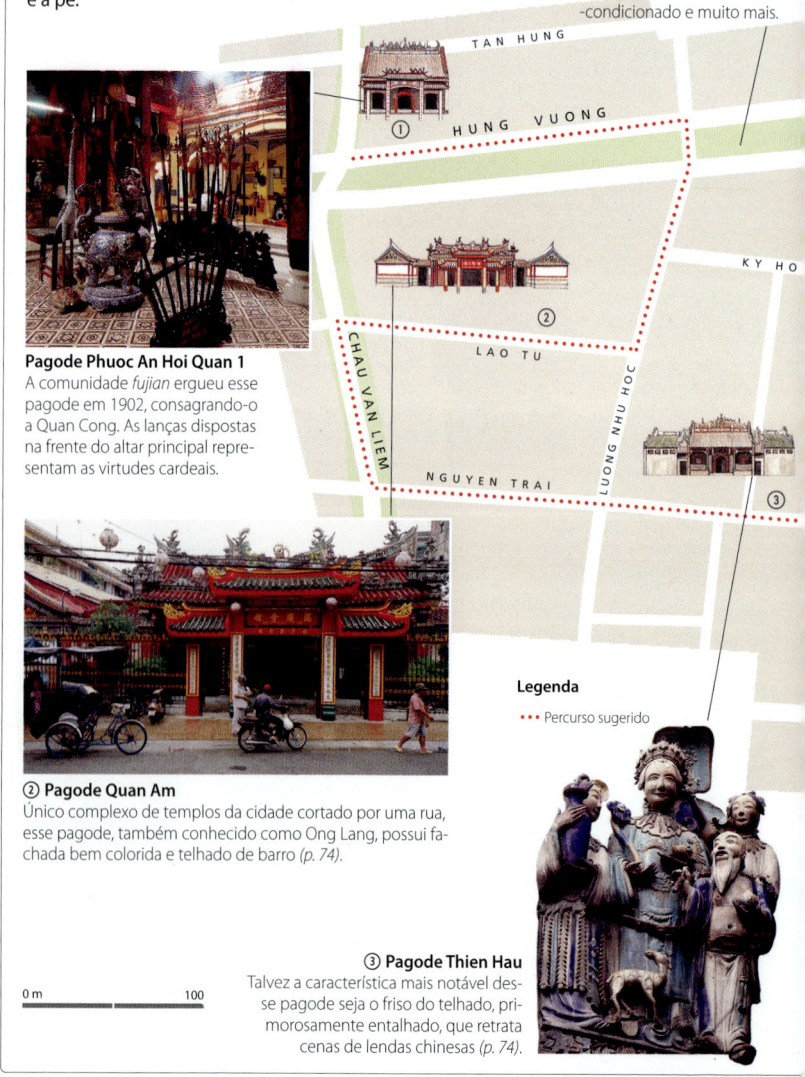

HO CHI MINH | 73

Localize-se

Rua Trieu Quang Phuc
Tomada pelo aroma das ervas de diversas lojas de medicamentos tradicionais chineses, a Trieu Quang Phuc é uma das ruas mais movimentadas e barulhentas de Cholon.

Dicas para o Passeio

Extensão: 1,6km.
Paradas: O Mercado Xa Tay, perto da Mesquita de Cholon, na Rua Trieu Quang Phuc, e o mercado de eletrônicos são ótimos locais para comprar a preços razoáveis. O trecho de Tran hung Dao tem diversos restaurantes bons.
Segurança: O tráfego é pesado em Hung Vuong, então é necessário ter cuidado ao caminhar por essa região.

④ Pagode Nghia An Hoi Quan
Profusamente decorado com vermelho e dourado, e embelezado com elaborados trabalhos de madeira, o altar principal de Nghia An Hoi Quan é consagrado a Quan Cong, o reverenciado senhor Nguyen *(p. 71)*.

⑤ Mesquita de Cholon
Erguida no início da década de 1930, essa mesquita despojada tem um charme sereno. Sua arquitetura modesta e simples contrasta com os pagodes ornamentados da área.

⑥ Pagode Tam Son Hoi Quan
Dedicado a Me Sanh, deusa da fertilidade, esse pagode do século XIX tem decoração colorida, com muitos santuários para diferentes divindades. A imagem de Me Sanh enfeita um altar pequeno no fundo do pagode e é venerada por mulheres que querem engravidar.

㉒ Pagode Thien Hau

Rua Nguyen Trai 719, Cholon. **Mapa** 4 E4. **Tel** (08) 855 5322. ◯ amanhecer-anoitecer diariam. 🅿️ Festival do Pagode Thien Hau (abr).

Também chamado de Hoi Quan Tue Thanh e conhecido como Chua Ba, ou Pagode da Senhora, esse templo é consagrado a Thien Hau, deusa do mar e padroeira dos marinheiros. Construído no início do século XIX pela comunidade cantonesa, esse é um dos mais concorridos templos da cidade. O pátio da frente é rodeado de muros altos, em cujo topo há frisos intricados e cenas entalhadas. O telhado da entrada é mais complexo, com trabalhos de madeira dourada que chegam quase até o chão. Internamente, o átrio, com frisos e relevos requintados, dispõe de incensários enormes que espalham uma fumaça aromática. O amplo salão central tem uma vitrina com o que parecem ser bastões com inscrições chinesas. De fato, trata-se de bicos de mangueiras usadas para extinguir incêndios como o que ameaçou o templo em 1898. As paredes desse salão são forradas de bandeirolas de oração, que são tiras de papel vermelho nas quais os devotos escrevem pedidos. Diz-se que as preces chegam até Thien Hau pela brisa que sopra os papéis.

Muitas espirais de incenso enfeitam o teto do santuário principal, enquanto três estátuas de Thien Hau, cada uma ladeada por dois atendentes,

Quan Am, de branco, no pagode com seu nome

dominam o altar. Do teto também pende um barco de madeira entalhada para lembrar da ligação de Thien Hau com o mar. À direita há uma imagem de Long Mau, deusa das mães e dos recém-nascidos.

㉓ Pagode Quan Am

Rua Lao Tu 12, Cholon. **Mapa** 4 D4. **Tel** (08) 3855 3543. ◯ amanhecer-anoitecer diariam.

Esse pagode, também conhecido como Ong Lang, foi erguido por negociantes chineses em 1816 em homenagem a Quan Am, ou Kwan Yin, deusa chinesa da misericórdia. Singular, ele se divide em duas partes, separadas por uma rua. No lado sul

Pote de incenso no Pagode Thien Hau

fica uma pracinha que se junta a uma gruta num tanque de peixes e tartarugas, enquanto o lado norte abriga o templo principal. O telhado e a entrada atraem os olhares, pois são ricamente adornados com pinturas de santos, arabescos dourados e painéis de madeira entalhada que retratam dragões, casas, cenas da vida tradicional chinesa e histórias. Dentro, o grande altar é dedicado a Buda e leva até o santuário principal, que apresenta suas rodas de orações em forma de lótus com muitas imagens de Buda. Os devotos que fazem donativos ao templo podem afixar uma etiqueta com seu nome numa das imagens. A cada giro da roda, sua prece é ouvida.

Perto do altar principal está uma imagem de Quan Am, rodeada por diversas outras divindades, como Amida ou Buda Feliz, que representa o futuro; A Di Da, o Buda do Passado; e Thich Ca, o Buda Histórico, Sidarta. Nos dois lados do altar há pequenos incineradores, onde dinheiro de papel é queimado para beneficiar as almas. O pagode tem uma coleção de tartarugas vivas para dar sorte. Num pátio atrás do santuário há mais altares e imagens de deuses e deusas.

O complexo todo fica cheio de velas votivas e lamparinas. Elas são reabastecidas a intervalos regulares por atendentes e impregnam o ar com a fragrância do incenso.

Elaboradas esculturas entalhadas e frisos de porcelana no telhado do Pagode Thien Hau

Veja hotéis e restaurantes dessa região nas pp. 236-41 e 246-53

㉔ Mercado Binh Tay

Rua Thap Muoi, Cholon. **Mapa** 3 C5.
Tel (08) 3857 1512. 8h-17h diariam.
chobinhtay.gov.vn

A tradução literal de *cho lon* é "mercado grande", e o Mercado Binh Tay faz jus ao nome. Esse grandioso local de compras é um tributo ao comércio. Não passava de um grupo de bancas ao ar livre até um comerciante chinês tomar a iniciativa de construir uma estrutura permanente, em 1826.

O prédio amarelo tem quatro alas que formam um retângulo com um pátio e uma fonte no meio. Uma torre de relógio mais alta desponta no centro. Telhados atraentes cobrem o burburinho do comércio. Trata-se, basicamente, de um mercado atacadista, menos turístico do que o Mercado Ben Thanh (p. 70). Oferece ampla variedade de itens e serviços, desde ervas medicinais e brinquedos importados da China até alfaiates e mecânicos, e mesmo gaiolas com pássaros.

Fileiras de vidros com balas tentadoras no Mercado Binh Tay

㉕ Pagode Phung Son

Rua Thang 2, 1408 3, Distrito 11.
Mapa 3 B4. **Tel** (08) 969 3584.
amanhecer-anoitecer diariam.

Também chamado Pagode Go, o atual complexo foi construído entre 1802 e 1820, sobre o que restara do antigo sítio. A tradição local e achados arqueológicos sugerem que esse já foi

Mulher reza diante de imagem na entrada do Pagode Phung Son

o sítio de um complexo pertencente ao reino Funan *(p. 43)*. Segundo a lenda, o templo iria ser transferido para um novo local. Mas, quando peças de valor foram carregadas num elefante branco, o animal tropeçou. Isso foi considerado um presságio para que o pagode permanecesse no mesmo local. Há aposentos para os monges, e o santuário principal encontra-se à esquerda e dispõe de diversas imagens de Buda. Há um átrio com imagens de Quan Am, deusa da misericórdia, e de Buda, além de tambores e um sino.

Suástica no pórtico do Pagode Giac Vien

㉖ Pagode Giac Vien

Rua Lac Long Quan 161/35/20, Distrito 11. **Mapa** 3 A4.
amanhecer-anoitecer diariam.
Parque Aquático Dam Sen: rua Hoa Binh 3, Distrito 11. 8h30-18h seg-sáb, 8h-19h dom.
w damsenwaterpark.com.vn

Fundado pelo monge Hai Tinh Giac Vien, em 1744, situa-se nos arredores da cidade e é um dos locais mais tranquilos da área. Conhecido pela coleção de mais de 150 imagens de madeira, o pagode parece servir mais à devoção dos mortos. Diversos túmulos grandes, entalhados com arte, ficam à direita da entrada, junto à fotografias. Um cinerário contém urnas funerárias. Embora o interior seja escuro, as aberturas no telhado permitem que a luz do sol penetre a escuridão, dando a impressão de que as coisas se movimentam.

O altar do santuário dispõe de diversas imagens de Buda, alguns dourados, outros de madeira ou cerâmica. Um grande Buda A Di Da fica atrás e dois pequenos bodisatvas ficam na frente e no alto; mais de dez se espalham pelo meio. Uma estrutura cônica escalonada, com muitos Budas pequenos em todos os níveis, fica na frente do altar e é iluminada por luzes delicadas. Nos dois lados do santuário, acham-se claustros cheios de bonsais e grutas.

Ali perto fica o **Parque Aquático Dam Sen**, muito apreciado pelas crianças. Escorregadores de água e passeios, rio e lago artificiais, além de locais sombreados para descansar proporcionam um dia repleto de diversão. O parque também tem jardins com lagos, pagodes e diversas esculturas inusitadas de animais.

Grande Buda Dourado no altar do Pagode Giac Vien

Reconstituição de uma cozinha como as dos Túneis Cu Chi

㉗ Pagode de Um Pilar de Thu Duc

Rua Nyugen Van Bi 100, Distrito Thu Duc. **Tel** (08) 3896 0780. amanhecer-anoitecer diariam.

Esse pagode pequeno, baseado no antigo Pagode Lien Phai, de Hanói *(p. 167)*, foi erguido por monges que fugiram de lá depois que o país se dividiu, em 1954. Na Guerra do Vietnã *(pp. 48-9)*, o templo foi usado pelos vietcongues como acampamento secreto. Apesar dos esforços do presidente Diem para destruir o pagode, o apoio local oferecido aos monges manteve a estrutura segura e intacta.

Como sua duplicata de Hanói, a construção surge do meio de um tanque de lótus. Uma estrada estreita leva da beira do tanque até a entrada. A fachada tem muitas janelas, o que possibilita uma visão quase contínua de 360 graus. O interior é simples, com altar baixo.

O Pagode de Um Pilar sai das águas de um tanque de lótus

㉘ Túneis Cu Chi

40km a NO de Ho Chi Minh. até a cidade de Cu Chi, depois táxi. **Tel** (08) 3794 8820. 7h30-17h diariam.

A pequena cidade de Cu Chi ficou famosa pela elaborada rede de túneis localizada à distância de quase 15km da própria cidade. Existem dois sistemas diferentes de túneis. O da vila de Ben Dinh foi usado pelos vietcongues durante a Guerra do Vietnã. O passeio guiado começa com uma apresentação em uma sala onde há mapas e cartas. Depois de um audiovisual que apresenta a história dos túneis, o visitante é levado a uma área instalada com armadilhas e manequins de combatentes. Ao lado existem portas-armadilhas que descem até os túneis estreitíssimos. Apesar de eles terem sido alargados, muita gente os considera claustrofóbicos. Nas profundezas, as câmaras foram restauradas para terem o mesmo aspecto do tempo da guerra, com camas, fogões e depósito de munições. O segundo conjunto de túneis fica em Ben Duoc. Criados mais para o turismo, eles estão mais bem equipados do que os verdadeiros, usados pelos vietcongues.

A cidade de Cu Chi é conhecida por seus estandes de tiro ao alvo, mas também tem um pagode memorial que apresenta murais e uma notável escultura em forma de lágrima. Os cemitérios de guerra estão por toda parte e podem ser vistos da estrada.

㉙ Nui Ba Den

106km a NO de Ho Chi Minh na rod 22; 15km a NE da cidade de Tay Ninh. até Tay Ninh, depois táxi. **Tel** (066) 382 6763. Festival Nui Ba Den (jun).

Há duas atrações importantes na província de Tay Ninh: a Sede Sagrada do Cao Dai *(pp. 78-9)* e Nui Ba Den (Montanha da Senhora Negra). Apesar da proximidade dessas atrações, pouca gente visita Nui Ba Den, pois ela fica fora do circuito consagrado e não é servida por transporte público. Mas quem vai até lá acha que o esforço vale a pena.

Apesar do clima de parque de diversões na base, a verdadeira atração do local é a própria montanha coberta de floresta. Situada em meio a lagos e com paisagem muito bonita, Nui Ba Den se eleva a 986m acima das planícies ao redor. O topo oferece vistas extraordinárias, além de um santuário à Senhora Negra, uma mulher piedosa chamada Huong, que morreu defendendo sua honra. Quem quer se exercitar pode subir a montanha a pé para visitar o santuário, mas também existe um teleférico para uma subida mais relaxante.

Antigo domínio vietcongue, a montanha era bombardeada e pulverizada com produtos químicos mortais na Guerra do Vietnã. Agora, suas cavernas, usadas como santuários budistas, readquiriram a beleza.

Todo ano um festival homenageia o espírito de Nui Ba Den com oferendas, cantos e danças.

Estátua grande e roliça segura um cigarro, na base da Nui Ba Den

Veja hotéis e restaurantes dessa região nas pp. 236-41 e 246-53

Complexos de Túneis

Complicados conjuntos de túneis, como os de Cu Chi e Vinh Moc *(p. 154)*, foram usados pelos vietnamitas durante séculos. Parte estratégica das táticas de guerrilha durante a Guerra do Vietnã *(pp. 48-9)*, tiveram papel fundamental na derrota dos soldados americanos. Com extensão estimada de mais de 200 km, os túneis eram cavados com pás por gente do local. Construídos em diversos níveis, tinham área de estar, cozinha e clínica. Por eles os vietnamitas escapavam de bombardeios, escondiam-se dos inimigos e preparavam ataques-surpresa. Os soldados americanos sabiam dos túneis e usavam imagens infravermelhas e cães farejadores em sua busca. Mas nunca conseguiram achar nada, pois os túneis eram sempre redirecionados e aumentados para evitar que fossem localizados.

Anatomia do Sistema de Túneis

Enquanto a maioria dos túneis era pequena e simples, os grandes tinham três andares e chegavam a alcançar 10m de profundidade. No entanto, eles eram quentes, apertados e úmidos, o que tornava a vida subterrânea bastante desconfortável.

As **entradas dos túneis** eram tão pequenas e bem camufladas com folhas e ramos que ficavam invisíveis aos olhos inimigos. Para encontrá-los, os americanos usaram até estetoscópios para escutar atividades subterrâneas.

"Ratos de túnel" era o apelido dado às equipes especiais de soldados americanos preparados para penetrar e desativar túneis. Eles usavam máscaras protetoras quando soltavam gases nos túneis para expulsar os vietnamitas.

Na **área para cozinhar** havia métodos muito criativos para evitar que a fumaça chegasse à superfície.

Pontos bem escondidos para tiro ajudavam os vietnamitas a balear o inimigo e desaparecer.

Bunker de estratégia e planejamento

Entrada subaquática

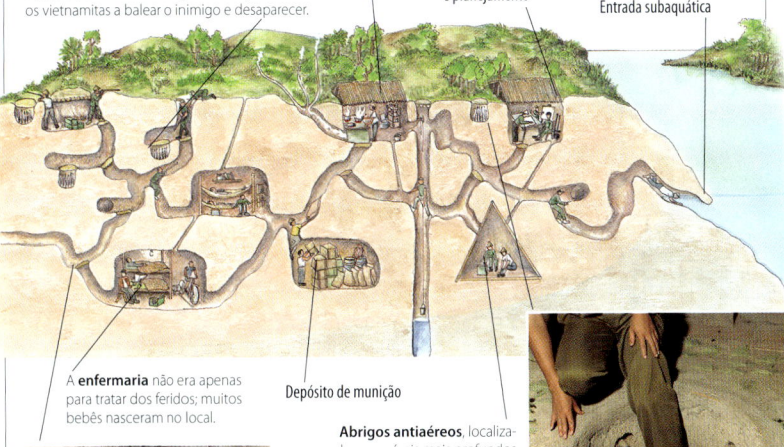

A **enfermaria** não era apenas para tratar dos feridos; muitos bebês nasceram no local.

Depósito de munição

Abrigos antiaéreos, localizados nos níveis mais profundos dos túneis, protegiam os vietnamitas de bombardeios intensos.

Os **corredores apertados** eram tão estreitos quanto possível para que os soldados americanos maiores achassem difícil passar pelos túneis.

Ciladas engenhosas, que usavam desde bambu e varetas de ferro até explosivos, transformavam os túneis em armadilhas mortíferas para os desatentos.

⓷⓪ Sede Sagrada do Cao Dai

Centro da religião Cao Dai, fundada em 1926 *(p. 27)*, esse imenso complexo atrai quase 3 milhões de devotos. O destaque é o Grande Templo Divino – edificação volumosa, que exibe uma mescla incomum de elementos arquitetônicos asiáticos e europeus. No meio de vivos tons de rosa, verde e amarelo da decoração existem entalhes de serpentes e dragões, e uma profusão de Olhos Divinos que espreitam em todas as direções. Auxiliadas por centenas de clérigos com mantos coloridos, as orações são realizadas diariamente e constituem uma visão espetacular.

Dragões coloridos adornam as colunas do templo

Buda Maitreya
No topo da torre central da fachada do templo está uma imagem de Buda, o que reflete a reverência do caodaísmo pelo budismo.

Salão de Orações
Esse longo salão de colorido extravagante é dividido em nove níveis, que representam os nove planos até o céu. Colunas e janelas com entalhes elaborados, que mostram o Olho Divino, acompanham o comprimento, nos dois lados.

LEGENDA
① Entalhes intricados enfeitam os pilares

② Imagens do panteão do Cao Dai, que incluem Jesus, Buda e Confúcio, ocupam a área acima do altar.

③ Salão de orações

↙ Túmulo de Ho Phap

Veja hotéis e restaurantes dessa região nas pp. 236-41 e 246-53

HO CHI MINH | 79

PREPARE-SE

Informações Práticas
Vila de Long Hoa, 4km a L de Tay Ninh; 96km a NO de Ho Chi Minh. *i* Tay Ninh Tourist, 210B rua Thang 4, 30, Tay Ninh, (066) 382 2376. ⊙ diariam. Cultos: 6h, 12h, 18h, 24h.

★ Altar do Olho
O Olho Divino que tudo vê, símbolo do Cao Dai, foi pintado numa grande esfera azul salpicada de estrelas que enfeita o altar principal. Decorada com nuvens e estrelas, a abóbada acima representa o alcance do céu.

★ Phan Cong Tac
Um dos fundadores do caodaísmo, Phan Cong Tac era o médium principal, capaz de se comunicar com os espíritos sagrados durante as sessões.

★ Os Três Santos
Um mural retrata os três santos do Cao Dai – o líder chinês Sun Yat Sen, o poeta francês Victor Hugo e o poeta vietnamita Nguyen Binh Khiem – como os signatários terrenos da "Terceira Aliança Entre Deus e o Homem".

Arquitetura Vibrante
A combinação de cores vivas, entalhes, temas de dragões, lótus e outros elementos variados fazem desse templo uma das edificações mais fotografadas do Vietnã.

Grande Templo Divino
Peça central do complexo, esse templo foi construído entre 1933 e 1955. Seu telhado em três níveis todo decorado, os vitrais e o caleidoscópio de cores criaram uma construção incomum e notável. A presença do Olho Divino que tudo vê representa a sabedoria e o conhecimento supremos.

Planta da Sede Sagrada do Cao Dai
Lista de Recintos

① Grande Templo Divino
② Templo da Santa Mãe
③ Túmulo de Ho Phap
④ Anfiteatro
⑤ Sala de Meditação
⑥ Obras Públicas
⑦ Casa de Tear
⑧ Sala de Informação
⑨ Escritório do Pontífice
⑩ Escrit. da Sra. Cardeal

Legenda
☐ Área ilustrada

Barcos de pesca no porto de Vung Tau, com morro panorâmico ao fundo

③ Vung Tau

130km a L de Ho Chi Minh na Rod 51. 250.000. helicóptero de Ho Chi Minh. hidrofólio de Ho Chi Minh. Vung Tau Tourist, rua Tran Hung Dao 33, (064) 385 6445.
w vungtautourist.com.vn
Museu Bach Dinh: Rua Tran Phu 4. **Tel** (064) 385 2605. 7h-11h30, 13h30-17h diariam.

Situada numa península, a cidade de Vung Tau já foi um balneário litorâneo imaculado, conhecido pelos franceses como Cap St Jacques. Ainda é um refúgio costeiro concorrido, mas agora que está desenvolvida e sedia uma indústria petroleira em alto-mar, a qualidade da água e das praias foi afetada. Nos fins de semana fica muito cheia, barulhenta e cara. Nos dias úteis é mais sossegada, e a proximidade com Ho Chi Minh a torna um destino praiano conveniente.

As duas praias principais são **Bai Truoc** (praia da Frente), a oeste, e a longa e larga **Bai Sau** (praia de Trás), no lado leste da península do mar da China Meridional. Bai Truoc tem a maior concentração de hotéis, bares e restaurantes, enquanto Bai Sau é menos desenvolvida e, portanto, um local mais barato e muito mais tranquilo para se hospedar.

Nos arredores existem dois promontórios, **Nui Lon** (morro Grande) e **Nui Nho** (morro Pequeno), ambos com belas vistas. Nui Nho exibe uma gigantesca imagem de Jesus que pode ser escalada pelos visitantes para apreciar a paisagem. Uma outra opção é pegar o teleférico até o topo de Nui Lon. O farol **Vung Tau**, localizado a cerca de 1,5km da parada de balsa, também oferece uma excelente vista.

O museu local, o **Bach Dinh** (Mansão Branca), foi residência e prisão do imperador Thanh Thai, que foi confinado ali pelos franceses. Dispõe de mostras interessantes da dinastia chinesa Qing. As relíquias expostas foram salvas de um navio naufragado no século XVII.

③ Long Hai

130km a L de Ho Chi Minh na rod 19; 40km a NE de Vung Tau. de Ho Chi Minh. Vung Tau Tourist, rua Tran Hung Dao 33, (064) 385 6445. Festival dos Pescadores (fev/mar).

Enquanto as duas cidades cresciam, o trecho do litoral entre Vung Tau e Phan Thiet era praticamente deserto, mas agora um grande número de resorts têm sido construídos ali. Com a cidadezinha de Long Hai, agora essa área está sendo chamada, com certo exagero, de Riviera do Vietnã.

Contudo, as praias são praticamente inexploradas, os preços baixos, os frutos do mar frescos e o ambiente muito tranquilo. Um ponto de interesse perto de Long Hai é o **Templo Mo Co**, para onde centenas de barcos de toda a região convergem durante o Festival dos Pescadores. Mais a leste fica uma das mansões de Bao Dai, agora o sofisticado Anoasis Resort *(p. 237)*. A praia é particular, mas uma pequena taxa permite o uso completo de seus recursos por um dia. Apesar de não dispor de transporte público direto ou hidrofólio de Vung Tau, a ida de carro até Long Hai oferece muitas atrações. Já que na área predomina o catolicismo, há muitas igrejas charmosas à beira da rodovia, além de diversos templos interessantes.

Barco de pesca diferente, em Long Hai

③ Praia Ho Coc

190km a L de Ho Chi Minh; 36km a NE de Long Hai.

O isolamento da praia Ho Coc é sua melhor característica. Apesar de ser procurada por vietnamitas nos fins de semana, é difícil o acesso via transporte público, tem poucas opções de acomodação e alguns cafés e restaurantes simples. A praia é maravilhosa, com quilômetros de areia branca e limpa e enfeitada com grandes rochas.

Arredores

Ho Coc fica ao lado da **Binh Chau – Reserva Natural Phuoc Buu**. As árvores chegam até a praia, e muitas trilhas que levam à área florestal começam na areia.

A reserva já acolheu diversos animais de grande porte, mas muitos foram transferidos por motivos de preservação e segurança. Porém, ela é habitada por

Abrigo de palha em uma rocha nas areias da praia Ho Coc

Veja hotéis e restaurantes dessa região nas pp. 236-41 e 246-53

HO CHI MINH | 81

O agitado mar da China Meridional lava as grandes pedras da praia Ho Coc

variadas espécies de macacos e pássaros. O verde e o ambiente tranquilo são relaxantes. Por uma pequena quantia pode-se contratar um guia para passeios a pé.

③④ Fontes Termais de Binh Chau

150km a SE de Ho Chi Minh; 50km a NE de Long Hai. Binh Chau Hot Springs Resort, (064) 387 1131.

Com mais de uma centena de fontes termais naturais com propriedades terapêuticas, Binh Chau não é frequentada apenas por reumáticos e artríticos. Embora a lama rica em minerais e as fontes sejam obviamente a principal atração, o lugar é também um centro de diversões. Agora o Binh Chau Hot Springs Resort é um destino de férias concorrido, que dispõe de bar de karaokê, quadras de tênis e mesas de sinuca. Há ainda instalações para banhos em fontes termais públicas e particulares. Os banhos privativos são fechados com placas de madeira para a troca de roupa e têm telhado. Eles podem acomodar de duas a dez pessoas e cobram taxas maiores do que as das instalações públicas. Os banhos públicos têm uma piscina. A água atinge a média de 40°C, embora alguns poços possam ficar "pelando", com 87°C. Como divertimento, cestos de ovos estão à venda para serem mergulhados nos poços, a fim de cozinharem. As pessoas também cozinham ovos nas fontes termais. Estátuas de galinhas indicam os locais em que isso pode ser feito. E é possível ter uma experiência de spa com lama terapêutica e banhos.

Entre as fontes há pântanos verdejantes. Existem algumas trilhas para caminhadas bem sinalizadas, onde o visitante pode dar uma volta.

Pessoas cozinham cestos de ovos nas fontes termais de Binh Chau

③⑤ Parque Nacional Cat Tien

160km a NE de Ho Chi Minh. de Ho Chi Minh. **Tel** (061) 366 9228. namcattien.org

Considerada pela Unesco como uma das Reservas da Biosfera, Cat Tien é uma das que tem a maior diversidade biológica de sua categoria. Isso é de espantar, pois a área sofreu contínuos bombardeios com desfolhantes durante a Guerra do Vietnã. Em tempos mais remotos, esse foi um local de peregrinação, como demonstram as descobertas de objetos religiosos antigos, originários dos reinos de Funan e Champa (p. 43).

Atualmente o parque de 718km^2 abriga grande variedade de fauna e flora. Há mais de 1.600 variedades de plantas, e novas espécies continuam a ser descobertas. O local, que ficou conhecido como o hábitat do extinto rinoceronte-javanês, acolhe inúmeros animais, como cervos, elefantes e mais de 300 espécies de pássaros, que atraem ornitófilos do mundo todo. Colônias de macacos, a exemplo dos raros langures-de-canela-cinza, vivem nas árvores, enquanto 440 espécies de borboleta esvoaçam pelas flores do campo. Cat Tien se tornou um dos mais procurados destinos de aventura do Vietnã. As acomodações no parque são mínimas, mas adequadas, e chega-se a elas atravessando o rio Dong Nai.

Rinoceronte-Javanês

Do grande número de espécies animais do Parque Nacional Cat Tien, poucos causaram tanta preocupação quanto o rinoceronte-javanês (Rhinoceros sondaicus). Esses magníficos paquidermes, que costumavam vagar pela floresta em grande número, foram caçados até quase desaparecerem, durante o período colonial. De tamanho menor do que a maioria dos rinocerontes, tinham pele clara, pois viviam sob a espessa folhagem da selva.

O raro rinoceronte-javanês

Infelizmente, o último rinoceronte-javanês foi morto no parque por caçadores ilegais em 2010, quando se declarou extinta a espécie no país. O Vietnã lidera o comércio negro de chifres de rinocerontes.

GUIA DE RUAS DE HO CHI MINH

Encontrar o caminho pelas ruas estreitas e sinuosas de Ho Chi Minh, mais conhecida como Saigon, pode ser uma tarefa difícil. A cidade se divide em dezenove *quan*, ou distritos urbanos, e cinco distritos suburbanos. Os endereços vietnamitas *(p. 279)* costumam ser diretos, mas são mais complicados em Ho Chi Minh porque uma mesma rua começa uma numeração nova ao entrar num novo distrito. No Guia de Ruas, algumas palavras comuns em nomes de ruas foram abreviadas, como Nguyen, que foi abreviada para Ng. Note que, no sul, *duong*, que significa rua, é acrescentada ao nome da via; *pho* é adicionada ao nome da rua no norte.

0 km 1

Escada dos Mapas 1-2, 3-4
0 m 500

Legenda do Guia de Ruas

- Atração principal
- Outra atração
- Outro edifício
- Estação de trem
- Terminal de ônibus
- Barco de passeio
- Informação turística
- Hospital
- Pagode/templo
- Igreja
- Mesquita

Índice do Guia de Ruas

A

3 Thang 2	1 B4, 4 E2
Alexandre De Rhode	2 D3
An Diem	4 F5
An Duong Vuong	4 F4
Au Co	3 A1

B

Ba Hat	4 F2
Ba Huyen Thanh Quan	1 C4
Ba Le Chan	1 C1
Ba Trieu	4 D4
Ban Co	1 B5
Ben Ba Dinh	4 F5
Ben Bai Say	4 D5
Ben Binh Dong	4 E5
Ben Chuong	2 F5
Ben Van Don	2 F5
Binh Duong Thi Xa	3 B3
Binh Thoi	3 B3
Bui Thi Xuau	1 C5
Bui Vien	2 D5

C

Cach Mang Thang Tam	1 C4
Calmette	2 E5
Can Giuoc	4 E5
Cao Thang	1 B5
Cao Van Lau	3 C5
Chanh Hung	4 F5
Chau Van Liem	4 D4
Chu Manh Trinh	2 E2
Chu Van An	3 C5
Co Bac	2 E5
Co Dieu	4 D3
Co Giang	1 B1

D

Dang Dung	1 C1
Dang Tat	1 C1
Dao Duy Tu	4 E3
De Tham	2 D5
Dien Bien Phu	1 D2
Dinh Cong Trang	1 C2
Dinh Tien Hoang	1 D1
Do Ngoc Thanh	4 D4
Do Thanh	1 B5
Doan Nhu Hai	2 F5
Dong Du	2 F3
Dong Khoi	2 F4
Dong Nai	4 E1
Duc Chinh	2 E5

G

Go Cong	4 D5

H

Ha Ton Quyen	3 C4
Hai Ba Trung	2 E3
Hai Thuong	4 D5
Hai Trieu	2 F4
Ham Nghi	2 F4
Han Hai Nguyen	3 B4
Han Thuyen	2 E3
Hau Giang	3 B5
Hem Au Co	3 A2
Hem Lac Long Quan	3 A2
Ho Bieu Chanh	1 A2
Ho Thung Mau	2 F4
Ho Xuan Huong	1 C4
Hoa Binh	3 A3
Hoa Hao	4 D3
Hoa Hung	1 A4
Hoang Dieu	2 F5
Hoang Le Kha	3 A5
Hoang Sa	2 D1
Hoc Lac	4 D5
Hong Bang	4 D4
Hung Phu	4 F5
Hung Vuong	4 F3
Huyen Tran Cong Chua	2 D4
Huynh Khuong Ninh	2 D1
Huynh Thuc Khang	2 E4
Huynh Tinh Cua	1 B2
Huynh Van Banh	1 A1

K

Khuong Viet	3 A1
Kim Bien	4 D5
Ky Con	2 E5
Ky Dong	2 B3

L

Lac Long Quan	3 A3
Lan Ong	4 E5
Lanh Binh Thang	3 B3
Le Cong Kieu	2 E5
Le Dai Hanh	3 C2
Le Duan	2 E2
Le Hong Phong	1 A5, 4 F1
Le Lai	2 D5
Le Loi	2 E4
Le Quang Sung	3 C5
Le Quoc Hung	2 F5
Le Quy Don	1 C3
Le Thanh Ton	2 F3
Le Thi Hong Gam	2 E5
Le Thi Rieng	2 D5
Le Van Si	1 A2
Lo Sieu	3 C3
Luong Huu Khanh	1 C5
Luong Nhu Hoc	4 E4
Ly Chinh Thang	1 B2
Ly Nam De	4 D3
Ly Thai To	4 F2
Ly Thuong Kiet	4 D2
Ly Tu Trong	2 E3
Ly Van Phuc	2 D1

M

Mac Cuu	4 E5
Mac Hing Chi	2 D2
Mac Thi Buoi	2 F4
Mai Thi Luu	2 E1
Mai Xuan Thuong	3 B5
Me Linh	2 F1
Minh Phung	3 B4

N

Nam Ky Khoi Nghia	1 B2
Nam Quoc Cang	1 C5
Ngo Duc Ke	2 F4
Ngo Gia Tu	4 F3
Ngo Nhan Tinh	4 D5
Ngo Quyen	4 F4
Ngo Thoi Nhiem	1 C4
Nguyen An Khuong	4 D5
Nguyen Binh Khiem	2 E1
Nguyen Chi Thanh	3 C4
Nguyen Cong Tru	2 F1, 2 E5
Nguyen Dinh Chi	3 A5
Nguyen Dinh Chieu	1 C4
Nguyen Dinh Chinh	1 A1
Nguyen Du	2 E3
Nguyen Duy Duong	4 F2
Nguyen Hai Tu	2 D1
Nguyen Hue	2 F4
Nguyen Huu Canh	1 B1
Nguyen Huu Cau	2 C1
Nguyen Kim	4 E3
Nguyen Ngoc Phuong	2 F1
Nguyen Phi Khanh	2 D1
Nguyen Son Ha	1 C5
Nguyen Tat Thanh	2 F5
Nguyen Thai Binh	2 E5
Nguyen Thai Hoc	2 D5
Nguyen Thi	4 D5
Nguyen Thi Dieu	1 C4
Nguyen Thi Minh Khai	1 C5
Nguyen Thi Nho	3 C4
Nguyen Thi Trang	4 F4
Nguyen Thien Thuat	1 B5
Nguyen Thong	1 B3
Nguyen Thuong Hien	1 B4
Nguyen Tieu La	4 E2
Nguyen Trai	4 E4
Nguyen Tri Phuong	4 F4
Nguyen Trung Ngan	2 F2
Nguyen Trung Truc	2 E4
Nguyen Truong To	2 F5
Nguyen Van Hai	1 C2
Nguyen Van Lac	2 F1
Nguyen Van Phu	3 A2
Nguyen Van Thu	2 D2
Nguyen Van Trang	2 D5
Nguyen Van Troi	1 A1
Nhat Tao	4 D3

O

Ong Ich Khiem	3 A3

P

Pasteur	2 D3
Ph B Chau	2 E4
Pham Dinh Ho	3 C5
Pham Hong Thai	2 D5
Pham Huu Chi	4 D4
Pham Ngoc Thach	1 C2
Pham Ngu Lao	2 D5
Pham Van Chanh	2 F1
Phan Dinh Phung	1 B1
Phan Ke Binh	2 D1
Phan Liem	2 D2
Phan Ngu	2 D1
Phan Ton	2 D1
Phan Van Kho	4 D5
Phu Cam	3 A5
Phu Dong Thien Vuong	4 E4
Phu Giao	3 C5
Phu Huu	3 C5
Phu Tho	3 A4
Phung Hung	4 D5
Phung Khac Hoan	2 D2
Phuoc Hung	4 F4

Q

Quan Su	3 B3

S

So 41	3 B4
Su Van Hanh	4 E1
Suong Nguyet Anh	1 C5

T

Ta Uyen	3 C4
Tan Da	4 E4
Tan Hang	4 E5
Tan Hoa	3 A5
Tan Hung	4 D4
Tan Khai	4 D4
Tan Phuoc	4 E3
Tan Thanh	3 C4
Thach Thi Thanh	1 C1
Thai Van Lung	2 F3
Thanh Thai	4 E1
Thap Muoi	3 C5
Thien Phuoc	3 C1
Thu Khoa Huan	2 E4
Thuan Kieu	4 D4
To Hien Thanh	4 D1
Ton Duc Thang	2 F3
Ton That Dam	2 F4
Ton That Tung	1 C5
Tong Van Tran	3 A2
Tran Cao Van	2 D2
Tran Hung Dao	2 E5, 4 E5
Tran Huy Lieu	1 A1
Tran Khat Chan	1 C1
Tran Minh Quyen	1 B4, 4 F1
Tran Nhat Duat	1 C1
Tran Phien	3 B4
Tran Quang Dieu	1 A2
Tran Quang Khai	1 C1
Tran Quoc Thao	1 B3
Tran Quoc Toan	1 C2
Tran Quy	3 C4
Tran Van Kieu	4 F5
Tran Xuan Hoa	4 F4
Trang Tu	3 C5
Trieu Quang Phuc	4 E4
Trinh Dinh Trong	3 A1
Trinh Hoai Duc	4 D5
Truong Dinh	1 C3
Truong Sa	2 D1
Tu Giang	4 D5
Tu Xuong	1 C3
Tue Tinh	3 C3
Tung Thien Vuong	4 E5

U

Uu Long	4 E5

V

Van Dat	2 F4
Van Kiep	4 E5
Van Nam	4 E5
Van Tuong	4 D5
Vinh Vien	4 D3
Vo Thi Sau	1 C3
Vo Van Tan	1 C5
Vu Chi Hieu	4 D5

X

Xo Viet Nghe Tinh	2 E2
Xom Dat	3 B4
Xom Voi	3 C4

Y

Yersin	2 E5

Map: Districts of Ho Chi Minh City (Saigon)

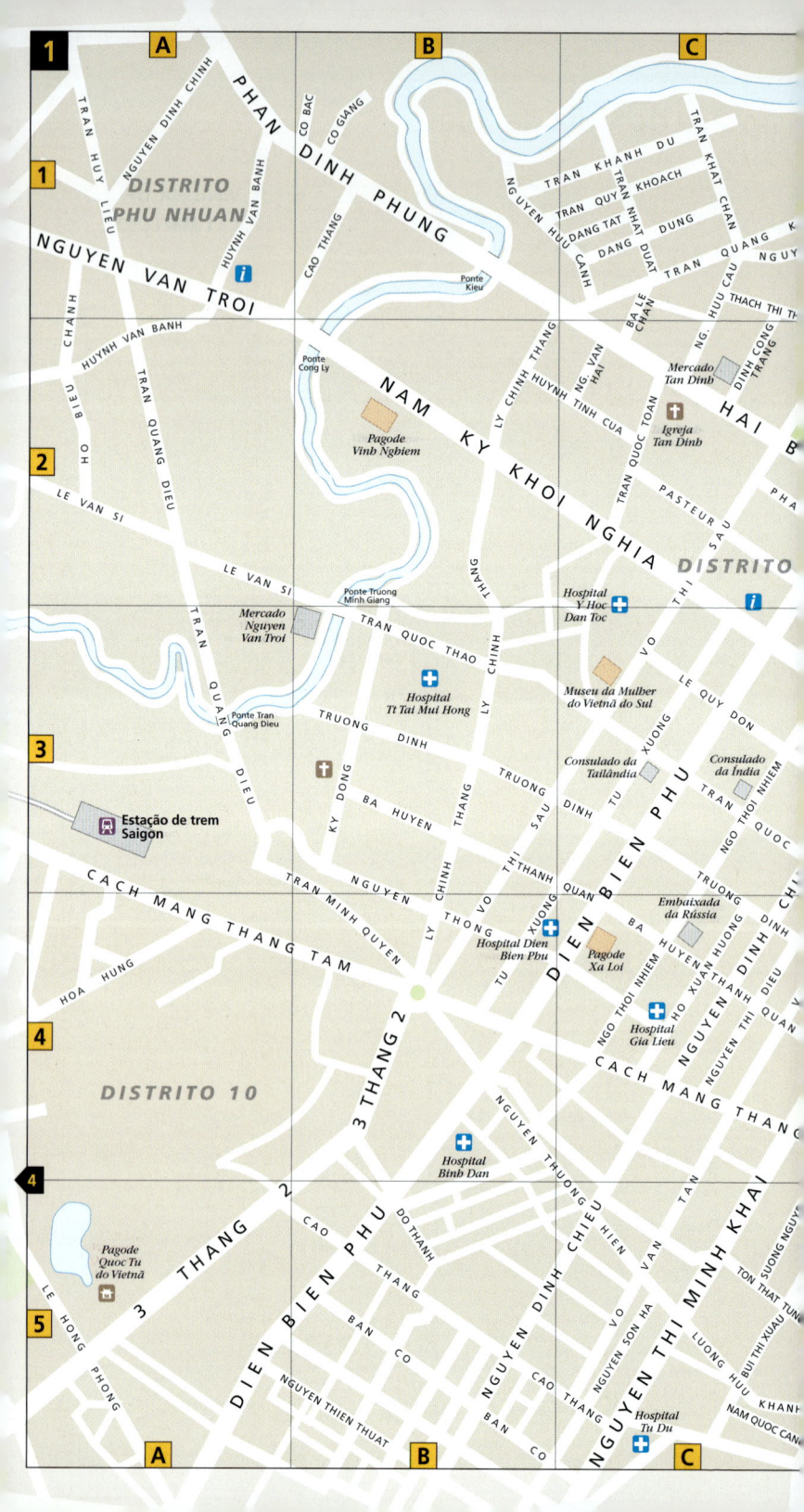

Grid references: 1, A–C (top); 2–5 (rows); A–C (bottom)

Districts
- DISTRITO PHU NHUAN (A1)
- DISTRITO 10 (A4)
- DISTRITO (C2)

Streets / Avenues
- TRAN HUY LIEU
- NGUYEN DINH CHINH
- PHAN DINH PHUNG
- HUYNH VAN BANH
- NGUYEN VAN TROI
- CO BAC
- CO GIANG
- CAO THANG
- TRAN KHANH DU
- TRAN QUY KHOACH
- DANG TAT
- NHAT DUNG
- TRAN KHAT CHAN
- NGUYEN HUU CANH
- DANG DUAT
- TRAN QUANG
- HUYNH VAN BANH
- TRAN QUANG DIEU
- LE VAN SI
- HO
- BIEU
- LY CHINH THANG
- HUYNH TINH CUA
- NG. VAN HAI
- TRAN QUOC TOAN
- PASTEUR
- DINH CONG TRANG
- HAI
- BA LE CHAN
- NAM KY KHOI NGHIA
- TRAN QUOC THAO
- LY CHINH THANG
- LE VAN SI
- VO THI
- LE QUY DON
- TRUONG DINH
- TRUONG SAU
- TU XUONG
- TRAN
- NGO THOI NHIEM
- KY DONG
- BA HUYEN THANH QUAN
- NGUYEN THONG
- VO THI THANH
- TRAN MINH QUYEN
- CACH MANG THANG TAM
- HOA HUNG
- DIEN BIEN PHU
- BA HUYEN THANH QUAN
- HO XUAN HUONG
- NGO THOI NHIEM
- NGUYEN DINH CHIEU
- NGUYEN THI DIEU
- NGUYEN THI QUAN
- CACH MANG THANG
- 3 THANG 2
- NGUYEN THUONG HIEN
- CAO THANG
- DO THANH
- DIEN BIEN PHU
- CAO THANG
- BAN CO
- NGUYEN DINH CHIEU
- CAO THANG
- BAN CO
- NGUYEN THIEN THUAT
- VO VAN TAN
- NGUYEN SON HA
- NGUYEN THI MINH KHAI
- LUONG HUU KHANH
- NAM QUOC
- BUI THI XUAN
- TON THAT TUNG
- SUONG NGUYET
- LE HONG PHONG

Points of Interest
- Ponte Kieu (B1)
- Ponte Cong Ly (A2)
- Pagode Vinh Nghiem (B2)
- Mercado Tan Dinh (C2)
- Igreja Tan Dinh (C2)
- Ponte Truong Minh Giang (B3)
- Mercado Nguyen Van Troi (B3)
- Ponte Tran Quang Dieu (A3)
- Hospital Y Hoc Dan Toc (C3)
- Hospital Tt Tai Mui Hong (B3)
- Museu da Mulher do Vietnã do Sul (C3)
- Consulado da Tailândia (C3)
- Consulado da Índia (C3)
- Estação de trem Saigon (A3)
- Hospital Dien Bien Phu (B4)
- Pagode Xa Loi (C4)
- Embaixada da Rússia (C4)
- Hospital Gia Lieu (C4)
- Hospital Binh Dan (B4)
- Pagode Quoc Tu do Vietnã (A5)
- Hospital Tu Du (C5)

Map: Distrito 1 / Distrito 4

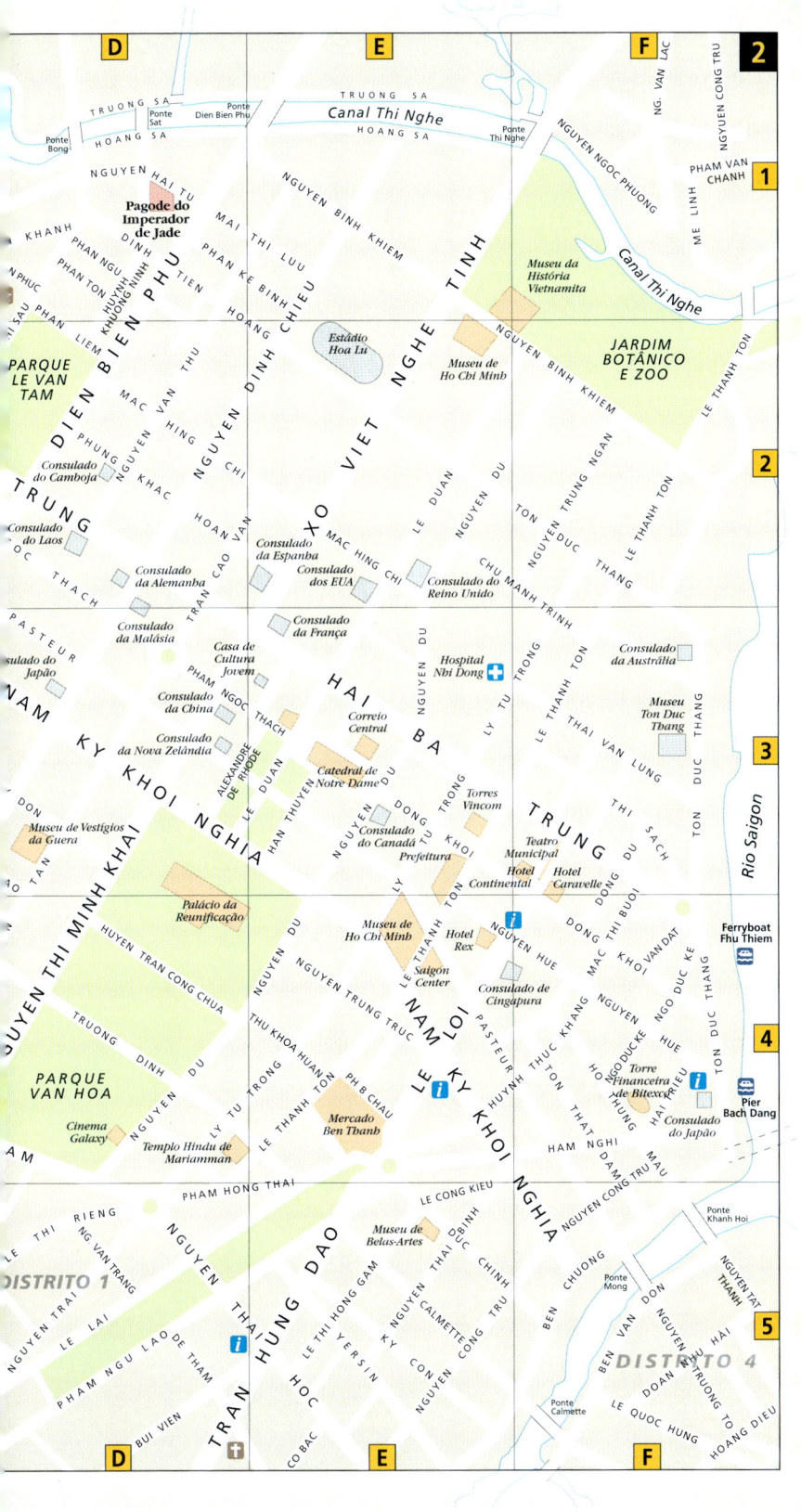

Grid references: D, E, F (columns) × 1, 2, 3, 4, 5 (rows)

Waterways and Bridges
- Canal Thi Nghe
- Rio Saigon
- Ponte Bong
- Ponte Sat
- Ponte Dien Bien Phu
- Ponte Thi Nghe
- Ponte Khanh Hoi
- Ponte Mong
- Ponte Calmette

Streets
- Truong Sa
- Hoang Sa
- Nguyen Huu Canh
- Pham Van Chanh
- Nguyen Cong Tru
- Ng. Van Lac
- Me Linh
- Nguyen Ngoc Phuong
- Nguyen Hai Tu
- Phan Ngu
- Phan Ton
- Dinh Tien
- Huynh Khuong Ninh
- Mai Thi Luu
- Phan Ke Binh
- Nguyen Binh Khiem
- Hoang Chieu
- Phung Khac Hoan
- Nguyen Van Thu
- Mac Dinh Chi
- Nguyen Chi
- Tran Cao Van
- Mac Hing Chi
- Le Duan
- Nguyen Du
- Ton Duc Thang
- Nguyen Trung Ngan
- Chu Manh Trinh
- Le Thanh Ton
- Pasteur
- Nam Ky Khoi Nghia
- Alexandre de Rhode
- Pham Ngoc Thach
- Han Thuyen
- Dong Khoi
- Ly Tu Trong
- Thai Van Lung
- Thi Sach
- Hai Ba Trung
- Nguyen Thi Minh Khai
- Huyen Tran Cong Chua
- Truong Dinh
- Thu Khoa Huan
- Nguyen Trung Truc
- Nguyen Hue
- Mac Thi Buoi
- Dong Du
- Ngo Duc Ke
- Ho Huan Nghiep
- Ho Tung Mau
- Huynh Thuc Khang
- Ton That Dam
- Hai Trieu
- Nguyen Cong Tru
- Ham Nghi
- Le Loi
- Le Thanh Ton
- Ph B Chau
- Tran Hung Dao
- Pham Hong Thai
- Le Cong Kieu
- Le Thi Hong Gam
- Nguyen Thai Binh
- Calmette
- Ky Con
- Yersin
- Ben Chuong Duong
- Ben Van Don
- Nguyen Tat Thanh
- Doan Van Bo
- Hoang Dieu
- Le Quoc Hung
- Truong To
- Nguyen Thai Hoc
- Co Bac
- Bui Vien
- Pham Ngu Lao
- De Tham
- Nguyen Trai
- Le Lai
- Nguyen Van Trang
- Le Thi Rieng
- Nguyen Cu Trinh

Points of Interest

D1–E1 area:
- Pagode do Imperador de Jade

E1:
- Museu da História Vietnamita

F1–F2:
- Jardim Botânico e Zoo

E1–E2:
- Estádio Hoa Lu
- Museu de Ho Chi Minh

D2:
- Parque Le Van Tam
- Consulado do Camboja
- Consulado do Laos
- Consulado da Alemanha
- Consulado do Japão

E2:
- Consulado da Espanha
- Consulado dos EUA
- Consulado do Reino Unido

F3:
- Consulado da Austrália
- Museu Ton Duc Thang

D3:
- Consulado da Malásia
- Casa de Cultura Jovem
- Consulado da China
- Consulado da Nova Zelândia
- Museu de Vestígios da Guera

E2–E3:
- Consulado da França
- Hospital Nhi Dong
- Correio Central
- Catedral de Notre Dame
- Consulado do Canadá
- Prefeitura
- Torres Vincom
- Teatro Municipal
- Hotel Continental
- Hotel Caravelle

D4:
- Palácio da Reunificação
- Parque Van Hoa
- Cinema Galaxy
- Templo Hindu de Mariamman

E4:
- Museu de Ho Chi Minh
- Hotel Rex
- Saigon Center
- Consulado de Cingapura
- Mercado Ben Thanh

F4:
- Torre Financeira de Bitexco
- Consulado do Japão
- Ferryboat Fhu Thiem
- Pier Bach Dang

E5:
- Museu de Belas-Artes

DISTRITO 1

DISTRITO 4

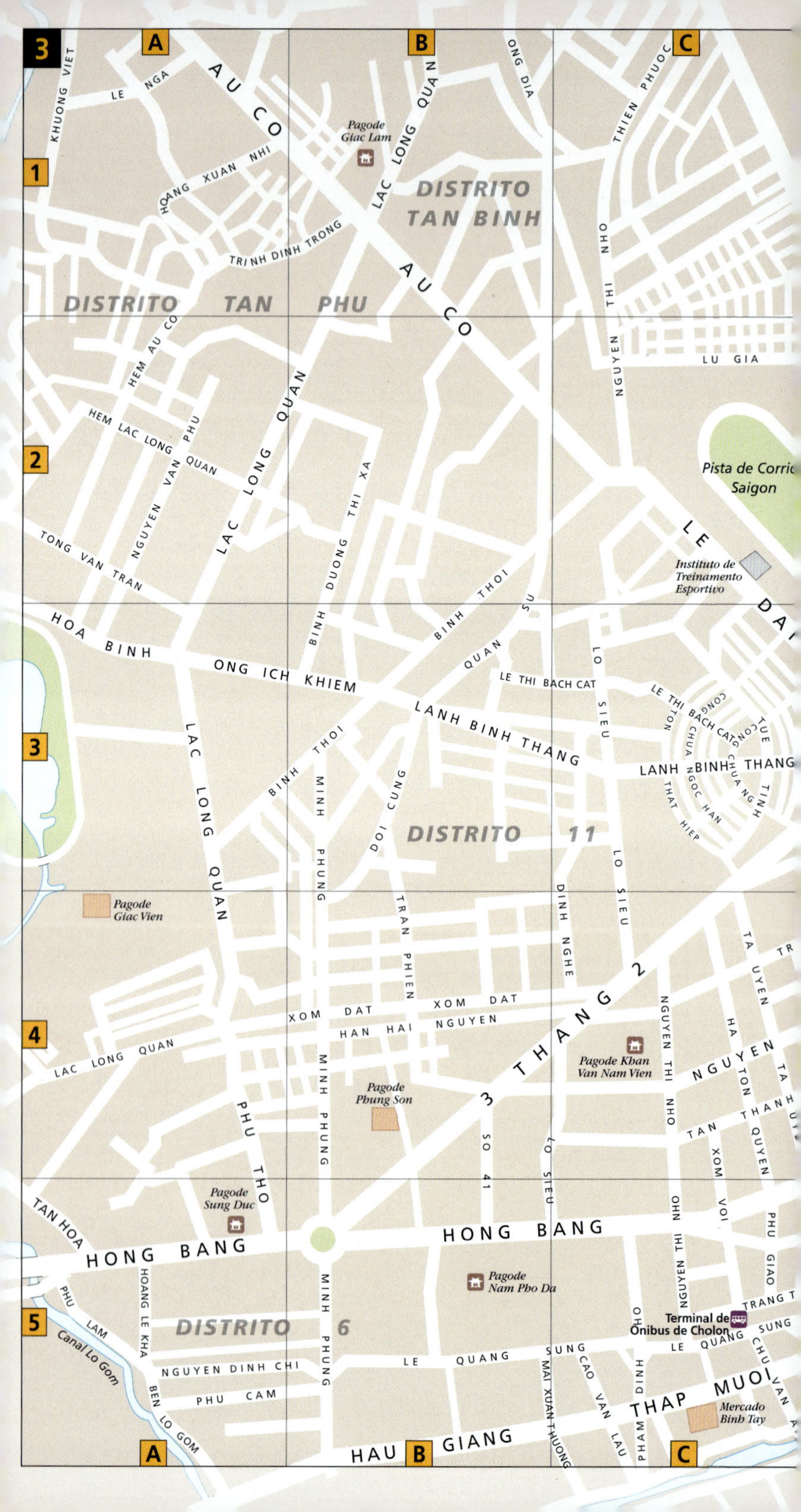
3
A
B
C
1
2
3
4
5
DISTRITO TAN BINH
DISTRITO TAN PHU
DISTRITO 11
DISTRITO 6
KHUONG VIET
LE NGA
AU CO
HOANG XUAN NHI
TRINH DINH TRONG
Pagode Giac Lam
LAC LONG QUAN
ONG DIA
THIEN PHUOC
NGUYEN THI NHO
LU GIA
HEM AU CO
HEM LAC LONG QUAN
NGUYEN VAN PHU
TONG VAN TRAN
DUONG THI XA
BINH THOI
Pista de Corrid
Saigon
LE DAI
Instituto de Treinamento Esportivo
HOA BINH
ONG ICH KHIEM
QUAN SU
LE THI BACH CAT
LO SIEU
LANH BINH THANG
TON THAT HIEP
CHUA NGOC HAN
CONG CHUA NGOC HAN
TUE TINH
MINH PHUNG
DOI CUNG
Pagode Giac Vien
TRAN PHIEN
DINH NGHE
TA UYEN
XOM DAT
HAN HAI NGUYEN
3 THANG 2
Pagode Khan Van Nam Vien
NGUYEN THI NHO
NGUYEN
HA TON QUYEN
THANH
TAN
XOM VOI
LAC LONG QUAN
Pagode Phung Son
PHU THO
SO 41
Pagode Sung Duc
TAN HOA
HONG BANG
PHU GIAO
Pagode Nam Pho Da
HOANG LE KHA
PHU LAM
Canal Lo Gom
Terminal de Ônibus de Cholon
TRANG T
SUNG
LE QUANG SUNG
NGUYEN DINH CHI
LE QUANG
MAI XUAN THUONG
CAO VAN LAU
PHAM DINH HO
CHU VAN AN
PHU CAM
BEN LO GOM
HAU GIANG
THAP MUOI
Mercado Binh Tay

Distrito 10

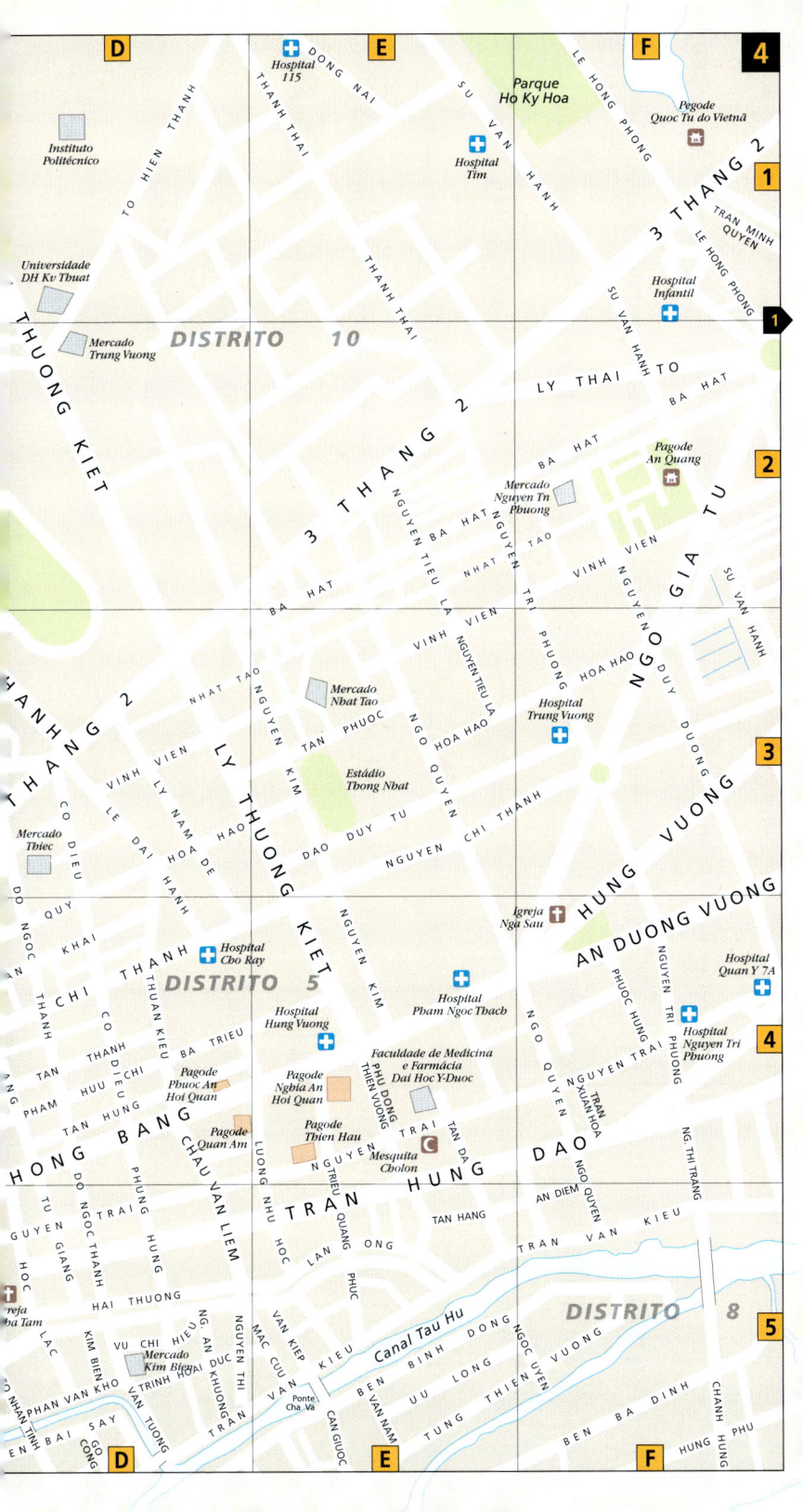

- Instituto Politécnico
- Hospital 115
- Parque Ho Ky Hoa
- Pegode Quoc Tu do Vietnã
- Universidade DH Ky Thuat
- Hospital Tim
- Hospital Infantil
- Mercado Trung Vuong
- Mercado Nguyen Tri Phuong
- Pagode An Quang
- Mercado Nhat Tao
- Hospital Trung Vuong
- Estádio Thong Nhat
- Mercado Thiec

Distrito 5

- Igreja Nga Sau
- Hospital Cho Ray
- Hospital Quan Y 7A
- Hospital Hung Vuong
- Hospital Pham Ngoc Thach
- Hospital Nguyen Tri Phuong
- Pagode Phuoc An Hoi Quan
- Pagode Nghia An Hoi Quan
- Faculdade de Medicina e Farmácia Dai Hoc Y-Duoc
- Pagode Quan Am
- Pagode Thien Hau
- Mesquita Cholon
- Igreja Cha Tam

Distrito 8

- Mercado Kim Bien
- Canal Tau Hu
- Ponte Cha Va

Ruas / Streets

D / E / F – 4:
- TO HIEN THANH
- DONG NAI
- THANH THAI
- SU VAN HANH
- LE HONG PHONG
- 3 THANG 2
- TRAN MINH QUYEN

1:
- THUONG KIET
- LY THAI TO
- BA HAT

2:
- 3 THANG 2
- NGUYEN BA HAT
- NGUYEN TIEU LA
- NHAT TAO
- NGUYEN TRI PHUONG
- VINH VIEN
- NGO GIA TU
- SU VAN HANH

3:
- NHAT TAO
- VINH VIEN
- NGUYEN TIEU LA
- NGUYEN KIM
- TAN PHUOC
- NGO QUYEN
- HOA HAO
- NGUYEN TRI PHUONG
- DUY DUONG
- HUNG VUONG
- LY NAM DE
- LY THUONG KIET
- HOA HAO
- DAO DUY TU
- NGUYEN CHI THANH
- CO DIEU
- LE DAI HANH
- DO NGOC QUY KHAI

4:
- AN DUONG VUONG
- NGUYEN TRI PHUONG
- NG THI TRANG
- CHI THANH
- THUAN KIEU
- BA TRIEU
- NGUYEN KIM
- PHUOC HUNG
- NGO QUYEN
- NGUYEN TRAI
- NXUAN HOA
- TRAN PHU DONG THIEN VUONG
- TAN DA
- HONG BANG
- CHAU VAN LIEM
- TAN THANH
- CO DIEU
- HUU DI CHI
- PHAM TAN HUNG
- NGUYEN TRAI
- TRAN HUNG DAO

5:
- TU GUYEN GIANG
- NGOC THANH
- PHUNG HUNG
- HAI THUONG
- LUONG NHU HOC
- LAN QUANG
- ONG
- TAN HANG
- AN DIEM
- NGUYEN DUYEN
- TRAN VAN KIEU
- HOC LAC
- Igreja Cha Tam
- VU CHI HIEU
- NGUYEN AN KHUONG
- DUC BA
- KIM BIEN
- TRINH HOAI DUC
- MAC CUU
- VAN KIEP
- KIEU
- BINH DONG
- BEN VAN NAM
- UU LONG
- TUNG THIEN VUONG
- NGOC UYEN
- BEN BA DINH
- CHANH HUNG
- PHU
- PHAN VAN KHO
- SAY
- NHAN TINH
- BAI
- GO CONG
- PHAN VAN NAM
- CAN GIUOC

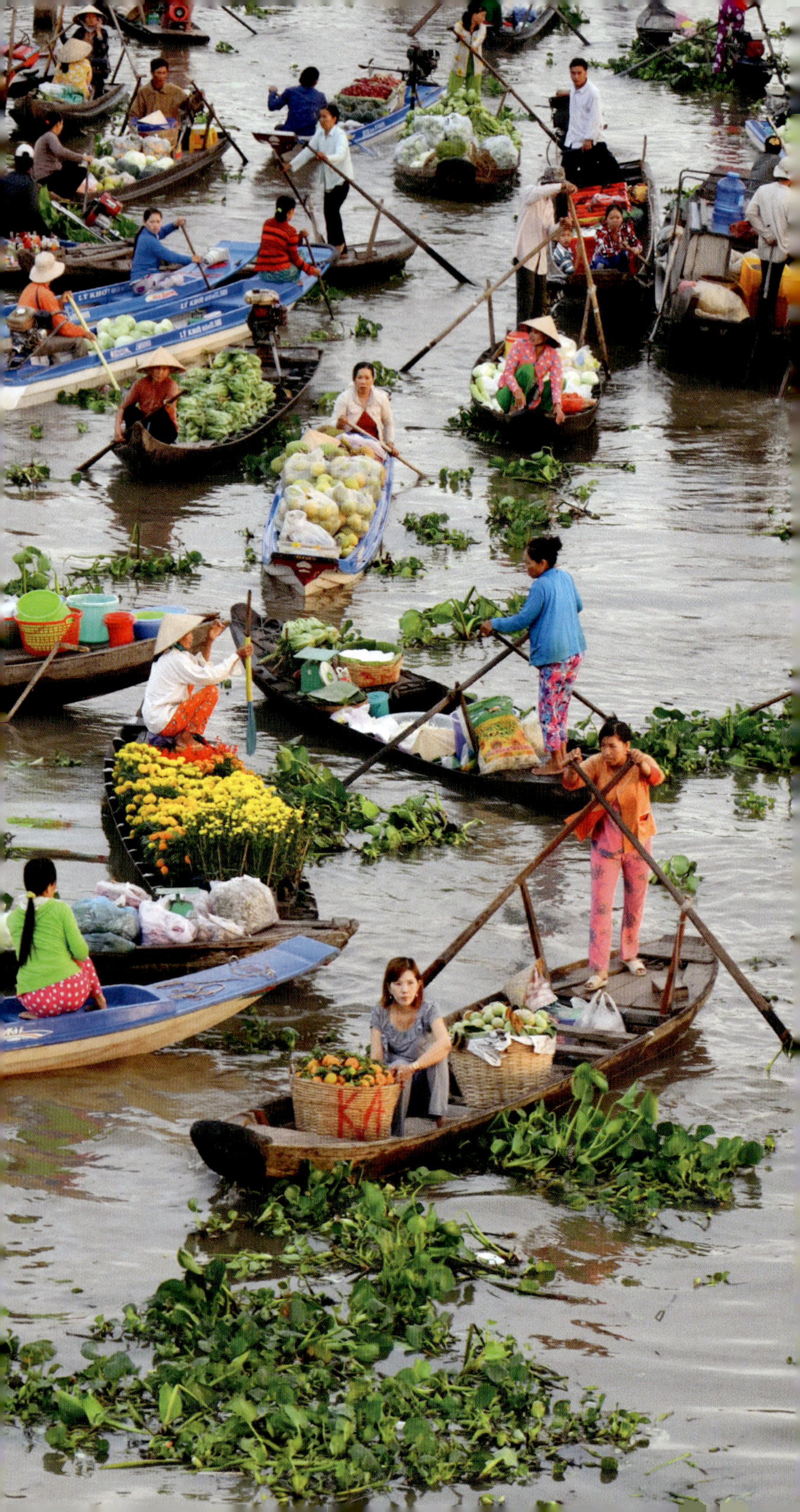

DELTA DO MEKONG E SUL DO VIETNÃ

A vida no delta gira em torno do rio Mekong, com extensos arrozais, pomares densos e uma complicada colcha de retalhos formada por canais. Casas flutuantes, mercados e barcos de pesca balançam nas águas. As ilhas contam com florestas fechadas e belas praias de areia branca. Em meio a sinos, tambores e cantos dos muitos pagodes do delta, um velho estilo de vida ainda persiste no século XXI.

O caudaloso rio Mekong nasce no planalto do Tibete e serpenteia por 4.500km, carregando sedimentos da China, Mianmar, Tailândia, Laos e Camboja, até se dividir em diversos ramais que dão à região o nome de Song Cuu Long, ou rio dos Nove Dragões. Esses canais tentaculares fornecem à planície do sul do Vietnã um rico solo aluvial, responsável pelo cultivo de arroz e de frutas, a exemplo de coco, *longan* e manga.

Faz tempo que o Camboja deseja se apossar do delta, e em 1978, o Khmer Vermelho comandou o massacre selvagem de diversas vilas. Contudo, o delta e sua população são muito resistentes e sobreviveram à destruição de frequentes enchentes, às ocupações francesa e cambojana, a muitos bombardeios e aos efeitos devastadores do Agente Laranja, um desfolhante químico. Apesar desse legado de conflito e revolta, a vida no delta flui e reflui num ritmo antigo. Tanto pela necessidade como pela tradição, os limites físicos entre terra e água são ultrapassados pelos agricultores, que remam pelos canais que cruzam seus campos verdejantes. Já as cidades comerciais, como Can Tho e Rach Gia, modernizam-se rapidamente. Em toda parte existem pagodes em estilo *khmer*, vietnamita e chinês, que refletem a rica diversidade étnica do delta.

A natureza é parte importante dos atrativos do delta. As praias de Ha Tien têm areias brancas e altas formações rochosas, ao passo que os pântanos em volta de Bac Lieu abrigam muitas aves migratórias. Ao largo do litoral encontram-se as ilhas Phu Quoc e Con Dao, que se orgulham de seus parques nacionais, e estão se tornando concorridos destinos para ecoturistas.

Vegetação luxuriante cobre os canais da região do rio Mekong

◀ O mercado flutuante Soc Trang, no delta do Mekong

Como Explorar o Delta do Mekong e o Sul do Vietnã

No delta do Mekong, região única, a vida sobre as águas é a mesma há séculos. Mais perto de Ho Chi Minh, My Tho é conhecida como ponto de partida de barcos de passeio, assim como Vinh Long, que fica ao sul dela. Can Tho, a maior cidade do delta, dispõe de muitos mercados flutuantes nas proximidades. Para ver a arquitetura flutuante, vá até Chau Doc, onde a maioria das pessoas mora e trabalha sobre as águas. A cultura *khmer* se destaca em Soc Trang e Tra Vinh, enquanto os apreciadores da natureza vão adorar o Parque Nacional Con Dao. As praias da ilha Phu Quoc exibem belos recifes de coral, e Ha Tien oferece praias isoladas.

Banca de frutas em mercado local, em Ben Tre *(p. 93)*

Principais Atrações

Cidades
1. My Tho
3. Ben Tre
4. Tra Vinh
5. Vinh Long
6. Cao Lanh
7. Can Tho
8. Soc Trang
9. Bac Lieu
11. Rach Gia
12. Chau Doc
13. Ha Tien

Ilhas
2. Ilha Fênix
10. Ilhas Con Dao
14. Ilha Phu Quoc

Colunata na fachada do Pagode Ong Met, em estilo *khmer*, em Tra Vinh *(p. 93)*

Veja hotéis e restaurantes dessa região nas pp. 236-41 e 246-53

DELTA DO MEKONG E SUL DO VIETNÃ | 91

Agricultoras com chapéus cônicos colhem arroz em plantação

Como Circular

Considerado tempos atrás um remanso isolado, agora o delta do Mekong dispõe de aeroportos em Can Tho, Con Dao, Rach Gia e Phu Quoc. Embora as rodovias sejam bem confiáveis, as estradas rurais costumam oferecer trajetos acidentados em ônibus sem horário regular. Muitos agentes de viagem no delta e em Ho Chi Minh organizam excursões por todo o Sul, de ônibus e carro. Porém, a melhor maneira de conhecer o delta é de barco. Com mais de 2.800km de canais, a rede de hidrovias é bem desenvolvida. O sistema de transporte público é satisfatório, apesar de os passeios em barcos particulares oferecerem mais conforto. É possível alugar bicicletas e motocicletas em qualquer lugar.

Legenda

- Rodovia
- Estrada principal
- Estrada secundária
- Fronteira internacional
- Fronteira de província

Legenda dos símbolos *na orelha da contracapa*

❶ My Tho

Mapa rodoviário B6. 72km a SO de Ho Chi Minh, na Rod 1. 230.000. de HCM. Tien Giang Tourist 8, rua Thang 4, 30, (073) 387 3184

Por sua proximidade com Ho Chi Minh, My Tho, no afluente mais setentrional do rio Mekong, é o destino mais procurado para passeios de um dia no delta. Trata-se de uma base ideal, de onde se contrata barco e cruzeiro pelos canais, parando pelo caminho para explorar as ilhas vizinhas.

Um passeio pelos largos bulevares arborizados de My Tho e pelo mercado à beira-rio é quase uma volta no tempo. Barcos e barcaças de madeira se apinham na margem, e os vendedores oferecem um notável conjunto de mercadorias, que vão desde comida até ferramentas e utensílios domésticos, como enormes banheiras de louça. O forte cheiro de peixe frito e o aroma de abacaxi e jaca inundam o ar.

Além de comercial, My Tho é também um centro religioso, e o **Pagode Vinh Trang** se destaca entre os prédios. A fachada do templo foi embelezada com mosaicos feitos de cerâmica quebrada, um costume comum em todo o Sudeste Asiático. Tanques com nenúfares e túmulos de pedra rodeiam o bonito complexo, e uma imagem da deusa budista Quan Am foi colocada no meio de uma figueira.

Urna funerária escurecida sobre escultura de tartaruga, na ilha Fênix

Para atender a grande população de cristãos da cidade, a **Igreja My Tho** funciona como diocese e escola católica. Erguido no século XIX, o atual prédio amarelo, com teto abobadado e cobertura de telhas de barro, fica num amplo terreno coberto de árvores e arbustos.

A pouca distância a noroeste de My Tho está a aldeia de **Ap Bac**, pequena mas historicamente importante. Foi nesse local que ocorreu a batalha que constituiu a primeira vitória importante dos vietcongues contra o exército sul-vietnamita apoiado pelos EUA, em 1963.

Pagode Vinh Trang
Rua Nguyen Trung Truc 60. **Tel** (073) 387 3427. 9h-11h30, 13h30-17h diariam.

Igreja My Tho
Rua Hung Vuong 32. **Tel** (073) 388 0075. 7h-18h diariam.

Monge do Coco

O nome do Monge do Coco era Nguyen Thanh Nam (1909-1990). Estudante de química, acabou por desprezar as armadilhas do conforto e se dedicou à meditação e abstinência. Ele sobreviveu com uma dieta de coco e água e até começou uma religião, a Tinh Do Cu Si, uma estranha mistura de budismo e cristianismo. Desafiou as autoridades a reunificarem o país e restabelecerem a paz depois da divisão em 1954, e sempre acabava na cadeia por causa de suas ideias. A estranha sede na ilha Fênix é seu legado mais duradouro.

❷ Ilha Fênix

Mapa rodoviário B6. 3km de My Tho. Santuário: 8h30-11h, 13h30-18h diariam.

A meio caminho entre My Tho e Ben Tre há diversas ilhotas, e a mais conhecida é Con Phung, ou ilha Fênix. Nela ficava o baluarte solitário do Monge do Coco. Nessa pequena área de terra seca, ele construiu o complexo desse templo singular. Numa base circular, com 25m de diâmetro, há uma porção de colunas isoladas, com entalhe de dragões azuis e dourados, que não sustentam nada. Perto, há uma estrutura de treliça que mais parece uma montanha-russa. Ela é flanqueada por minaretes e por um foguete lunar, segundo a concepção do monge. Rio acima, há uma enorme urna funerária nas costas da es-

Imponente fachada com mosaicos do Pagode Vinh Trang, em My Tho

Veja hotéis e restaurantes dessa região nas pp. 236-41 e 246-53

DELTA DO MEKONG E SUL DO VIETNÃ | **93**

Colunas com dragões azuis e dourados do Monge do Coco, na Ilha Fênix

cultura de uma tartaruga gigante. Na ilha funciona uma pequena fábrica de bala de coco.

Nos arredores existem muitas ilhotas, ótimas para piqueniques. Entre elas está Con Tan Long ou ilha do Dragão, onde há apicultores e construtores de barco *(p. 94)*; Thoi Son ou ilha do Unicórnio, cheia de canais estreitos que irrigam belos pomares de *longan*; e Con Qui ou ilha da Tartaruga, conhecida por suas balas de coco e forte licor de banana. Ali, há grande cultivo de abacaxi, jaca e manga. Cada uma dessas ilhotas dispõe de serviço regular de ferryboat.

Pilar entalhado, na ilha Fênix

❸ Ben Tre

Mapa rodoviário B6. 86km a SO de HCM; 14km ao S de My Tho. 116.000. de HCM. de My Tho. *i* Ben Tre Tourist, rua Dong Khoi 65, (075) 382 9618.

Fora dos roteiros comuns de turismo, Ben Tre não tem tantos visitantes como outras cidades do delta, por isso oferece a rara visão de uma antiga cidade ribeirinha de modo de vida tradicional.

Capital da província de Ben Tre, ganhou fama por suas balas de coco, e tem plantações que produzem muito coco. Para fazer a bala, o leite da fruta e a polpa são fervidos até formar uma massa grossa e apurada que, depois, é cortada em pedacinhos e embrulhada em papel de arroz comestível. Observar o processo é fascinante, e a bala, deliciosa.

Estabelecimento "rural" em todos os sentidos, o mercado central oferece poucos requintes, já que seu forte consiste em ferramentas, cortes de tecidos e alimentos. As bancas mais interessantes pertencem a peixeiros, que vendem muitas variedades de peixes frescos e secos.

O **Pagode Vien Minh** é o grande destaque religioso de Ben Tre. Fundado por volta de 1900, agora é a sede da associação budista da província. O interior despojado ganha o toque colorido de panôs pendurados nas paredes e de imagens com auréolas de néon.

🛕 Pagode Vien Minh
Rua Nguyen Dinh Chieu 156.
Tel (075) 381 3931.
◯ amanhecer-anoitecer diariam.

❹ Tra Vinh

Mapa rodoviário B6. 100km a O de Can Tho. 122.000. de Vinh Long e Can Tho. *i* Tra Vinh Tourist Office, rua Le Loi 64-66, (074) 858 556.

Com grande população *khmer*, cristã e chinesa, Tra Vinh se sobressai pela diversidade de locais de oração. Dos muitos prédios religiosos em estilo *khmer*, o **Pagode Ong Met** se destaca pelos pilares do pórtico coroados por imagens de quatro rostos de Buda. As estupas douradas, de 3m de altura, monumentos em formato de montículos, são dedicadas a monges mortos. Um dos templos chineses mais importantes da cidade é o **Pagode Ong**, consagrado em 1556 e dedicado ao divinizado general Quan Cong, do século III. O pagode é conhecido pelo pátio posterior todo colorido, que tem uma parede entalhada com dragões vermelhos, retratados entre uma cadeia de montanhas azuladas e o mar verde. Um destaque interessante é um tanque de peixes onde esculturas de carpas ricamente pintadas são mostradas quase pulando ao surgirem na superfície. Tudo isso é obra de Le Van Chot, que tem um ateliê de escultura no local.

Mas é a **Igreja Tra Vinh** que capta melhor o espírito do ecletismo religioso da cidade. Apesar de o exterior do prédio ter projeto em estilo colonial, um exame mais atento dos beirais mostra "chamas de dragões" típicas dos templos em estilo *khmer*.

Arredores

Quase 6km ao sul da cidade, o **Pagode Hang** é uma construção simples. Sua grande atração consiste nas centenas de cegonhas que fazem ninho no local. O **Museu da Minoria Khmer** dispõe de algumas mostras interessantes, mas não há indicações em outro idioma. Enquanto utensílios domésticos, trajes e joias são autoexplicativos, os itens religiosos pedem um guia. O museu fica ao lado da **lagoa Ba Om**, a cerca de 7km a sudoeste de Tra Vinh, ideal para piqueniques. O **Pagode Ang** também fica perto. A idade do prédio é incerta, mas esse já era um local religioso no século XI. Leões esculpidos guardam a entrada, flanqueada por murais que descrevem a vida de Buda.

Detalhe de imagem do Pagode Ong Met

🏛 Museu da Minoria Khmer
7km a SO da cidade na rua Luong Hoa 3 SEB. **Tel** (074) 384 2188. ◯ 7h30-11h30, 13h30-16h30 diariam.

De manhã, vendedores em sampanas no Mercado Flutuante de Cai Be

❺ Vinh Long

Mapa rodoviário B6. 136km a SO de Ho Chi Minh; 74km a SO de My Tho. 145.000. Cuu Long Tourist, Rua Thang 5, 1, (070) 382 3616.

Pequena cidade à margem do rio Co Chien, Vinh Long é mais usada por turistas como base para explorar as ilhotas ao redor. Mas vale a pena visitar a própria cidade. A grande igreja católica, em estilo colonial francês, chama a atenção pelo fato de o local ter sido importante meta para missionários cristãos.

No subúrbio da cidade, o **Templo Van Thanh Mieu** é uma edificação simples mas elegante, dedicada a Confúcio em 1866. Em 1930, um novo prédio foi acrescentado para homenagear Phan Thanh Gian, que liderou uma rebelião contra os franceses.

Passeios de barco constituem um modo consagrado de conhecer o rio e o encanto das ilhas ao redor, cuja maioria exibe belos jardins floridos. **An Binh** e **Binh Hoa Phuoc** são procurados por visitantes para piqueniques.

Em An Binh, ao norte do desembarque do ferryboat, fica o aparentemente despojado **Pagode Tien Chau**. Por dentro, porém, existem notáveis murais que retratam os horrores do inferno budista. Nessa visão assustadora, entre os castigos para os pecadores estão: ser pisoteado por cavalos, devorado por serpentes e decompor-se eternamente.

Construtores de barcos, doceiros, apicultores e artesãos trabalham rodeados de pomares, sampanas e pontes. O ritmo de vida no delta é fascinante, e Vinh Long é o lugar ideal para conhecê-lo. As casas de família (p. 234), onde se pode comer, dormir e trabalhar com uma família local, são recomendadas.

Arredores
No delta, há muitos mercados flutuantes. A uma hora de barco da cidade, o **Mercado Flutuante de Cai Be** é o mais fácil de alcançar. Abre de manhã bem cedo, e funciona como atacadista e varejista, com grandes barcos que vendem para comerciantes e pequenos barcos que servem às casas. Os negociantes manobram os barcos com destreza, passando frutas, café e até talharim quente de um barco para outro.

Templo Van Thanh Mieu
3km ao S da cidade, na rodovia Tran Phu. **Tel** (070) 383 0174. 8h-anoitecer diariam.

Construtores de Barco no Delta do Mekong

A construção de barcos de madeira talvez seja a arte mais antiga do delta. Sem ela, não haveria transporte, comércio e moradia para muitos. Essa habilidade é aprendida com membros da família, que transmitem instruções muito antigas, algumas regras práticas e ferramentas especializadas. Muitas vezes, quando um ótimo barco fica velho, os construtores desmontam peça por peça para criar cópias exatas. Assim, qualquer barco do delta pode ser a réplica de outro, quase idêntico, de 500 anos atrás.

Barcos aguardam acabamento na doca

❻ Cao Lanh

Mapa rodoviário B6. 162km de Ho Chi Minh. 161.000. Dong Thap Tourist, Rua Doc Binh Kieu 2, (067) 385 5637.

Embora a cidade não tenha nada de especial, o passeio até Chau Doc (p. 104) via Cao Lanh é agradável. O **Museu Dong Thap** vale uma visita, pois exibe implementos tradicionais usados por agricultores e pescadores do delta, entre os quais um modelo grande de barco e armadilhas de pesca (p. 103). O **Memorial de Guerra**, em estilo soviético, é uma grande construção enfeitada com tochas, martelos e bandeiras. O cemitério do memorial está cheio de túmulos de soldados vietcongues. A mais de 1km da cidade fica o **Túmulo de Nguyen Sinh Sac**, um memorial ao pai de Ho Chi Minh, rodeado de credenciais revolucionárias.

Estátua do Museu Dong Thap

Arredores
Os ricos campos alagados de Dong Thap Muoi, ou Planície de Juncos, acolhem muitos pássaros. O **Parque Nacional Tram Chim**, 45km a noroeste da cidade, já atraiu legiões de ornitófilos, que enfrentavam uma longa viagem de barco para ver os grous-de-cabeça-vermelha. A presença desse pássaro no parque, cada vez mais rara, se dá apenas de dezembro a março. O **Vuon Co Thap Muoi**, cerca de 44km a nordeste de Cao Lanh, acolhe muitas cegonhas.

A sudeste de Cao Lanh, a floresta Rung Tram tinha uma base de resistência vietcongue camuflada: **Xeo Quyt**. Esse sítio restrito pode ser alcançado por um trajeto de barco de 30 minutos, com permissão do escritório de turismo.

Museu Dong Thap
Rua Nguyen Thai Hoc 162.
Tel (067) 385 1342. 7h-11h, 13h-16h diariam.

Memorial de Guerra
Pela rodovia 30 na extremidade leste da cidade. diariam.

Veja hotéis e restaurantes dessa região nas pp. 246-53

Passeio de Barco por Vinh Long

A melhor maneira de experimentar o caráter bucólico e atemporal do delta do Mekong talvez seja fazer um passeio de barco pela rede de canais estreitos em volta de Vinh Long. Passando pelas ilhotas de An Binh e Binh Hoa Phuoc, o passeio oferece uma visão próxima da vida no rio. Casas com telhado de palha ficam no meio de pomares e jardins viçosos, ligadas à imagem e aos sons do colorido e movimentado mercado flutuante.

Igreja desponta perto do Mercado Flutuante de Cai Be

① **Vinh Long** Cercada por uma complexa rede de canais e diversas ilhotas, Vinh Long é quase uma ilha. Situada na margem do rio Co Chien, é uma base ideal para explorar a região.

② **Mercado Flutuante de Cai Be**
Esse movimentado mercado enche de vendedores que oferecem mercadorias nos barcos. É bom conhecê-lo de manhã bem cedo, pois desaparece ao meio-dia. Uma igrejinha perto da margem compõe a paisagem.

③ **Dong Phu**
Aldeia de agricultores e barqueiros, Dong Phu quase não mudou com o passar dos séculos.

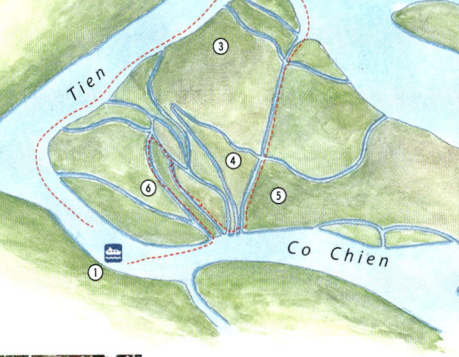

④ **Hoa Ninh** Acessada apenas por barco e por uma ponte de pedestres, Hoa Ninh é famosa pelos jardins cheios de jasmins, damascos, mangas e *longans*.

⑤ **Vila de Binh Hoa Phuoc**
Situada na ilha de mesmo nome, essa vila é conhecida pelo cultivo de bonsai de frutíferas, e oferece hospedarias aconchegantes.

⑥ **Pomares de An Binh**
Os pomares dessa ilha oferecem uma incrível variedade de frutas, como *longan*, jaca, jambo-rosa e tanjelo, um cítrico cujo sabor é melhor do que a aparência.

Dicas para o Passeio

Duração: 5 a 6 horas. **Aluguel de barco:** O visitante aluga barcos via Cuu Long Tourist ou agenda um passeio com agentes em Ho Chi Minh. Barcos particulares alugados podem ser multados. **Paradas:** A vila de Binh Hoa Phuoc é ideal para uma parada rápida e uma refeição saborosa.

Turistas desfrutam passeio de barco no delta do rio Mekong

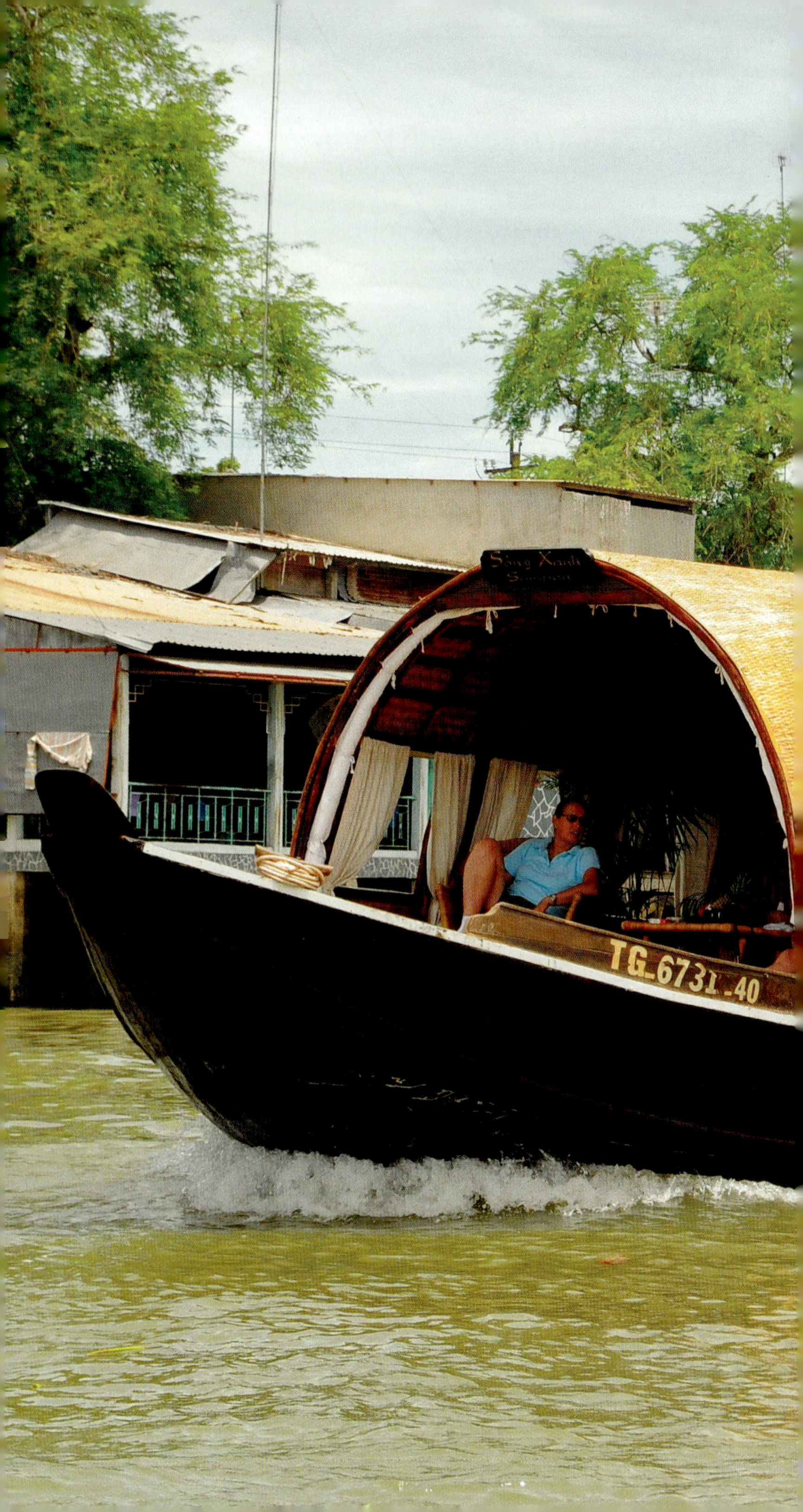
TG_6731_40

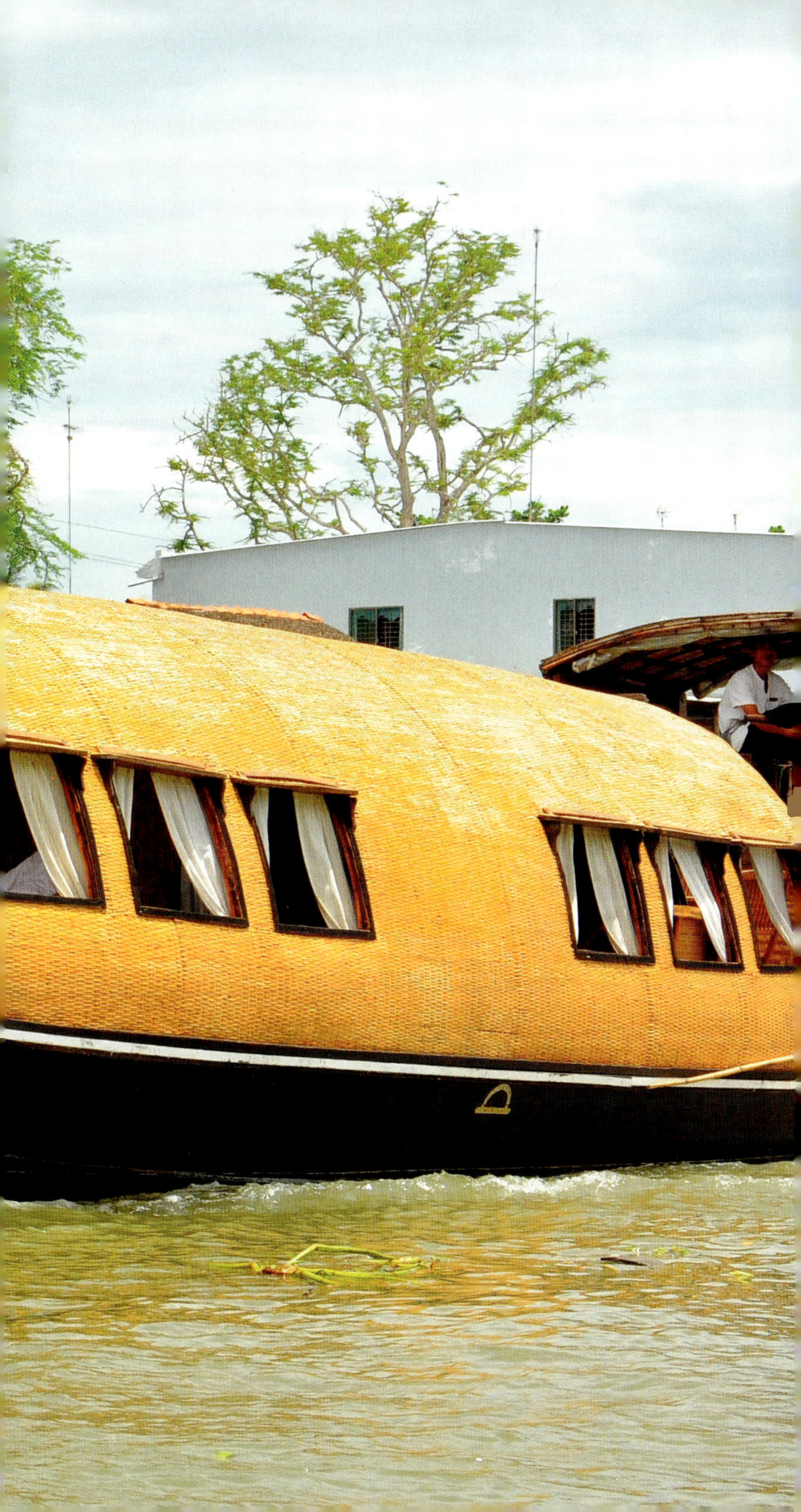

Can Tho

Maior cidade do delta, Can Tho é um destino encantador. Faz fronteira com seis províncias, servindo de centro de transporte para a região, além de ser importante centro agrícola, cuja principal atividade é o beneficiamento do arroz. A cidade constitui uma base ideal para passeios de um dia, principalmente até mercados flutuantes – grande atração local. Em Can Tho, vale a pena ver: o Mercado Central, com produtos frescos e peixes de rio; o Museu de Can Tho e o Templo Munirangsyaram.

PREPARE-SE

Informações Práticas
Mapa rodoviário B6. 169km a SO de HCM. 1.300.000. Festival do Templo Binh Thuy (jan, mai).

Transporte
10km ao S. Can Tho Tourist 50, Rua Hai Ba Trung 20, (0710) 382 4221.

Pagode Ong
Rua Hai Ba Trung 32. **Tel** (0710) 382 3862.

Os devotos vão a esse pagode para orar diante de Than Tai, deus da fortuna, e Quan Am, deusa da misericórdia. Para assegurar que suas preces sejam ouvidas, eles pagam aos calígrafos do templo para escrever os pedidos em papel e pendurar na parede. Diversas urnas decoradas queimam constantemente.

Museu de Can Tho
Rua Hoa Binh 1. **Tel** (0710) 382 0955. 8h-11h, 14h-17h ter-qui; 8h-11h, 18h30-21h sáb-dom.

Esse excelente museu ilustra a vida no Vietnã. Entre as mostras há uma casa de chá tradicional, um quadro de um herborista cuidando de um paciente e diversos objetos.

Templo Munirangsyaram
Rua Hoa Binh 36. **Tel** (0710) 381 6022. 8h-17h diariam.

Uma torre ao estilo de Angkor se eleva no templo budista *khmer* Teravada. Dentro, colunas dóricas se harmonizam com peças asiáticas, como Budas Sentados e lótus de louça.

Mercados Flutuantes

Can Tho fica no centro de dois mercados flutuantes, que oferecem uma noção dessa cultura comercial inigualável. Os negociantes remam de barco em barco, vendendo muitas mercadorias em meio ao engarrafamento de sampanas. O mercado matutino de **Cai Rang** é o maior e mais próximo (7km a sudoeste da cidade). Uma ponte na vizinhança descortina belas vistas, mas nada se compara a explorar o mercado de barco. Situado mais 14km a oeste, o mercado **Phong Dien** é de uma simplicidade admirável. Para chegar aos dois mercados, pode-se alugar sampanas que partem do píer da Rua Hai Ba Trung ou combinar com agências de turismo.

Cerca de 52km ao norte de Can Tho fica o **Jardim das Cegonhas Bang Lang**, um santuário dessas aves. As árvores atraem milhares delas todas as tardes.

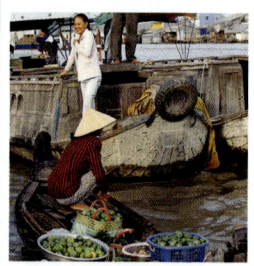

Legumes frescos à venda no mercado matutino Cai Rang

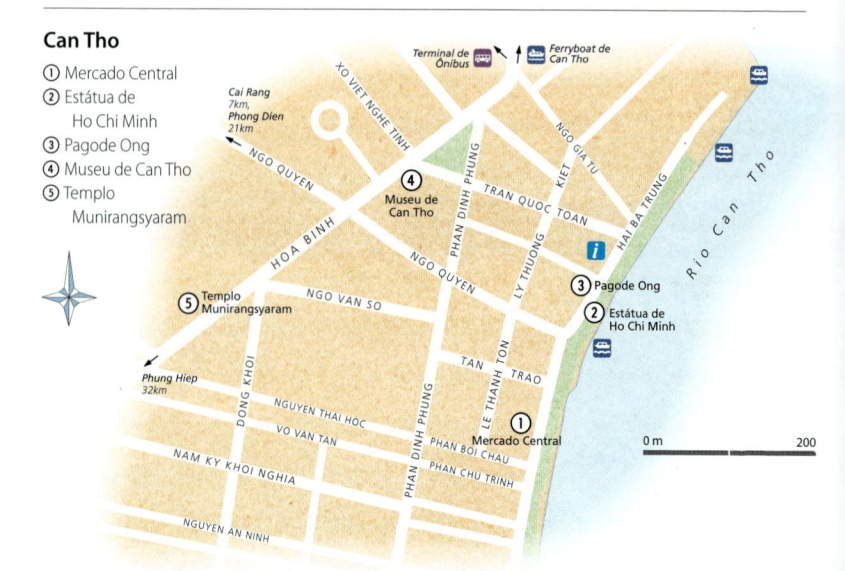

Can Tho

1. Mercado Central
2. Estátua de Ho Chi Minh
3. Pagode Ong
4. Museu de Can Tho
5. Templo Munirangsyaram

Legenda dos símbolos *na orelha da contracapa*

Rizicultura

O arroz é um gênero de primeira necessidade no Vietnã, e seu cultivo é vital para o país. A indústria arrozeira emprega quase 80% da população em diversas etapas. A maior parte da produção de arroz no Vietnã ocorre no delta do Mekong, cujo solo fértil contribuiu significativamente para fazer do país o segundo maior exportador mundial de arroz. Uma parte expressiva dessa enorme produtividade é o resultado de duro trabalho manual e animal. Os campos não são arados por tratores, mas por búfalos, e a irrigação não usa bombas, mas grupos de pessoas que, com as duas mãos, controlam baldes ou cestos impermeáveis trançados manualmente.

O **cultivo do arroz** é sempre uma atividade cooperativa, na qual diversos membros da família ajudam.

Os **canais de irrigação** também são usados para marcar os limites da propriedade.

O **solo rico do delta** é decisivo para a abundância da colheita.

O Transplante

As sementes para os arrozais germinam e brotam fora dos campos, muitas vezes em tabuleiros ou potes. Quando as mudas alcançam determinado tamanho, são transplantadas para o arrozal definitivo.

Cestos com mudas para o transplante.

Mudas prontas para o transplante.

A **colheita** é feita por homens e mulheres curvados, que usam foicinhas manuais.

Depois de bater, escolher e separar os grãos dos feixes e debulhar, o arroz é espalhado em cima de esteiras e posto para secar ao sol.

Embora parte do arroz seja transportada em carro de boi e caminhão, a água continua a ser o meio mais eficiente e tradicional de levar o arroz até o mercado em Mekong.

Fábrica de Envoltórios de Arroz

Mulher prepara envoltório de arroz numa fábrica

Mistura de água e farinha de arroz

Pano esticado sobre vapor

Envoltório de arroz seca em esteira de bambu

Os envoltórios de arroz *(banh trang)* existem em toda a cozinha vietnamita. Muitos alimentos são envoltos em um e saboreados como um sanduíche ou *burrito*. Os envoltórios são preparados em muitas cozinhas e fábricas do país. Uma fina massa de farinha de arroz e água é espalhada num pano esticado sobre um pote de água fervente. O vapor cozinha a mistura em segundos. A embalagem é disposta sobre uma esteira ou grade de bambu para secar, o que dá ao *banh trang* seu axadrezado característico.

Veja hotéis e restaurantes dessa região nas pp. 236-41 e 246-53

Coleção de animais de argila supercoloridos de Chua Dat Set, em Soc Trang

❽ Soc Trang

Mapa rodoviário B6. 63km a SE de Can Tho. 165.000. *i* Soc Trang Tourist, rua Nguyen Chi Thanh 131, (079) 382 2024. Festival Oc Om Boc (meados de nov).

Essa movimentada cidade é renomada pelos festivais e locais religiosos. Ela fazia parte do império de Angkor, e a província toda dispõe de 90 pagodes *khmer*, 47 chineses e 30 vienamitas, muitos dos quais estão na própria Soc Trang. Dos dez festivais anuais realizados ali, o maior é o Oc Om Boc (*p. 37*), carnavalesca festa *khmer* com famosa corrida de barcos.

Erguido num belo terreno, o **Pagode Khleang** é o templo *khmer* mais conhecido da cidade. O prédio alaranjado tem telhado pontiagudo, com frontões, e tem como ornamento gárgulas coloridas. O santuário é iluminado por lustres com desenhos de lótus, e um Buda dourado domina o altar.

Cerca de 200m a leste do Pagode Khleang fica **Chua Dat Set**, ou Pagode de Argila, cheio de fantásticas figuras de barro esculpidas entre 1930 e 1970 por Ngo Kim Tong, conhecido como Monge da Argila. Na porta, monta guarda a estátua de um elefante, quase de tamanho natural, enquanto um leão dourado, uma fênix gigante e muitos outros juntam-se às figuras de animais selvagens dentro do pagode. Às vezes o **Museu Khmer** também funciona como centro cultural e apresenta recitais de danças e músicas tradicionais. As exposições do museu contam com trajes étnicos, louças, estátuas e até dois barcos. O prédio é uma mistura peculiar das arquiteturas *khmer* e colonial francesa.

Arredores

O **Chua Doi**, ou Pagode do Morcego, deve o nome aos milhares de morcegos frugívoros que vivem nos densos pomares. Situa-se 4 km a oeste da cidade, na Rua Le Hong Phong. Ao anoitecer, os morcegos iniciam uma revoada no céu. Os outros destaques do pagode são os monges simpáticos, os túmulos dos porcos com cinco dedos e os murais vibrantes que mostram cenas da vida de Buda.

O **Pagode Xa Lon**, situado 14km a oeste da cidade, teve início no final do século XVIII, como uma construção *khmer* coberta de palha. Foi destruída em 1968 pelos intensos combates daquele ano (*pp. 48-9*). Hoje uma edificação sólida, com belo exterior de azulejos, serve como pagode e escola de sânscrito.

Vale a pena parar no bonito **Pagode Im Som Rong**, em estilo *khmer*, localizado 1,6km a leste de Soc Trang.

Imagem do Pagode Khleang

🏛 Museu Khmer
Rua Nguyen Chi Thanh 23. **Tel** (078) 382 2983. 7h30-11h, 13h30-17h seg-sex. sáb-dom.

❾ Bac Lieu

Mapa rodoviário B6. 280km de HCM; 50km a SO de Soc Trang. 148.000. *i* Bac Lieu Tourist, rua Hoang Van Thu 2, (781) 382 4272.

Essa pequena cidade é um centro agrícola. A maior parte de sua renda vem das fazendas de camarão e das salinas ao longo do litoral. Muitos visitantes usam o local como base para explorar a região, o que inclui o santuário vizinho. A cidade apresenta algumas excelentes edificações coloniais francesas, como o impressionante **Cong Tu Bac Lieu**, antigo palácio do príncipe da província de Bac Lieu. Transformado em hotel, o prédio recuperou o seu esplendor da década de 1930, o que leva o visitante a uma jornada no tempo.

Arredores

O **Santuário de Pássaros de Bac Lieu** fica 5km ao sul da cidade. Seus mangues acolhem uma fantástica variedade de espécies. Mais de 50 tipos de aves vivem no local ou o usam como abrigo em sua migração anual. Há bandos de garças-brancas, a principal atração para a maioria dos visitantes. No entanto, além de alguns sanitários primitivos e uma torre de observação, o santuário não dispõe de recursos. A melhor época para visitá-lo é entre julho e dezembro, pois há pouco para ver no restante do ano.

Entrada do Cong Tu Bac Lieu, em estilo provincial francês

Veja hotéis e restaurantes dessa região nas pp. 236-41 e 246-53

Fauna, Flora e Aves do Delta do Mekong

O solo rico e o hábitat verdejante do delta do Mekong abrigam grande variedade de espécies de animais e plantas, e há sempre descobertas novas. Mangues e florestas tropicais cobrem uma boa parte do delta, e existe também abundância no cultivo de frutas, como mangas, papaias e bananas. Variados tipos de orquídeas são igualmente comuns. Além disso, a região faz parte da Travessia da Ásia Oriental e fica no caminho de muitas aves migratórias, como cegonhas e grous, em especial o raro grou-de-cabeça-vermelha, também conhecido como grou-sarus. A fauna do delta conta ainda com javalis, macacos, cervos e muitas espécies de cobras e outros répteis.

Coqueirais Desenham as Orlas do Delta

Entre as árvores mais comuns e generosas do delta, os coqueiros são parte essencial da economia da região. O fruto e o leite são usados na culinária vietnamita, enquanto as folhas longas e fortes constituem o material ideal para a fabricação de telhados, que costumam durar anos.

Orquídeas de muitas cores são abundantes no delta. Há tantas espécies que sempre ocorrem novas descobertas. E os botânicos se empenham em catalogar todas elas.

Os **cocos** são consumidos verdes e maduros. O verde é macio; o maduro fica crocante.

As **águas do delta** carregam ricos depósitos aluvianos desde o Tibete, e sustentam uma vida aquática variada.

Abelheiros-verdes, de tons vivos e bico preto, nidificam em túneis que cavam no solo macio das margens dos rios. Alimentam-se de abelhas e removem o ferrão segurando o inseto no chão duro.

A **cegonha-pintada**, uma ave graciosa, é uma das muitas variedades raras de cegonhas que encontram refúgio seguro nos santuários do delta do Mekong.

Muitas espécies de cobras vivem no delta do Mekong, mas as mais conhecidas são a cobra-real e a píton-gigante. Às vezes são criadas em fazendas de cobras, mas muitas vezes são retiradas da natureza para consumo humano.

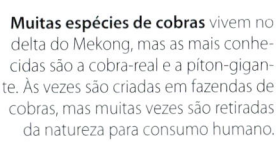

O **macaco-comedor-de-caranguejo**, ou *Macaca fascicularis*, se alimenta de frutas, plantas, caranguejos e insetos. A pelagem desses macacos é preta ao nascer; depois, ela se torna cinzenta ou marrom-avermelhada.

Crocodilos podem ser avistados na selva, mas, como as cobras, há grandes criações em fazendas. Essa prática evita que eles sejam caçados até a extinção.

⑩ Ilhas Con Dao

Mapa rodoviário B6. A 100km da extremidade sul do Vietnã. 🚗 6.000. ✈ de HCM. 🚢 de Vung Tao. ℹ Con Dao Transport, rua Truong Cong Dinh 430, (064) 385 9089.

Um aglomerado de dezesseis ilhas pequenas, Con Dao é um local remoto, mas, graças às praias notáveis, à floresta e à vida selvagem é um dos destinos mais fantásticos do Vietnã.

Declarado reserva da natureza em 1993, o **Parque Nacional Con Dao** cobre boa parte do arquipélago, e se estende por 40.000ha. Dois terços dele ficam na terra, mas o resto, que inclui belos recifes de coral, está na água. Esses mares abrigam mais de 1.300 espécies aquáticas, como tartarugas, golfinhos e dugongos (p. 194), parente dos manatis. Pode-se combinar visitas aos locais de nidificação das ameaçadas tartarugas-verdes. Em terra, há 135 espécies de animais e 882 tipos de plantas. Único hábitat da pomba-imperial-bicolor, o parque é um sonho para os ornitófilos.

A maior ilha do grupo e a única habitada é **Con Son**, muitas vezes chamada de "ilha do Urso" por causa de seu formato. Seus quase 10km de comprimento, com trilhas bem sinalizadas, podem ser percorridos em um dia. Contudo, esse ambiente bucólico conserva vestígios de um passado triste. Con Son se tornou uma espécie de ilha do diabo depois que os franceses construíram ali a **Prisão Phu Hai**, em 1862. Dissidentes políticos e revolucionários presos foram submetidos a crueldades. Há uma reconstituição desses fatos em um dos blocos de celas. Em 1954, Phu Hai foi passada aos sul-vietnamitas, que continuaram a tradição. As celas mais desumanas eram as "gaiolas dos tigres", minúsculos buracos no solo, com barras de aço como telhado. Os ativistas vietcongues eram sempre levados para lá. O **Museu Revolucionário** oferece um giro pelo complexo,

Tartaruga de água doce

Crianças brincam na praia ao pôr do sol, na ilha Con Dao

e também possui mostras sobre o tratamento reservado aos prisioneiros políticos.

Para passeios mais alegres, as ilhas dispõem de praias espetaculares. Também se pode mergulhar em mar aberto.

A **Dat Doc**, em Con Son, é a praia mais concorrida, e nela foram avistados dugongos nos últimos anos. Em Con Dai também fica a isolada **praia Nho**.

Para ver o mergulhão-marrom, uma ave rara, visite **Hon Trung**, num passeio de barco de uma hora a partir de Con Son; e a praia da **ilha Tre Nho** é ótima para piqueniques. O melhor período para visitar Con Dao é o que vai de março a junho; a temporada de mergulho se estende até outubro.

🏛 Museu Revolucionário
Perto do Saigon Con Dao Hotel, rua Ton Duc Thang 18, Con Son. 🕒 7h-11h, 13h30-17h seg-sáb.

⑪ Rach Gia

Mapa rodoviário B6. 116km de Can Tho. 🚗 228.000. ✈ de HCM. 🚢 🚌 ℹ Kien Giang Tourist, rua Tran Phu, 190, (077) 386 2081.

Próspera cidade portuária, Rach Gia dispõe de muitos prédios religiosos, como o encantador **Pagode Pho Minh**, que abriga uma ordem de monjas mendicantes. Tem dois Budas, um em estilo tailandês e outro vietnamita. O espaçoso **Pagode Phat Lon**, de 200 anos, possui um santuário ímpar, cercado por diversos altares pequenos. O altar principal conta com imagens de Buda com emblemas *khmer*. O pagode possui seu próprio crematório para os restos mortais dos monges, e túmulos para os que são venerados.

O colorido **Templo Nguyen Trung Truc** foi consagrado a um herói nacional reverenciado, que perdeu a vida na luta contra os franceses em meados do século XIX. Ele foi executado na praça do mercado de Rach Gia em 27 de outubro de 1868.

Além dos pagodes, a cidade também tem o **Museu Rach Gia**, com interessante coleção de objetos e louças Oc Eo.

Arredores
A antiga cidade de **Oc Eo** foi importante centro comercial do reino de Funan (p. 43), que se estendia do sul do Vietnã até a Malásia. Objetos recuperados de um sítio arqueológico situado a 10km de Rach Gia indicam que os negociantes de Funan tiveram contato com muitos países da região, do século I ao V d.C. Uma moeda romana também foi desenterrada nessa área. Apesar de não haver muita coisa para ver no local da escavação, é preciso permissão antecipada para visitá-lo.

🏛 Museu Rach Gia
Rua Nguyen Van Troi 27. **Tel** (077) 386 3727. 🕒 7h-11h, 13h30-17h sáb-qua.

Veja hotéis e restaurantes dessa região nas pp. 236-41 e 246-53

Casas no Delta do Mekong

Lar para milhares de pessoas que vivem sobre o rio, o delta do Mekong é conhecido pelos dois formatos mais diferenciados de casas do Vietnã: a palafita e a flutuante. Enquanto as palafitas cobrem as margens íngremes, vilas de casas flutuantes ocupam o rio, totalmente independentes da terra seca. Apoiadas em altas estacas de bambu, as palafitas estão firmemente ancoradas no solo. Já as casas flutuantes ficam meio à deriva sobre pontões ou tambores vazios. Os dois tipos de casas muitas vezes estão ligadas à terra por uma ponte volante – passagem feita de estacas de madeira fortemente unidas, com passarelas precárias.

Casas sobre Palafitas

Construídas para enfrentar as enchentes anuais do rio Mekong, as casas sobre palafitas eram feitas de madeira, mas agora estão sendo erguidas em ferro corrugado. Em geral, possuem um ou dois cômodos espaçosos e abertos para um deque. Na maré baixa, chega-se à casa por uma escada no piso da margem; na maré alta, os barcos param na frente da porta.

Pontes volantes, estruturas arqueadas de madeira, raramente dispõem de algum tipo de corrimão de segurança. São frágeis, mas o povo do delta as usa há séculos.

Sampana da família amarrada ao lado da casa.

As **palafitas de bambu** podem chegar a 6m de altura. Muito resistentes e flexíveis, suportam até as correntes mais rápidas.

Os **telhados de palha** eram a norma no delta, mas agora se dá preferência ao material ondulado. Além de mais fresco, dura mais.

Vilas flutuantes completas, com casas, lojas e até indústrias, chegam a cobrir grandes áreas sobre as águas do Mekong. Sem âncoras permanentes, é fácil movimentar a casa, se as oportunidades forem melhores em outro ponto do rio.

Alçapão de Peixe

Um aspecto diferente de muitas casas flutuantes é o alçapão de peixe, um buraco coberto no piso, sob o qual fica presa uma grande rede de tiras trançadas de bambu e malha de aço. Os habitantes do delta usam esse método de pegar peixes há gerações. Agora, com técnicas científicas, começaram a usar os alçapões como incubadoras para fertilizar ovas de peixes. O peixe pego no alçapão fica ali até estar pronto para ser comido.

Alimentação de peixes em alçapão

As **atividades diárias em casas flutuantes** incluem desde pescar e fazer compras até cultivar ervas e criar galinhas. O morador passa a vida sobre a água e raramente coloca os pés em terra firme.

⑫ Chau Doc

Mapa rodoviário B6. 245km a SO de HCM; 119km a NO de Can Tho. 🚹 158.000. 🚌 de HCM, Can Tho e Ha Tien. 🚤 de Phnom Penh, Camboja.

A vida e o comércio de Chau Doc, ativa cidade de fronteira, giram em torno da água. Muita gente mora em casas de palafita ou em casas flutuantes *(p. 103)*. Até o movimentadíssimo mercado da cidade fica à beira-rio.

Por muitos séculos, Chau Doc foi controlada pelos povos *funan*, *cham*, *khmer* e vietnamita. Não é de surpreender que seja uma das cidades com a maior diversidade étnica e religiosa da região. Ela também sediava a seita Hoa Hao, uma ordem budista local, fundada na década de 1930, e baseada na rejeição a práticas religiosas e à mediação dos sacerdotes. A pequena comunidade de muçulmanos *cham* que reside em Chau Doc frequenta a **Mesquita Mubarak**, do outro lado do rio Hau Giang, e a **Mesquita Chau Giang**, maior. Nenhuma tem endereço completo, mas os barqueiros sabem como chegar até elas.

No centro da cidade, a **Praça Bo De Dao Trang** conta com a imagem de Quan Am, deusa da misericórdia, disposta sobre um pedestal. Atrás da divindade, a imagem de Buda fica sob uma árvore, na frente de um pequeno pagode. Ali perto, o **Templo Chau Phu** é dedicado a um soberano Nguyen, e também serve como tributo aos mortos, com muitas placas memoriais e obras de arte coloridas.

Arredores

Local sagrado há centenas de anos, a **montanha Sam** fica 6km a sudoeste da cidade. Suas encostas foram cobertas de santuários, grutas, pagodes e túmulos antigos. Na base setentrional fica o **Templo Phat Thay Tay An**, cheio de estátuas de elefantes e monstros pintados em cores sombrias. Na entrada, mulheres vendem pássaros para serem soltos. A estátua de um monge guarda o santuário interno. Ali perto está **Chua Xu**, dedicado à senhora Xu, heroína vietnamita. Em maio, a imagem dela é banhada e envolta em ornamentos vistosos. A vista do cume é fascinante, com os arrozais do Vietnã a leste e as planícies do Camboja a oeste.

Estátua do templo Phat Thay Tay An, em Chau Doc

⑬ Ha Tien

Mapa rodoviário B6. 306km a O de HCM; 92km a NO de Rach Gia. 🚹 120.000. 🚌 de HCM e Chau Doc. 🚤 da ilha Phu Quoc.

Com vista para as praias bucólicas do golfo da Tailândia e cercada de promontórios de calcário, Ha Tien é uma das cidades mais atraentes do delta. O intenso processo de renovação pelo qual passou sua beira-mar e a formação de um novo subúrbio a oeste do centro são fatores que fazem dessa também uma das áreas de desenvolvimento mais acelerado da região. Ela se tornou parte do Vietnã após uma batalha com os tailandeses em 1708. Os restos mortais do herói dessa guerra, Mac Cuu, repousam com a família nos **Túmulos Mac**, localizados em Nui Lang, a oeste da cidade. No lado norte de Nui Lang, o **Pagode Phu Dung** contém túmulos elegantes do século XVIII. Seu santuário exibe requintados painéis em alto-relevo.

Imagem de Quan Am na entrada do Templo Thach Dong, em Ha Tien

Arredores

Disposto num sistema de cavernas, quase numa formação de carste *(p. 186)* a cerca de 4km a oeste da cidade, o **Templo Thach Dong** é todo de calcário. Há altares por todos os lados, mas o foco religioso está no pagode de pedra na caverna maior. Uma imagem de Quan Am está perto da entrada, e a pouca distância fica a **Estela do Ódio**. Esse monumento foi dedicado às 130 pessoas mortas no local pelo Khmer Vermelho em 1978.

A 30km de Ha Tien, a sudeste, está o isolado balneário litorâneo de **Hon Chong**. Na ponta sul da praia está o Pagode Hang, uma gruta com estalactites que ressoam como tubos de órgãos. Ao largo, a ilha Nghe tem muitas cavernas e santuários. A cerca de uma hora de barco, é excelente para passeio de um dia.

Casas flutuantes na orla de Chau Doc

Veja hotéis e restaurantes dessa região nas pp. 236-41 e 246-53

⑭ Ilha Phu Quoc

Mapa rodoviário A6. 45km a O de Ha Tien. 🚍 91.000. ✈ de HCM. ⛴ de Rach Gia e Ha Tien.

Reivindicada pelo Camboja, essa ilha triangular teve papel importante na história do Vietnã, como base para o missionário francês Pigneau de Behaine, que deu abrigo ao futuro imperador Gia Long, na rebelião Tay Son *(p. 45)*. Com 50km de comprimento e apenas 20km de largura, a ilha Phu Quoc permanece pouco desenvolvida, e a maior parte dos recursos para turistas fica na cidade de **Duong Dong**. Ela mais parece uma vila grande, com farol, mercado central e fábrica de molho de peixe, que também oferece passeios.

O **Parque Nacional Phu Quoc**, criado em 2001, ocupa quase 70% da ilha. Hoje existem poucas trilhas para caminhadas, mas os poços na extremidade sul do parque são panorâmicos e bons para nadar.

Entre Duong Dong e o parque está a plantação de pimenta-preta **Khu Tuong**. Um ingrediente básico vietnamita, o *nuoc mam* (molho de peixe), também é produzido no local, e os especialistas atestam sua qualidade.

Phu Quoc tem muitas praias intocadas, conhecidas em vietnamita como *bai*. A **Bai Truong**, no litoral sudoeste, é a mais conhecida. Cheia de hotéis, oferece belas vistas no pôr do sol. Ao norte fica a acidentada **Bai Ong Lang**, com pequenos resorts em suas enseadas. Ao largo, acha-se **Hon Doi Moi** com recife de coral, onde a vida marinha ferviha. Ótimo ponto para mergulhos. As ilhas **An Thoi**, na ponta sul, também têm um recife de coral. O litoral sudeste abriga os belos trechos de areia branca de **Bai Sao** e **Bai Dam**, pouco desenvolvidas. Equipamentos de scuba e pesca, e passeios às ilhas podem ser arranjados em Duong Dong. Phu Quoc sedia uma fazenda de cultivo de pérolas no litoral sudoeste.

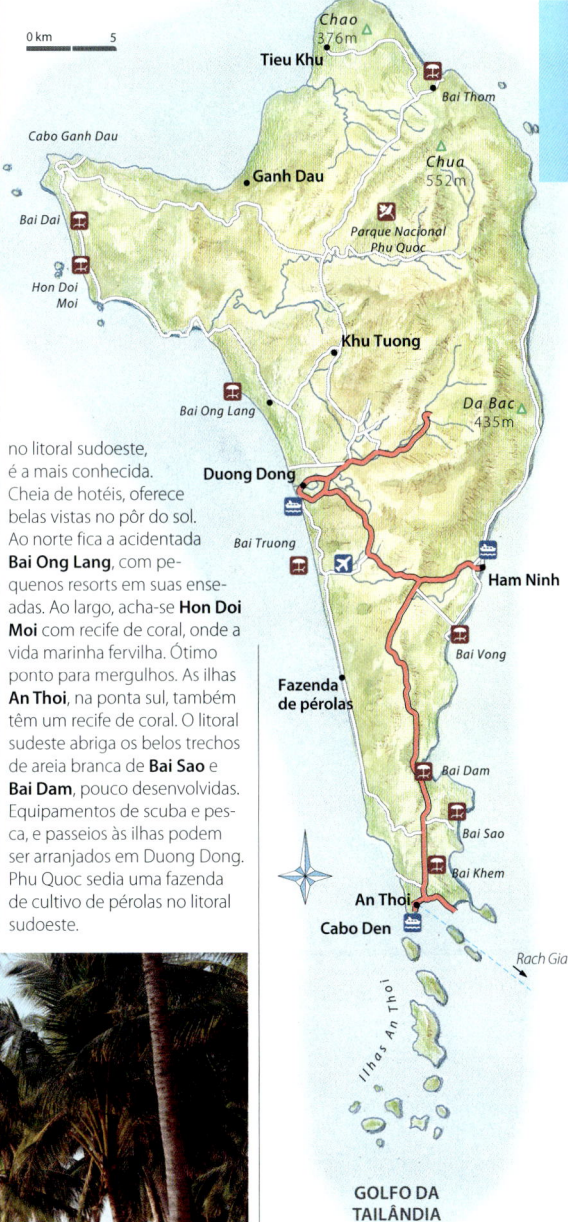

A bonita praia Truong tem o balanço das palmeiras e barcos de madeira

Legenda
— Estrada principal
= Estrada secundária
--- Percurso do ferryboat

Legendas dos símbolos *na orelha da contracapa*

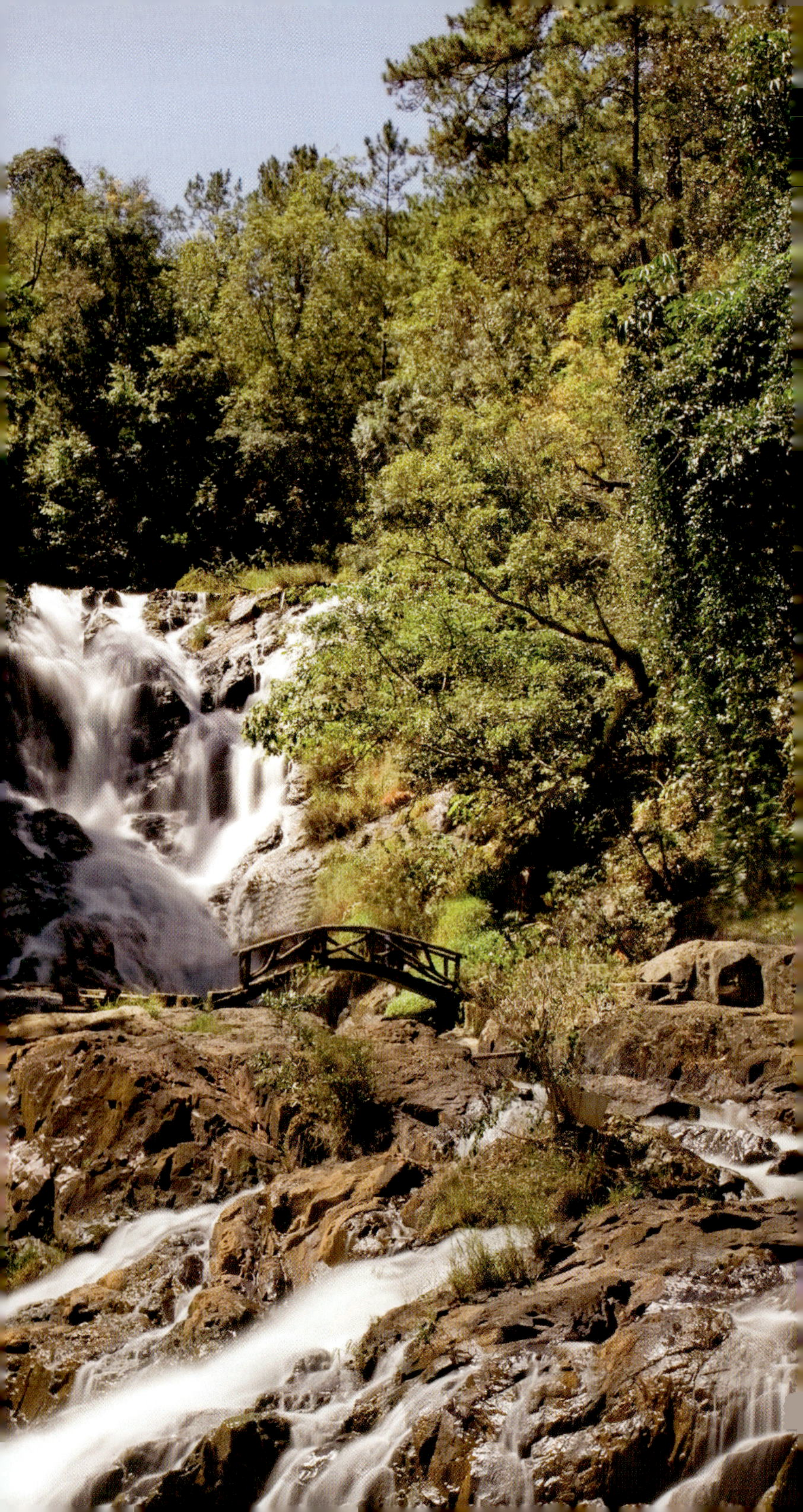

REGIÃO CENTRO-SUL

A região Centro-Sul cobre parte do antigo reino de Champa e possui litoral com população densa, espalhada entre cidades pesqueiras e praias tranquilas. Tem também uma zona rural importante, habitada por minorias nativas. As cidades balneárias de Nha Trang e Phan Thiet e a estação de montanha de Dalat figuram nos itinerários turísticos, mas grande parte da região permanece inexplorada.

Sob influência do comércio marítimo, Champa emergiu no século IV como reino poderoso. No auge, estendia-se do passo Ngang, no norte, à atual Ho Chi Minh e o delta do rio Mekong, no sul. A partir do ano 1000, seu poder diminuiu, e os vietnamitas foram anexando um principado após o outro. No final do século XVIII, apenas Panduranga, que ia de Phan Rang até Phan Thiet, mantinha a liberdade; mas ele também caiu em 1832. Agora, o que restou do reino de Champa, na forma de torres e complexos de templos, agrupa-se nos morros da região Centro-Sul. Pessoas da minoria *cham* ainda vivem na antiga região de Panduranga, onde o Festival Kate é comemorado com grande cerimônia no início do outono.

As praias da região Centro-Sul inferior estão entre as melhores do país. Em Phan Thiet, uma praia de 18km se estende até a pequena vila pesqueira de Mui Ne, que é o balneário vienamita que cresceu mais rápido. No litoral superior, a cidade praiana de Nha Trang é elogiada pelos frutos do mar e pelas ilhas ao largo, que oferecem todos os tipos de esportes aquáticos. Em passeios de um dia, há muitas outras praias, e, para quem sobe o litoral com pressa, existem vilas de pesca e bonitos trechos de praias quase desertas.

No interior, a principal cidade turística é Dalat, uma estação de montanha construída pelos franceses que vale a visita. No planalto, as cidades de Buon Ma Thuot e Kontum são cercadas de vilarejos habitados por minorias *bahnar*, *ede* e *jarai*. Algumas dessas aldeias ainda apresentam arquitetura tradicional, como as extraordinárias casas comunitárias *(nha rong)* de Bahnar.

A região foi devastada na Guerra do Vietnã, e em Son My fez-se um memorial para lembrar uma das piores atrocidades desse período: o Massacre de My Lai *(p. 123)*.

Cultivo de hortaliças nas encostas férteis de Dalat

◀ Cachoeira Datanla, na região de Dalat

Como Explorar a Região Centro-Sul

De fácil acesso e com muitas praias, a longa faixa litorânea da região Centro-Sul recebe mais visitantes que o interior, e os balneários de Mui Ne e Nha Trang servem de base para explorar boa parte do litoral sul. Os viajantes tendem a passar depressa pelas cidades pesqueiras do norte da região a caminho do centro do país, mas as belas praias e os antigos templos *cham* são atrações que valem a pena conhecer. Dalat é o lugar mais agradável para ficar no planalto Central. Buon Ma Thuot é uma boa base para visitar a maior reserva de vida selvagem do país, o Parque Nacional Yok Don, e também conhecer as comunidades minoritárias mais distantes. Rumo ao norte, até a simpática Kontum, as estradas têm menos trânsito, contudo o acesso ainda é limitado por causa da agitação entre grupos étnicos.

Cachoeira Dambri, uma das mais bonitas da região

As torres-templo *cham* de Po Klong Garai, em Phan Rang-Thap Cham, estão muito bem conservadas

Principais Atrações

Cidades
❷ Phan Thiet
❹ Phan Rang - Thap Cham
❺ Nha Trang
❻ Dalat
❽ Buon Ma Thuot
❿ Kontum
⓫ Quy Nhon
⓬ Sa Huynh
⓭ Quang Ngai

Praias
❸ Praia Mui Ne

Áreas de Beleza Natural
❶ Montanha Ta Cu
❼ Lago Lak

Parques Nacionais
❾ Parque Nacional Yok Don

Veja hotéis e restaurantes dessa região nas pp. 236-41 e 246-53

Como Circular

É muito simples viajar na região pela Rodovia 1 ou pela linha de trem Ho Chi Minh-Hanói. Serviços de ônibus trafegam pelo litoral, e existem diversos micro-ônibus comandados por hotéis e agentes de viagem. Dalat também tem acesso fácil, e a Estrada 27, que sai do litoral, é espetacular. A exploração do planalto Central requer mais esforço, e, embora existam micro-ônibus, um carro com motorista (ou uma moto) seria melhor. A Estrada 14 sai de Ho Chi Minh e foi modernizada, apesar de a pista se tornar sinuosa e íngreme ao norte de Buon Ma Thuot.

Legenda

- Estrada principal
- Estrada secundária
- Ferrovia
- Fronteira internacional
- Fronteira de província

Barquinho na areia da praia de Doc Lech, ao norte de Nha Trang, na península de Hon Heo

Legenda dos símbolos *na orelha da contracapa*

O sereno Buda Deitado perto do topo da montanha Ta Cu

❶ Montanha Ta Cu

Mapa rodoviário C6. 30km ao S de Phan Thiet. Pagodes e parque: ℹ️ (062) 386 7484.

Os arredores de Ta Cu são planos e áridos, e a montanha, apesar de ter apenas 650m de altitude, permite vistas espetaculares do litoral em dias claros. O **Pagode Linh Son Truong Tho** e o **Pagode Linh Son Long Doan**, ambos de meados do século XIX, são locais importantes para os peregrinos budistas que vão para essa montanha sagrada. Porém, a principal atração para os visitantes – na maioria vietnamitas – é um Buda branco, deitado, com 49m de comprimento, que os guardiões de Ta Cu afirmam ser o maior do Vietnã. Ele é muito mais novo do que os pagodes, pois foi esculpido em 1962.

Um bondinho, com ponto de embarque localizado perto da Rodovia 1, leva o visitante montanha acima, até o Buda Deitado. Mas também é possível fazer o percurso a pé, em duas horas.

❷ Phan Thiet

Mapa rodoviário C6. 200km a E de HCM. 🚌 216.000. 🚏 🚌 ℹ️ Fish Egg Tree Tours, (090) 443 4895. 🎉 Festival Nghinh Ong (ago-set), uma vez a cada 2 anos.

Essa agradável cidade à beira-mar dispõe de uma ativa frota de pesca e de um porto que ocupa as duas margens do rio Ca Tv. Para o visitante que se hospeda em Mui Ne, uma praia vizinha, a cidade é conveniente para fazer compras e passear.

Antes, Phan Thiet ficava no coração de Panduranga, o último principado *cham* semi-independente, que finalmente foi absorvido por Minh Mang, imperador Nguyen, em 1832. O nome *cham* da cidade é Malithit, e ainda existe forte presença *cham* em sua população.

Localmente, ela é consagrada por seu *nuoc mam* (molho de peixe), e os mais entusiasmados discutem se o melhor molho do país é esse ou o da ilha Phu Quoc (p. 105).

Arredores

A apenas 7km do centro de Phan Thiet, numa colina voltada para a cidade, acha-se o **Thap Poshanu**, o conjunto mais meridional de edificações religiosas *cham* do antigo reino de Champa. O grupo é formado de três *kalan*, ou torres de santuário, com estruturas adicionais que datam do século VIII, o que faz do complexo um dos mais antigos remanescentes arqueológicos *cham* do país.

❸ Praia Mui Ne

Mapa rodoviário C6. L de Phan Thiet. 🚌 🚏 ℹ️ (090) 443 4895. 🌐 **muinebeach.net**

Uma faixa de 20km de areias brancas sombreada por palmeiras, a praia Mui Ne (Ham Tien) faz uma curva desde o leste de Phan Thiet até a península Hon Lao e a pequena vila pesqueira de Mui Ne. A costa é servida por duas excelentes estradas, que correm paralelas à praia ao longo de toda sua extensão.

No final da década de 1990 a praia ganhou fama, entre os viajantes econômicos, de ser um refúgio tranquilo, de fácil acesso para quem sai de Ho Chi Minh. Mas, como uma das melhores praias ao sul de Nha Trang, essa fama levou a um desenvolvimento cada vez maior. O primeiro hotel de alto-padrão foi erigido ali em 2009, e agora quase toda a extensão da praia foi invadida por resorts e bares e restaurantes de luxo. A região tornou-se um enclave para o turismo russo. Um grande número de resorts, bares e

As enormes dunas onduladas da praia Mui Ne

Veja hotéis e restaurantes dessa região nas pp. 236-41 e 246-53

restaurantes pertencem a russos e a sinalização das ruas aparece em vietnamita, russo e inglês. Acima da praia, em Sealinks, fica um campo de golfe, e planeja-se construir outros campos ali.

Entre as atividades ao ar livre que podem ser realizadas em Mui Ne estão a natação e o banho de sol, e, de novembro a março, o *kitesurfing* e o windsurfe. O mar não se presta a mergulhos, e não existem recifes de coral.

A meio caminho da estrada até a vila de Mui Ne, o **Suoi Tien** (rio das Fadas) flui pelas dunas até o mar. Mais a leste, onde a estrada deixa a praia e vira para o interior, um caminho para o norte leva até as famosas dunas de Mui Ne, onde as crianças alugam um tipo de trenó para escorregar na areia.

Na **vila de Mui Ne**, tonéis de maturação de *nuoc mam* (molho de peixe) lotam quintais e jardins. A frota pesqueira descarrega os peixes de manhã cedo. É fascinante perambular pela praia perto da vila e observar os comerciantes de peixes de Phan Thiet e de fora estacionando suas caminhonetes na praia para negociar os produtos frequíssimos com os pescadores. Naturalmente, toda a área tem excelentes frutos do mar.

Mukha lingam, em Po Klong Garai

❹ Phan Rang- -Thap Cham

Mapa rodoviário C5. 105km ao S de Nha Trang. 161.000. Rua Bac Ai 45, (091) 917 4987. Festival Kate (set ou out).

Cidades gêmeas localizadas numa faixa litorânea árida, ficaram conhecidas pela produção de uvas e têxteis *cham*. Elas constituem um importante entroncamento rodoviário que liga as províncias costeiras com Dalat e o planalto Central. Thap Cham significa "Torres Cham"; três dos complexos religiosos *cham* mais bem-conservados do país encontram-se no local.

Po Klong Garai é um grupo

Torre bem-conservada do complexo do Templo Po Klong Garai

de três torres-templos de tijolos em excelente estado de conservação. Localizado no topo de um morro, o templo foi erguido no século XIII pelo rei Jaya Simhavarman III, e as inscrições em *cham* estão gravadas com clareza na entrada. O templo possui um *mukha lingam* com o rosto do rei Jaya Simhavarman III no principal *kalan*, ou santuário. Uma estátua do touro Nandi, montaria de Shiva, recebe oferendas regulares. Durante o Festival Kate, que ocorre no outono, conjuntos de música tradicional tocam ali, e dançarinos se apresentam no recinto do templo.

Po Ro Me foi construído no século XVII, quando o principado *cham* de Panduranga estava em declínio. Ele também fica no topo de um morro, mas tem acesso mais difícil do que Po Klong Garai, e recomenda-se o uso de uma motoneta para chegar ao templo. A torre foi dedicada ao rei Po Ro Me, e dentro há uma imagem dele num *mukha lingam*.

O terceiro complexo do templo, o **Hoa Lai**, fica alguns quilômetros ao norte de Phan Rang.

A agradável **praia Ninh Chu**, sombreada por casuarinas, fica 6km a leste de Phan Rang. Durante seu regime (1967-75), estava reservada para o presidente Nguyen Van Thieu e amigos.

🏛 Po Klong Garai
Estrada 27, 6km a O de Thap Cham. **Tel** (091) 917 4987. ◯ amanhecer-anoitecer diariam. 📷

🏛 Po Ro Me
14km ao S de Thap Cham. ◯ amanhecer-anoitecer diariam.

Antigas inscrições *cham* nos pilares da entrada de Po Klong Garai

⑤ Nha Trang

Cidade ativa e importante porto pesqueiro, Nha Trang é também famoso balneário do Vietnã, com bons hotéis e muitos restaurantes de frutos do mar. Um elegante passeio à beira-mar está voltado para a praia Municipal, em geral lotada de turistas que tomam sol e ambulantes. O Mercado Central (Cho Dam) fica no coração da cidade, enquanto a maior parte da infraestrutura turística e muitos hotéis e bares acham-se mais ao sul. As fontes termais de Thap Ba e Ba Ho ficam fora da cidade. Tome um ferryboat em Cau Da até uma das ilhas na baía, onde as águas são ótimas para mergulho com snorkel.

Barquinhos na praia Municipal de Nha Trang

Pagode Long Son
Rua Thang 10 18, 23.
Tel (058) 381 6919. 7h30-11h30, 13h30-17h30 diariam.

Pagode mais reverenciado de Nha Trang, Long Son fica no topo do morro Trai Thuy, ao sul da cidade. Foi destruído por um tufão no início do século XX e passou por diversas restaurações, a mais recente em 1940. Agora é dedicado à memória dos muitos monges budistas que foram assassinados ou morreram nos protestos contra o regime repressor do presidente Ngo Dinh Diem (1955-63), do Vietnã do Sul. Agora é um pagode em funcionamento, com monges residentes.

A construção é típica do estilo sino-vietnamita e decorada com dragões elaborados e azulejos de cerâmica. O principal prédio do santuário é dominado por uma gigantesca escultura branca de Buda, que data da década de 1960 e tem 14m de altura. Colocada atrás do templo, no topo do morro, a escultura é alcançada por uma escada de 150 degraus. De lá, tem-se uma vista panorâmica de Nha Trang e dos campos vizinhos. Outro enorme Buda branco, agora deitado, encontra-se a meio caminho dos degraus à direita. A imagem foi esculpida por um artesão da Tailândia em 2003.

Buda gigante, no Pagode Long Son

Catedral de Nha Trang
Rua Thai Nguyen 31.
Tel (058) 382 2335.
Missas diárias.

Sede da diocese católica de Nha Trang, essa igreja foi construída em estilo provincial gótico francês na década de 1930. Destaca-se uma torre de relógio alta e quadrada, coroada por um grande crucifixo. Vitrais acompanham os claustros com colunas, que se estendem dos dois lados do prédio. Os três sinos, forjados na França em 1786, ainda funcionam muito bem.

O antigo cemitério da catedral foi nivelado, e o terreno serviu para ampliar a estação de trem.

Praia Municipal
Nha Trang dispõe de ótima praia, com quase 7km de comprimento, protegida por promontórios no norte e no sul. A Rua Tran Phu acompanha toda a extensão da praia e forma um belo passeio que permite vistas fantásticas da baía.

Toda a área da esplanada passou por rápido desenvolvimento, com hotéis e restaurantes novos e diversos cafés e barracas de comida entre a rua e o mar.

Museu Alexandre Yersin
Rua Tran Phu 10D. **Tel** (058) 382 2355.
8h-11h, 14h-16h seg.-sex.

O médico suíço Alexandre Yersin (1863-1943) mudou-se para o Vietnã em 1891, depois de estudar em Paris com o famoso microbiologista Louis Pasteur. Ele aprendeu vietnamita e se envolveu na fundação de Dalat como estação de montanha, em 1893. Yersin introduziu mudas de quina no Vietnã para a produção do quinino, remédio contra malária. Seu feito mais significativo ocorreu em 1894, quando identificou o micróbio causador da peste bubônica.

O museu, localizado no con-

Torre do relógio da Catedral de Nha Trang

Veja hotéis e restaurantes dessa região nas pp. 236-41 e 246-53

NHA TRANG | 113

Torre Norte (Thap Chinh) e Torre Central (Thap Nam) de Po Nagar

PREPARE-SE

Informações Práticas
Mapa Rodoviário C5.
450km ao N de Ho Chi Minh.
392.000. Khanh Hoa Tourist Company, rua Tran Hung Dao 1, (058) 352 6753. Festival de Po Nagar (meados abr).

Transporte
34km ao S de Cam Ranh.

sultório de Yersin, dentro do Instituto Pasteur, exibe seu equipamento de laboratório, a escrivaninha e os livros. Ainda em funcionamento, o instituto produz vacinas e realiza pesquisas médicas.

Estuário do Rio Cai
A frota pesqueira de Nha Trang fica ancorada no rio Cai, ao norte do centro. Um passeio pela ponte oferece boa perspectiva para observar os barcos azuis atracados, com bandeiras vermelhas e amarelas. O porto é muito ativo, e os pescadores passam de embarcação em embarcação em barquinhos calafetados com piche.

Torres Cham de Po Nagar
Margem norte do rio Cai. **Tel** (058) 383 1569. 6h-18h diariam.
Dedicado à deusa Po Yang Inu Nagar e um dos sítios *cham* mais importantes do Vietnã, Po Nagar data do século VIII, quando foi construído pelos reis do principado *cham* de Kauthara. Embora seja uma deusa *cham*, Yang Ino Po Nagar tornou-se padroeira de Nha Trang, sendo venerada pela etnia vietnamita, por budistas chineses e por hindus *cham* do local.

Das oito torres originais, quatro se mantêm em pé. Construída em 817, a Thap Chinh (Torre Norte) é a mais impressionante e abriga uma imagem da deusa hindu Uma, em sua encarnação como Po Nagar. Na entrada, o consorte dela, o deus hindu Shiva, dança nas costas de sua montaria sagrada, o touro Nandi.

As colunas das ruínas de um *mandapa* (salão de meditação) também estão em pé.

Um museu moderno exibe objetos *cham*.

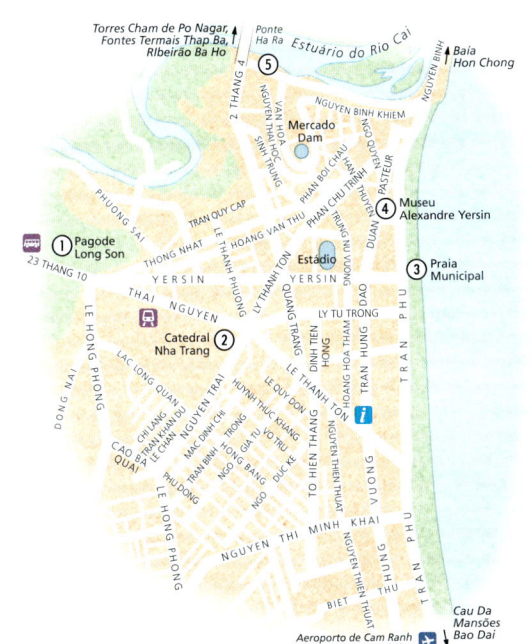

Nha Trang
① Pagode Long Son
② Catedral de Nha Trang
③ Praia Municipal
④ Museu Alexandre Yersin
⑤ Estuário do rio Cai

Legenda dos símbolos *na orelha da contracapa*

Barcos para passeios até as ilhas ao redor de Nha Trang, em Cau Da

Hon Chong
4km ao N de Nha Trang.
Tel (058) 383 2189.
6h30-18h30 diariam.

Ao norte de Nha Trang, um amontoado de pedregulhos chamado Hon Chong desce até o mar, criando um promontório que protege a praia. Uma das rochas possui cinco reentrâncias, que dizem ser os dedos de um gigante. A baía é pitoresca, mas não serve para nadar, por causa das vilas de pesca na área. No entanto, é um lugar ótimo para saborear frutos do mar a preços razoáveis. Há belas vistas da baía Nha Trang, ao sul, enquanto a oeste se vê a Nui Co Tien (Montanha da Mulher Celestial), que lembra a fisionomia de uma mulher.

Fontes Termais Thap Ba
10km a NO de Nha Trang. **Tel** (058) 383 5345. 7h-19h30 diariam.
w thapbahotspring.com.vn

Moradores e visitantes se reúnem para usar as águas quentes e lamacentas de Thap Ba. A lama contém substâncias consideradas benéficas para tratar artrite e reumatismo. Também se diz que produz um relaxamento geral. Os banhistas fazem questão de esfregar a lama curativa no corpo todo, e sentam-se ao sol até que ela seque e rache. Depois, eles tomam um banho de água mineral quente para retirar a lama. Quem quiser pode fazer diversos tipos de massagem, e há uma piscina fria para um mergulho após um banho de lama.

Banhistas na lama quente das Fontes Termais Thap Ba

O rio Ba Ho despenca sobre pedras e forma uma piscina

Rio Ba Ho
25km ao N de Nha Trang.

Lugar maravilhoso para um piquenique, o rio Ba Ho (Suoi Ba Ho) banha as encostas da montanha Hon Long (a 1.342m) e corre para leste até desembocar no mar da China Meridional. O rio se alarga para formar três piscinas, frias mas boas para nadar. Cada uma delas se liga à seguinte por quedas-d'água. Os recursos são poucos; por isso, leve comida e bebida. Nos fins de semana, as margens costumam ficar lotadas, pois o local é muito procurado por moradores.

Cau Da
3km ao S de Nha Trang. Instituto Oceanográfico: **Tel** (058) 359 0037.
6h-18h diariam. Mansões Bao Dai: **Tel** (058) 359 0147.
para visitantes.

Abrigado dos ventos pela montanha Chut (Nui Chut), Cau Da é um subúrbio de Nha Trang e principal ancoradouro de ferryboats e barcos.

O **Instituto Oceanográfico**, instalado numa mansão colonial perto do píer, exibe espécimes marinhos em potes ou caixas de vidro, e criaturas vivas em tanques e em três lagoas ao ar livre.

Ao norte do ancoradouro, as **Mansões Bao Dai** oferecem vistas excelentes do mar da China Meridional. Na década de 1920, Bao Dai, último imperador Nguyen, mandou construir cinco casas em estilo franco-vietnamita. Após sua abdicação, em 1945, as mansões se tornaram residência de férias de funcionários do primeiro escalão do governo sul-vietnamita e, a partir de 1975, passaram a ser usadas por altos funcionários comunistas. Agora as mansões funcionam como hotel, mas estão desgastadas, apesar de terem sido restauradas e decoradas com peças que lembram o período e o gosto de Bao Dai.

Ferryboats regulares ligam Cau Da à vila pesqueira de Tri Nguyen, em **Hon Mieu**, a mais próxima das ilhas do arquipélago.

O aquário local lembra mais uma fazenda de peixes, com café que serve frutos do mar voltado para tanques de concreto. Há uma praia de pedregulhos em Bai Soi.

Veja hotéis e restaurantes dessa região nas pp. 236-41 e 246-53

Praias ao Redor de Nha Trang

As diversas praias espalhadas pelo extenso litoral arenoso ao norte de Nha Trang e o pequeno arquipélago de lindas ilhas que ficam ao largo tornam esse balneário à beira-mar ainda mais atraente. Muitas empresas de turismo organizam passeios de um dia e geralmente oferecem almoço com frutos do mar e cerveja gelada à vontade. Nos destinos mais sossegados e menos desenvolvidos ao norte, como Dai Lanh e Hon Lao – o último habitado por macacos –, há atividades como natação, mergulho com snorkel e banho de sol. Existem ainda opções mais organizadas e às vezes agitadas, como praticar esqui aquático e parapente ou beber num bar flutuante nas ilhas do arquipélago.

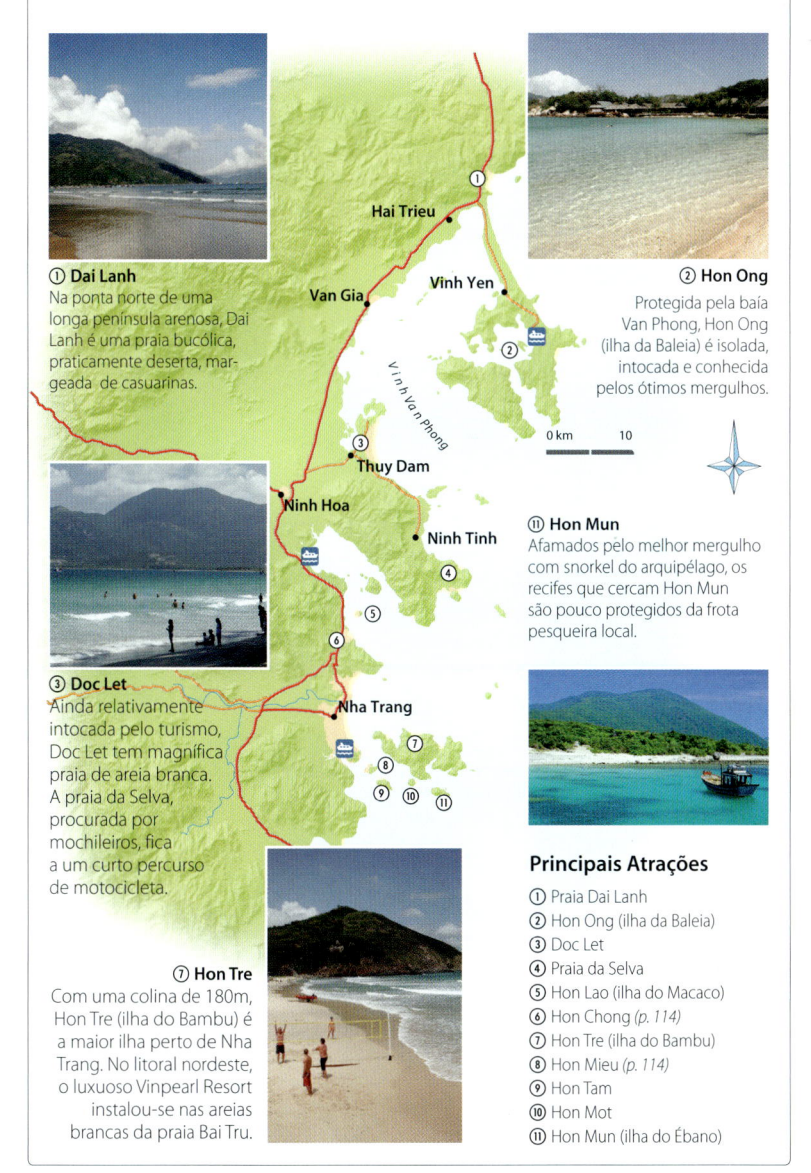

① Dai Lanh
Na ponta norte de uma longa península arenosa, Dai Lanh é uma praia bucólica, praticamente deserta, margeada de casuarinas.

② Hon Ong
Protegida pela baía Van Phong, Hon Ong (ilha da Baleia) é isolada, intocada e conhecida pelos ótimos mergulhos.

⑪ Hon Mun
Afamados pelo melhor mergulho com snorkel do arquipélago, os recifes que cercam Hon Mun são pouco protegidos da frota pesqueira local.

③ Doc Let
Ainda relativamente intocada pelo turismo, Doc Let tem magnífica praia de areia branca. A praia da Selva, procurada por mochileiros, fica a um curto percurso de motocicleta.

⑦ Hon Tre
Com uma colina de 180m, Hon Tre (ilha do Bambu) é a maior ilha perto de Nha Trang. No litoral nordeste, o luxuoso Vinpearl Resort instalou-se nas areias brancas da praia Bai Tru.

Principais Atrações
① Praia Dai Lanh
② Hon Ong (ilha da Baleia)
③ Doc Let
④ Praia da Selva
⑤ Hon Lao (ilha do Macaco)
⑥ Hon Chong *(p. 114)*
⑦ Hon Tre (ilha do Bambu)
⑧ Hon Mieu *(p. 114)*
⑨ Hon Tam
⑩ Hon Mot
⑪ Hon Mun (ilha do Ébano)

Legenda dos símbolos *na orelha da contracapa*

Águas cristalinas cercam a pitoresca ilha do Ébano ▶

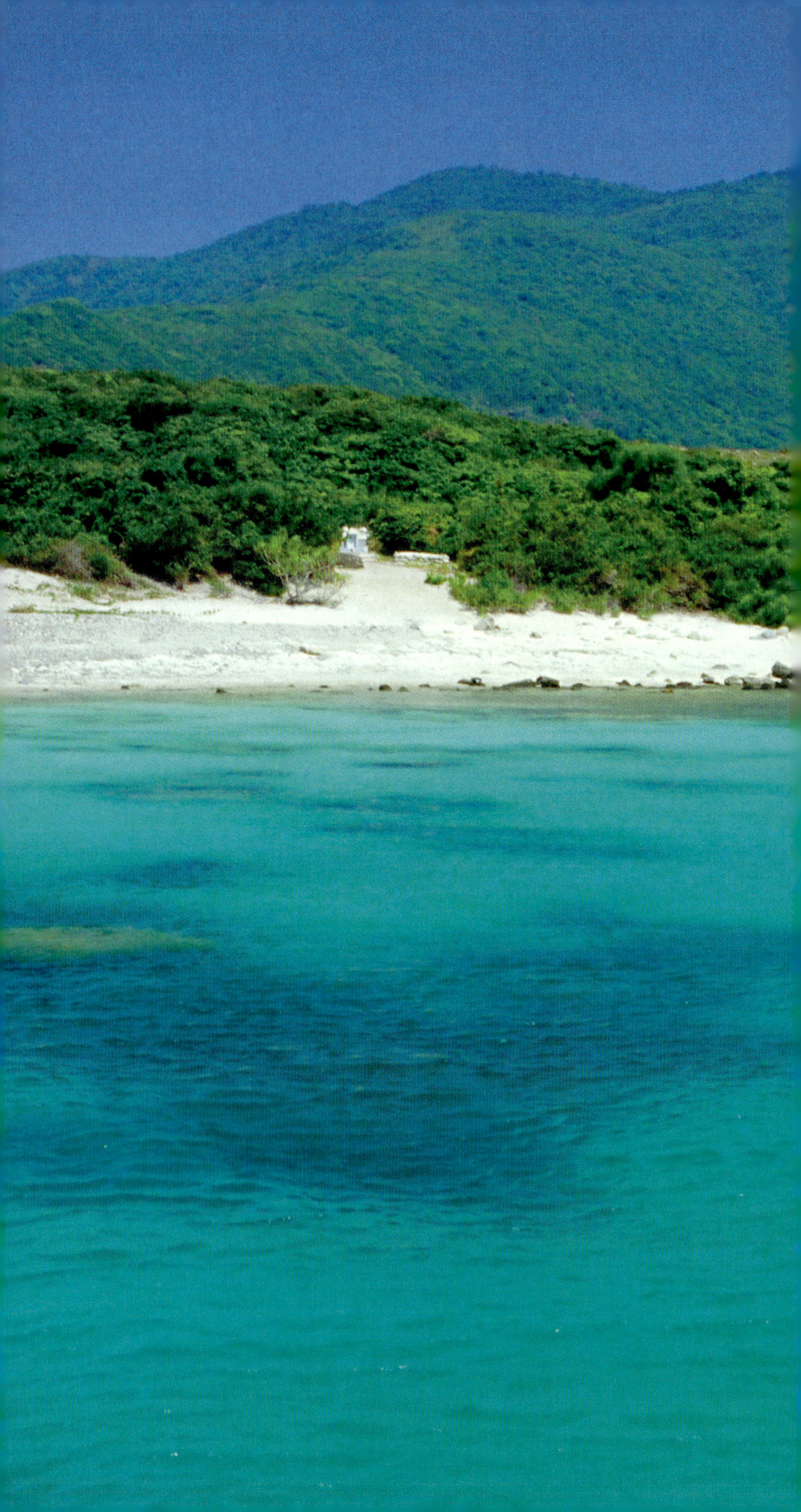

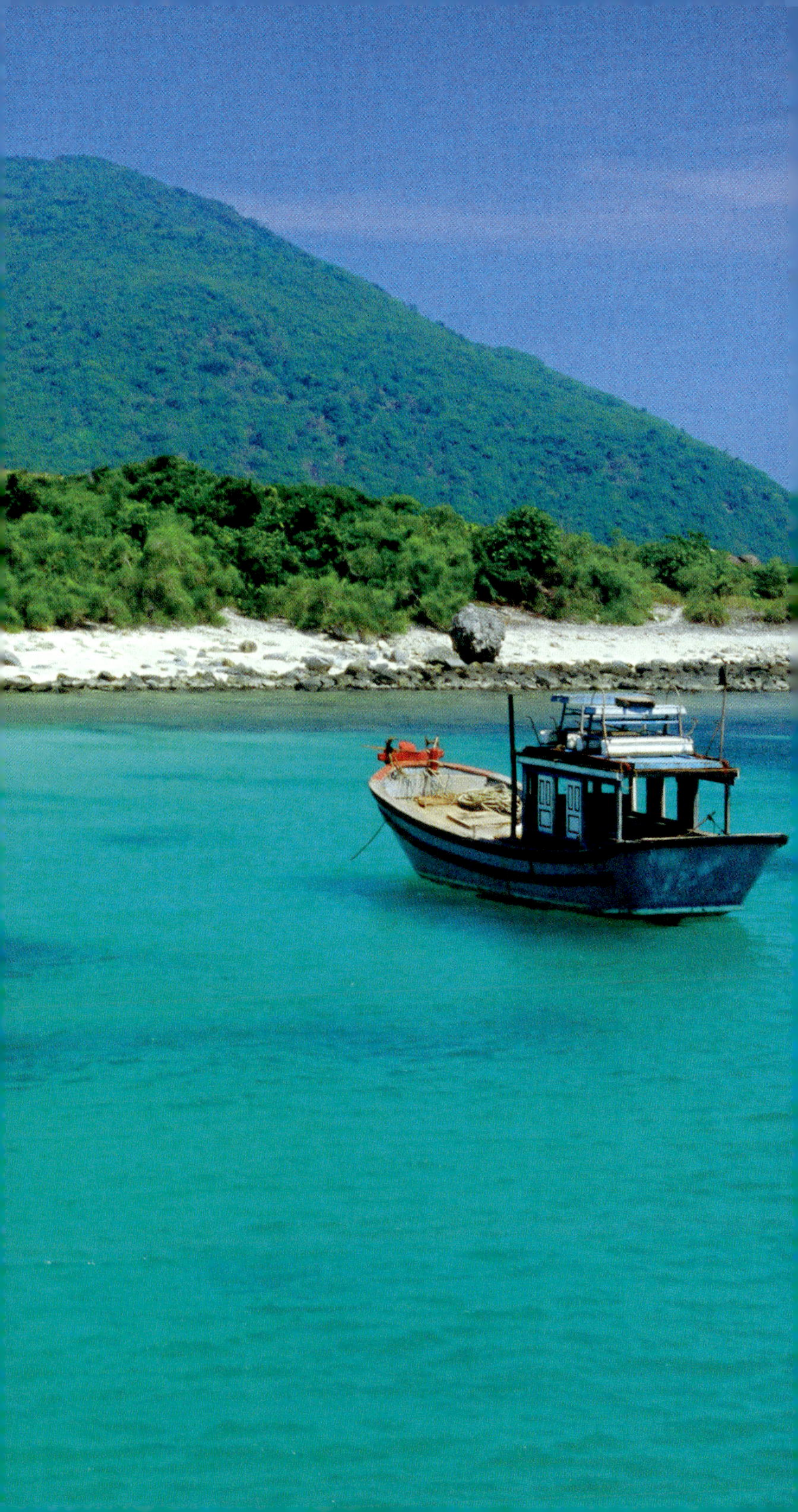

Dalat

Em meados da década de 1890, o médico Alexandre Yersin *(p. 112)* visitou Dalat e afirmou ser um local adequado para uma estação de montanha e um sanatório. Por volta de 1910, a cidade se tornara um concorrido refúgio para os colonizadores franceses que procuravam escapar do calor das planícies. Hoje Dalat atrai milhares de recém-casados e turistas vietnamitas, muitos dos quais vão para ver o vale do Amor e o lago dos Suspiros *(p. 116)*, atrações *kitsch* de pouco apelo para turistas estrangeiros. Além do ar fresco e do belo panorama, Dalat também atrai visitantes pelos seus produtos frescos, pelo vinho, pela comida e pelo artesanato étnico. A um curto trajeto de carro ficam as cachoeiras de Dambri, Elephant, Tiger, Datanla e Pongour.

O exterior da Casa Maluca, feita para lembrar um tronco nodoso

Pedalinhos em formato de cisne no lago Xuan Huong

Lago Xuan Huong
Esse lago em formato de lua crescente fica bem no centro da cidade e foi criado com a construção de uma represa em 1919. Rapidamente se tornou ponto de encontro da burguesia de Dalat. Os franceses o chamavam Le Grand Lac. Mais tarde foi renomeado em homenagem a Ho Xuan Huong *(p. 19)*, célebre poetisa vietnamita do século XVIII, cujo nome significa "Essência da Primavera". A atividade mais procurada no lago é andar de pedalinhos pelas águas ou num caiaque mais tradicional. Um agradável passeio a pé ou de bicicleta pelos 7km de praia passa pelo **Jardim das Flores**, mais ao norte.

Catedral de Dalat
Rua Tran Phu com Dai Hanh. **Tel** (063) 382 1421. ◯ diariam. Missa duas vezes por dia.
A catedral católica de Dalat foi consagrada a São Nicolau e adiciona outro toque francês a essa estação de montanha. Sua fundação ocorreu para satisfazer as necessidades espirituais dos colonizadores e de muitos convertidos vietnamitas. A construção começou em 1931 e só foi terminada com a invasão japonesa, na década de 1940, um evento que assinalou o começo do fim da Indochina francesa. A igreja exibe uma agulha de 47m e vitrais confeccionados na França na década de 1930.

O iluminado interior da Catedral de Dalat

Hang Nga (Casa Maluca de Nga)
Rua Huynh Thuc Khang 3. **Tel** (063) 382 2070. ◯ 8h30-19h diariam.
A "Casa Maluca", como chamam essa hospedaria, resume tudo o que os visitantes de Dalat adoram ou detestam. Essa construção psicodélica feita de madeira e arame foi depois coberta de concreto para formar uma casa na árvore. Com gigantescos chapéus de sapo, teias de aranha e escadas, para alguns é uma monstruosidade; para outros, principalmente as crianças, uma charmosa miniatura da Disneylândia. Por uma pequena taxa, o visitante pode xeretar os quartos desocupados, até o que fica na barriga de uma girafa de concreto.
Dang Viet Nga, dona e arquiteta, é filha de Truong Chinh, antigo membro linha dura do Partido Comunista que, por um breve período, em 1986, foi secretário-geral do Partido.

Pagode Lam Ty Ni
Rua Thien My 2. **Tel** (063) 382 1775. ◯ 8h30-18h30 diariam.
Esse pagode combina com o ambiente de excentricidade e gosto discutível das muitas atrações de Dalat. O prédio em si não tem nada de extraordinário no sentido tradicional, mas foi ampliado e transformado pelo morador solitário do pagode, o charmoso monge budista Thay Vien Thuc. Ele vive no local desde 1964, há muito tempo acompanhado por uma matilha de cachorros simpáticos, que latem alto quando chega alguém. Se não está lendo ou escrevendo

Veja hotéis e restaurantes dessa região nas pp. 236-41 e 246-53

poesia zen, ele modela bustos de concreto, em geral dele mesmo. Esse monge habilidoso é também um pintor prolífero e cria paisagens oníricas e estranhas interpretações da religião budista e do cosmo. Dizem que ele consegue um bom dinheiro com a venda de suas obras.

Palácio de Verão de Bao Dai
Rua Trieu Viet Vuong 1. **Tel** (063) 382 6858. ○ 7h-17h diariam.

Último imperador Nguyen, Bao Dai (p. 47), considerado um fantoche sem poderes na mão dos franceses, morou em Dalat de 1938 a 1945 com a esposa, a imperatriz Nam Phuong, diversos membros da família e alguns servidores. Ele passava quase o tempo todo caçando e se envolvendo com mulheres. O Palácio de Verão foi construído entre 1933 e 1938, num curioso estilo art nouveau, seminaútico. Com apenas 25 cômodos, está longe de ser um palácio. Embora não se veja muita grandeza, esse palácio continua a ser popular entre os turistas, que admiram as peças expostas, entre as quais está a escrivaninha de Bao Dai e um mapa do Vietnã gravado em vidro.

Estação de Trem de Dalat
Rua Quang Trung 1, na saída da rua Nguyen Trai. **Tel** (063) 383 4409. Saídas 8h, 9h30, 11h, 14h, 15h30 diariam.

Construída em 1932, numa imitação da estação de Deauville, na França, essa estação de trem conserva o projeto original art déco. Os bombardeios da Guerra do Vietnã (pp. 48-9) fecharam a linha para Phan Rang, mas uma locomotiva russa leva passageiros por 8km, num passeio pitoresco até o vilarejo de Trai Mat.

Museu Lam Dong
Rua Hung Vuong 4. **Tel** (063) 382 2339. ○ 7h30-11h30, 13h30-16h30 seg-sáb.

A grande variedade de objetos expostos traça a rica história de Dalat e de seu entorno. Entre as mostras estão cerâmicas das dinastias Funan e Champa, instrumentos musicais, trajes de minorias étnicas locais e fotografias.

O museu fica em frente a uma elegante *villa* em estilo francês, construída pelo sogro de Bao Dai, Nguyen Huu Hao, em 1935. Mais tarde, essa edificação se tornou a residência da esposa de Bao Dai, a imperatriz Nam Phuong.

Pagode Thien Vuong
4km do centro de Dalat, pela rua Khe Sanh.

Mais ortodoxo do que o Lam Ty Ni, o Thien Vuong foi construído pela comunidade chinesa local em 1958. Esse pagode no topo de um morro, com monges residentes, compreende três construções baixas de madeira dispostas no meio dos pinheiros. No santuário principal há três grandes imagens de sândalo, com Thich Ca, o Buda Histórico, no centro. Bancas que vendem geleias do local, frutas secas e chá de alcachofra acompanham o caminho que leva ao pagode.

Buda de bronze, no Pagode Thien Vuong

PREPARE-SE

Informações Práticas
Mapa Rodoviário C5. 308km ao N de Ho Chi Minh. 207.000. Dalat Travel Service, rua Thang 2, 7, 3, (063) 382 2125.

Transporte

Dalat
① Lago Xuan Huong
② Catedral de Dalat
③ Hang Nga (Casa Maluca de Nga)
④ Pagode Lam Ty Ni
⑤ Palácio de Verão de Bao Dai
⑥ Estação de Trem de Dalat
⑦ Museu Lam Dong
⑧ Pagode Thien Vuong

Legenda dos símbolos *na orelha da contracapa*

🏛 Mercado Central de Dalat
Centro da cidade. 🕐 diariam.

Abrigado por uma alta encosta e rodeado de cafés, esse é um dos maiores mercados do país. As escadarias e as rampas de acesso são repletas de vendedores de comida, como milho grelhado, espetinhos de carne, batata-doce, leite de soja quente e waffles recheados com carne de porco e queijo. O segundo andar do prédio central também é dedicado a barraquinhas de comida.

Enorme estátua de concreto que deu nome à vila do Frango

🏘 Vila do Frango
18km ao S de Dalat na saída da rodovia 20.

Famosa pela enorme estátua bizarra de um frango bem no centro, a vila do Frango, conhecida localmente como Lang Ga, atrai grande número de turistas. É habitada pelo povo *k'ho*, que vive do cultivo de frutas e café, e da manufatura de tecidos. A vila fica na saída da rodovia entre Dalat e o litoral, e os ônibus de turismo param com regularidade para permitir que os visitantes observem as mulheres *k'ho* nos teares e comprem seus produtos. Por causa das constantes negociações com turistas estrangeiros, as mulheres da vila falam um inglês muito bom.

🏘 Vila de Lat
10km ao N de Dalat.

Formada por diversas aldeias pequenas, a vila de Lat é habitada principalmente por membros da minoria étnica *lat*, parte da tribo *k'ho*, mas também por outros povos minoritários locais, como o *ma* e o *chill*. Os moradores, antes pobres, agora estão muito bem por conta do turismo. As atrações são os tecidos e os bordados. Os aldeões oferecem chá-verde quente aos visitantes enquanto eles observam as mulheres trabalharem nos teares. É possível fazer ótimas negociações: as pessoas são simpáticas, mas prepare-se para pechinchar.

🚠 Teleférico de Dalat e Thien Vien Truc Lam
3 km ao S de Dalat, saída 3 da rua Thang 4, estrada 20. 🕐 7h30-11h30, 13h30-17h diariam.

O teleférico de Dalat percorre 2,4km suspenso acima de vilarejos pitorescos, fazendas e montanhas, até chegar no Thien Vien Truc Lam, ou Centro de Meditação Floresta de Bambu. Esse mosteiro zen foi construído em 1993 e abriga 180 monges e monjas. O templo fica em frente ao lago Paraíso, que conta com uma abundância de mesas e cadeiras para piquenique.

O Teleférico de Dalat, em frente ao planalto de Langbiang

💧 Cachoeira Datanla
5km ao S de Dalat, rodovia 20. **Tel** (063) 383 1804. 🕐 diariam.

Localizada no morro coberto de pinheiros a sudoeste de Dalat, a cachoeira Datanla fica bem perto da cidade, numa agradável caminhada de 15 minutos que sai da Rodovia 20. A cachoeira, que despenca em duas quedas, é um destino concorrido para turistas vietnamitas, principalmente nos fins de semana. Não vale a pena visitá-la na estação seca.

💧 Cachoeiras de Dambri e Bo Bla
Dambri: 85km a SO de Dalat, rod 20; Bo Bla: 80km a SO de Dalat, rod 28. 🕐 7h-17h diariam.

A cachoeira mais espetacular e acessível da região Centro-Sul fica em Dambri, onde as águas despencam 90m. A subida até o topo é íngreme, mas existe um elevador que em poucos minutos leva os menos dispostos. Acima da cachoeira acha-se um pequeno lago, onde se pode dar uma volta de barco.

A visita à cachoeira Dambri pode ser combinada com uma parada no caminho para ver a cachoeira Bo Bla, que fica logo ao sul de Di Linh.

Casa típica em uma das aldeias da vila de Lat

Veja hotéis e restaurantes dessa região nas pp. 236-41 e 246-53

REGIÃO CENTRO-SUL | 121

❼ Lago Lak

Mapa rodoviário C5. 32km ao S de Buon Ma Thuot na rod 27. **Tel** (0500) 384 2246.

Localizado no centro do pitoresco planalto Dak Lak, esse grande e sereno lago de água doce era o refúgio preferido do ex-imperador Bao Dai, que construiu um de seus chalés de caça na margem. Embora os morros da vizinhança tenham sido desmatados, ainda se podem apreciar belas vistas do lago.

A região é um ponto excelente para tomar algum refresco quando se viaja pela rodovia montanhosa entre Buon Ma Thuot e Dalat, e tem recebido cada vez mais visitantes, sobretudo grupos de passeios motociclísticos. As pessoas que moram em volta do lago são principalmente da minoria *mnong*, do planalto Central.

❽ Buon Ma Thuot

Mapa rodoviário C5. 194km a NE de Nha Trang. 300.000. Dak Lak Tourist, Phan Chu Trinh 3, (0500) 384 2246.

Capital da província de Dak Lak no planalto Central, Buon Ma Thuot é uma base excelente para explorar lagos remotos, florestas tropicais, cachoeiras e vilas dos povos da montanha nas áreas vizinhas.

Segundo o governo, a etnia vietnamita, ou *kinh*, forma a maioria da população local, mas os povos nativos minoritários *ede* e *mnong* ainda vivem em vilas por toda a província. Os *ede* chamam a cidade de Buon Ma Thuot, mas em língua *mnong* se diz Ban Me Thuot. Os dois nomes são traduzidos como "Vila do Pai de Thuot".

A cidade é a capital do café do Vietnã, e sua alta produtividade impulsiona a posição do país como exportador do produto, classificando-o em segundo lugar, abaixo apenas do Brasil. É interessante visitar seus cafezais. Buon Ma Thuot também merece destaque por ser o local da última batalha importante da Guerra do Vietnã, em 10 de março de 1975.

Agricultores trabalham nos campos ao lado do pitoresco lago Lak

O **Monumento à Vitória**, no centro da cidade, apresenta uma réplica do primeiro tanque do exército norte-vietnamita a entrar na cidade durante a invasão. No alto de um pedestal, ele celebra a libertação de Buon Ma Thuot.

Existe também o **Museu de Etnografia** de Nguyen Du, bastante interessante. Após um processo de reforma e expansão, a instituição hoje funciona em uma grande construção de concreto, concebida como uma casa tribal tradicional. É um bom lugar para ter uma noção da cultura, das tradições e das manufaturas dos povos locais *ede* e *mnong* e de outras diversas tribos de montanha que vivem na região. Há ainda uma ala com as espécies de árvores da região e animais empalhados.

🏛 Museu de Etnografia
Rua Nguyen Du 182. **Tel** (0500) 385 0426. 7h-18h diariam.

Arredores
Tur, um vilarejo 14km a sudoeste de Buon Ma Thuot, é habitado por membros da minoria *ede*. Sua sociedade é matrilinear; por isso a propriedade sempre pertence às mulheres. Depois do casamento, o homem vai morar na residência da esposa, e a casa é ampliada. As casas comunitárias são construídas sobre palafitas, o que cria espaço abaixo da área de convivência para armazenar lenha e abrigar muitos animais domésticos. Por sua proximidade com Buon Ma Thuot e com a Rodovia 14, Tur tem acesso fácil e é um bom local para ver as casas comunitárias *ede*. O vilarejo fica perto do caudaloso Dak Krong, ou rio Serepok, que corre para o Camboja. É possível combinar uma visita a Tur com um passeio até as impressionantes corredeiras Trinh Nu, ali perto. Rio acima, as cachoeiras Dray Nur, Dray Sap e Gia Long levam o visitante a um território mais selvagem.

A vila de **Ako Dong**, 1,5km ao norte do centro, tem um número impressionante de casas comunitárias *ede*.

Cafezal viçoso na região de Buon Ma Thuot

Telhado quase vertical de casa comunitária de Kontum

❾ Parque Nacional Yok Don

Mapa rodoviário C5. 40km a NO de Buon Ma Thuot. **Tel** (0500) 384 2246. micro-ônibus de Buon Ma Thuot.

Maior parque nacional do Vietnã, o Yok Don cobre quase 120 mil ha, acompanha a fronteira com o Camboja e é cortado pelo caudaloso Dak Krong, ou rio Serepok. No local vivem tigres, leopardos e elefantes selvagens, mas, das 67 espécies de mamíferos, pelo menos 38 estão ameaçadas de extinção, e as oportunidades de ver algum desses animais maiores são pequenas. As manadas de elefantes que outrora eram imensas diminuíram para menos de vinte animais, e esse número vem caindo rapidamente. Passeios de meio dia incluem uma visita para uma aldeia *mnong*, que é a principal atração para a maioria dos visitantes do parque.

Diversas lojas que vendem artesanato e potes selados de licor de arroz, chamado *ruou can*, com canudinho de bambu estão instaladas ao redor da entrada do parque. Por perto também existe hospedagem.

Logo depois do limite norte do parque, e de difícil acesso sem um veículo particular e um guia governamental, a **Thap Yang Prong** é a mais remota de todas as torres *cham* do Vietnã e um indício de onde ficavam os assentamentos do antigo reino de Champa durante os séculos XIII e XIV.

❿ Kontum

Mapa rodoviário C4. 200km a NE de Quy Nhon. 150.000. Kontum Travel Service, rua Phan Dinh Phung 2, (060) 386 1626.

Essa cidade afastada e tranquila recebe relativamente poucos visitantes, ainda que recompense quem se propõe a conhecê-la.

Apesar de ter sido muito bombardeada na Guerra do Vietnã, Kontum conservou duas belas igrejas de madeira no estilo colonial francês e algumas fachadas de lojas em estilo francês.

Como a cidade tem poucas atrações, a maior parte dos visitantes vão para lá explorar a zona rural e muitas vilas de minorias, notáveis por suas *nha rong*, ou casas comunitárias. No centro da cidade, ao lado de uma bonita igreja de madeira em Nguyen Hue, fica uma impressionante *nha rong*.

No lado leste da cidade está o **Museu do Seminário**, instalado num antigo seminário católico francês, que exibe artesanato e trajes de minorias.

Grupos étnicos como *jarai*, *sedang*, *rongao* e *bahnar* (p. 24) vivem em vilas da região, muitas com acesso fácil a partir de Kontum. Pode-se ir a pé até a vila *bahnar* de **Kon Kotu**, cerca de 5km a leste da cidade. A *nha rong* dessa comunidade é totalmente feita de bambu e madeira, com enorme telhado de palha, típico do povo *bahnar*. **Kon Hongo** está situada 4km a oeste de Kontum e é povoada pela minoria *rongao*. Na viagem até as duas vilas atravessam-se agradáveis campos de cana-de-açúcar e mandioca.

📖 Museu do Seminário
Rua Tran Hung Dao 56. 7h30-10h30, 14h-16h seg.-sex.

⓫ Quy Nhon

Mapa rodoviário C5. 220km ao N de Nha Trang. 285.000. River Tours, rua Nguyen Hue, 10, (098) 924 3394.

Importante porto pesqueiro, com praias razoáveis, Quy Nhon recebe poucos turistas, com exceção dos que pernoitam ali na viagem entre Nha Trang e Hoi An. O **Pagode Long Khan**, templo budista mais reverenciado de Quy Nhon, está localizado no centro da cidade, na Rua Tran Cao Van. Ele data do início do século XVIII e é consagrado a Thich Ca, o Buda Histórico. O templo recebe muito menos interesse do que muitos templos *cham* antigos dos arredores de Quy Nhon. Na cidade há uma

As grandiosas Thap Doi Cham, com jardim bem-cuidado, em Quy Nhon

Veja hotéis e restaurantes dessa região nas pp. 236-41 e 246-53

REGIÃO CENTRO-SUL | 123

Imagens de Buda e oferendas, no Pagode Long Khan, em Quy Nhon

praia movimentada, mas as melhores ficam 5km ao sul, como a **praia Ouy Hoa**, localizada na área de um hospital para leprosos de mesmo nome. Calcula-se que as **Thap Doi Cham**, ou Torres Cham Duplas, datem da segunda metade do século XII. Elas ficam 1,6km a oeste do centro da cidade.

Arredores

Uma das importantes obras que restaram da arquitetura *cham* em ótimo estado de conservação, a **Banh It** (Torre Prateada), se encontra no topo de um morro, perto da Rodovia 1, quase 20km ao norte de Quy Nhon. Mais ao norte, ao longo da Rodovia 1, estão as ruínas de **Cha Ban**, que era chamada Vijaya e foi capital do principado *cham* de mesmo nome. Fundada no ano 1000, a cidade foi arrasada em 1470 pelos *dai viets*, marcando o fim de Champa como reino. Apenas os muros da cidadela e as torres Can Tien ainda estão de pé.

Telhado no Pagode Long Khan, em Quy Nhom

anos atrás. Em 1909 foram desenterradas 200 urnas funerárias, o primeiro de muitos outros achados na área. Infelizmente, nenhum objeto dessa sociedade da Idade do Bronze está acessível ao público no local, mas eles podem ser vistos no Museu Nacional de História Vietnamita, em Hanói *(pp. 166-7)*, e no Museu da Cultura Sa Huynh, em Hoi An *(p. 129)*. O ambiente sossegado da cidade é o que realmente atrai o visitante. A praia é relativamente deserta, e as ondas se prestam ao surfe. Sa Huynh é um lugar excelente para degustar frutos do mar.

⓬ Sa Huynh

Mapa rodoviário C4. 60km ao S de Quang Ngai. 50.000. River Tours, (098) 924 3394. Festival de Pesca de Frutos do Mar (início mai).

Apreciado pela praia com palmeiras e salinas, esse pequeno e bonito porto pesqueiro é mais conhecido como sítio da cultura pré-Champa de Sa Huynh, que floresceu cerca de 2 mil

⓭ Quang Ngai

Mapa rodoviário C4. 177km ao N de Quy Nhon. 122.000. River Tours, (098) 382 5292.

Capital de província, Quang Ngai é uma joia escondida, com antigos resquícios arqueológicos a uma curta distância de carro.

Arredores

Em 1968 a localidade de Son My serviu de palco ao pavoroso Massacre de My Lai, e um triste **Parque Memorial** foi criado na aldeia de Tu Cung. Um escuro museu de granito documenta os acontecimentos com detalhes horríveis. Estão expostas fotografias da atrocidade que chocou o mundo e contribuiu muito para desiludir os americanos em relação à guerra. Há muitos mototáxis em Quang Ngai dispostos a fazer a viagem de 15km até Son My.

A cidadela de 1.200 anos **Chau Sa**, 8km a nordeste de Quang Ngai, evidencia o antigo domínio *cham* da região. Próxima às montanhas a oeste, uma antiga muralha se estende por 127km, aparentemente construída pelos vietnamitas em 1819 para a segurança e o controle do comércio entre a minoria Hre e os Viets.

Massacre de My Lai

Na Guerra do Vietnã, a área em volta de Quang Ngai era considerada simpatizante dos vietcongues. Em 16 de março de 1968, uma força da infantaria americana entrou no local para vingar a morte de muitos colegas. Nas quatro horas seguintes, no pior crime de guerra dos EUA documentado no Vietnã, foram sistematicamente assassinados cerca de 500 civis vietnamitas (metade mulheres e crianças) quando os soldados americanos perderam totalmente o controle.

O tenente William Calley, que organizou o massacre, foi condenado por assassinato, mas ganhou liberdade depois de alguns anos, a mando do presidente Nixon. Nenhum outro soldado foi condenado.

Comovente Memorial ao Massacre de My Lai, em Son My, perto de Quang Ngai

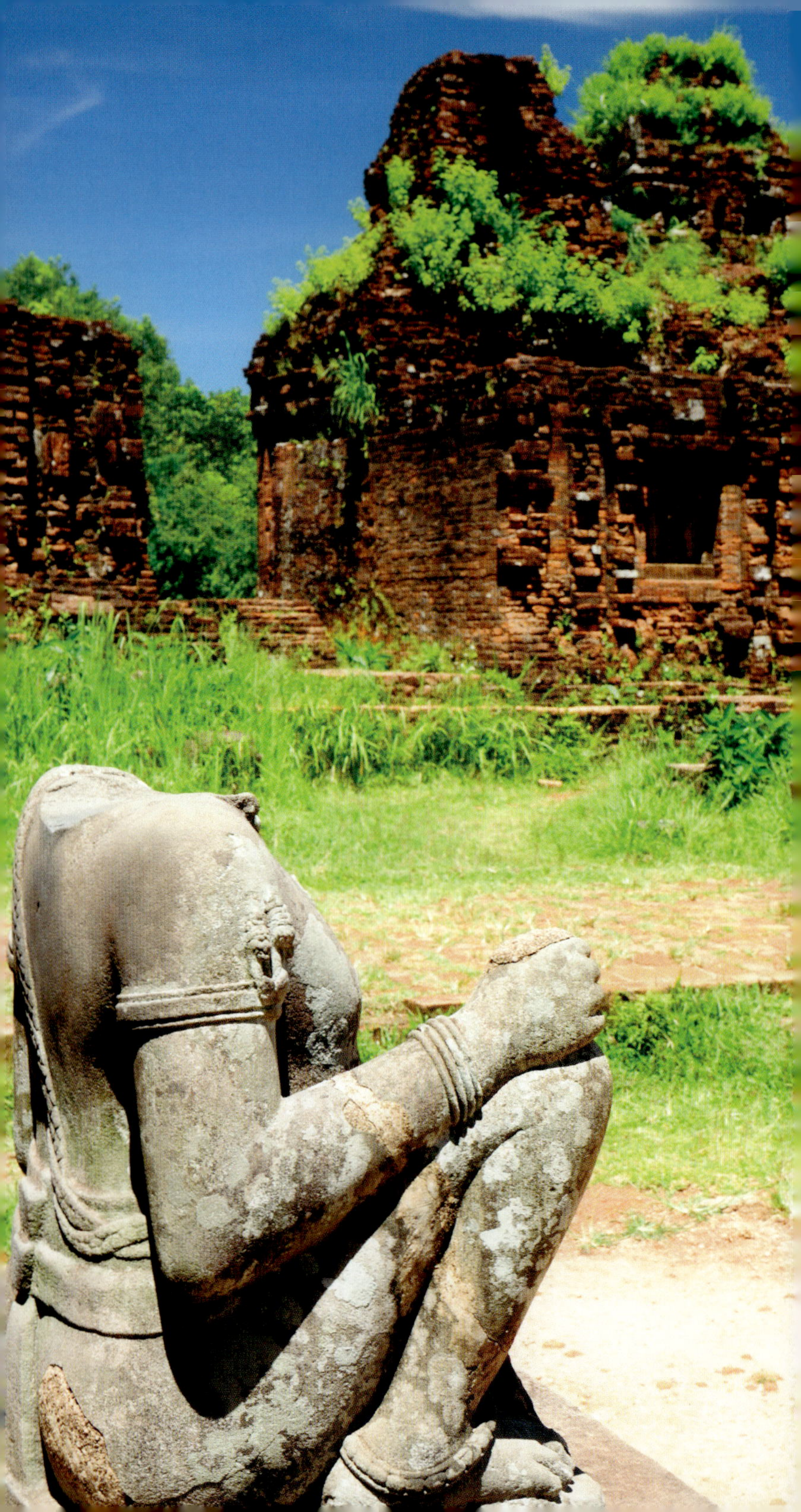

REGIÃO CENTRAL

Delimitada pelos picos arborizados da cordilheira Truong Son a oeste e pelas praias brancas do mar da China Meridional a leste, a região Central é cheia de contrastes. Oferece ótimas praias, além de rara seleção de tesouros históricos, que incluem quatro Patrimônios da Humanidade: a Caverna Phong Nha, My Son, a Cidadela de Hue e o Bairro Antigo de Hoi An.

Marcadas por campos de arroz e sede de uma florescente indústria pesqueira, as áreas habitadas da região Central estão em boa parte limitadas à estreita faixa litorânea. O interior intocado dispõe dos picos notáveis da cordilheira Truong Son, que separa o Vietnã do Laos. Nesse território vivem os povos da montanha, e aí se destaca o passo Hai Van, um dos pontos mais bonitos do país. No sopé, perto de Dong Hoi, está a misteriosa caverna Phong Nha.

Alguns dos legados arquitetônicos mais notáveis do Vietnã ficam na região Central. Entre eles, Hoi An ainda abriga requintadas edificações construídas por negociantes chineses, japoneses e franceses, que remontam até o século XVI, enquanto Hue, com sua grandiosa Cidadela e os Túmulos Reais, perdura como uma lembrança permanente da dinastia Nguyen (1802-1945). Em ruínas, mas ainda impressionante, o complexo de templos *cham* de My Son foi construído entre o século IV e o século XII. Muitos desses sítios ainda mostram os danos sofridos durante a Guerra do Vietnã.

De interesse histórico mais recente são as vilas – e agora santuários nacionais – de Hoang Tru e Kim Lien, onde Ho Chi Minh passou parte da infância, além da Zona Desmilitarizada (ZDM). Não muito longe, ao norte de Hue, a ZDM presenciou algumas das batalhas mais sangrentas da Guerra do Vietnã e funciona como lembrete da luta cruel daquela época. Campos de batalha como Khe Sanh e Vinh Moc tornaram-se dolorosos locais de peregrinação e de luto, tanto para vietnamitas como para americanos.

Quatro das nove urnas dinásticas, cada uma celebrando um imperador, na Cidadela de Hue

◀ Ruínas de templos hindus ancestrais em My Son, perto de Hoi An

Como Explorar a Região Central

Terra de alguns dos sítios históricos mais fascinantes do país, a região Central também conta com belezas naturais notáveis. No caminho entre Hue e Danang, o passo Hai Van, cercado de morros ondulantes e vales verdes, oferece as vistas mais espetaculares. Como base para explorar a área ao norte do passo, a antiga cidade imperial de Hue é elegante e bem conveniente; nos arredores, a cidadezinha de Lang Co possui uma das melhores praias da área. Ao norte de Hue, a Zona Desmilitarizada evoca um passado tumultuado, enquanto a magnífica caverna Phong Nha se encontra entre lindas paisagens e muita tranquilidade. Ao sul do passo Hai Van, Hoi An e My Son transpiram história e estão cheias de maravilhas arquitetônicas de muitos séculos.

Decoração da Casa de Phung Hung *(p. 128)*, em Hoi An

Principais Atrações

Cidades
❶ *Hoi An pp. 128-33*
❹ Estação de Montanha Ba Na
❺ Danang
❿ *Hue pp. 142-9*
⓮ Dong Hoi
⓰ Kim Lien

Sítios Históricos e Militares
❷ *My Son pp. 134-6*
⓫ Base de Combate Khe Sanh
⓬ Zona Desmilitarizada (ZDM)

Praias
❸ Praia da China
❽ Praia Lang Co
❾ Praia Thuan An

Áreas de Beleza Natural
❼ Suoi Voi
⓯ Caverna Phong Nha

Parques Nacionais
❻ Parque Nacional Bach Ma

Túneis
⓭ Túneis Vinh Moc

Legenda
— Estrada principal
= Estrada secundária
— Ferrovia
▬ Fronteira internacional
▬ Fronteira de província

Veja hotéis e restaurantes dessa região nas pp. 236-41 e 246-53

Barcos-dragão, de cores vibrantes, à margem do rio Perfume (p. 152), em Hue

Como Circular

A melhor maneira de viajar pela região Central é de carro alugado; se não for possível, os micro-ônibus constituem a segunda melhor opção. Eles levam o viajante de um ponto a outro e são ótimos para passeios de um dia – até a ZDM, fora de Hue, ou até o passo Hai Van, a caminho de Hue, por exemplo. Também dá para circular de trem, usando o Expresso da Reunificação entre Ho Chi Minh e Hanói. Em Hoi An e Hue o viajante explora tudo a pé ou de bicicleta alugada. Melhor ainda é um passeio de barco pelo rio Perfume, que sai do ancoradouro da Rua Le Loi. Hotéis e agências de turismo organizam essas excursões.

Peça do Museu de Escultura Cham (p. 138), em Danang

Legenda dos símbolos *na orelha da contracapa*

❶ Hoi An

Localizada na margem norte do rio Thu Bon, a cidade histórica de Hoi An foi importante porto comercial entre os séculos XVI e XVIII. Atraía negociantes da China, do Japão e até da Europa, e adquiriu uma rica herança cultural, que rivalizava com poucas cidades vietnamitas. Considerada Patrimônio da Humanidade em 1999, Hoi An apresenta as estreitas "casas-tubo" (p. 31), pagodes chineses e salões comunitários ornamentados, santuários familiares e a Ponte Japonesa Coberta. Há também o pequeno bairro francês colonial, restaurado recentemente, a sudeste da cidade.

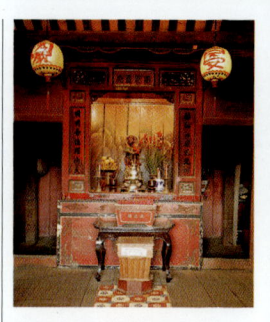

Santuário ao deus taoísta Bac De, na Ponte Japonesa Coberta

🏠 Casa de Phung Hung
Rua Nguyen Thi Minh Khai 4. **Tel** (0510) 386 2235. ◯ 8h-17h diariam.

Construída em 1780, essa casa foi a residência da mesma família por oito gerações. O clã fez fortuna com madeiras perfumadas e especiarias e hoje se mantém vendendo suvenires aos turistas. Sustentada por 80 colunas de madeira de lei, a casa mostra notável influência chinesa nos corredores e nas venezianas. A influência japonesa aparece nas claraboias de vidro, enquanto a disposição geral e o projeto são bem do estilo vietnamita.

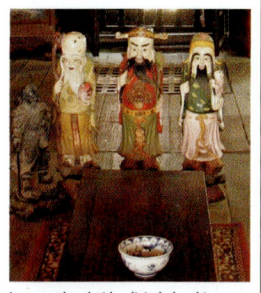

Imagens de coloridas divindades chinesas na Casa de Phung Hung

🏠 Ponte Japonesa Coberta
Cruzamento das ruas Tran Phu e Nguyen Thi Minh Khai. ◯ amanhecer-anoitecer diariam.

Uma das referências mais famosas da cidade, essa ponte cor de ferrugem (p. 130) foi construída em 1593 pela próspera comunidade de negociantes japoneses instalada no lado oeste da cidade a fim de ligar a área ao bairro chinês, a leste. Contudo, em 1663 o xógum Tokugawa Iemitsu proibiu que os japoneses negociassem no exterior, o que acabou com a comunidade local. Em 1719, um templo vietnamita foi construído na seção setentrional da estrutura. Embora o novo nome da ponte fosse entalhado na porta do templo – Lai Vien Kieu (Ponte que Veio de Longe) –, os locais continuam a chamá-la de Ponte Japonesa. Uma imagem de Bac De, reencarnação da divindade taoísta do imperador de Jade, domina o altar. A ponte, coberta de telhas cinza, combina graça e resistência em seu curto trajeto sobre um pequeno afluente do rio Thu Bon. Trata-se de uma convenien-

---

Hoi An

① Casa de Phung Hung
② Ponte Japonesa Coberta
③ Assembleia Cantonesa (Quang Dong)
④ Museu da Cultura Sa Huynh
⑤ Casa de Tan Ky
⑥ Casa de Quan Thang
⑦ Capela da Família Tran
⑧ Museu do Comércio de Cerâmica
⑨ Assembleia de Phuc Kien
⑩ Pagode Quan Cong
⑪ Assembleia Chinesa de Hai Nam
⑫ Mercado Central
⑬ Oficina de Artesanato de Hoi An

Legenda

▪ Mapa Rua a Rua: pp.130-1

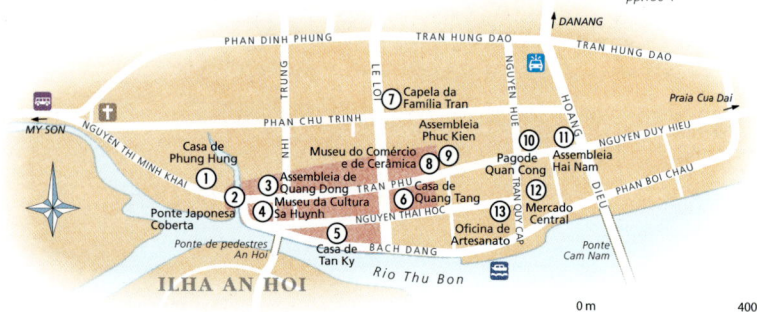

Legenda dos símbolos *na orelha da contracapa*

te ligação para pedestres entre as galerias de arte da Rua Tran Phu a outras galerias na parte oeste da cidade. Apesar de ter passado por muitas reformas, as características japonesas da ponte estão intactas.

Assembleia Cantonesa (Quang Dong)
Rua Tran Phu 176.
7h30-17h diariam.

Quang Dong é o nome vietnamita da província chinesa de Guangdong, conhecida como Cantão pelos países ocidentais. Construída por mercadores navegantes em 1786, essa edificação dispõe de baixos-relevos e panôs coloridos. O altar principal é dedicado ao grande guerreiro Quan Cong (p. 71), identificável pelo rosto vermelho – emblemático da lealdade na sociedade chinesa. Thien Hau, deusa do mar, também é reverenciada no local.

Entalhe de madeira, na Assembleia Cantonesa

Museu da Cultura Sa Huynh
Rua Tran Phu 149. **Tel** (0510) 386 1535.
8h-17h diariam.

O pequeno porto de Sa Huynh (p. 123), aproximadamente 160km ao sul da cidade histórica de Hoi An, foi onde floresceu a cultura pré-histórica que lhe deu o nome (1000 a.C.-200 d.C.). Em 1909 foram desenterradas no local mais de 200 urnas funerárias cheias de ferramentas de bronze, enfeites e restos mortais. Esses objetos fascinantes, marcados por um estilo muito diferente de trabalho em bronze, agora podem ser admirados no pequeno museu instalado num belo prédio franco-vietnamita.

Casa de Tan Ky
Rua Nguyen Thai Hoc 101.
Tel (0510) 386 1474.
8h-12h, 14h-16h30 diariam.

Moradia tradicional de Hoi An, a Casa de Tan Ky é uma excelente amostra do autêntico estilo de construção de uma loja sino-vietnamita do século XVIII. Erguida em volta de um pátio, essa estrutura, como costuma ocorrer em Hoi An, é um híbrido arquitetônico. Possui, no teto, requintados desenhos chineses de caranguejos, enquanto o telhado é sustentado por vigas triplas, típicas do Japão. O piso é feito de tijolos importados de Bat Trang, no delta do rio Vermelho. Um delicado trabalho de marchetaria de madrepérola, com poemas chineses, desce pelas colunas que sustentam o peso do telhado.

Casa de Quan Tang
Rua Tran Phu 77. 7h30- 17h diariam.

Essa casa e loja de um andar é um ótimo exemplo da engenhosidade típica das residências de Hoi An. Do século XVIII, essa moradia foi construída por um navegante e negociante de Fujian, na China, cuja família viveu e prosperou no local por seis gerações.

A casa possui fachada de teca escura, e sua cobertura de telhas tem o estilo curvo chinês. Pode ser acessada pela loja da frente, que leva a um pátio interno. As paredes desse recinto são decoradas com baixos-relevos de estuque, com desenhos de flores e árvores. Depois do pátio fica um terraço estreito usado para cozinhar. Suas janelas e venezianas de madeira são finamente entalhadas.

PREPARE-SE

Informações Práticas
Mapa rodoviário C4. 793km ao S de Hanói. 120.000.
Festival das Lanternas (todo mês). Ingressos: para atrações no Bairro Antigo podem ser adquiridos no Centro de Informação Turística. **W** hoian-tourism.com

Transporte
de Danang. Centro de Informação Turística de Hoi An, Phan Chu Trinh 12.

Capela da Família Tran
Rua Le Loi 21.
Tel (0510) 861 723.
7h30-17h diariam.

Esse santuário ancestral foi criado há mais de dois séculos para homenagear os antepassados da família Tran.

Esses veneráveis personagens vieram da China para o Vietnã no início do século XVIII e acabaram por se estabelecer em Hoi An. Os atuais descendentes afirmam que são a 13ª geração desde a migração da China. Com o passar do tempo, membros da família se casaram com vietnamitas do local, e por isso a capela é híbrida (p. 133). Objetos que pertenceram aos antepassados e placas memoriais decoram o altar principal. Um ancestral que chegou ao posto de mandarim foi homenageado com um retrato no salão de entrada da capela.

Vigas de madeira entalhadas em um pátio da Casa de Tan Ky

Veja hotéis e restaurantes dessa região nas pp. 236-41 e 246-53

130 | VIETNÃ REGIÃO POR REGIÃO

Rua a Rua: Bairro Antigo de Hoi An

Dona de um legado histórico e cultural impressionante, Hoi An é um mosaico de culturas. Seu Bairro Antigo tem o aroma de um tempo passado, aliado a uma sensação de infinitude. Os prédios históricos, as casas-tubo e os decorados salões comunitários chineses ganharam da Unesco o título de Patrimônio da Humanidade. Num esforço para proteger a personalidade do Bairro Antigo, leis rigorosas de conservação proíbem alterações nos prédios e a circulação de carros nas ruas.

Além dos diversos monumentos, a cidade possui grande variedade de lojas fantásticas, que oferecem quase tudo que deu fama ao Vietnã, e muitos cafés com mesas na rua. Junto com o ambiente sossegado, isso cria um cenário ideal, onde o visitante relaxa e se solta.

Interior sino-japonês da antiga Capela da Família Tran

Para a Capela da Família Tran

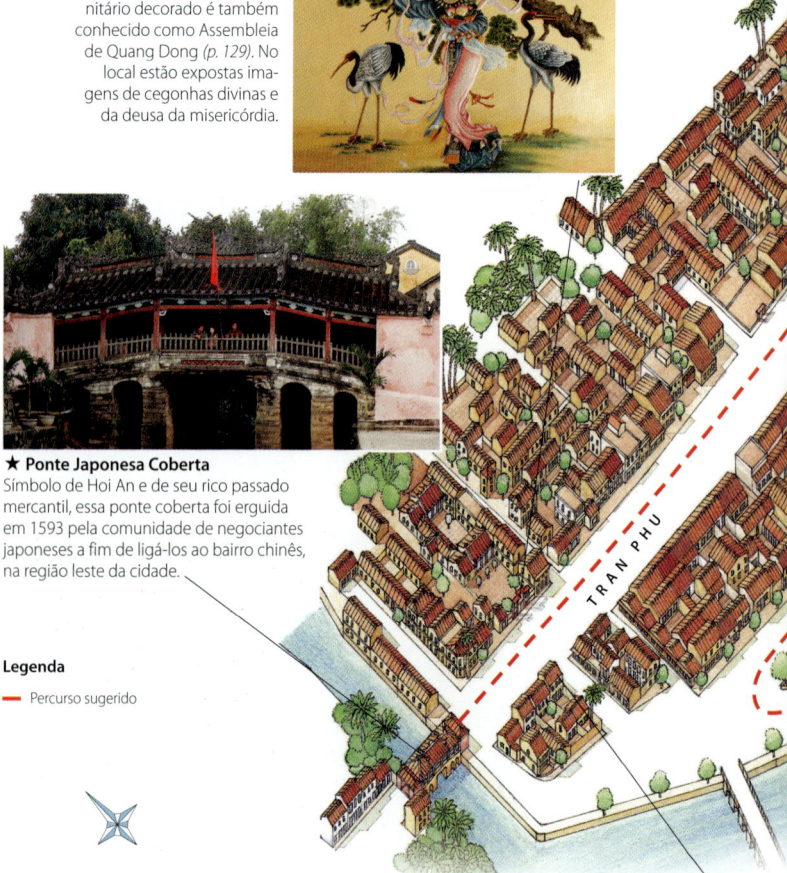

★ **Assembleia Cantonesa**
De 1885, esse centro comunitário decorado é também conhecido como Assembleia de Quang Dong *(p. 129)*. No local estão expostas imagens de cegonhas divinas e da deusa da misericórdia.

★ **Ponte Japonesa Coberta**
Símbolo de Hoi An e de seu rico passado mercantil, essa ponte coberta foi erguida em 1593 pela comunidade de negociantes japoneses a fim de ligá-los ao bairro chinês, na região leste da cidade.

Legenda

— Percurso sugerido

0 m — 50

O **Museu da Cultura Sa Huynh** funciona numa casa colonial francesa e dispõe de urnas funerárias, joias e cerâmicas pertencentes a uma sociedade de 2 mil anos atrás, que floresceu nos arredores de Hoi An.

Veja hotéis e restaurantes dessa região nas pp. 236-41 e 246-53

HOI AN | 131

A **Assembleia Chinesa** foi feita em 1740 para servir a comunidade chinesa local.

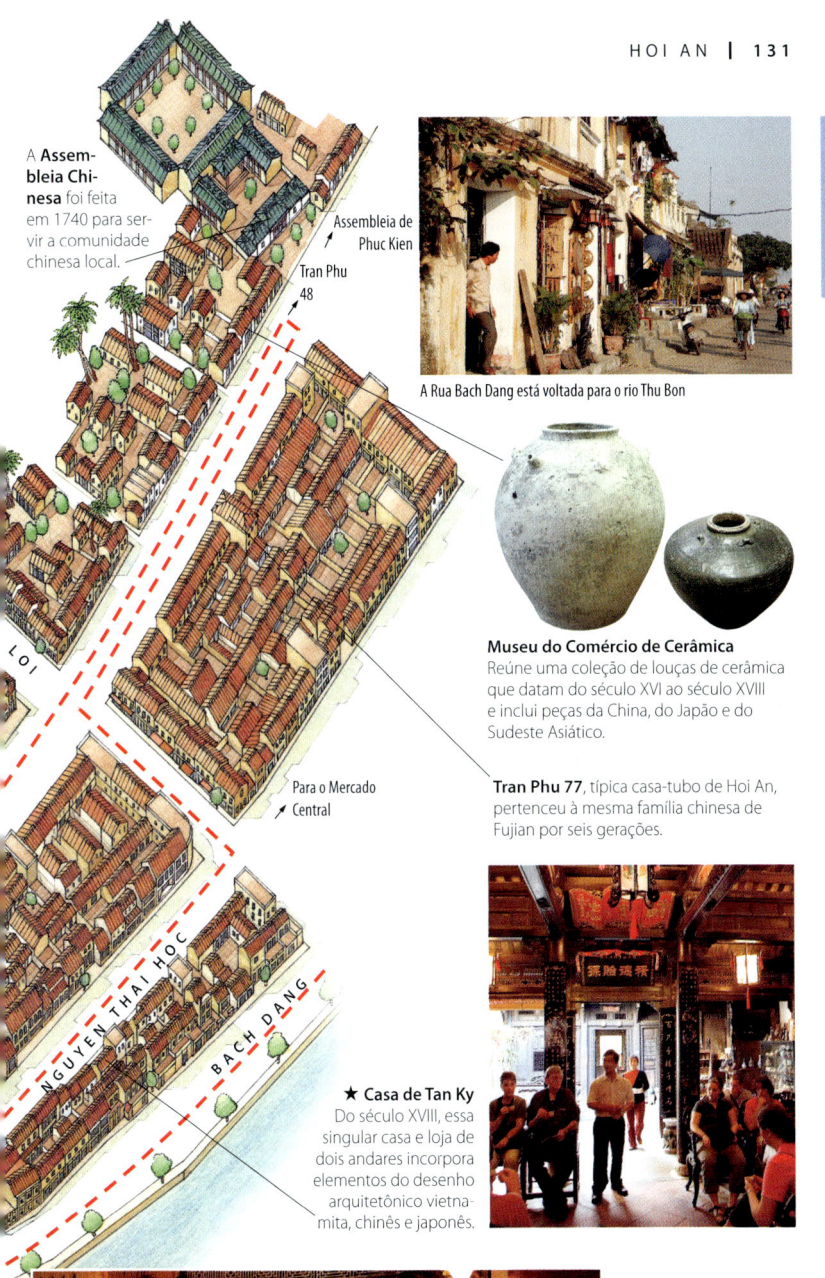

Assembleia de Phuc Kien

Tran Phu 48

A Rua Bach Dang está voltada para o rio Thu Bon

Museu do Comércio de Cerâmica
Reúne uma coleção de louças de cerâmica que datam do século XVI ao século XVIII e inclui peças da China, do Japão e do Sudeste Asiático.

Tran Phu 77, típica casa-tubo de Hoi An, pertenceu à mesma família chinesa de Fujian por seis gerações.

Para o Mercado Central

★ **Casa de Tan Ky**
Do século XVIII, essa singular casa e loja de dois andares incorpora elementos do desenho arquitetônico vietnamita, chinês e japonês.

Cafés na Rua
Os diversos cafés e restaurantes da cidade oferecem ao visitante lugares convidativos para relaxar e provar tira-gostos e bebidas sensacionais.

Museu do Comércio de Cerâmica
Rua Tran Phu 80. **Tel** (0510) 386 2944.
7h30-17h diariam.

Instalado em tradicional casa de madeira, com terraços e painéis do mesmo material, o museu trata do histórico comércio de cerâmica de Hoi An, que floresceu entre os séculos XVI e XVIII. Muitas de suas peças foram recuperadas de naufrágios, alguns perto da ilha Cham, na foz do rio Thu Bon.

Fachada supercolorida da Assembleia de Phuc Kien

Assembleia de Phuc Kien
Rua Tran Phu 46. **Tel** (0510) 386 1252.
7h30-17h diariam.

Num prédio espalhafatoso, esse local de reuniões foi fundado por negociantes que fugiram da província chinesa de Fujian após a queda da dinastia Ming, em 1644. O complexo do templo é dedicado a Thien Hau, deusa do mar, considerada salvadora dos marinheiros. Ela domina o altar principal do primeiro salão e está ladeada por auxiliares que, segundo consta, a avisam sempre que ocorre um naufrágio.

À direita do altar há uma miniatura detalhada de um junco a vela. No salão de trás, um altar homenageia os antepassados, representados por seis figuras sentadas.

Pagode Quan Cong
Rua Tran Phu 24. **Tel** (0510) 386 2945.
7h-18h diariam.

Também chamado Chua Ong, esse pagode data de 1653 e é dedicado a Quan Cong, general chinês do século III, membro do panteão taoísta. Uma notável estátua dourada dele ocupa o altar principal, junto a dois guardiões de aparência ameaçadora e de um cavalo branco, montaria tradicional de Quan Cong.

Assembleia Chinesa Hai Nam
Rua Tran Phu 10. **Tel** (0510) 394 0529.
8h-17h diariam.

Essa assembleia foi erguida em 1875 pela comunidade de imigrantes de Hoi An que veio da ilha chinesa de Hainan. É dedicada a um grupo de 108 marinheiros mortos por um general-pirata vietnamita renegado, em 1851. A história deles é narrada em ideogramas chineses numa placa laqueada disposta no hall de entrada.

Mercado Central
Entre as ruas Tran Phu e Bach Dang.
amanhecer-anoitecer diariam.

Convém visitá-lo de manhã, quando o ritmo não está frenético. Esse animado mercado ocupa duas ruas estreitas que saem da Tran Phu e vão para o sul, até o rio Thu Bon. Suas bancas vendem produtos frescos, utensílios de cozinha e outros equipamentos. A leste do ancoradouro fica o mercado especializado em frutos do mar e carne, tudo fresco. Porém, a principal atração consiste nas concorridas lojas de tecidos e roupas de Hoi An *(p. 256)*, que vendem sedas requintadas e baratas. Roupas sob medida ficam prontas em menos de um dia.

Oficina de Artesanato de Hoi An
Rua Nguyen Thai Hoc 9. **Tel** (0510) 391 0216. 7h-18h diariam. ter-dom.

Artesãs produzem lanternas na Oficina de Artesanato de Hoi An

Oficina especializada em elegantes lanternas típicas de Hoi An. As peças são feitas a mão, com seda sobre estrutura de bambu. O visitante pode observar os artesãos trabalhando ou fazer a própria lanterna com a supervisão de um especialista.

Recitais tradicionais, com números de *dan bau (p. 28)*, instrumento de corda vietnamita, também são apresentados na oficina (10h15 e 15h15 diariam), e no pátio os visitantes podem saborear refrescos.

Praia Cua Dai
4km a L de Hoi An.
8h-17h diariam.

É fácil ir de bicicleta à praia Cua Dai pela Estrada Cua Dai. As areias brancas têm à frente as ilhas do arquipélago Cham, o que torna a praia um destino concorrido. Alguns dos hotéis mais bonitos do Vietnã, como o Victoria Hoi An Beach Resort and Spa *(p. 239)* e o Ancient House *(p. 239)*, enfileiram-se na estrada, de frente para o mar.

Vista de Cua Dai, uma das melhores praias do Vietnã

Veja hotéis e restaurantes dessa região nas pp. 236-41 e 246-53

Estilos Arquitetônicos de Hoi An

Hoi An montou sua paisagem urbana singular e eclética entre os séculos XVI e XIX. Nesse período, ela foi um porto importante, aberto a muitas influências estrangeiras. No século XVI, os japoneses fundaram uma comunidade a oeste da Ponte Coberta. Por sua vez, os chineses criaram muitas comunidades no centro e a leste da cidade, no século XVIII. A influência de japoneses e chineses é visível nas construções de Hoi An. Mais tarde, os franceses deixaram sua marca colonial diferente na parte sudeste da cidade. Com o passar dos anos, muitos elementos desses estilos arquitetônicos diferenciados se misturaram harmoniosamente a traços vietnamitas. Hoi An passou relativamente intocada pela Guerra do Vietnã; por isso seu charme antigo ainda permanece.

Terraço em estilo europeu   Telhado chinês

O papel dos **olhos vietnamitas**, chamados *mat cua*, ou olhos vigilantes, é proteger o prédio e seus ocupantes de influências malévolas.

Venezianas ripadas francesas

Mistura Cultural e Arquitetônica

Hoi An dispõe de uma fusão arquitetônica inigualável, não encontrada em nenhum outro local do país. As influências japonesa, chinesa e francesa ficam evidentes nas casas-tubo, que têm telhado chinês, vigamento de sustentação japonês e venezianas ripadas e postes de iluminação franceses. A cidade é um mosaico de culturas e uma síntese de todas as influências.

A **arquitetura colonial francesa** se reflete nas casas com colunas. A maioria é pintada de amarelo queimado, com madeirame azul ou verde, e possui varanda, terraço e venezianas de madeira.

As **casas-tubo vietnamitas** têm dois pátios: um externo, para separar a parte comercial da área privativa, e um interno, para as mulheres da casa. A maioria possui decoração elaborada, com madeira entalhada e desenhos de estuque ou de cerâmica.

O **dragão chinês** é uma criatura mítica, mais associada à tradição sino-vietnamita, com o significado de continuidade, poder, estabilidade e prosperidade. Está em muitas construções de Hoi An.

A **Capela da Família Tran**, que remonta a dois séculos atrás, exibe diversos elementos arquitetônicos chineses e vietnamitas, mas se distingue pelo vigamento de sustentação do telhado, em estilo japonês.

❷ My Son

Centro religioso entre os séculos IV e XIII, o sítio *cham* de My Son se tornou conhecido do mundo quando arqueólogos franceses o redescobriram, no final da década de 1890. Traços de quase 70 templos ainda são encontrados em My Son, embora apenas vinte estejam em boas condições. Os monumentos se dividem em onze grupos, cujos mais importantes são os grupos B, C e D *(p. 136)*. O Grupo A foi praticamente destruído pelos EUA na Guerra do Vietnã. As construções mais notáveis são as famosas torres *cham*, divididas em três partes: a base representa a terra, o centro é o mundo espiritual, e o topo constitui o reino entre o céu e a terra.

Torre do C1
Esse *kalan* (ou santuário) foi consagrado a Shiva, retratado numa escultura em forma humana, em pé. A imagem está exposta no Museu de Escultura Cham *(p. 138)*.

Ruínas no B4
Construídas no estilo arquitetônico das edificações de Dong Duong, outra cidade *cham*, essas ruínas apresentam imagens religiosas entalhadas em pilastras de pedra e portas falsas ornamentadas com esmero.

★ **Lingam de Shiva no B1**
Símbolo fálico associado a Shiva, o *lingam* é mostrado dentro ou acima do *yoni*, um símbolo da deusa. Água era vertida sobre o *lingam* e fluía por uma biqueira sobre o *yoni* para simbolizar a criação.

★ **Torre do B5**
Essa torre do século X, no B5, foi usada como repositório dos tesouros do templo. Mostra traços da bela arquitetura original, com telhado em forma de barco, pilastras entalhadas e lindos relevos de Gajalakshmi, deusa da prosperidade.

LEGENDA

① **Pilares de pedra entalhados** com capricho no século VIII sobressaem nas ruínas do B5.

② **Os muros baixos** que separam os grupos B e C são de tijolos muito bem assentados.

Veja hotéis e restaurantes dessa região nas pp. 236-41 e 246-53

REGIÃO CENTRAL | 135

★ Divindades do C1
As figuras celestiais do C1, do século VIII, mostram influência típica de Java. Estima-se que os cinturões largos e baixos usados pelas imagens sejam de origem indiana, e acredita-se que o estilo chegou a Cham via Indonésia.

PREPARE-SE

Informações Práticas
Mapa rodoviário C4. 40km a SO de Hoi An. **Tel** (0510) 373 1757. 6h30-16h30 diariam. Leve chapéu, protetor solar e garrafa de água. Não saia das áreas demarcadas; essa região era minada.

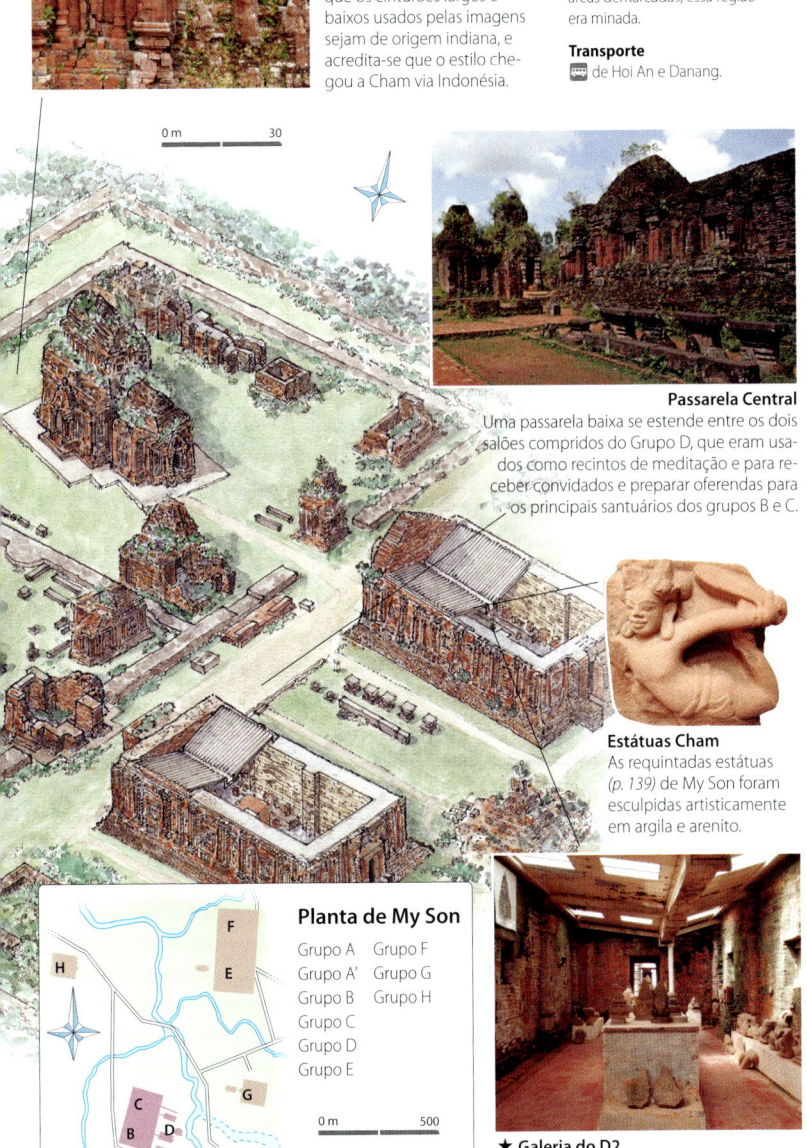

Transporte
de Hoi An e Danang.

Passarela Central
Uma passarela baixa se estende entre os dois salões compridos do Grupo D, que eram usados como recintos de meditação e para receber convidados e preparar oferendas para os principais santuários dos grupos B e C.

Estátuas Cham
As requintadas estátuas (p. 139) de My Son foram esculpidas artisticamente em argila e arenito.

Planta de My Son

Grupo A   Grupo F
Grupo A'   Grupo G
Grupo B   Grupo H
Grupo C
Grupo D
Grupo E

Legenda
Área ilustrada

★ Galeria do D2
Esse salão comprido do D2 foi transformado num pequeno museu que exibe esculturas resgatadas de ruínas de santuários saqueados e bombardeados. É protegido pela inclusão de um teto moderno.

Como Explorar My Son

Apesar de séculos de pilhagem e dos bombardeios mais recentes terem causado grandes perdas, essas ruínas dão uma noção da fascinante cultura indianizada. Prefira visitá-las no início ou no final do dia, para evitar multidões. Patrimônio da Humanidade, o complexo de templos de My Son foi dividido em grupos de monumentos nomeados apenas com letras do alfabeto. Chega-se primeiro aos prédios mais importantes do Grupo B, e o Grupo C é o que está menos conservado. A leste, os salões do Grupo D abrigam exemplares da escultura *cham*, ao passo que os grupos E, F, G e H exigem imaginação para serem bem apreciados.

Escultura de apsara do D2

Ruínas do Grupo C de My Son

Grupos A e A1

Consideradas algumas das construções mais notáveis de My Son, os grupos A e A1 foram quase destruídos por bombardeios dos EUA em 1969. Apesar de restar pouca coisa além de ruínas, há planos de restauração. Registros mostram que o Grupo A possuía uma torre, A1, tida como o *kalan* (santuário) mais importante do local. Ao contrário dos templos *cham* voltados para leste, o A1 tinha uma porta para oeste, em geral associada à morte. Ela pode ter servido de ligação com os reis *cham* que teriam sido enterrados nos grupos B, C e D. Vale a pena observar o A9, com padrões sinuosos.

Grupos B, C e D

Situado no centro do complexo, o Grupo B é famoso por exibir elementos das artes indiana e javanesa. O santuário principal, erguido no século XI, foi dedicado ao rei Bhadravarman, que construiu para Shiva o primeiro templo de My Son, no século IV. Uma das edificações mais singulares desse grupo de monumentos é a B6, cujo telhado tem uma imagem do deus hindu Vishnu protegido por uma *naga* de treze cabeças. O Grupo C forma um complexo ao lado do Grupo B, separado apenas por um muro de tijolos. Sua torre central, C1, reúne elementos de estruturas mais antigas, incluindo o tímpano e o lintel. Construída no final do século VIII, a C7 é uma torre baixa, com altar de pedra, e constitui um elo arquitetônico entre os estilos das cidades *cham* de Hoa Lai e Dong Duong. A leste dos Grupos B e C, os *mandapa*, ou salões de meditação, do Grupo D agora são galerias de esculturas. O *lingam* de Shiva, assim como as imagens de Shiva e Nandi estão na D1, enquanto a D2 contém um Garuda de pedra, um Shiva que dança e *apsaras*.

Grupos E, F, G e H

Apesar de os monumentos do extremo norte do complexo serem os mais danificados, ainda oferecem fragmentos de sua perícia construtiva. Erguido entre os séculos VIII e XI, o Grupo E difere dos projetos comuns dos templos *cham*. O *kalan* principal não tem vestíbulo, e apenas um templo está voltado para o leste. Ao lado, o Grupo F, muito danificado, tem um *lingam* entalhado no altar.

O Grupo G, do século XI, foi restaurado ao longo da última década. A base da torre exibe baixos-relevos de Kala, deus do tempo. O Grupo H, danificado, tinha um tímpano de pedra entalhado com um Shiva dançante, agora exposto no Museu de Escultura Cham *(p. 138)*.

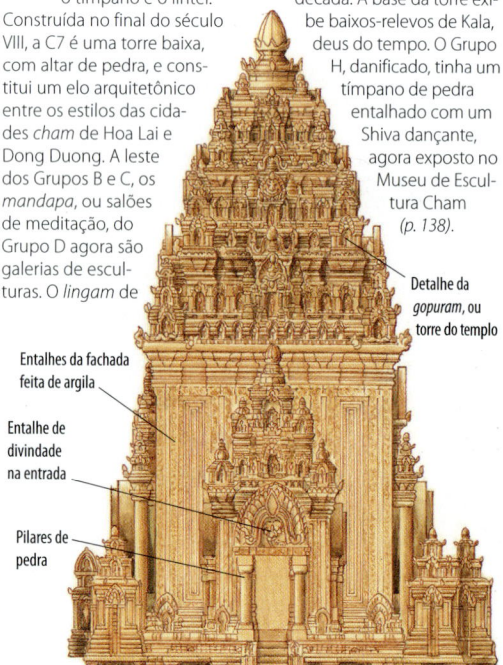

Detalhe da *gopuram*, ou torre do templo

Entalhes da fachada feita de argila

Entalhe de divindade na entrada

Pilares de pedra

Reconstituição do templo do Grupo A1, originalmente espetacular

Veja hotéis e restaurantes dessa região nas pp. 236-41 e 246-53

Resort de férias situado contra os picos enevoados da cordilheira Truong Son, na estação de montanha Ba Na

❸ Praia da China

Mapa rodoviário C4. 2km a SE de Danang.

O longo trecho de praias entre Danang e a montanha de Mármore é conhecido pelos vietnamitas como praias My Khe, My An e Non Nuoc. Mas essas praias de areias brancas ficaram conhecidas pelos soldados dos EUA como praia da China (China Beach), imortalizada em uma série de TV com esse nome. Diversos incorporadores adotaram esse nome na tentativa de incentivar a visita de estrangeiros, mas foram banidos pelo governo.

Durante a Guerra do Vietnã, os americanos – para os quais Danang estava entre as bases mais seguras e importantes do Vietnã do Sul – adotaram as praias de My Khe e My An como centro de repouso e recreação para soldados que tinham alguns dias de folga. Agora nada resta das antigas instalações, embora muitos restaurantes de frutos do mar e bancas de suvenires tenham surgido na área. Diversos resorts sofisticados foram construídos em direção ao sul. A praia se tornou um destino procurado para surfar e nadar (p. 264). Os meses de verão são os mais seguros, pois o mar costuma ficar muito agitado.

❹ Estação de Montanha Ba Na

Mapa rodoviário C4. 40km a O de Danang.

Refúgio próximo a Danang, essa antiga estação de montanha francesa situa-se a 1.400m de altitude. Costuma ficar coberta de neblina ou nuvens. No início do século XX, auge do domínio francês, consta que dispunha de mais de 200 mansões, restaurantes e boates. Mas os dias de glória de Ba Na não duraram muito. Abandonada durante as guerras da Indochina, logo entrou em decadência.

Contudo, a estação chamou a atenção das autoridades do turismo e está sendo revalorizada como destino de férias. Entre as atrações estão resorts ao lado de penhascos, bares de karaokê, passeio de teleférico, caminhadas até cachoeiras, vistas panorâmicas de Danang e do mar da China Meridional e o Pagode Linh Ung.

Para Salvar My Son

Entre as maiores perdas não humanas da Guerra do Vietnã estão os sítios arqueológicos de My Son e Dong Duong. A situação na área tornou-se grave durante e após a Ofensiva do Tet, em 1968 (p. 49), quando bombardeios em massa dos EUA causaram grande destruição. Anteriormente, arqueólogos franceses haviam classificado cerca de 70 edificações em My Son. Somente vinte escaparam da destruição. Após essa devastação, Philippe Stern, grande conhecedor da história e da arte *cham*, fez severas acusações às autoridades americanas, incluindo o presidente Richard Nixon. Por fim, seu trabalho frutificou. Em janeiro de 1971, o embaixador dos EUA foi instruído pelo Departamento de Estado a tomar todas as medidas possíveis para preservar o sítio histórico de My Son.

Atualmente, com a ajuda da Unesco, arqueólogos ainda lutam para recuperar o que restou de My Son. Felizmente, os franceses deixaram desenhos arquitetônicos detalhados, mas a tarefa é difícil, e grande parte de My Son desapareceu para sempre.

Placa de advertência em My Son

Ambulante vende lanches a visitantes na praia da China

Altar para Quan Am, deusa da misericórdia, no Pagode Pho Da

⑤ Danang

Mapa rodoviário C4. 108km ao S de Hue; 964km ao N de HCM. 🏔 1.000.000. ✈ 🚢 de Hanói, HCM e Nha Trang. 🚂 Expresso de Reunificação de Hanói e de HCM. 🚌 de Hanói, Hue, HCM e Nha Trang. 🛈 Danang Tourism, rua Phan Dinh Phung 32A, (0511) 386 3595. 🌐 **danang.gov.vn**

Situada no meio da faixa litorânea, na margem oeste do rio Han, Danang é um dos lugares do Vietnã que vem mudando mais rapidamente. É a quinta maior cidade do país e a terceira em importância. Embora não seja um destino turístico, serve de excelente base para explorar diversas atrações próximas. Tem conexões muito boas com a infraestrutura aeroviária, rodoviária e ferroviária, que a liga a pontos no norte e no sul. Três dos Patrimônios da Humanidade do Vietnã – Hoi An *(pp. 128-33)*, My Son *(pp. 134-6)* e a Cidadela de Hue *(pp. 144-7)* – constituem importantes pontos de interesse, junto com praias panorâmicas.

A cidade ganhou projeção no século XIX. Depois de ser tomada pelos franceses, em 1859, desenvolveu-se rapidamente e substituiu Hoi An como o grande porto da região Central. Mais desenvolvimento ocorreu durante a Guerra do Vietnã *(pp. 48-9)*, quando Danang se tornou uma base militar fundamental para os americanos. Vestígios das três fases ainda podem ser vistos na cidade e ao seu redor.

O **Museu de Escultura Cham** (Bao Tang Dieu Khac Champa) é um dos destaques da cidade. Fundado em 1915 pela École Française d'Extrême Orient, esse museu exibe o melhor acervo mundial de esculturas *cham*, que inclui altares, peças de arenito, bustos de deuses hindus, como Vishnu, Shiva e Brahma, e entalhes de cenas do épico *Ramayana*. Todas as esculturas foram recuperadas de sítios *cham* próximos, a exemplo de Tra Kieu, primeira capital de Champa, My Son e Dong Duong, e datam do século VII ao século XIII.

A **Catedral de Danang**, cor-de-rosa, foi erguida em 1923 e tem cinco camadas que se elevam até uma torre coroada por um galo. Outra atração interessante é o **Templo Cao Dai**, segundo maior depois da Sede Sagrada do Cao Dai *(pp. 78-9)*, em Tay Ninh. Também valem uma visita o **Pagode Phap Lam**, dedicado ao Buda Thich Ca, e o **Pagode Pho Do**, pintado de creme, com telhas alaranjadas e debrum verde. O prédio central do templo, que contém o altar principal, é ladeado por duas torres de telhado triplo com beirais levantados. Esse belo pagode também é usado como escola budista para a formação de monges e monjas.

Vitral da catedral de Danang

A mais nova atração de Danang é a espetacular **Ponte do Dragão**, sobre o rio Han. Não bastasse sua iluminação noturna de LED, ela ainda solta fogo e jorra água a intervalos.

Arredores

Algumas das paisagens mais sensacionais do Vietnã são vistas do **passo Hai Van**, na cordilheira Truong Son, quase 30km ao norte de Danang. Do alto do passo há vistas maravilhosas das montanhas cobertas de nuvens, com as águas azuis da baía de Danang abaixo. A sudeste, perto da cidade, ficam as **montanhas de Mármore**. Como o nome diz, essas formações são de mármore, e compreendem muitas cavernas que há tempos abrigam uma série de santuários dedicados a Buda e Confúcio. A nordeste de Danang acha-se a **montanha do Macaco** (Nui Son Tra), assim chamada em razão da grande população desses animais. A oeste estão os **Túmulos dos Soldados Espanhóis e Franceses** mortos no ataque francês a Danang, em 1858.

🏛 **Museu de Escultura Cham**
Esquina das ruas Bach Dang e Trung Nu Vuong.
Tel (0511) 347 0114.
⏱ 8h-17h diariam. 📷 ♿
🌐 **chammuseum.danang.vn**

🏛 **Templo Cao Dai**
Rua Hai Phong 63. **Tel** (0511) 369 8710. ⏱ 6h-18h diariam.

🏛 **Pagode Pho Da**
Rua Phan Chu Trinh 340. **Tel** (0511) 382 6094. ⏱ 5h-21h diariam.

Promontórios de pedra calcária, nas montanhas de Mármore, em Danang

Veja hotéis e restaurantes dessa região nas pp. 236-41 e 246-53

REGIÃO CENTRAL | 139

Arte e Escultura Cham

O império cham dominou o Vietnã por cerca de 1.600 anos, do século II até a derrocada, em 1832. Atualmente, uma próspera comunidade cham sobrevive, mas o que resta desse antigo reino é seu legado artístico, que chegou ao auge entre os séculos VIII e X. Parte dessa herança é arquitetônica, visível nos templos de tijolo vermelho encontrados por toda a região Central. Outros elementos são esculturais, entalhados principalmente em arenito e mármore, ou, mais raramente, fundidos em bronze, e descobertos em locais como Tra Kieu, My Son e Dong Duong. De inspiração religiosa, a arte cham deriva da tradição indiana e representa as divindades hindus com suas montarias celestiais, dançarinas e demônios. Essa tradição expressiva transmite uma sensualidade única.

Makara: mítica criatura marítima do panteão hindu. A arte cham inspirou-se no hinduísmo, e muitas dessas esculturas hindus decoram seus templos.

Dançarina de Tra Kieu

Do século X, a dançarina apsara (ninfa celestial) do frontão no altar de Tra Kieu, nos arredores de Danang, é celebrada pela graça e pela sensualidade. Na arte cham, dava-se muita atenção a penteados, trajes e joias.

O **adorno da cabeça** da dançarina tem decoração elaborada.

Os **ornamentos requintados** do traje da apsara servem tanto para enfatizar como para ocultar sua feminilidade.

O **frontão do altar** é embelezado com um elemento circular de seios esculpidos. O seio é um tema comum na arte cham, e serve para representar Uma, a deusa-mãe hindu.

Garuda é a águia de montaria do deus hindu Vishnu. Os escultores cham usaram pedra ou argila para criar diversos deuses hindus e animais míticos.

Esse **friso de altar**, do final do século XII, retrata um cavaleiro montado que puxa uma carruagem. Os detalhes primorosos estão bem visíveis, apesar do desgaste do arenito.

Recuperado de um altar de My Son, esse exemplar bem-conservado da arte cham dos séculos VII e VIII mostra um flautista tocando dentro de um elaborado nicho de mármore.

Trilha da cachoeira dos Cinco Lagos, no Parque Nacional Bach Ma

❻ Parque Nacional Bach Ma

Mapa rodoviário C4. 45km a SE de Hue. **Tel** (054) 389 7360. 🚌 de Hue e Danang até Cau Hai. De Danang, Hue, Hoi An e Cau Hai. 🕐 6h-18h diariam.
W bachmapark.com.vn

Na fronteira das províncias de Hue e Danang, numa altitude de 1.450m, o Parque Nacional Bach Ma foi criado pelos franceses para ser estação de montanha, na década de 1930. Os *vietminh* não foram simpáticos a essa ocupação imperialista, e a área sofreu muitos ataques na primeira guerra da Indochina *(p. 47)*. Quando a guerra terminou, a maior parte dos franceses havia abandonado suas belas mansões. Na década de 1960, os americanos fortificaram Bach Ma, e ocorreram duros confrontos com os vietcongues nas florestas da montanha. Porém, depois da vitória comunista, em 1975, a estação ficou esquecida por muitos anos.

Felizmente para Bach Ma, no início da década de 1990 a área passou por uma revitalização. Em 1991 as autoridades conferiram a ela a condição de parque com 22 mil ha de floresta. Embora tenha sido pulverizada com desfolhantes durante a Guerra do Vietnã, a floresta mostra sinais de recuperação, graças aos esforços de conservação. O parque abriga grande variedade de fauna e flora, com mais de 1.400 espécies de plantas, muitas das quais consideradas medicinais. Quase 50 espécies de mamíferos foram identificadas na área do parque. Entre elas estão o raro *saola*, os muntiacos-gigantes e também o muntiaco-de-truong-son *(p. 205)*. Entre os primatas que vivem ali existem langures, lemurídeos, macacos e o gibão-de-bochecha-branca. É possível que existam leopardos e tigres em cantos remotos do parque, mas isso não foi confirmado. O Parque Nacional Bach Ma é também um paraíso para os ornitófilos, e as autoridades catalogaram 358 espécies de aves, entre as quais o ameaçado faisão-imperial. Apesar de restar pouca coisa da antiga estação de montanha francesa, algumas ruínas podem ser vistas entre a folhagem, o que dá à selva um ar misterioso. Um caminho estreito leva ao posto de observação no ponto mais alto do parque; quando o clima permite, é bonita a vista da cordilheira Truong Son.

A única maneira de chegar ao parque é por transporte particular. Quem gosta de caminhar pode se aventurar pela **Trilha do Faisão**, ao longo da qual se ouvem gibões com frequência, ou pela **Trilha dos Rododendros**, que leva à cachoeira Do Queyen, com 300m de altura. Confira se o parque está aberto antes de ir, pois reformas na estrada podem afetar o acesso.

Faisão-imperial, no Parque Nacional Bach Ma

❼ Suoi Voi

Mapa rodoviário C3. 65km ao S de Hue; 15km ao N de Lang Co na rodovia 1. 🚌 de Hue. 🕐 6h30-21h30 diariam.

Destino muito procurado pelos habitantes de Hue e Danang, Suoi Voi, também conhecido como Fontes do Elefante, recebeu esse nome por causa da enorme pedra que lembra o animal. Trata-se de um maravilhoso local de banhos, não muito frequentado por turistas.

Ao vir de Hue, para não perder a entrada meio escondida, procure uma grande placa que indica uma trilha que vira à direita. A cerca de 2,5km dali, passando pela antiga Igreja Thua Lau, fica o portão de entrada e o estacionamento de Suoi Voi. Desse ponto, caminha-se quase 1,5km até as fontes. Quando se chega, os efeitos da poeirenta caminhada desaparecem nas águas revigorantes. Muitas pedras grandes rodeiam a área arborizada. Tudo isso faz parte de um cenário de picos da cordilheira Truong Son recobertos pela selva densa. Excelente para

Gênero *Macaca*, no Parque Nacional Bach Ma

Veja hotéis e restaurantes dessa região nas pp. 236-41 e 246-53

REGIÃO CENTRAL | 141

Almoço tranquilo em restaurante à beira-mar, na praia Lang Co

uma parada no caminho que vai para Hue, ou vem de lá, Suoi Voi é perfeito para um piquenique. Os recursos são mínimos, mas em geral há barracas de comida perto das fontes.

❽ Praia Lang Co

Mapa rodoviário C3. 75km ao S de Hue; 35km ao N de Danang pela rodovia 1. 🚌 de Hue e Danang. 🚐 de Hue ou Danang.

Para apreciar toda a beleza da península Lang Co, é melhor ter uma rápida visão dela do topo do passo Hai Van ou do maravilhoso passeio de trem entre Hue e Danang. Dali, quando se olha para o norte surge um quadro bucólico, de tonalidades azuis, verdes e branca. Uma estreita ponta intocada de areia branca aponta para o sul, a partir da comunidade de Loc Vinh, que separa uma lagoa de água salgada a oeste do agitado mar da China Meridional, a leste. Trata-se de um local idílico, com quilômetros de palmeiras, areia branca e fofa, que cria um belo contraste com as águas azuladas da lagoa e com as tonalidades esverdeadas do mar cheio de ondas.

A praia é ideal para um banho preguiçoso, principalmente nos meses de verão, antes de julho, já que depois a área fica úmida e tristonha. Em qualquer temporada, pode-se saborear deliciosos frutos do mar no almoço. Há também muitos resorts na área para quem quiser uma temporada mais longa. A sossegada vila de Lang Co dá uma noção do tipo de vida simples que se leva no litoral vietnamita.

Ao sul de Lang Co, uma ponte cruza a lagoa e leva a um túnel que conduz a Rodovia 1 por baixo do passo Hai Van. Essa área protegida em volta da ponte oferece um porto conveniente aos pescadores locais. Um passeio por essa parte interna da península revela barcos pesqueiros de cores brilhantes e também coracles, que são pequenos barcos circulares meio parecidos com cestos de vime.

❾ Praia Thuan An

Mapa rodoviário C3. 15km a NE de Hue na rod 49.

Uma das melhores praias da região de Hue, Thuan An fica na ponta norte de uma ilha longa e fina, disposta no sentido sul a partir da foz do rio Perfume *(p. 152)*, logo acima na cidadezinha de Phu Loc.

De muitas maneiras, a praia é comparável à de Lang Co, cerca de 90km mais ao sul. Como ela, Thuan An apresenta uma agradável faixa de areia branca cheia de coqueiros. Ela é banhada pelas águas azuis e calmas da lagoa Thanh Lam a sudoeste, enquanto as fortes ondas do mar da China Meridional quebram nas praias a nordeste.

Ainda relativamente pouco desenvolvida, a vila de Thuan An é povoada por pescadores, cujos barcos são puxados para a areia. A fabricação de *nuoc mam*, ou molho de peixe, é uma indústria local importante. Seu odor pungente (alguns dizem pútrido) permeia o ar em determinadas áreas. Os tonéis usados para fermentar o líquido são óbvios não só pelo cheiro mas também pelo tamanho volumoso.

Thuan An é um destino conveniente e divertido para um passeio de bicicleta a partir de Hue. Chegar à praia é metade da diversão, pois o passeio faz o visitante passar por muitas vilas tranquilas e por um cenário rural salpicado de pagodes singulares pelo caminho. A ilha e a praia podem ser acessadas por uma pequena ponte sobre a lagoa Thanh Lam. Uma estrada estreita acompanha o comprimento da ilha, ao lado da lagoa, e chega ao Pagode Thanh Duyen no extremo sul.

Lagoa perto da praia Lang Co, com vista do topo do passo Hai Van

⑩ Hue

Um dos mais significativos centros culturais e históricos do Vietnã, a antiga cidade imperial de Hue é celebrada pela tradição intelectual, pela piedade budista e pela sofisticação da culinária. Apesar dos danos sofridos nas guerras da Indochina, continua a ser um local de grande beleza, cortado pelo rio Perfume *(p. 152)*. Ao norte fica a Cidadela *(pp. 144-7)*, que contém a Cidade Proibida e os palácios reais, enquanto ao sul estão muitos pagodes e túmulos antigos, além do Bairro Francês da cidade. Hotéis e restaurantes excelentes, junto com o ambiente tipicamente francês, somam-se às muitas atrações de Hue.

Comércio sempre movimentado do Mercado Dong Ba

🏛 Cidade Imperial
pp. 144-7.

🏛 Museu Real de Antiguidades
Rua Le Truc 3.
Tel (054) 352 4429.
◯ 7h-17h ter-sáb.

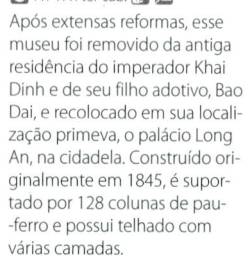

Após extensas reformas, esse museu foi removido da antiga residência do imperador Khai Dinh e de seu filho adotivo, Bao Dai, e recolocado em sua localização primeva, o palácio Long An, na cidadela. Construído originalmente em 1845, é suportado por 128 colunas de pau-ferro e possui telhado com várias camadas.

O interior é tomado por uma exposição dedicada à dinastia Nguyen (1802-1945), que conta com artefatos de prata, porcelana fina, mobília antiga, itens do guarda-roupa real, a cama de Khai Dinh e sapatos de Bao Dai. No entanto, quase não há informações ou explicações sobre essa grande coleção.

🛕 Pagode Dieu De
Rua Bach Dang 102.
Tel (054) 381 5161.
◯ amanhecer-anoitecer diariam.

Construído no reinado de Thieu Tri (1841-7), terceiro imperador Nguyen, Dieu De ficou descuidado durante anos, mas foi restaurado em 1889 pelo imperador Than Tha. Reformado muitas vezes desde então, seu formato atual data de 1953.

O pagode se diferencia pelas torres do tambor e do sino. O santuário foi consagrado ao Buda Histórico. Como outros pagodes budistas de Hue, ele está muito ligado à política nacionalista e à oposição ao regime opressivo de Diem (1955-63). Em maio de 1963, o monge budista Nun Nu Thanh Quang imolou-se no local num gesto de protesto.

🛒 Mercado Dong Ba
A nordeste da Rua Tran Hung Dao.
◯ diariam.

O barulhento Mercado Dong Ba de Hue fica ao norte do rio Perfume, perto do canto sudeste da Cidadela. Popular centro de compras local, atrai multidões diariamente. Suas barracas expõem uma incrível variedade de mercadorias, desde produtos frescos e peixes a roupas, calçados e cosméticos. Todo o seu fascínio aparece quando está no auge da atividade, nas primeiras horas da manhã, apesar de ficar aberto o dia todo.

⛪ Catedral de Notre Dame
Rua Nguyen Hue 80. **Tel** (054) 382 8690. ◯ durante a missa.

Construída de 1937 a 1942 ao estilo franco-vietnamita, essa catedral ampla e quase sem atrativos atende cerca de 1.500 fiéis. Diariamente são realizadas duas missas, às 5h e às 17h; aos sábados há uma terceira missa às 7h. No resto do dia, em geral as portas ficam trancadas.

🛕 Pagode Bao Quoc
Rua Bao Quoc **Tel** (054) 383 3382.
◯ amanhecer-anoitecer diariam.

Giac Phong, um monge budista da China, fundou esse pagode histórico no monte Ham Long em 1670. Mais tarde adquiriu status real, conferido por Phuc Khoat, imperador Nguyen (reinado 1738-65). No final do século XVIII, Quang Trung, poderoso rebelde Tay Son *(p. 45)*, usou a construção para guardar armas. O templo ganhou apoio do imperador Minh Mang (reinado 1820-41). Em 1940, tornou-se escola para a formação de monges budistas, função que cumpre até hoje. Embora tenha sido

Colunas da entrada do Pagode Bao Quoc

Veja hotéis e restaurantes dessa região nas pp. 236-41 e 246-53

reformado em meados do século XX, o pagode ainda conserva o charme e a aura de antiguidade.

🛕 Pagode Tu Dam
Rua Lieu Quan 1. ⊙ amanhecer-anoitecer diariam.

A importância desse templo inaugurado no século XVII foi a de ter sido um centro de apoio ao budismo, causa que esteve no âmago da cultura política da região Central durante muito tempo. A Associação Budista Vietnamita estabeleceu sua sede no local, em 1951, e o pagode se tornou núcleo de atividades durante a agitação budista contra o impopular regime católico do presidente Diem, em meados do século XX. Como costumava ocorrer nesse período, um monge usou o pátio do pagode para colocar fogo no próprio corpo em protesto contra o governo opressivo, em 1963. A grande presença no altar central é a do Buda Thich Ca. Diz-se que uma árvore do terreno do templo brotou de uma muda da árvore *bodhi* original, da Índia.

Urna com desenhos requintados, no pátio do Pagode Tu Dam

🌉 Ponte Coberta Thanh Toan
Vila de Thanh Thuy Chan, 7km a L de Hue.

PREPARE-SE

Informações Práticas
Mapa rodoviário C3. Capital da Província de Thue Thien Hue, 110km ao N de Danang.
🏙 360.000. ℹ️ Hue Tourist, rua Le Loi, 120, (054) 381 6263.

Transporte
🚆 Expresso da Reunificação de Hanói e Ho Chi Minh.
🚌 de Hanói, Vinh, Danang, Nha Trang e Ho Chi Minh.

Pouco conhecida, a encantadora Ponte Coberta na comuna de Thanh Thuy é arquitetonicamente semelhante à famosa Ponte Japonesa Coberta *(p. 128)*, em Hoi An, e à ponte coberta que cruza o canal de Phat Diem. Parte da graça é chegar até a ponte, já que a viagem passa por vilas belíssimas.

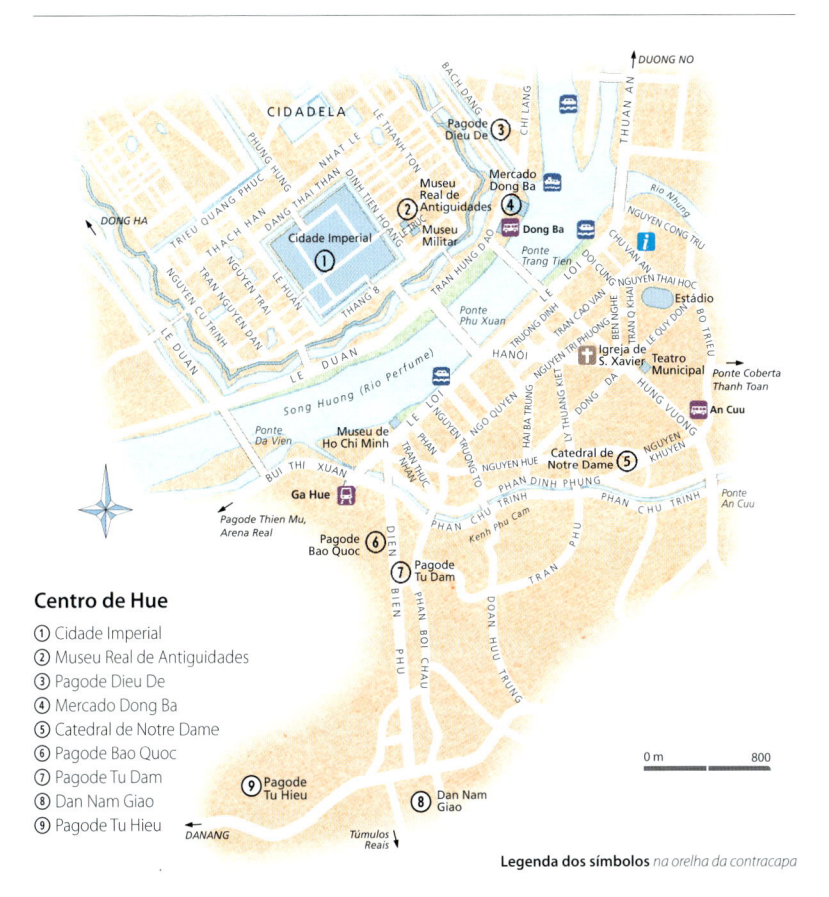

Centro de Hue
① Cidade Imperial
② Museu Real de Antiguidades
③ Pagode Dieu De
④ Mercado Dong Ba
⑤ Catedral de Notre Dame
⑥ Pagode Bao Quoc
⑦ Pagode Tu Dam
⑧ Dan Nam Giao
⑨ Pagode Tu Hieu

Legenda dos símbolos *na orelha da contracapa*

Cidadela de Hue: Cidade Imperial

Patrimônio da Humanidade desde 1993, a Cidadela foi criada pelo imperador Gia Long (reinado 1802-20) em 1805. A enorme fortaleza compreende três recintos concêntricos: as cidades Cívica, Imperial e Proibida. O projeto obedeceu a regras da geomancia chinesa e a princípios militares adotados pelo arquiteto francês Sebastien de Vauban. O resultado foi um complexo incomum mas elegante, no qual belos palácios coexistem com fortificações, bastiões e fossos. Apesar dos profundos danos provocados pelas guerras da Indochina, recentes trabalhos de restauração recriaram parte da grandiosidade arquitetônica perdida da Cidadela.

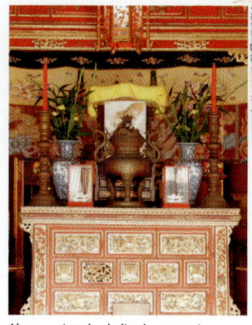

Altar requintado, dedicado a um rei Nguyen, em The Mieu

Hung Mieu
Consagrado à veneração da mãe e do pai do imperador Gia Long, esse templo do século XIX é conhecido pelos entalhes brilhantes no telhado. Vale a pena observar os grandes dragões de pedra, que parecem gárgulas, vigiando o espaçoso pátio calçado.

★ Nove Urnas Dinásticas
Modeladas entre 1835 e 1837, essas urnas funerárias de bronze ficam no pátio em frente a The Mieu. Representam o poder de nove imperadores Nguyen, e foram ricamente adornadas com baixos-relevos de diversos símbolos potentes.

LEGENDA

① **The Mieu** homenageia dez imperadores Nguyen. Uma restauração recente devolveu-lhe o esplendor.

② **Biblioteca Real**, elegante edificação de dois andares, toda decorada com mosaicos de cerâmica, agora está à beira de um colapso.

Pavilhão Hien Lam
Erguido pelo imperador Minh Mang em 1824, o Pavilhão Hien Lam é um prédio com três telhados e fachada de madeira, decorado com vigas e painéis entalhados com desenhos florais.

Veja hotéis e restaurantes dessa região nas pp. 236-41 e 246-53

HUE | 145

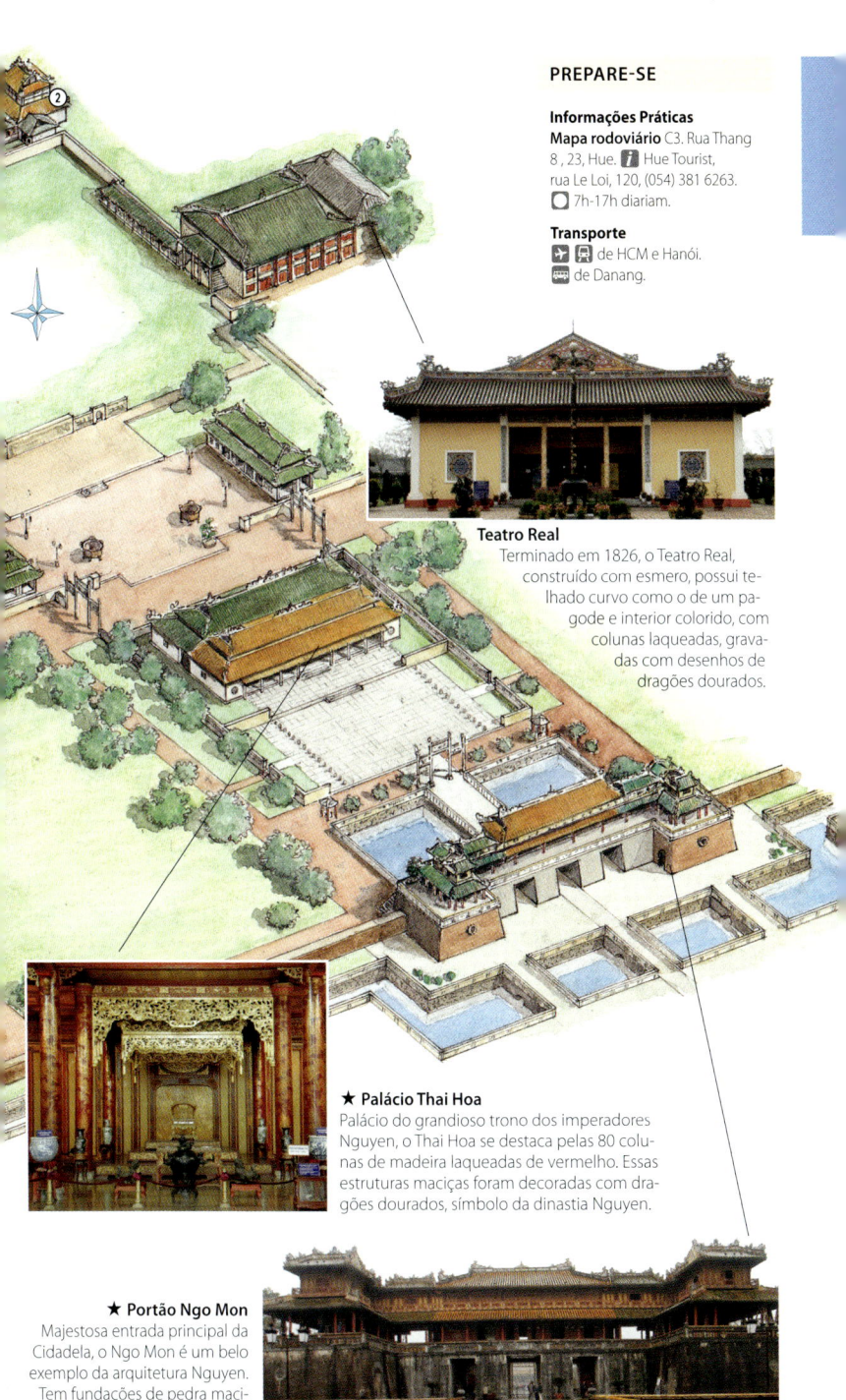

PREPARE-SE

Informações Práticas
Mapa rodoviário C3. Rua Thang 8 , 23, Hue. Hue Tourist, rua Le Loi, 120, (054) 381 6263.
7h-17h diariam.

Transporte
de HCM e Hanói.
de Danang.

Teatro Real
Terminado em 1826, o Teatro Real, construído com esmero, possui telhado curvo como o de um pagode e interior colorido, com colunas laqueadas, gravadas com desenhos de dragões dourados.

★ **Palácio Thai Hoa**
Palácio do grandioso trono dos imperadores Nguyen, o Thai Hoa se destaca pelas 80 colunas de madeira laqueadas de vermelho. Essas estruturas maciças foram decoradas com dragões dourados, símbolo da dinastia Nguyen.

★ **Portão Ngo Mon**
Majestosa entrada principal da Cidadela, o Ngo Mon é um belo exemplo da arquitetura Nguyen. Tem fundações de pedra maciça, que sustentam uma elaborada torre de observação, onde o imperador se sentava em cerimônias de Estado.

Como Explorar a Cidade Imperial

A Cidade Imperial, também chamada Dai Noi (Grande Recinto Fechado), fica no coração da vasta Cidadela de Hue. Nos últimos anos, essa parte histórica da Cidadela passou por amplo trabalho de restauração, o que nos permite a observação de sua glória e grandeza originais. A entrada dessa cidade real é feita pelo imponente Portão Ngo Mon, depois do qual uma ponte atravessa lagos cheios de lótus até o magnífico Palácio Thai Hoa. Atrás dele há um pátio aberto voltado para um trecho de terra, antes local da Cidade Púrpura Proibida.

Cot Co (Torre da Bandeira)

Na Cidadela, com altura de 37m, a Torre da Bandeira (Cot Co) domina a silhueta de Hue desde 1809, quando o imperador Gia Long (reinado 1802-20) a ergueu por cima de um reduto de tijolos com 18m.

Em 31 de janeiro de 1968, na Ofensiva do Tet (p. 49), a Cot Co alcançou fama internacional quando as forças comunistas sitiaram a Cidadela, hasteando o estrelado estandarte amarelo da Frente de Libertação Nacional no seu mastro.

Nove Canhões Sagrados

Fundidos pelo imperador Gia Long em 1803 como proteção simbólica de sua nova capital, esses canhões enormes foram feitos de bronze. Diz-se que cada um representa uma das quatro estações e os cinco elementos: terra, metal, madeira, água e fogo. Os canhões ladeiam os Portões Ngan e Quang Duc, nos dois lados da Cot Co.

Torre das Cinco Fênix

Localizada acima dos enormes blocos de pedra do Portão Ngo Mon, esse pavilhão elaborado recebia o imperador, que se sentava no trono em cerimônias de Estado. De cima, parece um grupo de cinco fênix. A seção do meio da cobertura possui telhas amarelas brilhantes e é enfeitada com dragões, folhas de figueira e morcegos, enquanto os painéis dos beirais são decorados com mosaicos de cerâmica de orquídeas, crisântemos e bambus. Acima do pavilhão, uma escada oculta leva a um aposento de onde as mulheres da corte podiam ver tudo através de grades finamente entalhadas.

Palácio Thai Hoa
na sala do trono.

Erguido pelo imperador Gia Long em 1805, o Thai Hoa (Salão da Suprema Harmonia) abrigava a sala do trono dos imperadores Nguyen. O mais impressionante dos palácios que restaram em Hue, ele foi muito bem restaurado. É fácil visualizar o salão como local de coroações, aniversários reais e recepções de embaixadores. Nessas ocasiões, o imperador se sentava no trono resplandecente usando uma coroa com nove dragões, traje dourado, cinto de jade e outros adornos. Apenas os mandarins mais idosos tinham permissão de entrar no salão; os outros esperavam do lado de fora.

Salões dos Mandarins

Nos dois lados de um pátio calçado, logo atrás do Thai Hoa, ficam os Salões dos Mandarins. Um era para os militares; o outro, para os civis. Com seus companheiros, eles se reuniam nos pavilhões e vestiam trajes cerimoniais para as solenidades. Algumas dessas roupas belíssimas estão expostas no local.

Antigo caldeirão de bronze do pátio dos Salões dos Mandarins

Cidade Púrpura Proibida

Com exceção do imperador, nenhum homem podia pôr os pés nos 10ha dessa cidade dentro da cidade, conhecida como Tu Cam Thanh (Cidade Púrpura Proibida). Qualquer homem que ousasse entrar era condenado à morte. Apenas a rainha, nove categorias de concubinas, criadas e eunucos da corte eram admitidos.

Construída entre 1802 e 1833, a Cidade Proibida contava com mais de 60 edificações dispostas ao redor de muitos pátios. Infelizmente, ela foi muito danificada pelos pesados bombardeios da Ofensiva do Tet, em 1968.

Teatro Real

Originalmente construído em 1825, o Duyet Thi Duong (Teatro Real) voltou a ser um local importante para o entretenimento tradicional, oferecendo apresentações de *nha nhac (p. 29)*, ou música da corte. Declarada Patrimônio Oral e Imaterial da Humanidade pela Unesco, a *nha nhac* dispõe de alaúdes de bambu, cítaras e violinos, acompanhados por tambores.

Quatro dos nove canhões sagrados, um para cada estação e elemento

Veja hotéis e restaurantes dessa região nas pp. 236-41 e 246-53

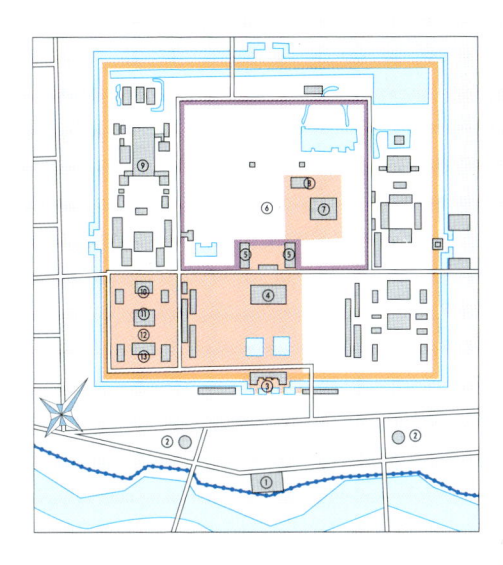

Planta da Cidade Imperial

① Cot Co
② Nove Canhões Sagrados
③ Torre das Cinco Fênix
④ Palácio Thai Hoa
⑤ Salões dos Mandarins
⑥ Cidade Púrpura Proibida
⑦ Teatro Real
⑧ Biblioteca Real
⑨ Palácio Dien Tho
⑩ Hung Mieu
⑪ The Mieu
⑫ Nove Urnas Dinásticas
⑬ Pavilhão Hien Lam

Legenda

- Cidade Imperial
- Cidade Púrpura Proibida
- Área ilustrada *(pp. 144-5)*
- Muro da Cidadela

Biblioteca Real

No nordeste da Cidade Proibida, a Biblioteca Real foi construída pelo imperador Minh Mang em 1821 como um refúgio onde ele se isolava para ler. O prédio, caindo aos pedaços, fica na frente de um lago artificial com jardim de pedras a oeste. Pontes pequenas, que cruzam outros lagos e tanques, ligam diversas galerias, o que cria um ambiente tranquilo. A biblioteca já foi usada para apresentações de música de Hue e de eventos teatrais.

Móveis antigos e painéis de madeira do Palácio Dien Tho

Palácio Dien Tho

Território exclusivo das Rainhas-Mães, o Cung Dien Tho (Residência da Longevidade Perpétua) foi erguido em 1803, no reinado do imperador Gia Long. Aberto à visitação, o prédio elegante é cercado por um muro no qual, ao sul, fica o Cua Tho Chi (Portão da Felicidade Perpétua). Dentro da edificação os móveis feitos a mão receberam delicada marchetaria de madrepérola. Lanternas entalhadas pendem do teto, que é adornado com abanos feitos de plumas.

A leste da entrada do palácio fica o Pavilhão Truong Du, com pequeno lago artificial e gracioso jardim de pedras.

Hung Mieu

O imperador Minh Mang construiu Hung Mieu em 1821 para homenagear os avós. O templo ficou famoso pelo projeto refinado e pelos finos entalhes do telhado. Infelizmente, foi muito danificado por um incêndio em 1947, no início da Primeira Guerra da Indochina, mas está sendo restaurado.

The Mieu

Localizado a sudoeste da Cidade Imperial, o Mieu (Templo das Gerações) é dedicado à dinastia Nguyen e contém altares que homenageiam os imperadores,

Urna funerária, em The Mieu

de Gia Long a Khai Dinh. O prédio tem cobertura de telhas amarelo-brilhantes cuja beirada é decorada na forma de uma cuia de vinho. Os altares já apresentaram pilhas de lingotes de ouro, que foram substituídos por ornamentos dourados e laqueados.

Nove Urnas Dinásticas

Forjadas a mando do imperador Minh Mang, cada *cuu dinh* (urna dinástica) da dinastia Nguyen pesa cerca de 2,75 toneladas. Decoradas com desenhos tradicionais e ricas em detalhes simbólicos, elas são importantes na veneração dos ancestrais imperiais.

Pavilhão Hien Lam

Situado no centro do pátio do Mieu, Hien Lam foi erguido em 1824 pelo imperador Minh Mang para homenagear os que deram à grande dinastia Nguyen sua posição formidável. Em sinal de respeito, ele declarou que nenhum outro prédio da Cidadela poderia ser mais alto que Hien Lam, que se diferencia pelo formato piramidal, pela fachada de madeira com entalhes delicados e pelo piso de tijolo.

Dan Nam Giao

3km ao S da cidade, na ponta sul da rua Dien Bien Phu.
◯ 8h-17h diariam.

Construído pelo imperador Gia Long em 1802, o Dan Nam Giao (Altar do Céu) fica depois do antigo Bairro Francês, na margem direita do rio Perfume *(p. 152)*. Por mais de um século esse foi o local cerimonial mais importante do país. Aproximadamente a cada três anos, entre 1806 e 1945, os imperadores Nguyen reafirmavam a legitimidade de seu governo por meio de uma série de complicados sacrifícios ao Imperador do Céu. O ritual consistia numa reprodução intencional das cerimônias praticadas em Pequim pelos imperadores chineses no Tian Tan (Templo do Céu), do século XV.

Pouco resta desse local cerimonial, a não ser uma série de três plataformas elevadas. As duas primeiras são quadradas e diz-se que representam a humanidade e a terra. A plataforma circular, no topo, simboliza o céu. Apesar de não restar quase nada do prédio, o local impressiona. Nesse ambiente é fácil imaginar os imperadores como Filhos do Céu por direito, intercedendo junto aos deuses a favor dos súditos.

Pagode Tu Hieu

Thon Thuong 2, Vila Thuy Xuan, 5km a SO de Hue. **Tel** (054) 383 6389.
◯ 6h-18h diariam.

No meio de agradável bosque de pinheiros ao norte do túmulo de Tu Duc, o Pagode Tu Hieu é rodeado por um encantador tanque de lótus em forma de lua crescente. Um dos pagodes mais serenos da região de Hue foi fundado em 1848 por eunucos imperiais. Como não podiam ter filhos, os eunucos sustentavam financeiramente o templo, garantindo que as futuras gerações de monges sempre estivessem por perto para realizar as cerimônias necessárias à sua vida no além. Muitos monges ainda vivem em Tu Hieu e realizam preces diariamente. O santuário principal é dedicado ao Buda Sakyamuni, ou Buda Thich Ca. Altares menores contam com imagens e placas que homenageiam diversas divindades e alguns eunucos notáveis do passado.

Pagode Thien Mu

5km a SO da Cidadela de Hue.
◯ amanhecer-anoitecer diariam.

Em cima de um costão, na margem noroeste do rio Perfume, o Thien Mu (Pagode da Senhora Celestial) é um símbolo de Hue. Fundado em 1601 por Duyen, rei Nguyen, o pagode tem como destaque uma torre octogonal de sete andares, a Thap Phuoc Duyen, que significa Torre da Fonte da Felicidade. Nos arredores, um pavilhão conserva um enorme sino de bronze moldado em 1710. Com mais de 2 toneladas, ele pode ser ouvido a 10km de distância. Um segundo pavilhão abriga uma estela de pedra de 1715, que enaltece a história do budismo em Hue. Dentro, no santuário principal, sobressaem um Buda sorridente, de bronze, estátuas de dez reis do inferno e dezoito arhat, os discípulos de Buda. Ao lado há uma notável imagem do Buda Thich Ca. Os aposentos dos monges e os jardins ficam atrás do templo.

A oeste, numa garagem aberta, está guardado o carro que levou o monge Thich Quang Duc *(p. 48)* para Saigon em junho de 1963, onde ele se imolou em protesto contra o regime de Diem. Imagens desse acontecimento tenebroso foram divulgadas pelo mundo todo, o que provocou profunda revolta.

Arena Real

Vila Phuong Duc, 4km a SO de Hue.
◯ amanhecer-anoitecer diariam.

Construído para a diversão dos imperadores Nguyen e dos mandarins, esse anfiteatro também se tornou conhecido como Ho Quyen (Arena do Tigre). Era usado para apresentar combates entre elefantes, símbolos da realeza, e tigres, que significavam o antigo reinado Champa. Esses confrontos eram montados de modo que o elefante sempre vencia. Para isso, arrancavam-se as unhas do tigre e sua boca era costurada.

Felizmente, as lutas terminaram em 1904, mas o local continua em boas condições. As plataformas de observação estão intactas, assim como as cinco portas que levavam às jaulas.

Restos da Arena Real, danificada mas totalmente reconhecível

Austin azul de Thich Quang Duc, no Pagode Thien Mu

Tanque de lótus na frente do pequeno e sereno Pagode Tu Hieu

Veja hotéis e restaurantes dessa região nas pp. 236-41 e 246-53

Como Explorar os Túmulos Reais

Espalhados pelos campos panorâmicos ao sul de Hue, os túmulos dos imperadores Nguyen *(p. 45)* estão entre as grandes atrações da área. Embora treze governantes tenham se sentado no trono imperial entre 1802 e 1945, apenas sete tiveram a honra de ter o próprio mausoléu, ou *lang*, pois os outros morreram no exílio ou em desgraça. Os sete túmulos têm características arquitetônicas notáveis, e pode-se chegar a eles de bicicleta, mobilete, táxi e barco. O túmulo de Duc Duc é o mais modesto do grupo.

Exterior de concreto do menor túmulo real tradicional, de Khai Dinh

Túmulo de Tu Duc
6km a SO de Hue. **Tel** (054) 383 6427. 7h-17h diariam.

Considerado o túmulo mais elegante do Vietnã, o mausoléu de Tu Duc (reinado 1848-83) foi projetado pelo próprio rei. Construído num morro forrado de pinheiros, é ladeado por belos lagos de lótus e perfumados jasmineiros-australianos. Sabia-se que Tu Duc preferia a tranquilidade de seu futuro túmulo ao palácio. Diz-se que quando morreu foi enterrado em segredo, junto com um grande tesouro. Todos os envolvidos em seu sepultamento foram executados mais tarde, a fim de manter o local de seu repouso final livre de profanação.

Túmulo de Dong Khanh
500m a SE de Lang Tu Duc. **Tel** (054) 383 6427. 7h-18h diariam.

O menor dos túmulos Nguyen é o mausoléu de Dong Khanh (reinado 1885-88). A influência francesa é evidente no interior, com imagens de Napoleão Bonaparte penduradas nos pilares de pau-ferro laqueados de vermelho. O mausoléu foi restaurado em 2009.

Túmulo de Thieu Tri
1,5km ao S de Lang Tu Duc. 7h-17h diariam.

O pequeno túmulo de Thieu Tri (reinado 1841-47) tem diversos lagos artificiais, mas não dispõe dos costumeiros jardins murados. O complexo se divide em duas partes. A leste, um templo delicado saúda o morto, enquanto a oeste fica a sepultura.

Túmulo de Khai Dinh
10km ao S de Hue. **Tel** (054) 386 5875. 6h-17h30 diariam.

Khai Dinh (reinado 1916-25), penúltimo imperador Nguyen, foi o último a ser enterrado num túmulo real de Hue. Sua sepultura é feita de concreto e combina estilos arquitetônicos vietnamitas e europeus numa fusão singular, não muito bem-sucedida. Construído na encosta de um morro, o túmulo se eleva em três níveis. No cume, o templo contém o busto de bronze do imperador, feito em Marselha em 1922.

Túmulo de Minh Mang
12km ao S de Hue. **Tel** (054) 356 0277. 7h30-17h30 diariam.

Localizado na margem esquerda do rio Perfume, o mausoléu do imperador Minh Mang, morto em 1842, é um dos túmulos reais mais notáveis. O complexo conta com lagos, jardins e diversos prédios.

Túmulo de Gia Long
16km a SE de Hue.

É mais fácil chegar de barco ao mausoléu de Gia Long, primeiro imperador Nguyen, tanto vindo de Hue quanto do vilarejo de Tuan, na frente de Lang Minh Mang. O mais afastado de todos, sofreu muitos danos na Guerra do Vietnã e infelizmente ainda aguarda trabalhos de recuperação.

Legenda
- Mapa de Hue *(p. 143)*
- Estrada principal
- Estrada secundária

Túmulos Reais
① Túmulo de Tu Duc
② Túmulo de Dong Khanh
③ Túmulo de Thieu Tri
④ Túmulo de Khai Dinh
⑤ Túmulo de Minh Mang
⑥ Túmulo de Gia Long

O túmulo real de Tu Duc, perto de Hue

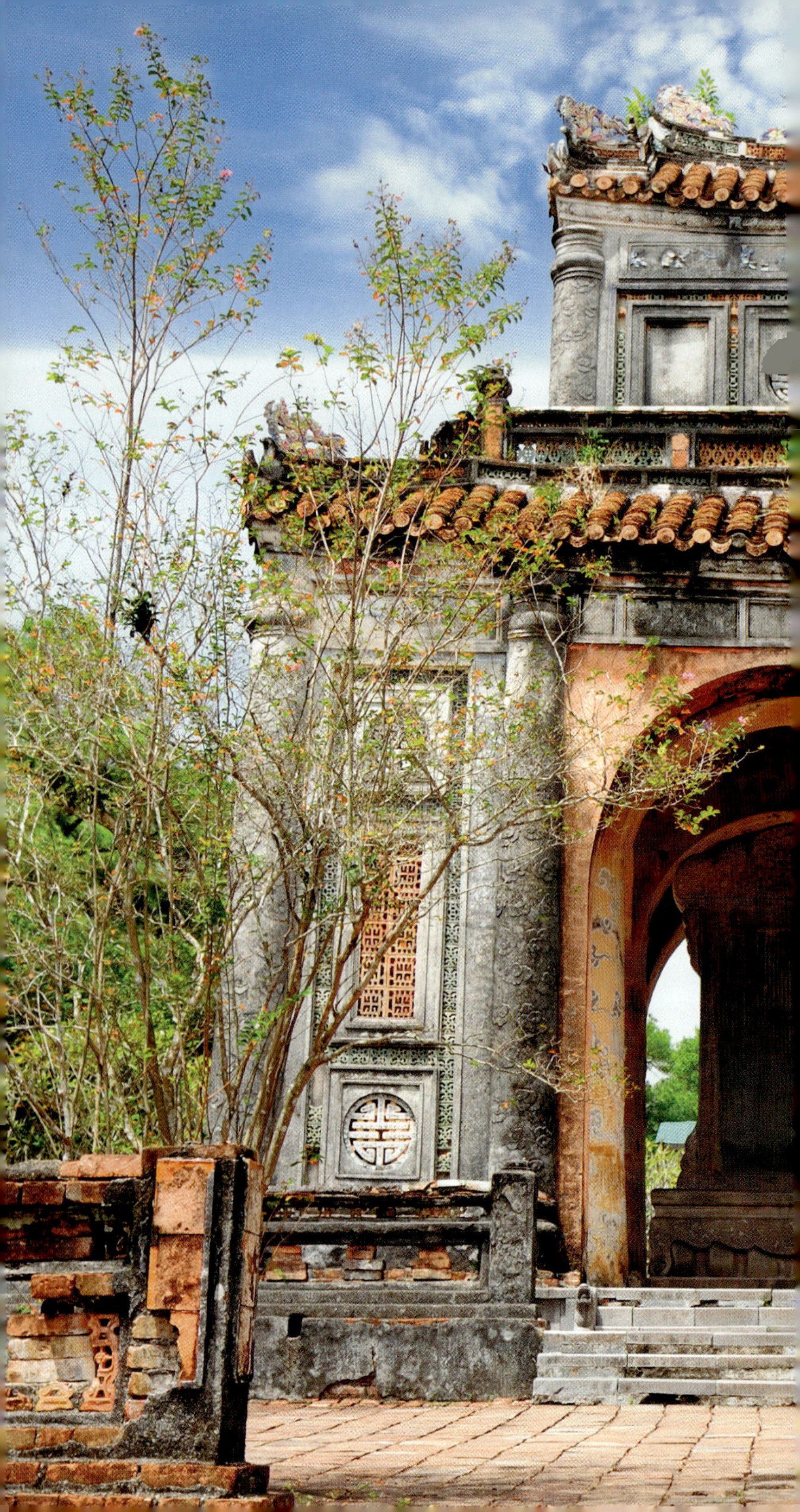

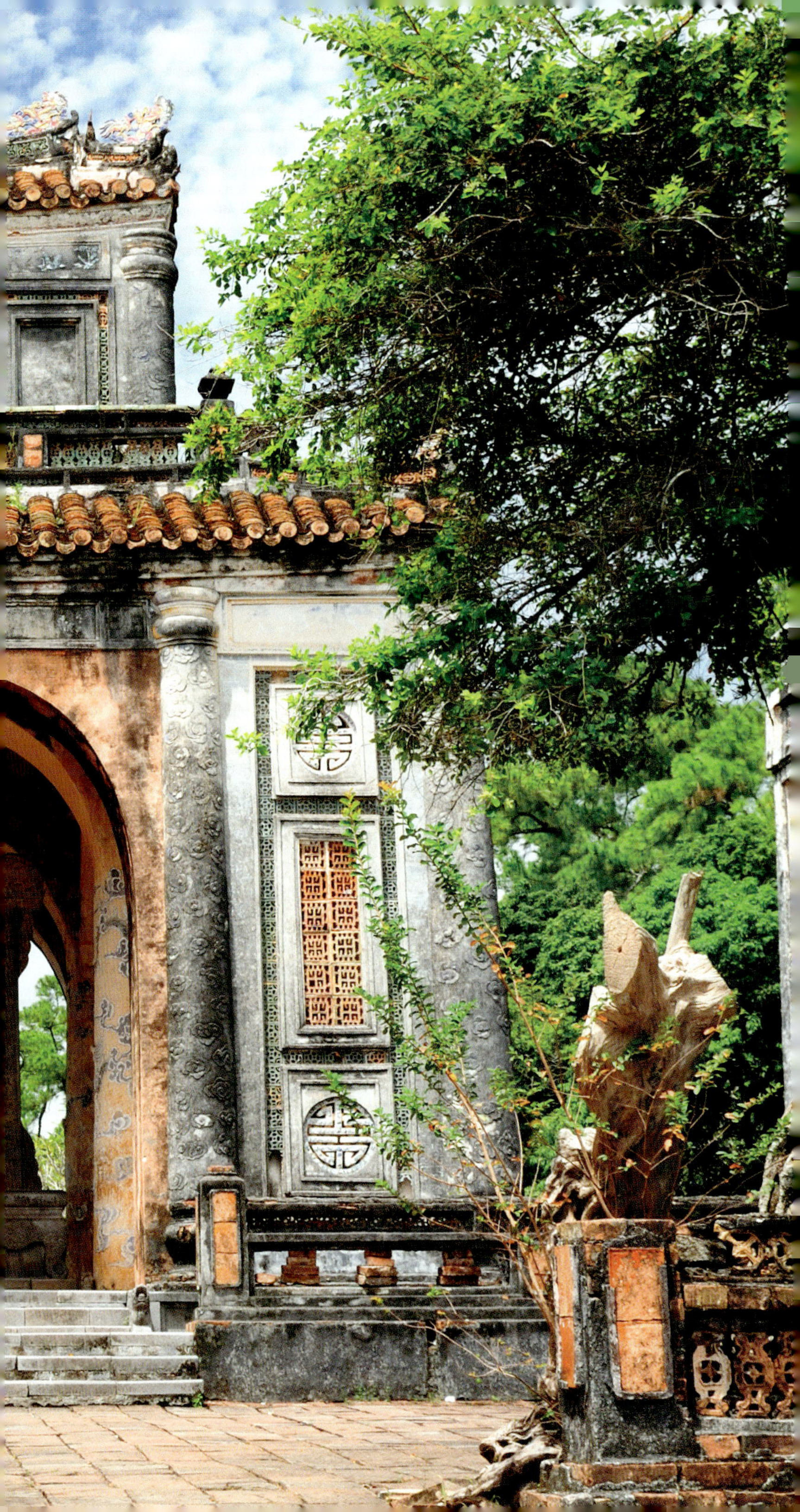

Passeio de Barco pelo Rio Perfume

Um dos grandes destaques da visita a Hue é o passeio de barco pelo rio Perfume (Song Huong). Apesar da pouca extensão, o rio sinuoso e lento é muito bonito. A beleza se intensifica com o reflexo da Cidadela, dos pagodes, das torres e dos campos panorâmicos. Soma-se a isso o pitoresco tráfego do rio, com mulheres que conduzem barcos de um só remo, embarcações maiores lotadas de pescados e verduras frescas, e pescadores em canoas estreitas, jogando a rede ou puxando armadilhas para peixes.

Barco de pesca nas águas azuis e calmas do rio Perfume

② Pagode Thien Mu
Em meio às folhagens, esse é o pagode mais antigo de Hue. De 1601, sua torre de 21m é o símbolo oficial da cidade *(p. 148)*.

③ Templo da Literatura
Esse templo minúsculo foi erguido pelo imperador Gia Long em 1808 para substituir o venerável Templo da Literatura, em Hanói.

① Cidadela
Antiga sede dos imperadores Nguyen, essa estrutura imponente é Patrimônio da Humanidade da Unesco *(p. 144-7)*.

④ Arena Real
Esse anfiteatro real, usado na diversão dos imperadores Nguyen, é um tipo de obra arquitetônica sem igual, raramente encontrada no Sudeste Asiático *(p. 148)*.

⑤ Templo Hon Chen
Cheio de altares, casas para os espíritos e estelas, esse belo templo para os ancestrais de Champa tem mais de mil anos. Só pode ser acessado de barco.

Legenda
— Estrada principal
— Estrada secundária

⑥ Túmulo de Minh Mang
Esse talvez seja o túmulo real mais bem-conservado de Hue. Estátuas graciosas, lagos e jardins com belo paisagismo aumentam sua grandiosidade *(p. 149)*.

Dicas para o Passeio

Barcos de passeio: Alugue barcos no píer da Rua Le Loi. Tente pechinchar. Ou vá de excursão.
Duração: Meio dia.
Paradas: Venda de lanches em Thien Mu e Minh Mang. A maioria dos barqueiros providencia almoço, se necessário.

Legenda dos símbolos *na orelha da contracapa*

REGIÃO CENTRAL | 153

⓫ Base de Combate Khe Sanh

Mapa rodoviário B3. 145km a NO de Hue na rod 9. **Tel** (053) 388 0840. 🚐 micro-ônibus de Hue. Museu: 1,5km ao N de Khe Sanh. 🕐 7h-17h diariam. 🅿️ 🏛️

Situada perto da fronteira com o Laos, a Base de Combate Khe Sanh fica a quase 3km da vila de Khe Sanh, agora conhecida como Hoang Ho. Em 1962, era uma pista de pouso para os americanos. Mais tarde foi ampliada e melhorada como base das Forças Especiais dos EUA, encarregada de interceptar o tráfego pela Trilha Ho Chi Minh *(p. 155)*.

Khe Sanh é mais conhecida como o local de uma das batalhas mais violentas da Guerra do Vietnã e início da derrocada americana. Em 1968, o famoso general americano William Westmoreland começou um avanço maciço a partir da base, com o objetivo de forçar o Exército Norte-Vietnamita a um confronto direto. O general vietnamita Vo Nguyen Giap mordeu a isca, mas, numa jogada de mestre, usou o cerco, que durou de janeiro a abril de 1968, para desviar a atenção da Ofensiva do Tet *(p. 49)*. Tática diversiva ou não, o pesado bombardeio e o fogo de artilharia resultaram em muitas baixas. Calcula-se que 207 soldados americanos e 9 mil soldados vietnamitas tenham morrido, bem como milhares de civis.

Apesar de essa batalha não ter sido, como temia o presidente Johnson, outra Dien Bien Phu *(p. 199)*, os americanos, ainda que invictos, tiveram de se retirar de Khe Sanh. Eles trabalharam duro para enterrar, retirar ou destruir o equipamento militar em vez de abandoná-lo, pois tudo poderia ser usado como prova de sua "derrota" na propaganda do inimigo.

Atualmente, Khe Sanh figura no mapa turístico, oferecendo visitas guiadas. O passeio pela Rodovia 9, que passa por estátuas e placas, também faz parte da região Central. Embora nada tenha sido deixado para trás, armamentos e veículos americanos foram trazidos de outros pontos do sul para compor o pequeno **museu** local.

Histórica Ponte Hien Luong, sobre o rio Ben Hai, na ZDM

⓬ Zona Desmilitarizada

Mapa rodoviário B3. 90km a NE de Khe Sanh na rod 9. **Tel** (053) 385 2927. 🚐 micro-ônibus e táxi de Hue. 🕐 7h-17h diariam.

Apesar de ter perdido toda a importância estratégica e política após a reunificação, em 1975, a Zona Desmilitarizada (ZDM) se tornou uma área turística importante e pode ser visitada em passeio de um dia, que sai de Hue ou Dong Ha. A maioria dos passeios começa na **Ponte Hien Luong**, sobre o rio Ben Hai, que antes formava a fronteira, e numa visita aos bem-construídos Túneis Vinh Moc *(p. 154)*. O Cemitério Nacional Truong Son, a oeste da Rodovia 1, homenageia milhares de soldados norte-vietnamitas e combatentes vietcongues mortos no local.

Dali convém dirigir-se para o interior, saindo de Dong Ha pela Rodovia 9 e passando, no caminho, pelas antigas bases americanas. Campo Carroll, Khe Sanh e a colina Hambúrguer *(p. 495)* entraram no universo popular por meio dos filmes de Hollywood. Como não existem "atrações", a ZDM oferece um passeio meio triste, mais procurado por historiadores militares e visitantes americanos.

História da ZDM

Na Conferência de Genebra de 1954 decidiu-se estabelecer a ZDM no Paralelo 17, como "linha de demarcação provisória" entre o Vietnã do Norte e o do Sul *(pp. 48-9)*. O limite se estendia por 2km de cada lado do rio Ben Hai, continuando até a fronteira do Laos. Desde o início, porém, o Exército Norte-Vietnamita (ENV) conseguiu penetrar a ZDM com seus túneis, trilhas e táticas de guerrilha. Em resposta, os sul-vietnamitas e americanos colocaram minas e construíram extensas cercas eletrificadas ao longo da Rodovia 9, conhecidas como Linha McNamara, por causa de Robert McNamara, então secretário de Defesa. Ironicamente, na ZDM ocorreram alguns dos combates mais pesados da Guerra do Vietnã, principalmente durante o cerco de Khe Sanh e na Ofensiva de Páscoa de 1972, quando o ENV ocupou toda a área, o que levou a uma intensa retaliação americana.

Coleção de objetos militares da Guerra do Vietnã, na ZDM

Canhão de Khe Sanh, perto da ZDM

Veja hotéis e restaurantes dessa região nas pp. 236-41 e 246-53

Profundezas de um túnel do complexo de Vinh Moc

⓭ Túneis Vinh Moc

Mapa rodoviário C3. 13km a L de Ho Xa na rod 1; 20km a NE da ZDM. **Tel** (053) 382 3184. micro-ônibus de Hue e Dong Ha. 7h30-17h diariam.

Alguns dos túneis mais resistentes construídos no Vietnã estão em Vinh Moc, uma vila no litoral do mar da China Meridional. Ocupados por centenas de pessoas entre 1968 e 1972, esses túneis foram feitos como habitações de longo prazo. Eles diferem dos mais conhecidos, em Cu Chi (p. 72), que serviam mais de base de batalhas na linha de frente.

Os problemas de Vinh Moc começaram por causa de sua localização. Após a divisão do país, em 1954, as vilas ao norte da Zona Desmilitarizada (p. 153), como Vinh Moc, encontraram-se sob ataque quase constante. Além disso, Vinh Moc fica na frente da ilha Con Co, uma base norte-vietnamita usada para o transporte de armas e suprimentos para o sul, o que o tornava alvo de investidas do Exército Sul-Vietnamita. A Força Aérea americana (USAF) também contribuiu com grandes bombardeios, e Vinh Moc foi quase arrasada. Alguns habitantes fugiram, mas outros decidiram ficar, mesmo que tivessem de ir para baixo da terra. Os aldeões, com ajuda dos vietcongues, trabalharam apenas com espadas, cestos e as próprias mãos para escavar a complexa rede de túneis. Criada em quase dezoito meses, ela se estendia por 3km, com treze pontos de entrada. Recintos para famílias, hospital e salão de reuniões ocupavam seus três níveis. Os aldeões e os soldados norte-vietnamitas viveram nesse lugar por mais de quatro anos, e dezessete crianças nasceram ali. Por esses túneis, cerca de 12 mil toneladas de suprimentos e equipamentos militares foram enviados para Con Co.

Agora, a maravilha criada pelos habitantes de Vinh Moc pode ser vista quase exatamente como era em 1972. Ao contrário de Cu Chi, é possível circular por esses túneis em pé, se bem que visitantes mais altos tenham de se curvar. O museu local mostra essa história fascinante. Outra atração são as praias das proximidades.

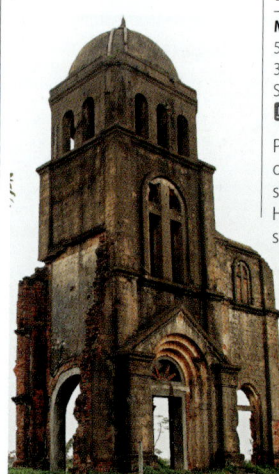

Igreja bombardeada em Dong Hoi

⓮ Dong Hoi

Mapa rodoviário B3. 162km ao N de Hue na rod 1. 115.000. de Vinh, Dong Ha e Hue. Quang Binh Tourism, rua Me Suot, 1, (052) 382 2018. quangbinhtourism.vn

Capital da província de Quang Binh, Dong Hoi era uma charmosa vila pesqueira. No entanto, refletindo a mudança nas políticas econômicas do Vietnã, ela se desenvolveu e se tornou um centro importante. Embora o local não tenha atrações importantes, é interessante ver como a cidade se recuperou da destruição da guerra. O que eram ruas de pedra britada algumas décadas atrás agora são avenidas largas, com prédios bem-cuidados. Também vale notar que em 150 anos Dong Hoi marcou a fronteira entre os senhores Trinh e Nguyen (p. 45). Foram construídas duas grandes fortificações para manter os inimigos separados, mas tudo que resta delas é um portão em ruínas.

Apesar de mais usada como parada a caminho da caverna Phong Nha, há algumas ótimas praias por perto. Nhat Le, 3km ao norte da cidade, tem uma das melhores.

⓯ Caverna Phong Nha

Mapa rodoviário B3. Vila Son Trach, 55km a NO de Dong Hoi. **Tel** (052) 367 5323. de Dong Hoi. de Son Trach. 7h-16h.

Phong Nha tem 20 milhões de anos e bem merece a classificação de Patrimônio da Humanidade. A tradução do seu nome é meio assustadora: Caninos do Vento, mas trata-se de uma alusão às estalagmites. Cheia de grutas subterrâneas, estalactites, estalagmites e sistemas fluviais, ela se estende por muitos quilômetros montanha adentro. A caverna principal tem quase 8km de profundidade, com diversas cavernas menores aglomeradas perto

Veja hotéis e restaurantes dessa região nas pp. 236-41 e 246-53

dela. Embora os espeleologistas tenham penetrado 35km na caverna, ainda existem muitos mistérios a serem revelados. Esse é um destino muito procurado, e sampanas aguardam no centro de visitantes para levarem os passageiros rio acima, por cerca de 5km, até entrarem na caverna. Uma área de quase 1,5km no interior da caverna era considerada sagrada pelos *cham*. A parede da caverna ainda tem uma inscrição entalhada por eles há muitos séculos.

Nos arredores estão duas cavernas descobertas recentemente – **Thien Duong** (Caverna do Paraíso) e **Son Doong** (Caverna do Rio da Montanha), ambas abertas ao público. A caverna Son Doong, tida como a maior do mundo, é objeto de muitas pesquisas científicas. Permite-se a entrada de poucos turistas ao ano, ao custo de milhares de dólares por pessoa.

A sampana parece pequena diante da grandiosidade da caverna Phong Nha

⓰ Kim Lien

Mapa rodoviário B2. 14km a NO de Vinh. micro-ônibus de Vinh.

Local de peregrinação sem muitos atrativos, Kim Lien ganhou importância como residência da infância de Ho Chi Minh *(p. 173)*, que nasceu na vizinha **Hoang Tru** em 1890. Ele morou na vila até os 5 anos, quando se mudou para Hue com o pai. Em 1901 voltou para lá e passou mais cinco anos.

Homem que sempre evitou as armadilhas do poder, Ho Chi Minh vetou a construção de um museu sobre sua vida em Kim Lien, argumentando que os fundos poderiam ter uso mais produtivo. Após sua morte, em 1969, museus e santuários proliferaram pelo local. A cerca de 1,5km, em Hoang Tru, há a reconstrução da casa onde ele nasceu. Perto, um pequeno museu expõe quadros e outros objetos ligados à vida do líder. Nessa área encontra-se também a reconstrução da casa onde ele morou de 1901 a 1906. Para manter a coerência com os altos princípios desse grande homem, a entrada a todos esses lugares é totalmente gratuita.

Trilha Ho Chi Minh

Durante a Guerra do Vietnã (1957-75), uma complexa rede de trilhas e caminhos, a Trilha Ho Chi Minh (Duong Truong Son), era usada como conexão estratégica entre o Vietnã do Norte e o do Sul. Construída sobre estradas simples que existiam havia séculos, a trilha deu apoio logístico às forças comunistas do sul, abastecendo-as com armas, alimentos e tropas do Exército Norte-Vietnamita (ENV).

Trecho da trilha que atravessa crateras de bombas

Supõe-se que a trilha labiríntica começasse no norte, perto do porto de Vinh. Dali ela rumaria para oeste, passando pela cordilheira Truong Suong até serpentear junto à fronteira laosiana-vietnamita e entrar no Laos e no Camboja. Por fim, penetrava o Vietnã do Sul em diversos pontos obscuros. Estima-se que sua extensão total somasse aproximadamente 20 mil km.

Em 1972 as forças sul-vietnamitas montaram uma incursão em larga escala até o Laos, a fim de retalhar a trilha, mas recuaram após sofrerem muitas baixas. Seguiram-se outros fracassos, apesar dos bombardeios maciços e das pulverizações com desfolhantes realizados por sul-vietnamitas e americanos. Contudo, as atividades do ENV prosseguiram pela trilha, que desempenhou papel decisivo na vitória do Norte.

Tear da reconstituição da casa da infância de Ho Chi Minh, em Kim Lien

REGINA
PACIS

HANÓI

A mais antiga e uma das mais bonitas capitais do Sudeste Asiático, Hanói exala uma sensação incomum de encanto e atemporalidade. No centro há um bairro com 600 anos, circundado por uma cidade colonial de um século. O rico legado cultural das duas partes se mesclam em harmonia perfeita com a modernização crescente, já que Hanói reivindica a posição de coração do Vietnã.

Hanói, a "Cidade na Curva do Rio", foi fundada pelo imperador Ly Thai To, em 1010, perto de Co Loa, antiga capital do primeiro Estado vietnamita, que datava do século III a.C. Ly Thai To projetou a cidade, então chamada Thang Long, ao redor de uma poderosa cidadela. A leste foi estabelecido um assentamento de associações de artesãos para atender às necessidades da corte. Por volta do século XVI, essa área se transformara no famoso Bairro Antigo de Hanói *(pp. 160-1)*.

A chegada dos franceses no século XIX marcou um período de reformulações, pois eles destruíram partes da cidadela e alguns templos antigos a fim de criar espaço para o novo bairro europeu. No entanto, esse vandalismo cultural foi compensado, em grande parte, pela magnífica arquitetura colonial que eles deixaram para a cidade. Na Primeira Guerra da Indochina *(p. 47)*, os bairros centrais da cidade escaparam quase ilesos, e em 1954 Hanói foi proclamada capital do Vietnã independente.

Infelizmente, esse não foi o fim de sua história de violência, pois então a cidade mergulhou nos anos de conflito contra os americanos. Hanói entrou no século XXI meio desgastada, mas estruturalmente intacta, apesar dos anos de guerra. A Ópera ainda é grandiosa, assim como o Sofitel Legend Metropole Hotel.

Atualmente Hanói floresce como cidade elegante, culta e próspera, onde museus e galerias convivem com lojas chiques e restaurantes da moda. Pode-se perambular por ela e em poucos minutos passar das vielas do Bairro Antigo aos imponentes prédios e mansões que se alinham nas avenidas arborizadas do antigo Bairro Francês. O passado de Hanói também lhe assegurou um fantástico legado culinário, no qual as cozinhas chinesa e francesa se misturam muito bem às tradições vietnamitas. Isso também vale para as artes, cujo animado cenário está entre os mais sofisticados do Sudeste Asiático.

Construção colonial francesa bem-conservada do Bairro Francês de Hanói

◀ A catedral de São José em Hanói, Vietnã

Como Explorar Hanói

As atrações e os bairros mais significativos de Hanói estão assinalados nesse mapa. O lago Hoan Kiem é procurado para passeios românticos, exercícios pela manhã e diversão à noite. A área mais movimentada da cidade fica ao norte do lago. Conhecida como Bairro Antigo, ou 36 Ruas, está repleta de todos os produtos imagináveis, de calçados e seda a artigos de bambu e laca. Ao sul, formando a área central, estão os bulevares e as maravilhas arquitetônicas do antigo Bairro Francês. A oeste encontram-se o tranquilo Templo da Literatura e o Mausoléu de Ho Chi Minh, notável pela grandiosidade.

Principais Atrações

Igrejas, Templos e Pagodes
- ❷ Templo Bach Ma
- ❺ Catedral de S. José
- ❼ Pagode do Embaixador
- ⓫ Templo Hai Ba Trung
- ⓬ Pagode Lien Phai
- ⓭ *Templo da Literatura pp. 170-1*
- ⓱ Pagode de Um Pilar
- ㉒ Pagode Kim Lien
- ㉕ Pagode Thay
- ㉖ Pagode Tay Phuong
- ㉗ Templos dos Reis Hung

Prédios Históricos
- ⓳ Palafita de Ho Chi Minh
- ⓴ Cidadela de Hanói
- ㉓ Cidadela de Co Loa

Mercado
- ❶ Mercado Dong Xuan

Museus e Teatros
- ❸ Teatro Thang Long de Marionetes na Água
- ❻ Museu da Prisão Hoa Lo
- ❾ Ópera
- ❿ Museu Nacional da História Vietnamita
- ⓮ Museu de Belas-Artes do Vietnã
- ⓯ Museu de História Militar do Vietnã
- ⓰ Museu Ho Chi Minh
- ⓲ Mausoléu de Ho Chi Minh
- ㉔ Museu de Etnologia

Lagos
- ❹ Lago Hoan Kiem
- ㉑ Ho Tay

Hotel
- ❽ Sofitel Legend Metropole Hotel

Arredores de Hanói

Legenda
- Rodovia
- Estrada principal
- Estrada secundária
- Ferrovia

Veja hotéis e restaurantes dessa região nas pp. 236-41 e 246-53

Como Circular

O fascinante Bairro Antigo de Hanói pode ser explorado a pé, assim como a área em volta do lago Hoan Kiem. Carros alugados ainda não são uma boa opção, mas os corajosos (ou imprudentes) podem alugar uma bicicleta ou uma motocicleta. Fora do centro, é melhor pegar um táxi, pois o serviço de ônibus está apenas no começo. A maior parte dos hotéis e agências de viagem pode conseguir táxis ou micro-ônibus para visitar atrações na cidade ou nos arredores, em passeios de meio dia ou dia inteiro.

Legenda dos símbolos *na orelha da contracapa*

Rua a Rua: Bairro Antigo

Sempre barulhento e ativo, o Bairro Antigo é a zona comercial mais velha e movimentada de Hanói. No século XIII, diversos artesãos se estabeleceram ao longo do rio Vermelho para suprir as necessidades do palácio. Mais tarde, o artesanato se concentrou na área, e cada rua se especializou num produto específico. No decorrer dos anos, existiram 36 diferentes associações de artesãos, e a região ganhou o apelido de 36 Ruas. Agora, com vielas lotadas de centenas de lojinhas, restaurantes e antigas casas tubulares *(p. 31)*, o Bairro Antigo conserva seu charme histórico.

Vista de casas-tubo seculares, estreitas e compridas, no Bairro Antigo

❶ ★ Mercado Dong Xuan
Esse mercado ocupa um prédio de três andares. É o mais antigo da cidade e vende grande variedade de mercadorias, como roupas, comidas e utensílios domésticos.

Rua Hang Ma
Cheia de produtos brilhantes de papel, a Hang Ma (Rua do Papel Votivo) vende lanternas coloridas e faiscantes, lingotes "de ouro", lantejoulas, dinheiro, casas e outras réplicas de papel de bens materiais para serem queimados como oferendas aos antepassados mortos.

Cha Ca La Vong
O Cha Ca La Vong, um dos restaurantes mais antigos de Hanói, há mais de um século serve um único prato: tamboril em marinada de galanga (semelhante ao gengibre), açafrão, arroz fermentado e molho de peixe.

Legenda

— Percurso sugerido

Veja hotéis e restaurantes dessa região nas pp. 236-41 e 246-53

HANÓI | 161

Rua Hang Buom
Antiga Rua dos Fabricantes de Velame, a Hang Buom agora vende uma incrível variedade de guloseimas e doces, muitas variedades de café moído na hora e bebidas importadas, como uísque, conhaque e vinho.

Localize-se

O **Quan Chuong**, ou Portão do Comandante do Regimento, é o único que restou no Bairro Antigo dos 36 originais.

A Rua Hang Mam (Rua do Peixe em Salmoura) agora é ladeada de lojas que vendem lápides de mármore, muitas vezes com a imagem do morto.

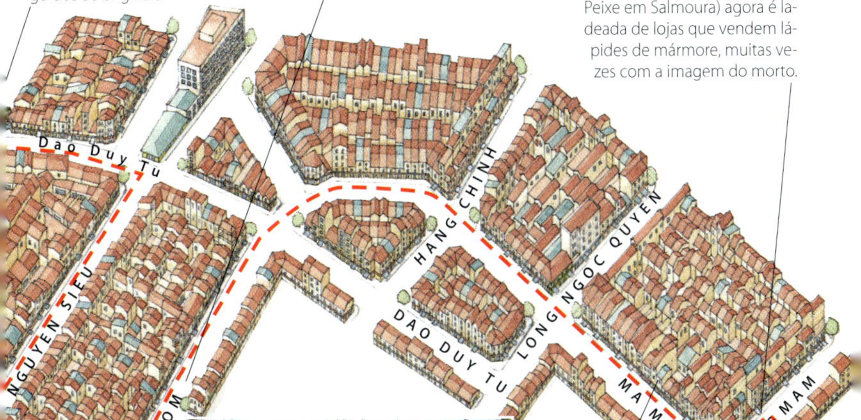

Para Den Ngoc Son

❷ ★ Templo Bach Ma
Construção religiosa mais antiga do Bairro Antigo, esse pequeno templo é dedicado ao espírito guardião da cidade, simbolizado por um cavalo branco mágico.

Nome das Ruas do Bairro Antigo

A maioria das ruas do Bairro Antigo tem o nome das associações comerciais que elas representavam. Em geral, o nome começa com a palavra *hang* (mercadoria), e a segunda palavra descreve o tipo de produto. Entre as ruas dali estão: Hang Gai (Rua da Seda), Hang Tre (Rua do Bambu), Hang Bac (Rua da Prata), Hang Huong (Rua do Incenso), e assim por diante. Hoje boa parte das ruas do Bairro Antigo oferece produtos diferentes do que seu nome indica. A sobrevivência desse sistema de ruas de associações comerciais provavelmente é única na Ásia oriental.

Instrumentos musicais da Rua Hang Non

Museu da Casa Memorial
Residência de próspera família chinesa, essa casa-tubo foi muito bem restaurada e dá uma ótima noção de como viviam os negociantes do Bairro Antigo séculos atrás.

Altar memorial para o general Ma Vien, entre flores, no Templo Bach Ma

❶ Mercado Dong Xuan

Cruzamento das ruas Dong Xuan e Hang Chieu, no Bairro Antigo. **Mapa** 2 E2. **Tel** (04) 3829-5006. 6h-18h diariam.

Como maior e mais antigo mercado coberto de Hanói, o Dong Xuan ocupa uma posição de destaque na cidade. Já no final do século XIX os franceses demoliram o Mercado da Ponte Leste, que ficava nesse local, e o substituíram por uma construção coberta, com cinco grandes salões. O Dong Xuan recebeu o nome de uma aldeia que existiu nesse ponto e que agora é um centro comercial. Em 1994, porém, o mercado sofreu um duro golpe, quando um incêndio destruiu quase todo o edifício. Apesar de reconstruído em 1996, tudo que resta da estrutura original é a fachada de 1889, restaurada.

A atual edificação de três andares está lotada de grande variedade de roupas, utensílios domésticos, frutas, legumes, verduras, carnes, peixes e diferentes tipos de arroz. Além dos itens locais, alguns artigos estrangeiros de baixo custo também estão à venda.

Ali perto fica a histórica **Ponte Long Bien**. Sua importância estratégica como única ponte a cruzar o rio Vermelho em Hanói fez dela um alvo importante para a Força Aérea dos EUA na Guerra do Vietnã (pp. 48-9). Ela sobreviveu ao bombardeio pesado e agora é usada por muitos pedestres e ambulantes.

❷ Templo Bach Ma

Rua Hang Buom 76, Bairro Antigo. **Mapa** 2 E2. amanhecer-anoitecer diariam.

Esse templo pequeno mas elegante é a construção mais velha do Bairro Antigo (pp. 160-1) e, no formato original, data da fundação da capital de Thang Long (p. 164), que ficou conhecida como Hanói no século XIX. Segundo a lenda, quando o rei Ly Thai To criou a capital, em 1010, os muros da cidade viviam caindo, até que apareceu um cavalo branco mágico e indicou onde as novas fortificações deveriam ser erguidas. Num gesto de gratidão, Ly Thai To construiu o Bach Ma (Templo do Cavalo Branco), que se tornou o espírito guardião da cidade. O templo foi restaurado no século XIX, com contribuições da comunidade hoa, chinesa, estabelecida na Rua Hang Buom. Embora uma estátua do cavalo branco ainda apareça com destaque, os hoa também introduziram a veneração de Ma Vien, general chinês que restabeleceu o controle chinês sobre o Vietnã no ano 43. Também está exposto um antigo palanquim entalhado.

❸ Teatro Thang Long de Marionetes na Água

Rua Dinh Tien Hoang 57B, Distrito de Hoan Kiem. **Mapa** 2 E3. **Tel** (04) 3825-5450. sessões às 13h45, 15h, 16h10, 17h20, 18h30, 20h e 21h15 diariam. taxa extra para fotos e vídeos.
w thanglongwaterpuppet.org

Esse talvez seja o melhor lugar em todo o país para ver as sessões da tradicional arte das roi nuoc, ou marionetes na água. A produção é excelente, pois os mestres bonequeiros usam músicas dramáticas com orquestra tradicional e efeitos especiais surpreendentes, como fumaça, bombinhas e dragão que lança fogo, para criar uma apresentação movimentada. No final, a cortina de bambu por trás do palco é levantada e aparecem os bonequeiros com água até a cintura. Os lugares mais perto do palco oferecem ótimas oportunidades para fotografar.

Bonecos do popular Teatro Thang Long de Marionetes na Água

Teatro de Marionetes na Água

Acredita-se que as *roi nuoc*, ou marionetes na água, originárias do delta do rio Vermelho, tenham surgido há mais de mil anos. Trata-se de uma das mais autênticas expressões da cultura vietnamita. No passado, as apresentações ocorriam nas vilas, em rios, lagos ou arrozais. Hoje as sessões acontecem nos teatros, em grandes tanques cheios de água. Ocultos atrás do palco, os bonequeiros ficam com água até a cintura e manobram os fantoches de madeira ao som de uma orquestra tradicional. Efeitos especiais com fumaça, fogos e dragões que expelem fogo animam o espetáculo. As histórias têm a perspectiva de uma antiga cultura pastoril e apresentam protagonistas tradicionais e vilões, como guerreiros heroicos, latifundiários corruptos e governantes cruéis.

Ao vivo, **cantores e instrumentistas** enriquecem o desempenho dos bonequeiros. A música acompanha a sessão o tempo todo, e a sonoridade da melodia cresce em momentos-chave da história.

O **ty ba**, popular instrumento de cordas, é usado por muitas orquestras tradicionais. Feito de madeira leve, possui quatro cordas e braço comprido.

Temas Populares

Em geral, os temas da *roi nuoc* são tradicionais e dizem respeito à vida rural. Animais míticos da cultura vietnamita, como dragões, fênix e unicórnios, têm papel de destaque, assim como búfalos e outros animais domésticos.

Um **palanquim** é carregado por criados.

Um **guarda-sol elaborado** simboliza posição e autoridade.

As **marionetes** são esculpidas em madeira resistente à água, em geral figueira ou *sung*, e pintadas de cores vivas.

Os **bonequeiros** surgem por trás da cortina no final do espetáculo. Sua arte é reconhecida com palmas e gritos de aclamação.

A **palmeira artificial** dá um toque rural ao cenário.

O **povo da vila** cerca um dragão, criatura mítica adorada e auspiciosa, que é uma das personagens de destaque.

Cenário panorâmico da The Huc, ou Ponte Raio de Sol, no lago Hoan Kiem

❹ Lago Hoan Kiem

Distrito Hoan Kiem. **Mapa** 2 E3. ⏱ 24 horas diariam. 🚶🚗🚌 Den Ngoc Son Lago Hoan Kiem. ⏱ 7h-19h diariam.

No coração de Hanói, esse lago encantador é muito apreciado pelo povo vietnamita. Diz a lenda que no início do século XV, durante a ocupação Ming *(p. 44)*, o general Le Loi ganhou de presente uma espada mágica de uma tartaruga divina, dourada, que vivia nas águas do lago. Com a ajuda dessa espada, Le Loi expulsou os chineses de Thang Long, atual Hanói, e se proclamou imperador Le Thai To.

Algum tempo depois, quando o imperador velejava pelo lago, a tartaruga divina mais uma vez subiu à tona e pediu a espada de volta. Desde então, o lago ficou conhecido como Ho Hoan Kiem, ou lago da Espada Restituída.

Em meados do século XIX, um pequeno pagode chamado **Thap Rua** (Torre da Tartaruga) foi erguido para celebrar esse evento sobrenatural. Localizado numa ilhota no centro do lago, a construção se tornou um símbolo famoso da cidade.

Numa ilha na ponta norte do lago fica o **Den Ngoc Son** (Templo da Montanha de Jade), uma das edificações religiosas mais bonitas e reverenciadas da capital. Chega-se ao templo por uma bonita ponte de arcos de madeira pintada de vermelho: a famosa **Huc** (Ponte do Raio de Sol). Do início da dinastia Nguyen, no começo do século XIX, o prédio está muito bem-conservado. Dotado de beirais com pontas levantadas e dragões de entalhe elaborado, tem o vermelho, o dourado, o amarelo e o preto como cores predominantes. O templo foi criado por um mandarim chamado Nguyen Van Sieu. Um tinteiro de pedra estilizado repousa acima do portão do templo; bem perto, um afilado pilar de pedra representa um pincel tradicional de escrita. Os ideogramas da estela significam: "escrita num céu claro". Uma tartaruga gigante que morreu no lago em 1968 é conservada em uma sala nos fundos. O Den Ngoc Son é dedicado aos espíritos da terra, à medicina e à literatura, assim como a Tran Hung Dao, o general que derrotou os mongóis no século XIII *(p. 44)*.

A leste do lago acha-se a grande **estátua de Ly Thai To**, uma homenagem ao grande fundador de Thang Long. A estátua de bronze, que se tornou muito popular entre os vietnamitas devotados, é venerada com incenso e flores. Hoje o lago Hoan Kiem é um dos locais mais concorridos da cidade, quase sempre cheio de casais passeando, praticantes de tai chi e idosos que jogam xadrez. O lago também tem papel importante nas comemorações do Tet *(pp. 32-3)*, com música ao vivo e grande queima de fogos.

A Fundação de Thang Long

No ano de 968, Tien Hoang De, primeiro governante da dinastia Dinh, transferiu a capital de Dai La, situada nas proximidades da Hanói atual, para Hoa Lu, 80km para o sul, na província de Ninh Binh. Com essa mudança, Tien Hoang pretendia se deslocar para uma região o mais longínqua possível da fronteira com a China. No entanto, a transferência não durou muito tempo. Apenas 42 anos depois, Ly Thai To, fundador da dinastia Ly, sentiu-se insatisfeito com o isolamento físico de Hoa Lu e determinou a mudança da capital de volta para Dai La. Em 1010 ele retornou à antiga capital, derrotou os chineses numa batalha violenta e estabeleceu seu reinado ali. Segundo a lenda, quando ele entrou na cidade, um dragão dourado levantou voo de cima da cidadela e subiu aos céus. Isso foi interpretado pelo imperador como sinal auspicioso, e ele deu novo nome à cidade: Thang Long, ou Dragão Ascendente.

A Thap Rua, ou Torre da Tartaruga, refletida no lago Hoan Kiem

Marionetes de dragões dourados, criaturas míticas auspiciosas

Veja hotéis e restaurantes dessa região nas pp. 236-41 e 246-53

HANÓI | 165

Catedral de S. José, com fachada neogótica e torres imponentes

❺ Catedral de São José

Rua Nha Tho, Distrito de Hoan Kiem. **Mapa** 2 E3. **Tel** (04) 3828 5967. ⏰ 5h-19h diariam. Chua Ba Da: rua Nha Tho 3, Distrito de Hoan Kiem. ⏰ amanhecer-anoitecer diariam.

Igreja mais importante de Hanói, a Catedral de S. José, também chamada Nha Tho Lon, foi inaugurada em 1886 e atende a população católica da cidade. Em estilo neogótico tardio, a edificação, com torres majestosas, é arquitetonicamente semelhante às catedrais encontradas em qualquer cidade provinciana da França. O interior, mais digno de nota, apresenta altar ornamentado, vitrais franceses e uma recente pintura em baixo-relevo dos reis magos, com camelos, na parede de trás.

A catedral costuma lotar aos domingos e em festas importantes, como Páscoa e Natal. Na maior parte dos dias, porém, suas portas ficam fechadas fora do horário de missa, mas é possível entrar por uma porta lateral.

Localizado ao leste da catedral, encontra-se o **Chua Ba Da** (Pagode da Senhora de Pedra). Erguido no século XV, o pagode era conhecido como Linh Quang (Santa Luz). Mas diz a lenda que a descoberta da estátua de uma mulher de pedra, quando o pagode estava em construção, resultou no nome mais comum.

Uma passagem estreita é usada para entrar no Chua Ba Da, que é um oásis de tranquilidade no coração da velha Hanói. O pagode tem muitas estátuas do Buda Thich Ca, ou Sakyamuni, e dois grandes sinos de bronze antigos.

❻ Museu da Prisão Hoa Lo

Rua Hoa Lo 1, Distrito de Hoan Kiem. **Mapa** 2 D4. **Tel** (04) 3824 6358. ⏰ 8h-17h diariam.

A mal-afamada Prisão Hoa Lo foi construída em Hanói pelos franceses em 1896. Originalmente, devia comportar 450 prisioneiros, mas, por volta da década de 1930, o número de detentos subira para quase 2 mil, na maioria presos políticos. Tinha o nome de Maison Centrale durante o domínio francês – a placa original ainda está na entrada.

Na Guerra do Vietnã, a prisão ganhou notoriedade por encarcerar pilotos americanos abatidos, que a apelidaram de Hanoi Hilton. Boa parte do complexo prisional foi demolido em 1997, criando espaço para a construção das Hanoi Towers. Mas os arquitetos conservaram uma parte da velha prisão para criar o Museu da Prisão Hoa Lo.

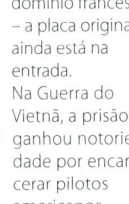

O acervo conta com um conjunto horripilante de grilhões, chicotes e outros instrumentos de tortura, além de minúsculas celas de confinamento, as solitárias, que datam do período colonial francês. Também está exposto um trecho do antigo sistema de tubos estreitos de esgoto, pelo qual fugiram mais de cem prisioneiros em agosto de 1945.

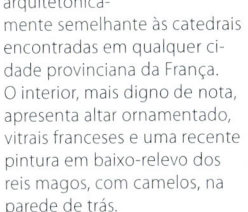

Mural de tortura colonial, no Museu da Prisão Hoa Lo

Uma pequena seção do museu é dedicada ao período americano e tenta mostrar como os prisioneiros dos EUA (inclusive o senador John McCain) foram mais bem tratados, em comparação com a brutalidade com que os franceses lidavam com os vietnamitas. Atrás do museu está uma guilhotina: surpreendentemente simples, mas ainda assim um terrível instrumento de morte.

❼ Pagode do Embaixador

Rua Quan Su 73, Distrito de Hoan Kiem. **Mapa** 2 D4. **Tel** (04) 3825 2427. ⏰ 8h-11h, 13h-16h diariam.

Criado como ponto de parada para dignitários budistas visitantes, o Chua Quan Su (Pagode do Embaixador) tem esse nome por causa de uma hospedaria que existia no local no século XV. Centro oficial do budismo maaiana em Hanói, é um dos pagodes mais procurados da cidade, atraindo centenas de seguidores, principalmente nas festas budistas importantes.

O atual pagode data de 1942 e abriga imagens de encarnações passadas, presentes e futuras de Buda: os Budas A Di Da, ou Amitabha; Thich Ca, ou Sakyamuni; e Di Lac, ou Maitreya. Muitos monges e monjas fazem atendimento no pagode.

Uma lojinha ao lado da entrada vende itens ligados ao budismo e objetos rituais.

Altar com um Buda de muitos braços, no Pagode do Embaixador

8 Sofitel Legend Metropole Hotel

Rua Ngo Quyen 15, Distrito Hoan Kiem. **Mapa** 2 F4. **Tel** (04) 3826 6919. 24 horas diariam. **w** sofitel-legend.com
Casa de Hóspedes do Governo: rua Ngo Quyen 10, Distrito de Hoan Kiem. ao público.

Hotel mais antigo e de maior prestígio de Hanói, o Metropole foi construído em estilo colonial francês, com muito ferro batido e decoração art nouveau. Inaugurado em 1901, foi durante muitos anos o hotel mais procurado de toda a Indochina francesa. Entre os hóspedes famosos, do passado e do presente, estão atores, escritores, chefes de Estado e outras figuras públicas muito conhecidas, como W. Somerset Maugham (1874-1965), Charlie Chaplin (1889-1977), Graham Greene (1904-1991), Noel Coward (1899-1973), Michael Caine e Vladimir Putin.

Embora o hotel tenha se deteriorado durante os anos de austeridade do socialismo, entre 1954 e 1986, foi muito bem restaurado e readquiriu sua antiga glória e a grandiosidade luxuosa.

A notável **Casa de Hóspedes do Governo**, ao norte do Metropole, foi construída em 1919 como palácio do governador francês. Sua fachada colonial e o pórtico de ferro batido com vários níveis são atraentes e valem uma observação atenta.

Jardim no pátio e restaurante do Sofitel Legend Metropole Hotel

9 Ópera

Rua Trang Tien 1, Distrito Hoan Kiem. **Mapa** 2 F4. **Tel** (04) 3933 0133. em apresentações. **w** hanoioperahouse.org.vn

Baseada na Ópera de Paris e projetada por Charles Garnier, a Ópera de Hanói, também chamada Nha Hat Lon (Casa da Grande Canção), foi inaugurada em 1911. Ela se transformou na peça central da arquitetura colonial francesa, não apenas em Hanói, mas em toda a Indochina francesa. Antes da Segunda Guerra Mundial, a Ópera era o centro da vida cultural da cidade. Mas, no final do domínio francês, começou a entrar em decadência. Nos anos anteriores à liberalização econômica e cultural do país, no final da década de 1980, apareciam artistas chineses ou russos. Apresentações como o balé militante *Destacamento vermelho de mulheres* ou o recital de algum conjunto de Kiev (agora Ucrânia) eram realizados no local. Em meados da década de 1980, até mesmo esses limitados intercâmbios culturais haviam cessado, e a Ópera ficou quase abandonada. Em 1994 as autoridades decidiram restaurar e reabrir a casa, num projeto de US$14 milhões que levou três anos. Agora, o prédio dotado de colunas, com os espelhos dourados e a grandiosa escadaria reformados, está magnífico. O teatro de 600 lugares, com equipamentos de áudio moderníssimos, encena operetas vietnamitas, balés e recitais de piano. Sede da Orquestra Sinfônica de Hanói, também apresenta espetáculos de companhias convidadas.

10 Museu Nacional da História Vietnamita

Rua Pham Ngu Lao 1, Distrito de Hoan Kiem. **Mapa** 2 F4. **Tel** (04) 824 1384. 8h-12h, 13h30-17h diariam. 1ª seg de cada mês. marcar com antecedência. **w** nmvnh.com.vn

A princípio conhecido como École Française d'Extrême-Orient, esse museu foi construído em 1925. Projetado por Ernest Hébrard, introduziu um novo estilo híbrido de arquitetura, o indochinês, que incorporava elementos dos estilos vietnamita, *khmer* e francês. Ligado a um pagode octogonal, a construção é pintada de amarelo-queimado, com venezianas verde-escuras. E, apesar de ser ornamentada com colunatas caprichosas, vigas e balaustradas, o efeito geral é oriental.

Conhecido como Bao Tang Lich Su, o museu é um dos melhores do Vietnã. Ocupa dois andares e apresenta excelente acervo de objetos da pré-histórica cultura *dong son*, do delta do rio Vermelho, e também das civilizações *sa huynh* e *oc eo*, do Vietnã meridional. O museu também conta com esculturas datadas do império de Champa. Algumas mostras dispõem de estacas de madeira da batalha de Bach Dang, no século XIII *(p. 44)*.

O parque atrás do museu tem jardim com estátuas de deusas

Escultura no Museu Nacional da História Vietnamita

A grandiosa fachada de colunas da Ópera

Veja hotéis e restaurantes dessa região nas pp. 236-41 e 246-53

A arquitetura indochinesa do Museu Nacional da História Vietnamita

cham e leões *khmer*, além de dragões ao estilo vietnamita.

⓫ Templo Hai Ba Trung

Rua Dong Nhan, Distrito de Hai Ba Trung. ⏰ só nos festivais.
🎉 Festival Hai Ba Trung (início mar).

Um dos complexos religiosos mais importantes do país, o Templo Hai Ba Trung é consagrado ao culto popular de heróis divinizados. Ele homenageia as heroicas Irmãs Trung, que conseguiram expulsar os chineses por um breve período, no século I d.C. Fundado pelo imperador Ly Anh Ton em 1142, o templo conserva como relíquia os supostos restos mortais petrificados das irmãs.

O templo fica na margem oeste de um pequeno lago artificial chamado Huong Vien. A entrada é por um amplo portão ladeado por altas colunas brancas, que exibem símbolos e ideogramas chineses auspiciosos para a longevidade, coroados por flores de lótus estilizadas.

Em geral, o templo não é aberto ao público. Mas, durante o festival anual *(p. 34)*, atrai centenas de devotos. Durante esse evento grandioso, as duas são banhadas com águas do vizinho rio Vermelho e vestidas com novos trajes vermelhos.

Guardião do Templo Hai Ba Trung

⓬ Pagode Lien Phai

Rua Ngo Chua Lien Phai, Distrito de Hai Ba Trung. **Tel** (04) 3863 2562.
⏰ 7h-11h, 13h30-17h30 diariam.

O Pagode Lien Phai (Pagode da Seita do Lótus) é uma das poucas relíquias que restaram dos senhores Trinh *(p. 45)* em Hanói. Segundo a inscrição da estela central, o senhor Trinh Thap tinha um palácio nessa área, e um dia seus funcionários desencavaram uma pedra enorme, com formato de raiz de lótus, em seus jardins. Trinh Thap encarou isso como uma indicação de Buda de que ele deveria abandonar a vida privilegiada e tornar-se monge. Mandou construir um templo no palácio onde a pedra fora descoberta. O pagode foi erguido em 1726, e Trinh Thap passou o resto de seus dias ali, como monge. Quando morreu, suas cinzas foram enterradas no pagode, e algumas caligrafias dele estão penduradas perto do altar principal. A edificação mais impressionante do conjunto é a Dieu Quang (Torre da Luz Milagrosa), que se eleva em dez níveis. A Seita do Lótus, fundada por Trinh Thap, venera A Di Da, o Buda Amitabha, e acredita que, pronunciando o nome dele e concentrando-se, uma pessoa pode renascer no Paraíso Ocidental de Sukhavati, ou Terra Pura. A seita é muito popular na China e no Japão.

As Irmãs Trung

O século I d.C. foi um período de ressentimento contra o domínio chinês. No ano 40, Trung Trac e a irmã, Trung Nhi, criaram um exército com a ajuda de senhores vietnamitas. Numa luta destemida, elas expulsaram os chineses e estabeleceram o próprio reino em Me Linh, no delta do rio Vermelho. Em 43, porém, os chineses dominaram a rebelião. Para não serem capturadas, as irmãs se suicidaram pulando no rio Hat. Séculos depois, figuras de pedra de duas mulheres surgiram na margem do rio Vermelho. Como se acreditava que fossem os restos mortais das irmãs Trung, petrificadas e transformadas em estátuas, elas foram levadas para a vila Dong Nhan, agora distrito de Hai Ba Trung, e instaladas num templo de lá. Hoje as irmãs são veneradas como heroínas da independência nacional.

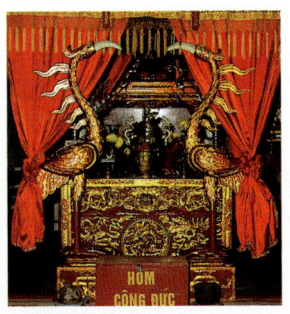

Altar para a veneração das irmãs Trung

⓭ Templo da Literatura

pp. 170-1.

Imagem de Buda com muitos braços, no Museu de Belas-Artes do Vietnã

⓮ Museu de Belas-Artes do Vietnã

Rua Nguyen Thai Hoc 66, Distrito de Ba Dinh. **Mapa** 1 B3. **Tel** (04) 3823 3084. 8h30-17h diariam.
w vnfam.vn

Instalado num elegante prédio colonial, o Bao Tang My Thuat (Museu de Belas-Artes) exibe um acervo interessante e variado de artefatos, arquitetura, pinturas, esculturas e muitas obras de arte vietnamitas. As mostras foram montadas cronologicamente, a começar com uma excelente coleção de relíquias da Idade da Pedra e do Bronze, no primeiro andar.

Também estão expostas diversas esculturas de madeira, pedra e laca, o que ilustra a natureza versátil da arte do Vietnã. Um dos destaques é o extraordinário bodisatva, ou ser iluminado, supostamente com mil olhos e braços.

Os salões do segundo andar contêm algumas das melhores pinturas de laca do país, e o terceiro andar dispõe de várias aquarelas e óleos de pintores vietnamitas. Entre as outras mostras estão entalhes do planalto Central, pinturas em blocos de madeira da cultura *dong ho* e trajes étnicos. A loja do museu vende cópias de peças antigas.

⓯ Museu de História Militar do Vietnã

Rua Dien Bien Phu 28A, Distrito de Ba Dinh. **Mapa** 1 C3. **Tel** (04) 3823 4264. 8h-11h30, 13h-16h30 ter-qui e sáb-dom.

Localizado na extremidade sul da histórica cidadela de Hanói e ao lado da Torre da Bandeira, o Museu de História Militar do Vietnã fica num antigo alojamento francês que compreende um complexo de 30 galerias. Traçando o desenvolvimento e a história das forças armadas do Vietnã através dos séculos, esse é um dos museus de guerra mais importantes do país. Apresenta uma coleção variada de mostras relacionadas às primeiras batalhas contra chineses e mongóis, embora o destaque fique com as guerras mais recentes, contra a França, o Khmer Vermelho, a China e os EUA. As exposições contam com filmes, fotografias e outros arquivos de imagem. Vale a pena ver o diorama da batalha de Dien Bien Phu *(p. 199)*.

O pátio externo do museu mostra diversas lembranças de guerra, como restos de equipamentos franceses, soviéticos e americanos, armamentos, aviões de combate, além de um MIG-21 soviético cuidadosamente conservado. Perto do museu fica a Torre da Bandeira, ou **Cot Co**, hexagonal. Como a Torre da Tartaruga do lago Hoan Kiem *(p. 164)*, essa é um símbolo importante, não apenas de Hanói, mas das forças armadas vietnamitas.

Em frente ao museu, em um pequeno parque, há uma estátua de Lênin.

A fachada branca e simples do Museu Ho Chi Minh

⓰ Museu Ho Chi Minh

Rua Ngoc Ha 19, Distrito de Ba Dinh. **Mapa** 1 B2. **Tel** (04) 3845 5435. 8h-16h30 ter-qui e sáb-dom; 8h-12h seg, sex.
w baotanghochiminh.vn

Criado em 1990, um século após o nascimento de Ho Chi Minh *(p. 173)*, esse museu registra e louva a vida e as conquistas do líder revolucionário numa série de mostras muitas vezes estranhas. Entre elas há uma mistura eclética de recordações pessoais, fotografias em preto e branco de sua juventude e de um longo período que ele passou na Europa e na China.

Há também instalações de arte que representam conceitos abstratos, como a liberdade e o progresso social. Parcial sem fazer apologia, o museu é informativo, incomum e bem-elaborado.

Tanque da Frente de Libertação Nacional, no Museu de História Militar do Vietnã

Veja hotéis e restaurantes dessa região nas pp. 236-41 e 246-53

HANÓI | 169

⓱ Pagode de Um Pilar

Rua Chua Mot 8, Distrito de Ba Dinh. **Mapa** 1 B2.
🕐 8h30-16h30, 13h-16h diariam.

Competindo com a Cot Co como um dos símbolos de Hanói, o Chua Mot Cot (Pagode de Um Pilar) foi erguido pelo imperador Ly Thai Tong em 1049. Situado dentro do pequeno Pagode Dien Huu, também do século XI, esse pagode de madeira foi construído sobre um único pilar de pedra, em um elegante lago. Segundo a lenda, o rei, que não tinha nenhum filho, teve um sonho em que recebia a visita de Quan Am, deusa da misericórdia. Ela estava sentada numa flor de lótus e o presenteava com um bebê menino. Logo depois, Ly Thai Tong se casou, e a jovem rainha lhe deu um filho. Em sinal de gratidão, o imperador ordenou a construção do pagode de um pilar, em referência à flor de lótus. O pagode representa a pureza, como um florescimento da flor de lótus em uma lagoa barrenta. O pilar foi confeccionado em pedra e tem 1,25m de diâmetro. Durante séculos, o pagode foi danificado e reconstruído muitas vezes; porém, o mais duro de suportar foi o incêndio provocado pelos franceses em 1954.

A escada que leva ao pequeno e encantador Pagode de Um Pilar

⓲ Mausoléu de Ho Chi Minh

Pça Ba Dinh Sq, Distrito de Ba Dinh. **Mapa** 1 B2. 🕐 8h-11h ter-qui e sáb-dom. 🚫 fecha dois meses por ano, em geral out e nov, para manutenção do embalsamamento. 📷

No lado oeste da Praça Ba Dinh, uma edificação cinza, pesadona, construída com material extraído da montanha de Mármore, perto de Danang *(p. 138)*, tornou-se a última morada de Ho Chi Minh.

Homem modesto, orgulhoso de sua imagem pública austera, quase ascética, Ho Chi Minh pretendia que fosse cremado e que suas cinzas fossem espalhadas pelo norte, centro e sul do Vietnã, para simbolizar a unidade nacional para a qual ele devotara a vida. Fiel a seus princípios, diz-se que ele também vetou a construção de um pequeno museu sobre sua vida na cidade onde nasceu, perto de Kim Lien *(p. 155)*, argumentando que os fundos seriam mais bem empregados na construção de uma escola. Contudo, após a morte de Ho Chi Minh, em 1969, os líderes do politburo vietnamita supostamente alteraram seu testamento, retirando o pedido para ser cremado. Em vez disso, com auxílio de especialistas soviéticos, o líder foi embalsamado e colocado no mausoléu em 1975.

O exterior do prédio é considerado por muitos como pesadão e sem atrativos. Supostamente, os arquitetos pretendiam que a edificação representasse uma flor de lótus, apesar de ser difícil imaginar como.

Por dentro, o ambiente é sóbrio e respeitoso. Ho Chi Minh, vestido com trajes simples escolhidos pelo líder nacionalista chinês Sun Yat Sen, jaz num salão frio, obscuro, com as mãos cruzadas sobre uma coberta de tecido escuro.

O mausoléu é importante local de peregrinação para muitos vietnamitas, principalmente do norte, e deve ser visitado com respeito e reverência. Comportamentos barulhentos, paradas demoradas ou trajes impróprios são estritamente proibidos.

O exterior sombrio do Mausoléu de Ho Chi Minh

⓳ Palafita de Ho Chi Minh

Rua Bach Thao 1, Palácio Presidencial, Dist. de Ba Dinh. **Mapa** 1 B2. 🕐 7h30-11h30, 14h-16h ter-qui e sáb-dom. 🌿 Jardim Botânico: rua Hoang Hoa Tham. 🕐 7h30-22h diariam. ♿ 📷

Como Ho Chi Minh considerava o Palácio Presidencial muito grandioso para ele, ao se tornar presidente da República Democrática do Vietnã, em 1954, mandou construir uma modesta estrutura de madeira, num canto do grande terreno do palácio. Copiada de uma palafita das minorias étnicas, essa edificação despojada é conhecida como Nha Bac Ho, ou Casa do Tio Ho. Perto das estacas e rodeadas de plantas estão as mesas e as cadeiras usadas pelos membros do politburo nas reuniões com Ho Chi Minh.

Uma escada de madeira na parte de trás da casa leva a dois cômodos: um escritório e um quarto, ambos mantidos como eram no tempo do grande líder. O escritório tem uma máquina de escrever antiga e uma estante. O quarto é mais espartano ainda: uma cama, um relógio elétrico, um telefone velho e um rádio constituem as únicas concessões ao conforto. Ao redor da casa modesta há jardins muito bem tratados, com chorões, mangueiras e os perfumados jasmim-do-cabo e jasmim-australiano. Ho Chi Minh morou ali de 1958 a 1969.

Perto da palafita presidencial, o **Jardim Botânico** dispõe de dois lagos e muitas folhagens, além de uma exposição permanente de esculturas.

⓭ Templo da Literatura

O mais antigo e possivelmente o mais bonito complexo arquitetônico de Hanói, o Van Mieu (Templo da Literatura) surgiu em 1070, na dinastia Ly (1009-1225). Fundado para homenagear o filósofo chinês Confúcio, serviu como centro de ensino superior que educou futuros mandarins durante mais de sete séculos. É inspirado no Templo de Confúcio da cidade chinesa de Qufu, e consiste em cinco pátios, dos quais os dois primeiros apresentam jardins bem conservados. Cada pátio é separado por muros com portões ornamentados e um caminho central que atravessa o complexo, dividindo-o em metades simétricas.

Portão Van Mieu, elegante entrada do Templo da Literatura

Poço da Clareza Celestial
Um tanque quadrado, chamado Thien Quang Tinh (Poço da Clareza Celestial), domina o terceiro pátio. Nas laterais há construções cobertas que abrigam 82 estelas de pedra, as relíquias mais preciosas do templo.

Xadrez Humano
Durante o Tet, realiza-se um xadrez humano no quarto pátio. Com trajes coloridos, cada participante representa uma peça do xadrez e se movimenta, como no jogo, para as direções fornecidas pelos jogadores.

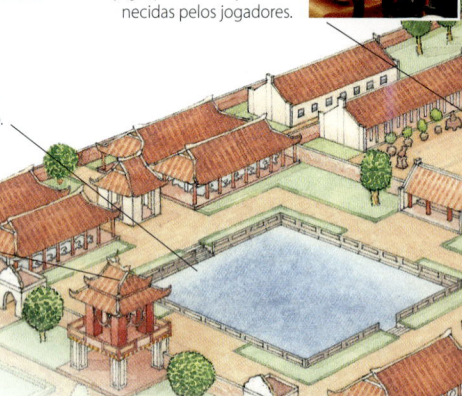

★ Khue Van Cac
Também conhecido como Constelação da Literatura, esse portão ornamentado foi erguido em 1805 para refletir o brilho do legado literário de Van Mieu. No andar de cima, apresenta quatro sóis radiantes, voltados para os pontos cardeais.

LEGENDA

① **Uma torre de sino** magnífica foi acrescentada numa restauração recente.

② **O Salão Thai Hoc** abriga um altar dedicado a Chu Van An, ex-diretor da Academia Imperial, além de imagens de três imperadores da dinastia Ly.

Monges budistas caminham pelos jardins do primeiro pátio

Veja hotéis e restaurantes dessa região nas pp. 236-41 e 246-53

HANÓI | 171

Sala de Música
Uma pequena orquestra de músicos e cantores tradicionais se apresenta com regularidade, ao lado do Altar de Confúcio, e utiliza antigos instrumentos de corda vietnamitas *(pp. 28-9)*.

PREPARE-SE

Informações Práticas
Rua Quoc Tu Giam.
Mapa 1 B4. **Tel** (04) 3845 2917.
7h30-17h30 abr-set, 8h-17h out-mar.

O Grande Tambor
A contrapartida da torre do sino, a oeste do Salão Thai Hoc, é a torre do tambor gigante, a leste. As duas torres aparecem juntas na arquitetura tradicional chinesa.

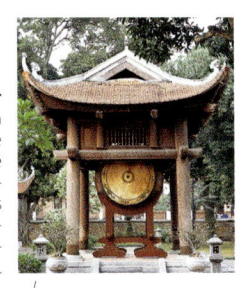

★ Templo de Confúcio
Atrás de Bai Duong fica o templo comprido e laqueado de vermelho dedicado a Confúcio. Ele contém estátuas do grande filósofo e de quatro de seus principais discípulos, todos com ricos trajes vermelhos e dourados.

★ Estelas das Tartarugas
Dispostas sobre pedestais de grandes tartarugas, essas estelas têm inscrições com o nome e alguns detalhes pessoais dos acadêmicos que passaram nos exames de Van Mieu. Elas datam do século XV até o século XVIII. Das 112 estelas originais, apenas 82 sobreviveram.

★ Altar de Confúcio
A Bai Duong (Casa das Cerimônias) contém um altar de Confúcio com decoração elaborada, ladeado por estátuas de grous em cima de tartarugas, um símbolo auspicioso. O rei e seus mandarins faziam oferendas e sacrifícios no local.

Coloridos pedalinhos ancorados na margem do Ho Tay

⓴ Cidadela de Hanói

9 Hoang Dieu, Distrito de Ba Dinh.
Mapa 1 C2. ⏲ 8h-11h30, 13h30-17h ter-dom.

Durante séculos a Cidadela de Hanói teve acesso limitado aos governantes do país, mas em 2010 foi reconhecida pela Unesco como Patrimônio da Humanidade e hoje encontra-se aberta ao público. Apesar de grande parte desse sítio histórico ter sido destruída pelos franceses no fim do século XIX, as construções que sobreviveram valem a visita.

Na ponta sul desse complexo gigantesco, adjacente ao Museu de História Militar, está a Cat Co, ou Torre da Bandeira. A norte desse ponto, o Portão Doan Mon é possivelmente a estrutura mais impressionante que restou da cidadela. Suas imponentes muralhas contêm cinco arcos e sustentam um pavilhão de teto duplo; são avistadas assim que o visitante transpassa a entrada para a Cidade Proibida. Além do portão, escavações revelam um aqueduto sofisticado, provavelmente usado para irrigação. Do Palácio Kinh Tien, que funcionava como a residência imperial, não sobrou nada além da belíssima balaustrada esculpida em formato de dragão.

No coração do complexo há um edifício colonial achatado, chamado D67, que era o centro de comando das forças do norte durante a Guerra do Vietnã. A mesa de conferência ainda tem os assentos reservados a personalidades como o general Giap (1911-2013), o cérebro por trás de muitas das vitórias vietnamitas. Existe também um abrigo antibomba no subsolo.

A norte do D67 encontram-se outras duas construções interessantes – Hau Lau e Cua Bac, o portão setentrional. A oeste da Rua Hoang Dieu, uma escavação arqueológica gigante que revela sobretudo fundações de antigos palácios dá ideia da dimensão original da cidadela.

⓴ Ho Tay

Mapa 1 A1. 🚲 🏊 🍴 🏛 Pagode Tran Quoc: ilha Kim Ngu, Passarela Thanh Nien. ⏲ amanhecer-anoitecer diariam. Templo Quan Thanh: esquina da passarela Thanh Nien e rua Quan Thanh. ⏲ amanhecer-anoitecer diariam.

A oeste de Hanói há dois bonitos lagos, isolados do rio Vermelho pelo grande dique do norte. O maior dos dois é o Ho Tay, ou lago do Oeste, onde fica a sede do clube de vela de Hanói. Ele é separado do Truc Bach, ou lago da Seda Branca, a leste, por um caminho artificial. No passado, Ho Tay estava ligado aos senhores Trinh, que construíram palácios, pavilhões e muitos templos budistas em suas margens. Os palácios desapareceram, mas restaram muitos templos, entre os quais o mais antigo da cidade: o Pagode Tran Quoc. Diz a lenda que ele foi fundado à margem do rio Vermelho, no governo de Ly Nam De (reinado 544-48), mas se transferiu para a atual localização no século XVII. Também vale a pena visitar o Templo Quan Thanh, patrocinado pelo imperador Ly Thai To, fundador da dinastia Ly (p. 44). Reconstruído em 1893, é dedicado a Tran Vo (Guardião do Norte). No altar há uma imagem dessa divindade taoísta.

Atualmente a área ao redor de Ho Tay está se sofisticando, com muitos hotéis de luxo na margem. A região abriga também diversos bares e restaurantes de alto nível.

㉑ Pagode Kim Lien

Ho Tay, Distrito de Tu Liem.
⏲ amanhecer-anoitecer diariam.

Localizado na margem norte do Ho Tay, o Pagode Kim Lien é muito atraente. Apesar de ficar um pouco afastado, vale uma visita. Segundo a lenda, a princesa Tu Hoa, filha do imperador Ly Than Tong, do século XII, trouxe suas damas de companhia para a área, a fim de cultivarem bichos-da-seda para tecidos. Em 1771, sobre as fundações do palácio dela foi erguido um pagode, que recebeu o nome de Kim Lien, que significa Lótus Dourado, em memória da princesa.

Atualmente entra-se por um portão de arco triplo. O pagode tem três pavilhões dispostos em três linhas, que se supõe representar o ideograma chinês *san*, ou três. Todos têm telhados em diversos níveis, com os beirais levantados.

Exterior de tijolo à vista do Pagode Tran Quoc

Veja hotéis e restaurantes dessa região nas pp. 236-41 e 246-53

Ho Chi Minh

Aclamado como líder e principal força por trás da luta pela independência do Vietnã, Ho Chi Minh nasceu em 1890 na vila de Hoang Tru, perto de Vinh. Depois de estudar em Hue, Ho Chi Minh, então conhecido como Nguyen Tat Thanh, saiu do Vietnã em 1911 para viajar pelo mundo. Influenciado por ideologias socialistas em sua estada na Europa, fundou organizações comunistas em Paris, Moscou e na China. Voltou ao Vietnã em 1941, onde adotou o nome de Ho Chi Minh (Aquele que Ilumina) e criou a Liga da Independência Vietnamita (Vietminh). Em 1966 tornou-se presidente da República Democrática do Vietnã, e comandou guerras longas e penosas contra franceses e americanos. Embora tenha morrido seis anos antes que se concretizasse a reunificação, a independência do Vietnã é considerada sua maior realização.

Quoc Hoc, prestigiada escola de Hue, foi onde Ho Chi Minh estudou, junto com o futuro general Vo Nguyen Giap e Pham Van Dong, depois primeiro-ministro do Vietnã.

Nguyen Ai Quoc ou Nguyen, o Patriota, foi o pseudônimo adotado por Ho Chi Minh na década de 1920. Muito influenciado pelos princípios socialistas, foi membro fundador do Partido Comunista Francês, em Paris, fez parte do Partido Comunista da União Soviética e fundou o Partido Comunista Indochinês, na China.

Essa foto de 1945 mostra Ho Chi Minh se preparando para uma campanha contra os franceses. A guerra assumiu grandes proporções em 1946, e o Vietminh, liderado por Ho Chi Minh, empenhou-se numa batalha sangrenta que duraria oito longos anos.

Acampado em túneis e cavernas secretas, Ho Chi Minh passava horas aperfeiçoando estratégias, como a resistência subterrânea e as táticas de guerrilha, para expulsar as forças francesas, que finalmente foram derrotadas em 1954.

Homem muito gentil e despojado, Ho Chi Minh era adorado por adultos e crianças. Ele falava diversos idiomas fluentemente, a exemplo de chinês, russo, francês e inglês.

Reverenciado e amado como pai do Vietnã moderno, Ho Chi Minh aparece na forma de estátuas e retratos em todo o país, como homenagem a seu compromisso com a unidade da nação. Kim Lien (p. 155), a vila de sua infância, é atualmente um santuário nacional.

The Huc (Ponte do Raio de Sol), no lago Hoan Kiem, em Hanói

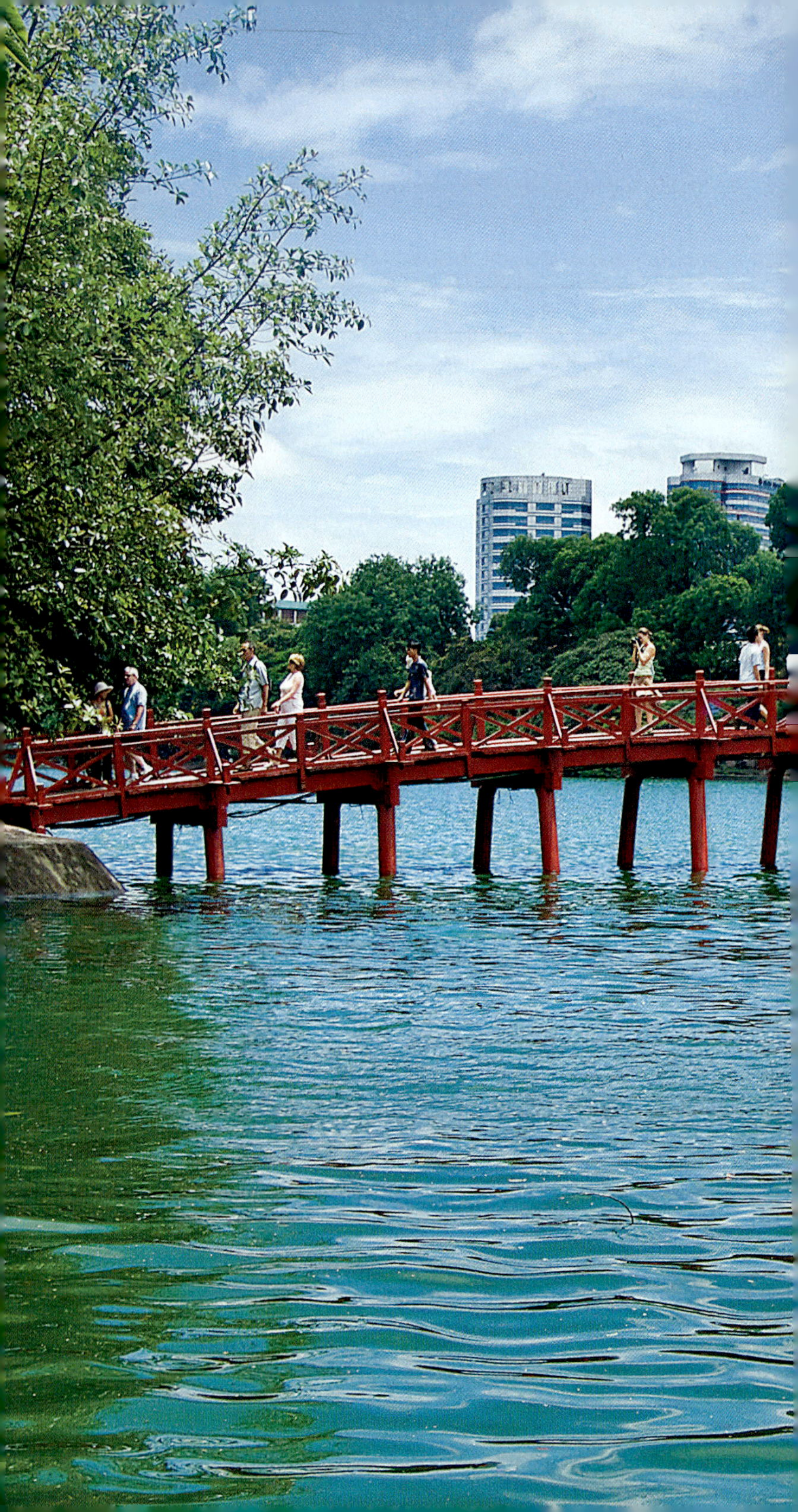

NORTE DO VIETNÃ

O norte do Vietnã é um rico repositório de história e tradições, com muitos dos templos e fortalezas mais antigos do país. Também conta com belezas naturais que vão desde montanhas elevadas e cânions escarpados, no oeste, até ilhas de carste que despontam na baía de Halong, no leste. Além disso, as montanhas a noroeste são habitadas por minorias étnicas únicas do ponto de vista cultural.

Coroado pelos picos serrilhados das montanhas Hoang Lien, o norte do Vietnã exibe uma topografia quase intacta, além de um cenário de diversidade cultural. As florestas intocadas e os vales das áreas montanhosas do norte e do noroeste são povoados por dezenas de minorias, como as *hmong, tai, dao* e *nung*. As vilas de Son La, Bac Ha e Sapa são muito pitorescas, com palafitas de madeira em meio a verdes terraços de arroz. Também no oeste longínquo, o vale de Dien Bien Phu tem grande importância histórica. É famoso como local da vitória *vietminh* sobre os franceses em 1954, um capítulo triunfante da história do Vietnã.

O nordeste, por sua vez, é conhecido pelas centenas de encantadoras formações de carste que surgem no golfo de Tonquim e nas de baías Halong e Bai Tu Long. Formações semelhantes despontam acima da floresta tropical da ilha Cat Ba, que também tem praias douradas e recifes de coral espetaculares. Em contraste, a vizinha cidade portuária de Haiphong, no extremo norte da província, no delta do rio Vermelho, orgulha-se de seu movimento comercial e industrial. Um pouco ao sul ficam as terras baixas, férteis e marcadas por amplos arrozais, lar da etnia vietnamita, ou *kinh*.

Essa região também tem sua cota de parques nacionais, como o Ba Be e o Cuc Phuong, famosos por fauna e flora nativas, sem falar no espetacular Geoparque do Planalto de Carste Dong Van. O norte ganhou notoriedade pelos festivais e eventos que movimentam os locais religiosos, principalmente o Pagode do Perfume, que se enche de centenas de peregrinos budistas durante três meses todos os anos.

Aldeia instalada no meio de arrozais cultivados em terraços, ao redor de Sapa

◀ Mulheres *h'mong* com roupas tradicionais fazem compras no mercado de domingo da cidade de Bac Ha, em Lao Cai

Como Explorar o Norte do Vietnã

Região do país ocupada há mais tempo, o norte do Vietnã tem história e cultura muito ricas. As planícies férteis do delta do rio Vermelho estão cheias de templos antigos, moradias de clãs e pagodes, entre os quais está o pitoresco e venerado Pagode do Perfume. Mais ao norte, os campos cultivados com capricho e os assentamentos urbanos dão lugar às magníficas montanhas Hoang Lien. O destino mais procurado dessa região é o balneário de montanha de Sapa, de onde fica fácil visitar o vizinho Bac Ha e explorar as áreas ao redor, que abrigam diversas minorias étnicas. A leste, a baía de Halong é o local de belezas naturais mais famoso do Vietnã. No sul, ficam as densas florestas do Parque Nacional Cuc Phuong.

A cristalina Thac Bac ou Cachoeira de Prata, perto de Sapa *(pp. 200-1)*

Principais Atrações

Cidades
- ❷ Halong
- ❺ Haiphong
- ❼ Ninh Binh
- ❿ Hoa Binh
- ⓬ Moc Chau
- ⓭ Son La
- ⓮ Dien Bien Phu
- ⓯ Sapa
- ⓰ Bac Ha
- ⓲ Cao Bang

Áreas de Beleza Natural
- ❶ *Baía de Halong pp. 186-8*
- ❹ Baía Bai Tu Long
- ⓫ Vale Mai Chau
- ⓳ Geoparque do Planalto de Carste Dong Van

Parques Nacionais
- ❾ Parque Nacional Cuc Phuong
- ⓱ Parque Nacional Ba Be

Ilhas
- ❻ Ilha Cat Ba

Sítios Religiosos
- ❸ Centros de Peregrinação Yen Tu
- ❽ *Pagode do Perfume pp. 196-7*

Moças *hmong* das flores em trajes tradicionais, no Mercado Bac Ha *(p. 201)*

0 km   50

NORTE DO VIETNÃ | 185

Magníficas formações de carste, na baía de Halong *(pp. 186-8)*

Legenda

- Rodovia
- Estrada principal
- Estrada secundária
- Ferrovia
- Fronteira internacional
- Fronteira de província

Como Circular

Viajar pelo Vietnã do Norte, principalmente no nordeste, está cada vez mais fácil depois da construção das novas estradas para Haiphong, Halong e a fronteira com a China. No noroeste convém pegar o trem noturno para Lao Cai ou um voo para Dien Bien Phu, em vez de enfrentar a dura viagem por terra. A melhor maneira de circular e aproveitar a bela paisagem é alugar um carro com motorista. Muitos ônibus também trafegam pelas estradas e podem ser contratados por hotéis e agências de viagens em Hanói, Ninh Binh e Sapa. A baía de Halong pode ser explorada de barco. É possível alugar um barco por preço razoável no píer da baía Chay, em Halong ou em Hanói. Serviços de hidrofólio ligam Haiphong à ilha Cat Ba.

Legenda dos símbolos *na orelha da contracapa*

❶ Baía de Halong

Patrimônio da Humanidade, a belíssima baía de Halong se espalha por uma área de 1.500km², marcada por mais de 2 mil formações de calcário e dolomita em formato de picos. Segundo a lenda, a baía surgiu quando um dragão gigantesco (*ha long* significa "dragão que desce") mergulhou no golfo de Tonquim e criou milhares de ilhotas com as chicotadas de sua cauda. Os geólogos explicam que a topografia de carste é produto de uma erosão seletiva milenar. O resultado é uma paisagem marítima dotada de um labirinto de formações rochosas bizarras, cavernas isoladas e angras com praias *(p. 188)*.

Localize-se
- Área ilustrada
- --- Patrimônio da Humanidade

★ Hang Dau Go
Chamada Grotte des Merveilles (gruta das Maravilhas) pelos franceses no século XIX, Hang Dau Go tem estranhas formações de estalactites e estalagmites, iluminadas por luzes verdes e azuis.

Tuan Chan ①

② **Dau Go**

Cat Ba

LEGENDA

① Na **Dao Tuan Chau**, grande ilha a sudoeste de Bai Chay, ficava a antiga residência de Ho Chi Minh. Agora compõe um amplo complexo de recreação.

② **Hang Thien Cung** (gruta do Palácio Celestial) dispõe de estalactites e estalagmites cintilantes. Como Hang Dau Go, tem luzes coloridas na iluminação suave.

③ **Em Halong**, ferryboats fazem o trajeto de Bai Chay, a oeste, para Hong Gai, a leste, e daí para as ilhas.

④ **Dong Tam Cung**, descoberta apenas em meados da década de 1990, é uma das cavernas mais notáveis da baía.

⑤ **Hang Trong** (caverna do Tambor) está cheia de estalactites e estalagmites que produzem um som que lembra tambores distantes quando o vento sopra lá dentro.

⑥ **Dao Titop** dispõe de uma pequena praia isolada. Pode-se caminhar até o topo da ilhota.

Formação de Carste

Em boa parte do golfo de Tonquim, tanto na baía de Halong quanto em terra, em Tam Coc, picos de calcário desgastados pelas intempéries se elevam pelos arredores, quase na vertical, formando um cenário maravilhoso. Essas formações de carste compõem-se de sedimentos depositados no leito do mar em tempos pré-históricos, que posteriormente alcançaram a superfície por meio da elevação geológica e da erosão. Expostas à chuva quente e ácida, essas formações calcárias alcalinas foram desgastadas e assumiram formatos fantásticos e espetaculares.

Rocha calcária erodida pela ação de ácidos

Veja hotéis e restaurantes dessa região nas pp. 236-41 e 246-53

NORTE DO VIETNÃ | 187

Vilas Flutuantes
Perto do porto de Hong Gai, essas vilas contam não apenas com casas-barco, mas também com postos de combustível, hortas, canis e até chiqueiros flutuantes.

PREPARE-SE

Informações Práticas
Mapa rodoviário C1.
164km a L de Hanói; 60km a NE de Haiphong. 🚤 para algumas ilhotas e cavernas. 🛥 pode ser combinada em Hanói, Halong e Haiphong. 🏨 Halong. **Cuidado:** Alguns barcos apresentam problemas de segurança. Pergunte sobre coletes salva-vidas e práticas de primeiros-socorros antes de agendar seu passeio.

Transporte
🚌 de Hanói. 🚌 de Haiphong. 🚢 do píer de Bai Chay (táxi de Hanói e de Haiphong).

Barcos-de-dragão
Esses barcos de cores vivas representam o animal lendário que criou a baía de Halong. No Vietnã, o dragão também é símbolo da realeza e da boa sorte.

★ Hang Bo Nau
Preferida pelos fotógrafos, Hang Bo Nau (caverna do Pelicano) é famosa pelas vistas emolduradas que oferece das embarcações que navegam pela baía.

★ Hang Sung Sot
Hang Sung Sot (caverna da Admiração) é conhecida pela pedra em forma de falo, símbolo da fertilidade. Diz-se que as rochas da câmara interior lembram sentinelas conversando.

0 km   2

Como Explorar a Baía de Halong

Passear de barco pelas ilhotas e cavernas sensacionais da baía de Halong é uma experiência mágica. É preciso ao menos um dia inteiro para explorar ilhas e grutas, muitas delas santuários religiosos. A maior parte dos locais mais conhecidos fica na parte ocidental da baía e costuma encher de gente. Em geral, a viagem fica mais confortável num barco particular fretado, contratando-se um guia bem informado e passando por áreas menos visitadas da baía resplandecente.

Hang Dau Go

Uma das cavernas mais famosas da baía de Halong, Hang Dau Go (caverna da Madeira Escondida) fica na ilha Dau Go, a caminho da ilha Cat Ba *(p. 193)*. Seu nome data do século XIII, quando o general Tran Hung Dao *(p. 44)* a usava para esconder estacas de metal afiadas para matar. Esses recursos foram enterrados em águas rasas, perto da praia, para destruir a frota do inimigo mongol. Hang Dau Go tem muitas estalactites e estalagmites de formatos curiosos.

Hang Thien Cung

Também na ilha Dau Go, a Hang Thien Cung (gruta do Palácio Celestial) pode ser acessada por uma escada íngreme. Foi descoberta apenas em meados da década de 1990. Fluxos de luz cor-de-rosa, verde e azul iluminam as estalactites brilhantes que pendem do teto.

Hang Sung Sot

Conhecida como caverna da Admiração, a Hang Sung Sot fica na ilha Bo Hon, que os franceses chamavam Isle de la Surprise. Primeira caverna entre as três câmaras de Sung Sot, possui uma pedra grande em forma de falo, iluminada de cor-de-rosa, venerada como símbolo de fertilidade pelos moradores.

Por sua vez, as formações da câmara interna, chamada Castelo Sereno, são fascinantes e parecem vivas quando os reflexos da água as atingem. Ali perto, a **Hang Bo Nau** (caverna do Pelicano) atrai visitantes pelas vistas fantásticas que oferece da baía.

Símbolo fálico de pedra, reverenciado por moradores, em Hang Sung Sot

Dong Tam Cung

Fissura maciça de carste, Dong Tam Cung (Três Palácios) consiste em três câmaras cheiasde estalactites e estalagmites. As três grutas são iluminadaspor holofotes que ressaltam o estranho e maciço arranjo de estalactites em forma de cenoura. As opiniões se dividem, mas há quem considere Dong Tam Cung ainda mais impressionante do que Hang Dau Go.

Hang Trong

A pouca distância de Hang Bo Nau, a pequena Hang Trong (caverna do Tambor) ecoa um fraco e misterioso som de percussão quando uma rajada de vento passa pelas estalactites e estalagmites.

Dao Tuan Chau

Uma ilha grande ao sul de Bai Chay, Tuan Chau se desenvolveu como complexo de lazer com mansões coloniais francesas restauradas e um resort que apresenta shows meio sem graça com baleias, golfinhos e leões-marinhos. O que vale a pena são os restaurantes de frutos do mar e as praias.

Dao Titop

A principal atração dessa ilha é a praia isolada, muito procurada por nadadores. É possível caminhar até o topo, de onde se tem uma vista espetacular da baía de Halong. Além de nadar, o visitante pode aproveitar os equipamentos de esportes aquáticos disponíveis na praia, como o parasailing.

Casas pintadas de cores vivas numa vila flutuante da baía de Halong

Veja hotéis e restaurantes dessa região nas pp. 236-41 e 246-53

Ferryboats atracados em Hon Gai, Halong

❷ Halong

Mapa rodoviário C1. 164km a L de Hanói na rod 18; 60km a NE de Haiphong na rod 10. 🏨 200.000. 🚌 de Haiphong e Hanói. ⛴ de Haiphong. 🚢 ℹ️ Halong Tourism, (033) 362 8862. 🎉 Festival do Pagode Long Tien (fim abr).

Criada em 1994 pela fusão oficial das cidades de **Bai Chay** e **Hon Gai**, Halong é dividida pelo fino estreito de Cua Luc, o qual pode ser atravessado por uma nova ponte suspensa.

A oeste do estreito, Bai Chay é um próspero centro turístico, com diversas operadoras de viagem, hotéis e restaurantes. É também procurada por vietnamitas por sua vida noturna, com bares de karaokê e salões de massagem de reputação discutível.

Porém, para a maioria dos visitantes, pouca coisa atrai na própria Bai Chay, que é apenas um lugar conveniente para se hospedar e comer. As autoridades locais tentaram melhorar a situação construindo dois trechos de praias artificiais à beira-mar, mas isso não mudou quase nada. As águas continuam barrentas, e a areia está poluída.

No lado leste da nova ponte, a cidade de Hon Gai é a parte mais antiga e histórica de Halong. Apesar de ter sua cota de hotéis e restaurantes, ela não é turística. Na realidade, boa parte de sua riqueza, e também de sua sujeira, vem da indústria, principalmente das enormes minas de carvão a céu aberto que dominam o litoral leste.

Além do pó de carvão das docas está **Nui Bai Tho** (montanha do Poema), uma das poucas atrações de Halong. A montanha de calcário ganhou esse nome por causa das desgastadas inscrições feitas em suas laterais, escritas em louvor da beleza da baía de Halong. Diz-se que a mais antiga delas foi feita pelo rei Le Thanh Tong em 1468. No lado norte está o Pagode Long Tien, local religioso mais colorido e interessante de Halong.

❸ Centros de Peregrinação Yen Tu

Mapa rodoviário B1. 130km a NE de Hanói; 14km ao N de Uong Bi. 🚌 de Hanói, Halong e Haiphong até Uong Bi. 🎉 Festival do Pagode Yen Tu (meados fev-fim abril).

A montanha sagrada de Yen Tu, com 1.060m de altitude, é o pico mais alto da cordilheira de mesmo nome, que vem de Yen Ky Sinh, um monge que atingiu o nirvana lá no topo, mais de 2 mil anos atrás. Yen Tu ganhou fama durante o século XIII, quando o imperador Tran Nhan Tong (reinado 1278-93) se retirou para lá a fim de se tornar monge. Algumas das 800 edificações religiosas que se diz terem sido construídas pelo imperador e seus sucessores ainda estão ali.

Durante séculos, milhares de peregrinos fizeram a difícil subida ao topo do Yen Tu a pé. Hoje um teleférico leva rapidamente o visitante até o Pagode Hoa Yen, a mais de meio caminho até o pico. Dali ainda é preciso subir a pé até a construção mais importante, o **Chua Dong** (Pagode de Bronze). Ele é a sede espiritual da Truc Lam, seita budista maaiana da Floresta de Bambu, e foi construído no século XV. Foi completamente restaurado: 70 toneladas de bronze foram usadas para formar um templo de 20m² que simboliza um lótus.

Arredores

Situados nas encostas ocidentais da cordilheira de Yen Tu, cerca de 5km ao norte de Sao Dao pela Rodovia 18, existem dois dos locais de peregrinação mais importantes do país. O **Chua Con Son**, um dos pagodes, ao norte, é dedicado a Nguyen Van Trai, o poeta-guerreiro que ajudou o imperador Le Loi (p. 44) a expulsar os chineses do Vietnã no século XV. Esse pagode popular está sempre ativo, com monges e monjas que entoam preces quase o tempo todo.

Nos arredores encontra-se um templo pequeno, o **Den Kiep Bac**, consagrado a Tran Hung Dao, general da dinastia Tran (p. 44) no final do século XIII e herói nacional divinizado. No local se realiza um festival anual em homenagem a ele, durante o 8º mês lunar.

Escadas para o Chua Con Son, em Yen Tu

Vila de pescadores flutuante na baía de Halong, Vietnã ▶

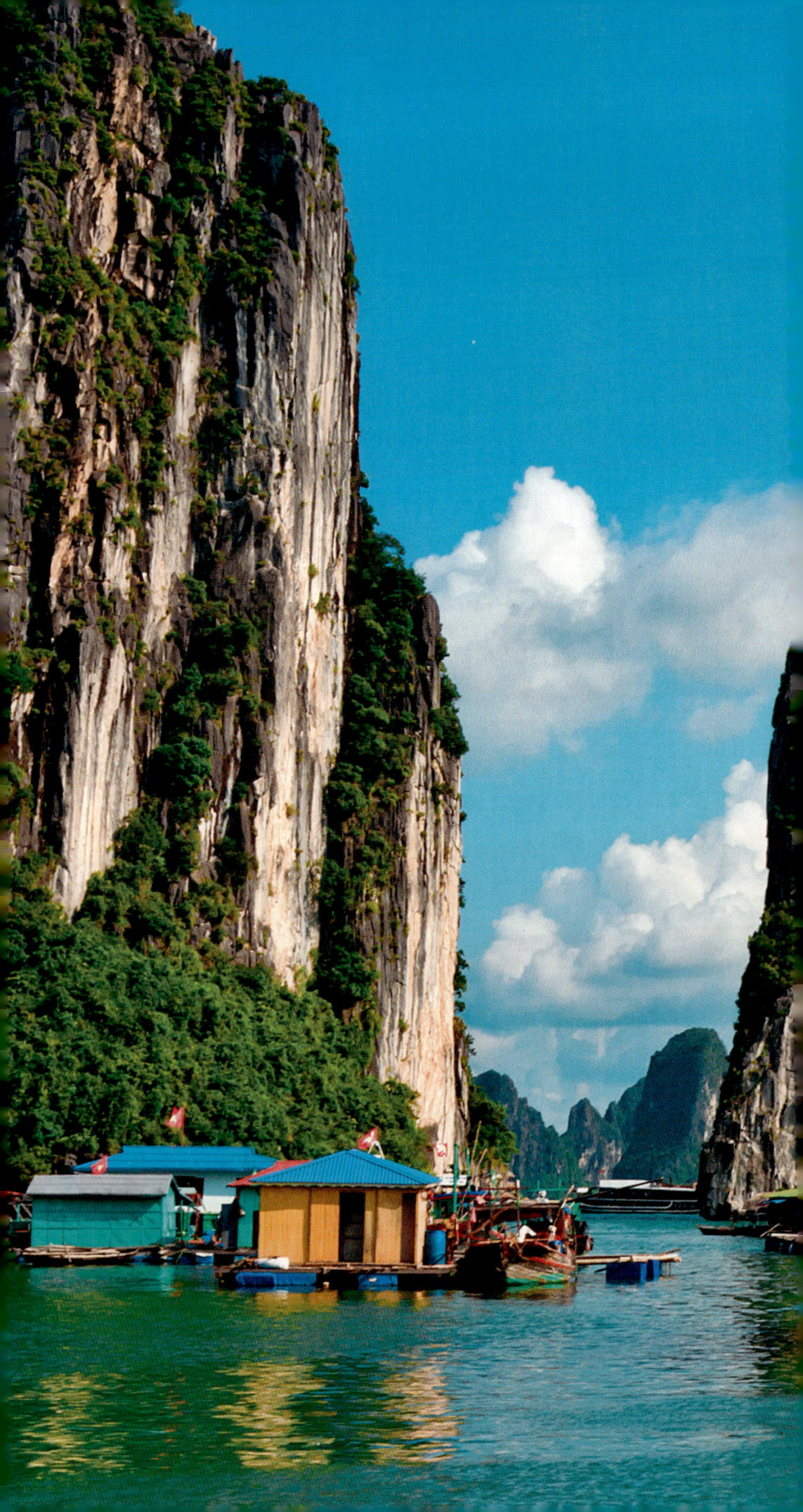

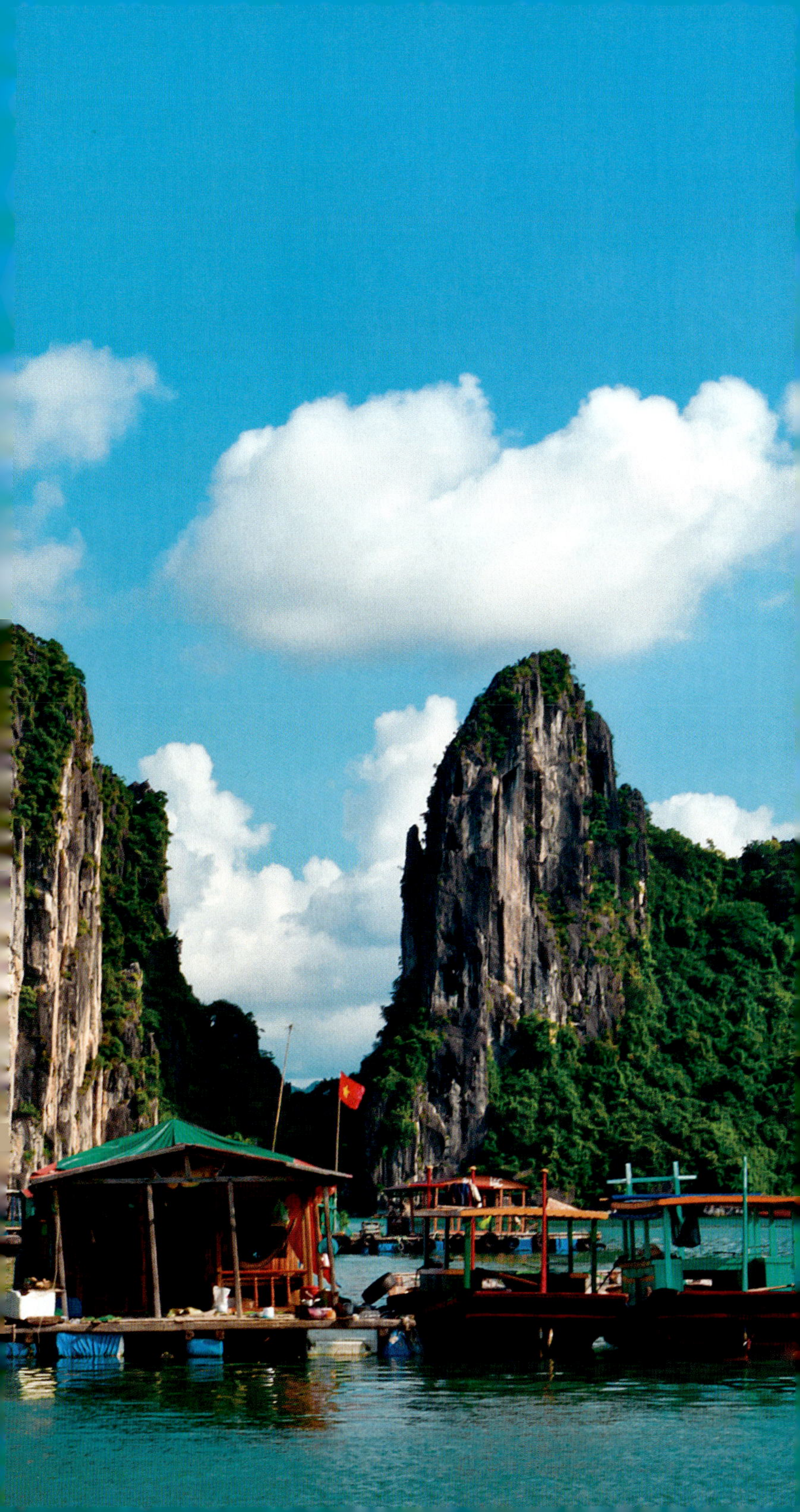

Minúscula vila flutuante perto da cidade de Cai Rong, na baía Bai Tu Long

❹ Baía Bai Tu Long

Mapa rodoviário C1. 60km a L de Halong. Halong. de Halong e de Cai Rong.

Trecho de águas litorâneas rasas salpicado de ilhas, a baía Bai Tu Long pode não ser tão famosa quanto a baía de Halong, mas também é espetacular. Com centenas de afloramentos de carste, ilhotas e também ilhas grandes, com praias agradáveis, fica menos apinhada e está mais preservada.

Na área, a ilha maior e mais desenvolvida é a **Van Don**, acessível por estrada e pelo mar a partir do porto industrial de Cua Ong. Belas praias e denso manguezal bordejam o litoral sudeste da ilha, o que a torna um destino procurado.

A maior parte das acomodações da área de Bai Tu Long se concentra na colorida Cai Rong, cidade portuária e pesqueira de Van Don. Ela é uma ótima base para excursões até as ilhas vizinhas. Infelizmente, a baía Bai Tu Long oferece poucos recursos turísticos. Isso se deve, parcialmente, ao isolamento, pois ela fica além do encardido cinturão do carvão do litoral, que se estende desde o distrito de Hon Gai, em Halong, até a cidadezinha de Cam Pha. Por isso, grande parte dos visitantes prefere fazer uma excursão a partir de Hanói e passar a noite a bordo de um barco explorando a baía. Outra opção é ir de carro de Hon Gai até a baía Bai Tu Long, passando por Cam Pha e Cua Ong. No caminho, as imensas minas de carvão a céu aberto impressionam. Dali pode-se fretar um barco para explorar as partes mais afastadas da baía.

Arredores
A mais afastada das três ilhas ao sul de Van Don é **Quan Lan**. A principal atração desse destino é Bai Bien, ótima praia de areias brancas. Esse é um dos poucos lugares além de Cai Rong com instalações para pernoite.

Co To, já no mar da China Meridional, é a ilha mais distante ao largo de Cai Rong. A viagem de ferryboat leva cerca de cinco horas na ida e outro tanto na volta. Com praia pequena e hospedagem simples na vila Co To, é um refúgio tranquilo.

A quase 20km de Cai Rong fica o **Parque Nacional Bai Tu Long**, criado em 2001. Espalhado pela ilha Ba Mun e redondezas, esse parque está adquirindo popularidade como destino de ecoturismo.

Formações de carste perto da ilha Van Don, na baía Bai Tu Long

❺ Haiphong

Mapa rodoviário B1. 100km a L de Hanói na rod 5. 1.837.000. de HCM e Danang. de Hanói. de Hanói e Halong. da ilha Cat Ba. *i* Haiphong Tourism, rua Minh Khai 18, (031) 382 2616. haiphong tourism.gov.vn

Atrás de Ho Chi Minh e de Hanói, Haiphong é a terceira cidade do país e o porto mais importante do norte. Sua localização estratégica fez dela alvo de invasores estrangeiros durante anos. Ela também enfrentou pesados bombardeios na Primeira Guerra da Indochina (*p. 47*) e, mais tarde, na guerra contra os EUA.

Sobrevivente de um passado violento, a Haiphong atual é uma avançada metrópole industrial, com fábricas de cimento, refinaria de petróleo e transporte de carvão.

Haiphong atrai poucos turistas, embora tenha ambiente sossegado, além de ótima comida e hospedagem. As atrações mais destacadas da cidade são as bonitas construções coloniais francesas. Entre elas está a catedral do século XIX, ao lado do rio Tam Bac, a **Ópera**, na Rua Quang Trung, e o **Museu de Haiphong**, cuja fachada gótica é mais notável do que seu acervo.

Situado um pouco distante do centro, na Rua Chua Hang, o **Pagode Du Hang**, do século XVII, é famoso pela arquitetura elaborada, enquanto a **Dinh Hang Kenh**, na Rua Nguyen Cong Tru, é uma bela casa comunitária antiga.

🏛 Museu de Haiphong
Rua Dien Tien Hoang 11.
⏱ 8h-11h30 ter e qui, 19h30-21h30 qua e dom.

Entrada colorida e ornamentada do Pagode Du Hang, em Haiphong

Veja hotéis e restaurantes dessa região nas pp. 236-41 e 246-53

NORTE DO VIETNÃ | 193

❻ Ilha Cat Ba

Mapa rodoviário C1. 45km a L de Haiphong; 22km ao S de Halong. 22.000. hidrofólio de Haiphong, barcos fretados de Halong e Bai Chay.
w asiaoutdoors.com.vn

A maior ilha de um arquipélago espetacular com mais de 350 ilhotas e ilhas, Cat Ba é um dos destinos mais encantadores do norte do Vietnã.

Os principais atrativos da ilha sempre foram seu relativo isolamento e o charme bucólico. Cachoeiras, lagos de água doce, morros, manguezais e recifes de coral constituem apenas alguns aspectos dos incríveis ecossistemas diversificados de Cat Ba. Embora essas características sejam evidentes nas florestas, nas praias e nas esparsas aldeias da ilha, a **cidade de Cat Ba** está ficando cada vez mais populosa e poluída. Apesar disso, a maioria dos barcos atraca ali, pois se trata do único assentamento na área onde é possível pernoitar e comer com algum conforto. Com bares decadentes de karaokê, alguns restaurantes pequenos que servem frutos do mar frescos, poucos e precários salões de massagem e duas discotecas barulhentas, há pouca coisa para recomendar na cidade, a não ser o belo **Parque Nacional de Cat Ba**, a principal atração.

Em 1986, para proteger os hábitats variados da ilha, quase metade de Cat Ba recebeu a classificação de parque nacional. Famoso pela paisagem acidentada, com formações calcárias escarpadas, lagos, cavernas, grutas e densos manguezais, o parque oferece muita coisa ao visitante. A incrível variedade de flora encontrada no local também impressiona – são mais de 800 espécies catalogadas até agora. As florestas sustentam uma fauna diversificada, com javalis, cervos, macacos e grande número de espécies de pássaros e répteis. O parque é famoso pela comunidade de langures-dourados, que estão ameaçados de extinção e existem apenas nessa parte do mundo.

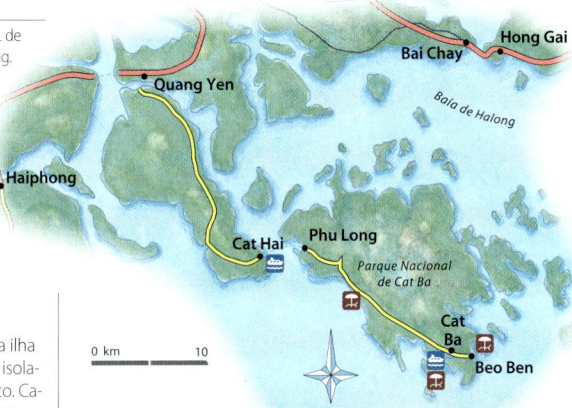

Hoje, estima-se que existam apenas 50 animais dessa espécie (*Trachypithecus poliocephalus*).

Além do turismo, o parque oferece atividades como trekking *(p. 265)* e camping para os aventureiros. Contudo, o visitante tem de levar seus equipamentos e suprimentos. A caminhada mais curta e popular sobe os 200m do pico de Ngu Lam, onde uma torre de observação oferece vistas espetaculares do parque. Uma caminhada mais longa, que pode levar de quatro a seis horas, atravessa o interior do parque coberto de árvores, passa pelo lago da Rã e vai até a aldeia de Viet Hai. Dali pode-se fretar um barco de volta à cidade de Cat Ba.

Também é possível fretar um barco em Cat Ba para explorar a baía de Halong *(pp. 186-8)*, a pouca distância para o norte, ou a menor mas pitoresca baía de

Flor da banana-lótus (ornamental) do Parque Nacional Cat Ba

Lan Ha, a nordeste, que tem praias minúsculas e exclusivas às quais se pode chegar por uma pequena taxa.

🗺 Parque Nacional de Cat Ba
20km a NO da cidade de Cat Ba. amanhecer-anoitecer diariam. por uma pequena taxa.

Pequenos hotéis e hospedarias à beira-mar, na cidade de Cat Ba

Legenda dos símbolos *na orelha da contracapa*

Recifes de Coral e Vida Marinha no Vietnã

Banhado pelas águas quentes dos trópicos, o litoral do Vietnã, com 3.260km e diversas ilhas em mar aberto, abriga muitos recifes de coral fantásticos. Eles se estendem desde as águas frescas da baía de Halong, ao norte, passam pelos mares mais quentes de Nha Trang e Phu Quoc, e vão até as remotas ilhas Con Dao, no sul. Os recifes também fornecem um hábitat muito diversificado para a grande variedade de vida marinha. O Fundo Mundial para a Natureza (WWF) identificou 280 espécies de corais nas águas vietnamitas, quase 20% das espécies de coral do mundo. Apesar de a maioria dos recifes do local estarem ameaçados pela pesca com dinamite e envenenamento por cianeto, diversas organizações estão trabalhando pela preservação do soberbo legado de corais do Vietnã.

Coral duro Coral mole **Cardumes** de peixes coloridos.

O Ecossistema dos Recifes

Os recifes de coral compõem-se de esqueletos de milhões de algas e pólipos de coral, acumulados em milênios. Crescem melhor em águas tropicais claras e formam um hábitat diversificado para a grande variedade de formas de vida, a exemplo de moluscos, tartarugas e muitas variedades de peixes coloridos.

A rara **tartaruga-verde** atinge 1,5m de comprimento e chega a pesar 200kg, o que faz dela a maior tartaruga marinha de casco duro.

A **moreia** frequenta os recifes de coral até uma profundidade de 200m. Na média, tem 1,5m de comprimento e é uma predadora voraz, que se esconde nas fendas do coral.

A **siba**, parente da lula, tem concha interna, oito braços e dois tentáculos cobertos de ventosas para agarrar a presa.

Dugongos, ou vacas-marinhas, são mamíferos mansos que alcançam 3m de comprimento e vivem nas águas rasas dos recifes, onde pastam ervas marinhas.

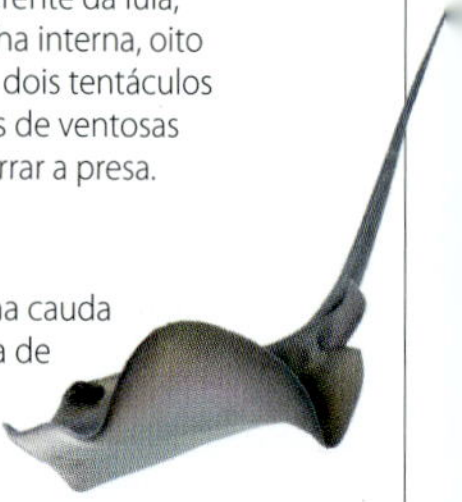

A **arraia-lixa** dispõe de uma cauda com ponta perfurante coberta de veneno. Impelido pelas grandes nadadeiras peitorais, esse peixe parece voar na água.

Mamíferos Marinhos do Vietnã

Os mares do Vietnã acolhem muitas espécies de mamíferos marinhos, como golfinhos, toninhas e até baleias. O ameaçado golfinho-de-irrawaddy vivia no delta do Mekong, mas não é visto ali há muitos anos. O ágil golfinho-nariz-de-garrafa, a jubarte e a baleia-franca-austral estão entre as espécies raras de mamíferos presentes nas águas do Vietnã.

Golfinhos-nariz-de-garrafa brincam na água

Jubarte

Baleia-franca-austral

Veja hotéis e restaurantes dessa região nas pp. 236-41 e 246-53

Agricultores de Hanh Ga usam baldes para irrigar a lavoura, uma prática comum

❼ Ninh Binh

Mapa rodoviário B2. 95km ao S de Hanói na rod 1. 155.000. Expresso da reunificação entre Hanói e HCM. Hanói. Ninh Binh Tourism, Estrada Dinh Tien Hoang, (030) 388 4101.

Base ideal para explorar o sul do delta do rio Vermelho, Ninh Binh tornou-se um destino procurado. A cidade em si não tem nada de notável; em compensação, há diversas atrações interessantes pela vizinhança.

O sítio histórico de **Hoa Lu**, 12km a noroeste de Ninh Binh, foi criado como capital real no ano de 958 pelo imperador Tien Hoang De, fundador da dinastia Dinh (reinado 958-980). O palácio e a cidadela sólidos, construídos por ele, embora quase em ruínas, ainda impressionam.

Um segundo templo real da vizinhança é dedicado a Le Dai Hanh, fundador da primeira dinastia Le (reinado 980-1009), que sucedeu à dinastia Dinh e substituiu a moeda chinesa pelas cunhadas no Vietnã.

Apenas 12km a noroeste de Hoa Lu está o maior complexo de templos do país, o **Templo Bai Dinh**. Inaugurado em 2010, abriga estátuas dos 500 *arhats* (Buda iluminado) e uma imagem de bronze do Buda que pesa 100 toneladas. No sudoeste de Hoa Lu, na província de Thanh Hoa, encontra-se a **Cidadela Ho**, reconhecida como Patrimônio da Humanidade pela Unesco em 2011. Porém, tudo o que resta dessa estrutura fundada pela dinastia Ho no início do século XV são os quatro portões de pedra maciça que apontam para os pontos cardeais.

Tam Coc (Três Cavernas), a 10km para sudoeste de Ninh Binh, muitas vezes é promovida como "baía de Halong terrestre" do Vietnã. Também possui formações de carste, mas enquanto as da baía de Halong despontam das ondas, em Tam Coc elas se erguem majestosamente do mar de campos de arroz. Leva cerca de três horas para visitar Tam Coc em barcos de metal impelidos por varas, ao longo da paisagem encharcada e de três longas cavernas. Em certos lugares, elas são tão baixas que é preciso abaixar a cabeça, enquanto as mulheres barqueiras impelem a embarcação empurrando o teto da caverna com as mãos. A **Bich Dong** (Caverna de Jade) fica apenas 3km ao norte de Tam Coc. Esse pagode sem igual foi recortado na lateral de uma formação de carste.

Não muito longe, a bucólica vila de pescadores de **Kenh Ga** merece uma visita. Instalada numa pequena ilha e rodeada de afloramentos de carste, ela é formada por casas flutuantes. O píer está em Tran Me, 7km ao sul de Ninh Binh. Leva mais ou menos três horas para conhecer Kenh Ga, e é muito relaxante entrar na gruta Van Trinh e observar o tranquilo cenário rural pelo caminho. A cerca de 1,5km de Tran Me ficam os pântanos cheios de junco da **Reserva Natural Van Long**, onde vive uma pequena comunidade do raro langur-de-delacour, protegida por formações calcárias inacessíveis.

Quase 30km a sudeste de Ninh Binh, a cidade de Phat Diem abriga a **Catedral de Phat Diem**, uma das igrejas mais conhecidas do Vietnã. Alexandre de Rhodes, jesuíta francês que criou o sistema de escrita romanizada do país, pregava no local em 1627, mas foi Tran Luc, um padre vietnamita, que organizou a construção dessa catedral diferente. Ela foi terminada em 1898 e combina a arquitetura gótica europeia com a tradição dos templos sino-vietnamitas.

Reserva Natural Van Long
Distr. Gia Vien, Prov. Ninh Binh.
Tel (030) 388 4141. diariam.
marcar hora.

Catedral de Phat Diem
Tel (030) 386 2058.
diariam.

Barco se aproxima de uma das muitas passagens de cavernas baixas e compridas, em Tam Coc

❽ Pagode do Perfume

Aninhado no meio de árvores em rochedos de calcário e voltado para o rio Suoi Yen, o Pagode do Perfume é uma das atrações mais espetaculares do Vietnã. Localizado na Nui Huong Tich (montanha do Vestígio Fragrante), o pagode compõe-se de quase 30 santuários budistas. O mais fascinante é o Pagode Huong Tich, instalado numa caverna profunda na encosta da montanha e dedicado a Quan Am, a deusa da misericórdia. A cada ano, durante o Festival do Pagode do Perfume (p. 34), milhares de budistas realizam uma peregrinação montanha acima e rezam pedindo absolvição, saúde e, no caso dos casais sem filhos, um bebê.

O Pagode Thien Tru, nos picos verdejantes da Nui Huong Tich

★ Pagode Huong Tich
Essa gruta venerada, cheia de fumaça de incenso, tem diversas estatuetas douradas de Buda e Quam Am. A frase "A Mais Bela Caverna sob o Céu do Sul" está entalhada perto da entrada, onde 120 degraus levam à caverna.

★ Pagode Thien Tru
Também conhecido como Pagode da Cozinha Celestial, esse santuário do século XVIII ergue-se em três níveis na encosta da montanha. Um elegante pavilhão de sino com três telhados fica na frente do templo, e uma estátua de Quan Am domina o altar principal, no interior.

LEGENDA

① **O Pagode Giai Oan** (Eliminação da Injustiça) é procurado por peregrinos em busca de purificação e justiça.

② **O Pagode Tien Son** fica numa caverna e é um dos santuários mais sagrados do local. Foi consagrado a Quam Am e contém quatro imagens de rubi.

③ **O Pagode Den Trinh** é a primeira parada na montanha, pois todos os peregrinos devem se "registrar" ou rezar e pedir que sejam aceitos para subir até Huong Tich.

Escadaria até Huong Tich
A subida até Huong Tich leva uma hora. No Festival do Pagode do Perfume, milhares de peregrinos se acotovelam nos degraus e cumprimentam todos com um piedoso *nam mo A Di Da phat*, ou "louvado seja o Buda Amitabha".

Legenda dos símbolos *na orelha da contracapa*

NORTE DO VIETNÃ | 197

★ Rio Suoi Yen
Uma frota de barcos, todos com mulheres remadoras, sobem com turistas por esse rio fantástico, a caminho do Pagode do Perfume. A viagem de uma hora e meia é um deslizar tranquilo por arrozais verdejantes. E o silêncio profundo só é quebrado pela batida dos remos.

PREPARE-SE

Informações Práticas
Mapa rodoviário B1. 65km a SO de Hanói pela rod 21, município de My Duc. ◯ diariam. Um teleférico leva passageiros do Pagode Thien Tru até o Pagode Huong Tich, mas esse bilhete não está incluído no preço do ingresso.

Transporte
do centro de Hanói e Ninh Binh.

O raro *Cervus nippon* do Parque Nacional Cuc Phuong

❾ Parque Nacional Cuc Phuong

Mapa rodoviário B2. Distrito Nho Quan, 45km a O de Ninh Binh; 140km a SO de Hanói. (030) 384 8006. micro-ônibus de Ninh Binh. ◯ 8h-17h30 diariam. com hora marcada. **w** cucphuongtourism.com

Primeiro parque nacional do Vietnã, criado em 1962, o Cuc Phuong cobre 223km² de floresta tropical e abriga uma variedade notável de animais e plantas. No local vivem quase cem espécies de mamíferos e répteis e mais de 300 tipos de aves. O parque também é famoso pela grande diversidade de flora, que conta com altas árvores de mil anos de idade e plantas medicinais.

Um dos destaques do parque é o **Centro de Resgate de Primatas em Extinção**. Fundado em 1993, o santuário cuida de animais resgatados de caçadores, promove programas de acasalamento e conservação e também reabilita primatas ameaçados e os solta na selva. Abrigo para muitas espécies de langures, gibões, lemurídeos e outros primatas, o centro é um ótimo lugar para ver de perto esses animais.

Cuc Phuong, além de excelentes oportunidades de trekking *(p. 265)*, tem muitas atrações, como cachoeiras e cavernas pré-históricas. Na vizinhança, vilas *muong* oferecem pernoite.

Centro de Resgate de Primatas em Extinção
Tel (030) 384 8002. ◯ diariam.
w primatecenter.org

Passeio até o Pagode do Perfume
Barcos a remo feitos de metal aguardam passageiros para o passeio até o Pagode do Perfume que sai do município de My Duc.

Veja hotéis e restaurantes dessa região nas pp. 236-41 e 246-53

❿ Hoa Binh

Mapa rodoviário B3. 74km a SO de Hanói. 115.000. Hanói.
Hoa Binh Tourist, rua An Duong 395, (018) 385 4374.

Cidade agradável, Hoa Binh significa "paz". Ironicamente, por sua localização estratégica perto do vale do Song Da (rio Preto), foi palco de muitas batalhas na Primeira Guerra da Indochina *(p. 47)*. Relíquias desses tempos estão no **Museu de Hoa Binh**, onde podem ser vistos uma barcaça militar francesa e um tanque francês destruído. Sede tradicional da comunidade *muong*, a cidade tem avenidas arborizadas e alguns restaurantes bons. É uma parada conveniente numa viagem de Hanói até as atrações da vizinhança, como Moc Chau e o vale Mai Chau.

A poucos quilômetros a noroeste de Hoa Binh fica a **Represa Song Da**. Passeios de barco para as vilas das minorias étnicas e pela represa podem ser agendados nas empresas de turismo locais.

🏛 Museu Hoa Binh
Rua An Duong Vuong 6. **Tel** (018) 385 2177. 7h-11h, 13h30-16h30 diariam.

Tanque francês capturado na Primeira Guerra da Indochina, no Museu de Hoa Binh

⓫ Vale Mai Chau

Mapa rodoviário B2. 140km a SO de Hanói; 70km a SE de Moc Chau na Rod 6. 50.000. de Hanói e Son La.

Rodeado pelos contrafortes da cordilheira Truong Son, esse vale charmoso e fértil é marcado por arrozais verdejantes e singulares vilas com casas de palafita. A maioria dos habitantes é tai branca. Conhecidas pela hospitalidade, as famílias oferecem hospedagem *(p. 234)* nas palafitas. Como os padrões de higiene e de cozinha são bons, essa é uma maneira autêntica de conhecer a vida nas montanhas.

Algumas casas grandes fazem até apresentações de danças e músicas típicas tais. À noite, os visitantes podem experimentar o álcool local, *ruou can*, tomado comunitariamente em grandes jarros, por meio de longos canudos de bambu.

Um dos destaques do local são as oportunidades de trekking oferecida por trilhas, campos e vilas do vale.

Moças da etnia tai branca dançam em Mai Chau em trajes típicos

⓬ Moc Chau

Mapa rodoviário B1. 200km a SO de Hanói; 121km a SE de Son La na rod 6. 152.000. de Hanói e Son La.

Em parte rural, a cidade comercial de Moc Chau é famosa pelas plantações de chá e pela florescente indústria de laticínios. A generosa produção de leite de vaca, além do iogurte cremoso e dos doces muito saborosos feitos no local são transportados diariamente para Hanói.

Uma vez que Moc Chau não é tão conveniente quanto Mai Chai para estadas mais longas, a maioria das pessoas para nessa cidade apenas para descansar na viagem de Hanói até Son La. Minorias étnicas, como os *hmong (pp. 202-3)* e os tais, ocupam aldeias vizinhas que valem uma visita.

⓭ Son La

Mapa rodoviário A1. 320km a NO de Hanói na rod 6; 150km a L de Dien Bien Phu na rod 6. 92.000. Hanói. de Hanói e Dien Bien Phu.

Cortada pelo estreito rio Nam La, a movimentada cidadezinha de Son La era conhecida como "Sibéria do Vietnã". Responsável pelo apelido, a mal-afamada prisão do período francês, a **Prisão de Son La**, ergue-se num morro arborizado. O isolamento e o clima frio de Son Lan eram considerados ideais para o encarceramento de nacionalistas e revolucionários vietnamitas. Prisioneiros desobedientes eram agrilhoados e confinados em celas sem janelas, e a guilhotina da prisão era muito usada. No entanto, como costuma ocorrer, a prisão também servia de escola revolucionária de todos os tipos. Entre os prisioneiros políticos mantidos no local estavam ho-

Mulheres da etnia tai preta vendem mercadorias em Son La

Veja hotéis e restaurantes dessa região nas pp. 236-41 e 246-53

mens notáveis, como Truong Chinh e Le Duan, que mais tarde ocuparam o cargo de secretário-geral do Partido Comunista Vietnamita. O complexo prisional também conta com um museu que expõe lembranças da brutalidade e da tortura francesas. Embora meio incongruente, as mostras exibem objetos e tecidos das tribos da montanha.

Uma atração importante da cidade é o mercado na margem leste do Nam La. Frutas frescas e legumes, além de artesanatos e tecidos feitos à mão pelos tais brancos e pretos estão à venda. São oferecidos frangos, patos, porcos, e pequenas barracas de comida servem a especialidade de Son La: carne de bode, ou *thit de*. Os mais aventureiros podem experimentar *tiet canh*, sangue de bode coagulado, servido com amendoim picado e cebolinha.

A 5km da cidade, ao sul, ficam as fontes termais de Suoi Nuoc Nong. Os banhos custam uma pequena taxa. O cenário ao redor de Son La é muito atraente, e a estrada até Dien Bien Phu passa por campos pitorescos, morros e interessantes vilas de minorias étnicas.

Palafitas de madeira em meio a arrozais inundados, ao redor de Son La

Prisão de Son La
Dai Khao Ca. **Tel** (022) 385 2859. 7h30-11h, 13h30-16h30 diariam.

⓰ Dien Bien Phu

Mapa rodoviário A1. 470km a NO de Hanói; 150km a O de Son La. 48.000. Hanói. de Hanoi, Son La e Lai Chau.

Situada perto da fronteira com o Laos, essa cidade histórica tem como principal destaque ter sido palco da decisiva batalha de Dien Bien Phu *(p. 47)*. Em 1954, depois da infiltração francesa na área, as tropas *vietminh* romperam sistematicamente as posições francesas. No final, o general de Castries, comandante do exército francês, e suas tropas foram capturados. Atualmente, a cidade superou sua história violenta e desenvolve-se rapidamente. Dien Bien Phu pertencia à província de Lai Chau, parte da qual foi submersa pela cheia da represa Son La. Por isso, criou-se a nova província de Dien Bien Phu, o que levou a uma explosão nas construções, tanto de prédios administrativos como para o reassentamento.

Invadido por novas construções, o principal campo de batalha na margem leste do rio Nam La tem, até agora, alguns tanques franceses antigos e enferrujados. Ali perto fica um tocante memorial aos mortos franceses. O **Museu de Dien Bien Phu** retrata a grande batalha e está cheio de armamentos, fotografias, mapas, dioramas do campo de batalha e objetos pessoais dos soldados. Bem em frente fica o **Cemitério dos Mártires de Dien Bien Phu**, onde estão enterrados os *vietminh*.

Ao norte fica a famosa **Colina A1**, chamada pelos franceses de Eliane, nome de uma das amantes do general De Castries. A relíquia mais interessante do local é o bunker subterrâneo do general francês, coberto com um teto de ferro enferrujado, reforçado com concreto.

No topo da colina há um monumento aos heróis e mártires vietnamitas e a entrada de um túnel usado pelos *vietminh* para chegar ao acampamento francês, destruída por uma mina. Mais ao norte, há um monumento à vitória, com 120 toneladas de bronze, que comemora os 50 anos da batalha, o maior monumento do país.

Lápide de mármore do Cemitério dos Mártires de Dien Bien Phu

Museu de Dien Bien Phu
Rua Muong Thanh 1. **Tel** (023) 383 1341. 7h30-11h, 13h30-17h diariam.

Vista do espetacular passo Tram Ton, no lado norte do monte Fansipan, em Sapa

⑮ Sapa

Mapa rodoviário A1. 380km a NO de Hanói. 🚗 41.000. 🚉 de Hanói até Lao Cai. 🚌 Lao Cai. ℹ️ Sapa Tourism, Rua Fansipan, nº 2, (020) 387 1975. 🔒 sáb e dom. 🌐 **sapa-tourism.com**

Com terraços de arroz e vegetação viçosa, Sapa instalou-se nas encostas orientais das montanhas Hoang Lien, também chamadas Alpes Tonquineses. Padres jesuítas chegaram ali em 1918 e comentaram a vista bucólica e o clima agradável quando voltaram a Hanói. Por volta de 1922, Sapa já era uma estação de montanha onde os franceses construíam mansões e hotéis, transformando o local num refúgio de verão. Nesse cenário, os colonizadores, ou colons, franceses podiam namorar, fofocar e beber muito vinho. Essa situação idílica durou até a Segunda Guerra Mundial e a invasão japonesa de 1941. Muitas mansões e hotéis foram destruídos ou abandonados nas quatro décadas seguintes, durante as guerras com franceses e americanos *(pp. 47-9)*. Mais destrutiva ainda foi a Guerra Sino-Vietnamita de 1979, quando a própria cidade foi danificada. Felizmente, após a introdução das reformas econômicas, ou doi moi, na década de 1990 e a posterior abertura gradual do país ao turismo, Sapa ganhou novo sopro de vida. Reformulada por empreendedores locais e redescoberta por visitantes estrangeiros, a cidade readquiriu o antigo brilho.

Disposta em diversos níveis ligados por pequenas ruas em rampas e lances íngremes de escadas, Sapa abriga muitos povos das montanhas, além da etnia *kinh* e de um crescente número de turistas. Entre os principais povos das montanhas em Sapa estão os *hmong* pretos, que geralmente usam índigo, e os *dao* vermelhos. Os visitantes em geral incluem na viagem um passeio pelo mercado local, que funciona todos os dias. As moças frequentam esse bazar colorido usando saias e casacos bordados com esmero, pesadas joias de prata e penteados elaborados. A igreja de Sapa, pequena e simples, foi construída em 1930 e fica numa praça central, onde os povos locais se reúnem em dias de festa. O trekking se tornou uma atividade popular, e as caminhadas às vilas próximas são abertas a todos.

A sudeste da cidade fica o morro Ham Rong (Mandíbula do Dragão). Uma subida suave atravessa algumas pedras e grutas até o topo, de onde se veem os vales arborizados abaixo, salpicados de vilas coloridas. Danças são apresentadas por minorias étnicas no topo do morro.

Hotéis com vista no terraço, em Sapa

Mulher e criança da etnia *dao* preta em trajes tradicionais

Veja hotéis e restaurantes dessa região nas pp. 236-41 e 246-53

Arredores

O **Lao Cai** ("Portão para Sapa") fica aproximadamente 40km a nordeste da cidade. Assentamento de fronteira sem muitos encantos, não é um lugar para se demorar. Mas, para quem atravessa para a China ou passa para visitar Sapa e Bac Ha, é bem confortável, com recursos hoteleiros adequados e alguns restaurantes bons.

A cerca de 8km de Sapa, o **monte Fansipan** é o pico mais alto do país. Com 3.140m de altitude, é coberto por viçosa vegetação subtropical até os 200m, e depois por floresta temperada.

Apesar de o terreno ser difícil e o clima, ruim, o pico atrai praticantes de trekking (p. 265). Para uma viagem de ida e volta de cinco dias é necessário levar agasalhos quentes, botas resistentes, equipamento de camping, e contratar um guia.

Não há sinal de gente na maior parte da subida, apenas as matas e montanhas espetaculares por companhia. O silêncio é quebrado apenas pelos sons dos pássaros, dos macacos e do vento.

A encantadora vila da etnia *hmong* preta (p. 203) de **Cat Cat** fica apenas 3km para o sul de Sapa. Em geral, o visitante desce a trilha íngreme a pé, mas toma um mototáxi para subi-la de volta à cidade. Os *hmong* vivem em casas de barro, vime, bambu e sapé, rodeadas por tonéis de líquido índigo, usado para tingir suas roupas. Apenas 4km além de Cat Cat fica a vila *hmong* de **Sin Chai**, menos comercial, enquanto a vila **Ta Phin**, dos *dao* vermelhos (p. 25), está a apenas 10km de Sapa. A estrada até Ta Phin atravessa um vale pouco profundo, marcado por terraços curvos de arroz, que cintilam ao sol. Um pouco antes de Ta Phin acha-se um seminário francês quase destruído, que data de 1942.

Cerca de 15km a noroeste de Sapa, na estrada para o passo Tram Ton, situa-se a **Thac Bac** (cachoeira de Prata). Essa poderosa queda-d'água de 100m é uma bela atração, sempre cheia de visitantes. No local, mulheres *kinh*, *dao* pretas e *hmong* vermelhas montam bancas e vendem frutas deliciosas.

⑯ Bac Ha

Mapa rodoviário A1. 330km a NO de Hanói, 69km a L de Lao Cai. 54.000. de Lao Cai e Sapa. dom. *i* (020) 378 0661.
w bachatourist.com

Cidadezinha localizada quase 900m acima do nível do mar, no maciço do rio Chaym, Bac Ha fica praticamente deserta a semana toda. Mas, nas manhãs de domingo, atrai os povos das montanhas, como *dao*, *tay*, *tai*, *nung* e o colorido povo *hmong* das flores, entre muitos outros das montanhas vizinhas. Todos eles vão para o centro empoeirado e o mercado de Bac Ha, levando pôneis carregados de lenha e cestos cheios de mercadorias.

Entre os itens vendidos e trocados estão especiarias, frutas, legumes, orquídeas selvagens, carne seca e artigos com bordados requintados. A maior parte dos povos das montanhas também aproveita a ocasião para se abastecer e adquirir luxos não disponíveis onde moram. Artigos de higiene, objetos religiosos e incensos, além de agulhas, linhas e tecidos para bordar são alguns produtos procurados por ali.

Arredores

Muitos visitantes de Bac Ha também rumam mais para o norte, a fim de combinar uma visita ao mercado de domingo com um passeio até a vilazinha de **Can Cau**. Localizada a quase 20km de Bac Ha, essa vila encantadora recebe um mercado aos sábados, muito procurado por nativos e visitantes, principalmente por ser animado e muito colorido.

O distrito de Bac Ha é também conhecido pelo potente álcool de milho, destilado mais especificamente no vilarejo de **Ban Pho**, um assentamento *hmong* das flores, 4km a oeste da cidade de Bac Ha.

Roupas coloridas das *hmong* das flores reunidas no mercado de Bac Ha

Acessórios bordados pela etnia *dao* vermelha

Povos das montanhas em compra semanal no mercado de Bac Ha

Grupo Hmong do Norte do Vietnã

Um dos maiores grupos étnicos minoritários do Vietnã, os *hmong*, ou *meo*, formavam um grupo nômade que emigrou da China para o Vietnã no início do século XIX e se estabeleceu nos planaltos setentrionais. Conhecido pelo espírito independente (*hmong* significa "livre" em sua língua), o grupo permaneceu totalmente fiel aos costumes nativos, resistindo à assimilação pela maioria vietnamita. Atualmente, os *hmong* abandonaram a agricultura de roça e levam uma vida quase sempre empobrecida, cultivando a terra e criando gado. Esses povos são classificados em cinco subgrupos principais: das flores, preto, verde, vermelho e branco, com base nas roupas das mulheres.

A assimilação de minorias é estimulada nas escolas vietnamitas

As **vilas hmong**, conhecidas como *giao*, são pequenas comunidades com cabanas de madeira e telhados de palha. Ao contrário de outras comunidades de montanha, suas casas não são palafitas. Em geral, seguem costumes antigos, que estipulam que as casas devem ser erguidas em terras abençoadas pelos antepassados.

O **sacrifício ritual** de búfalos é comum nos festivais. Os *hmong* são tradicionalmente animistas, que acreditam que a carne agrada aos espíritos guardiões da região. Diversos instrumentos musicais especiais são usados nessas cerimônias, a exemplo de grandes tambores, chifres de búfalos e o *queej*, um tipo de harpa de boca.

Faixas de tecido de cores vivas, bordados com padrões vibrantes de flores, pássaros e desenhos geométricos enfeitam a blusa das mulheres.

Os **hmong pretos** se diferenciam pelas roupas tingidas de preto. Os homens usam calça folgada, túnica curta e gorro. As mulheres vestem calça ou saia e uma espécie de fusô, e muitas vezes prendem os cabelos com um chapéu aberto. A maioria das vilas *hmong* pretas ficam ao redor de Sapa.

O **cultivo de arroz de seca**, que usa a queimada para limpar o terreno, foi adotado pelos *hmong* no planalto. Milho, trigo e centeio são outros grãos, enquanto cânhamo e algodão são cultivados para tecidos. Em algumas áreas remotas, as papoulas são produzidas ilegalmente para o ópio.

O **índigo** é usado pelos *hmong* pretos e verdes para tingir calças, saias e faixas tecidas a mão com cânhamo. O batique é muito utilizado para embelezar esses trajes de cores vivas.

Bancas de tecidos *hmong* são comuns nos mercados semanais dos planaltos do norte. Os *hmong* eram relativamente bem-sucedidos na venda de artesanato aos visitantes. Agora, seus trabalhos com aplicações e bordados são muito procurados.

Os **Gui**, cestos de tecido nos quais os bebês são carregados, são amarrados às costas das mães *hmong*, o que livra as mãos delas para as tarefas diárias.

Os ***hmong* das flores** se reúnem no mercado de Bac Ha uma vez por semana para vender produtos frescos, mel, bambu e ervas. Eles também se abastecem de fósforos, tecidos, agulhas e utensílios de cozinha.

Bolsas com aplicações e aventais indicam a posição social da mulher e seu status de casada.

Os Coloridos Hmong das Flores

Admirados por suas roupas extravagantes e elaboradas, os hmong das flores constituem a maior subdivisão dessa etnia no país. Os trajes de cores vivas das mulheres contam com lenços coloridos de cabeça, saias bem franzidas e joias chamativas de prata ou estanho. As mulheres são boas negociantes, e costumam vender roupas e acessórios com bordados requintados, batiques e aplicações.

As mulheres ***hmong* vermelhas** são conhecidas pelos penteados enormes. Com muito capricho, elas pegam os fios que caem naturalmente e os torcem em volta de um toucado, prendendo-os como um grande turbante. De vez em quando, os fios de parentes falecidas são trançados junto.

Pesadas joias de prata são usadas por mulheres *hmong* como ornamento e símbolo de status. De elaboração intricada, brincos, colares e pulseiras costumam ter o desenho de uma cobra, um talismã contra as forças do mal. Homens e crianças também usam joias, pois se acredita que mantenham o corpo e a alma unidos.

Amanhecer no amplo lago do Parque Nacional Ba Be

⓱ Parque Nacional Ba Be

Mapa rodoviário B1.
240km ao N de Hanói; 60km ao N da cidade de Bac Kan.
Tel (0281) 389 4721. marcar hora.

Situado numa região remota de planalto, esse parque magnífico está concentrado em três lagos interligados – Ba Be significa "Três Baías". Juntos eles formam a maior área de água doce do país. O parque cobre 100km² e é dominado por incríveis picos de calcário, cachoeiras e grutas. A floresta tropical da região abriga abundante vida selvagem, que conta com o langur-francês e o ameaçado langur-de-nariz-arrebitado-de-tonquim.

Entre as principais atrações do Parque Nacional Ba Be figuram as **cachoeiras Dau Dang**, uma série espetacular de cascatas situadas na ponta noroeste do lago. Vale a pena ver também a **Hang Puong**, uma gruta fascinante que forma um túnel montanha adentro. Localizada 12km acima do rio Nang, essa caverna estreita pode ser navegada num barco pequeno, embora o passeio leve boa parte do dia. Ao sul do lago fica **Pac Ngoi**, uma vila charmosa, habitada pela minoria *tay*. Os morros vizinhos abrigam outras etnias.

Camponesa *nung*, Cao Bang rural

⓲ Cao Bang

Mapa rodoviário B1. 270km ao N de Hanói na rod 3. 45.000. Hanói e Lang Son.

Fora dos circuitos turísticos das montanhas ao longo da fronteira com a China, a área de floresta densa ao redor da cidadezinha de Cao Bang abriga diversas minorias étnicas, entre as quais os povos *tay*, *dao* e *nung*. Apesar de a cidade não ter nada de especial, os arredores são espetaculares, e muitos visitantes são atraídos pelo trekking. Os vietnamitas consideram o lugar um ponto histórico. Os descendentes da dinastia Mac governaram a região no século XVI, e mais tarde Ho Chi Minh (p. 173) fez da cidade sua primeira base ao voltar para o Vietnã depois de quase três décadas.

Arredores

Situada cerca de 60km a noroeste da cidade, **Hang Pac Bo** (caverna da Roda-d'Água) foi o local onde Ho Chi Minh ficou ao voltar do exílio autoimposto, em 1941. A caverna tem grande importância histórica como berço da luta *vietminh*. Vale a pena ver o pequeno museu.

Quase 90km a nordeste de Cao Bang está **Thac Ban Gioc**, a maior cachoeira do Vietnã, que passa sobre a fronteira sino-vietnamita. É preciso obter um passe na delegacia de polícia de Cao Bang para visitar a área.

⓳ Geoparque do Planalto de Carste Dong Van

Mapa rodoviário B1. 342km a N de Hanói. Ha Giang. Para permissão: Escritório de Imigração, 5 Tran Quoc Toan, Ha Giang. **Tel** (026) 385 2245. 7h-11h30, 13h30-16h30 seg-sex.

Província mais ao norte do Vietnã, Ha Giang concentra paisagens inesquecíveis no Geoparque do Planalto de Carste Dong Van, o primeiro do gênero reconhecido pela Unesco no país.

Com mais de 2.500km², essa região fantástica abriga picos de calcário de até 1.500m. Para visitá-la, é preciso adquirir uma permissão em Ha Giang e alugar um veículo 4x4 ou uma motocicleta para percorrer as acidentadas estradas montanhosas.

As vistas espetaculares começam no Portão do Paraíso, logo acima da vila de Tam Son, onde um vale verdejante é cercado por aflorações de carste. Desse ponto, a rota segue por Yen Minh até Dong Van, cidade mais ao norte do Vietnã, passando por aldeias de minorias étnicas como o *hmong* brancos. Entre as atrações próximas a Dong Van estão o Palácio Vuong e a Torre da Bandeira Lung Cu, que marca o ponto mais setentrional do país. De Dong Van, a rota continua até Meo Vac através da Passagem de Ma Phi Leng, que descortina vistas fantásticas do rio Nho Que, no cânion abaixo. De Meo Vac, é possível ir até Cao Bang ou o lago Ba Be, ao sul, via Bao Loc.

Vegetação entre as rochas do Geoparque do Planalto de Carste Dong Van

Veja hotéis e restaurantes dessa região nas pp. 236-41 e 246-53

Flora e Fauna do Norte do Vietnã

Sob a densa copa das florestas perenes, o interior de relevo acidentado do norte do Vietnã protege uma biosfera muito diversificada. Milhares de tipos de plantas se desenvolvem na região, assim como centenas de espécies de pássaros, mamíferos e répteis. Porém, um grande número de animais, muitos endêmicos do Vietnã, correm risco de extinção. Entre as espécies mais ameaçadas estão o *kouprey* e o langur-de-nariz-arrebitado-de-tonquim. O elefante asiático e o lêmure-preto-de-traseiro-branco também estão sob séria ameaça. Mas as autoridades estão começando a agir e já adotaram uma política ativa contra a caça predatória. Com a conservação sustentada e medidas de reflorestamento, espera-se que o norte atinja seu equilíbrio ecológico.

Flora

As montanhas e os vales do norte do Vietnã são forrados de densas florestas com uma rica flora tropical e subtropical, que vai de árvores enormes, bambus anões e minúsculas samambaias a trepadeiras, orquídeas belíssimas e rododendros coloridos.

Montanhas de carste com florestas dominam a paisagem, principalmente em Tam Coc, Cao Bang e a baía de Halong.

Orquídeas fascinantes florescem em todo o Vietnã. Das 40 espécies endêmicas, dezoito são encontradas no monte Fansipan *(p. 201)*.

Milhares de **andorinhas-das-cavernas**, rápidas caçadoras de insetos, vivem em cavernas de calcário e saem do ninho ao amanhecer, voltando ao anoitecer.

O **faisão-prateado-anamita** vive nas encostas das montanhas Truong Son e Hoang Lien Son. As pernas e a cara vermelhas e a crista preta destacam a bela plumagem prateada.

Fauna

No final do século XX, a cordilheira Truong Son revelou, antes de qualquer outro local, muitos grandes animais desconhecidos. Entre eles estão o saola, o muntiaco-gigante e o muntiaco-de-truong-son. Cervos, javalis e muitas espécies de primatas habitam as florestas, principalmente em Cuc Phuong (p. 197).

O **Vu Quang**, ou saola, um raro bovino de floresta, foi descoberto em 1992 na Reserva Natural Vu Quang. Com peso de quase 90kg, possui uma manta marrom com risca preta nas costas. Os dois sexos têm chifres grandes e curvos.

O **langur-de-canela-vermelha** tem a parte de trás das pernas marrom-claras e manchas avermelhadas em volta dos olhos. A cauda longa confere muita agilidade ao animal.

O **tigre-da-indochina** vagava livremente pelas florestas do norte do Vietnã. Contudo, por causa do uso de partes do animal como remédio, menos de 50 desses majestosos tigres sobrevivem hoje no país.

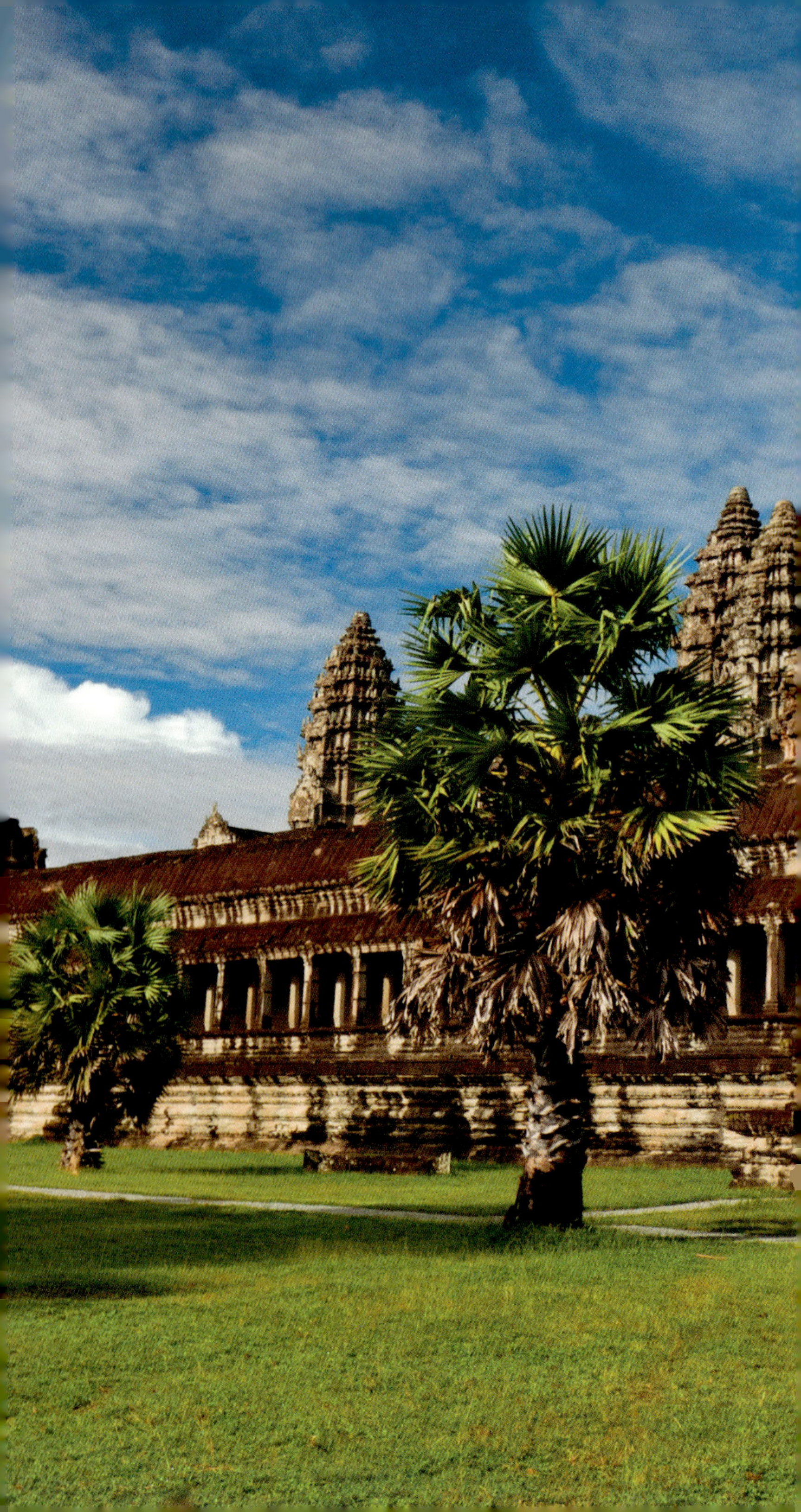

EXCURSÃO A ANGKOR

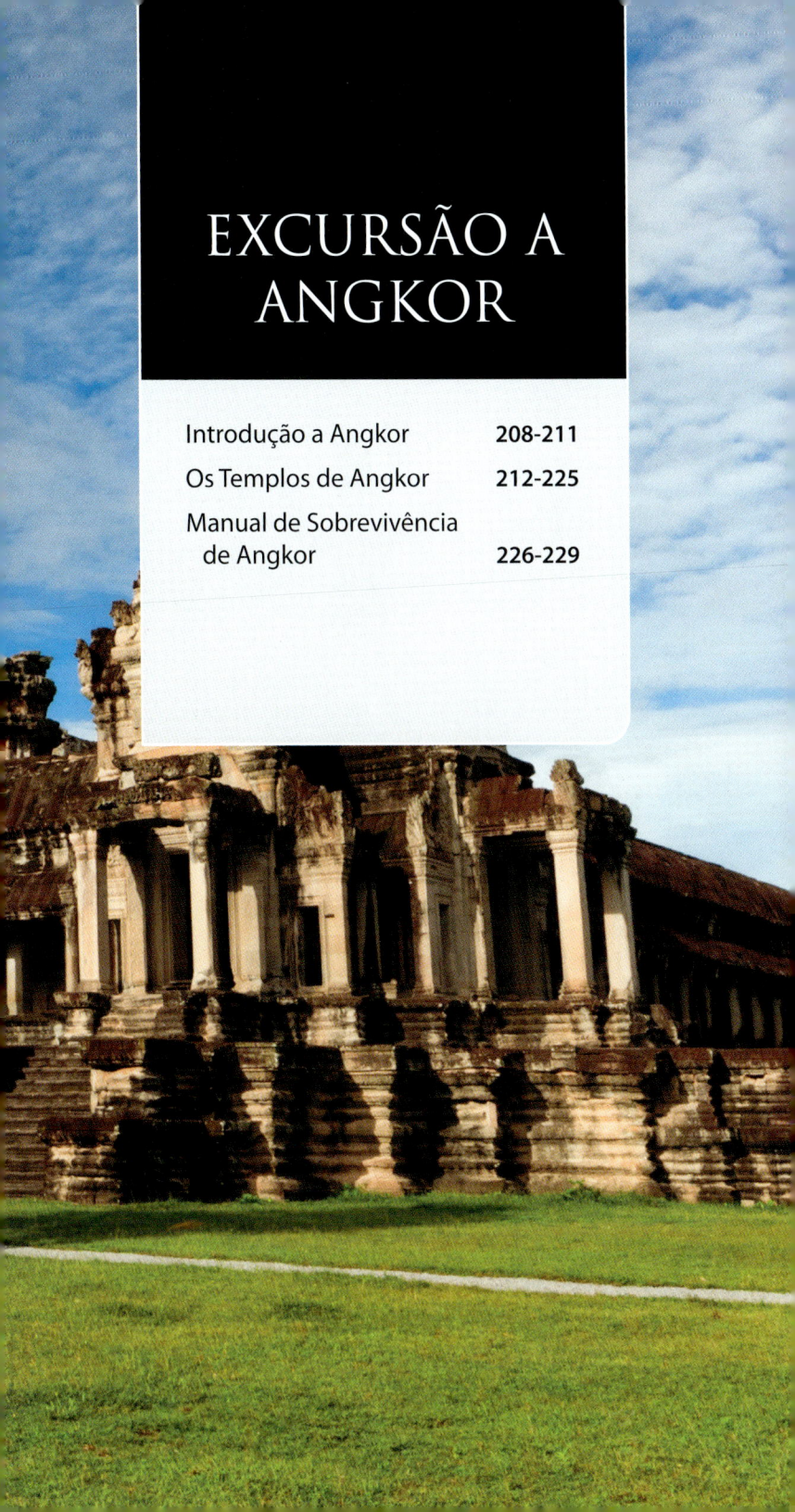

Introdução a Angkor	208-211
Os Templos de Angkor	212-225
Manual de Sobrevivência de Angkor	226-229

INTRODUÇÃO A ANGKOR

Angkor, antiga capital do grande império *khmer*, é uma das mais deslumbrantes maravilhas do mundo e um sítio arqueológico de enorme importância. Localizada no meio da selva densa, nas planícies quentes e entorpecidas do oeste do Camboja, possui templos magníficos, que transportam o visitante para o universo encantado e misterioso de seu requintado passado de glória.

Situado no sudoeste da Indochina, com relevo baixo e plano, o Camboja cobre uma área de aproximadamente 180.000km². O país faz fronteira com o Laos, ao norte, com a Tailândia, a oeste e ao norte, e com o Vietnã, a leste. A atual capital do Camboja é Phnom Penh, posição antes ocupada por Angkor, que, durante seis séculos, de 802 a 1432, foi o centro político e religioso do grande império *khmer*, estendendo-se do mar da China Meridional quase até a baía de Bengala. Atualmente, o que resta da metrópole de Angkor ocupa 200km² no noroeste do Camboja, e, apesar de suas casas de madeira e seus palácios terem entrado em decadência séculos atrás, ainda está em pé o fantástico conjunto de templos de pedra erguidos por uma sequência de reis-deuses com estilo próprio. Instalada entre dois *baray* (reservatórios), atualmente Angkor dispõe de 70 templos, túmulos e outras ruínas ancestrais. Entre elas está o impressionante Angkor Wat, maior complexo religioso do mundo.

Dançarina clássica do Balé Real do Camboja

A Religião

O sul da Ásia influenciava o Camboja antigo, onde eram adorados os deuses hindus Vishnu e Shiva. Do século X em diante, aos poucos o budismo se espalhou pelo império *khmer*, recebendo impulso significativo com o monarca Jayavarman VII (reinado 1181-1218), de Angkor. Como as duas religiões floresciam, a arquitetura de Angkor incorporava elementos do hinduísmo e do budismo. Por fim, o budismo teravada, ou o Caminho dos Sábios, emergiu como escola predominante e substituiu o hinduísmo como religião nacional.

A História

O império *khmer* foi fundado no início do século IX, quando Jayavarman II (reinado 802-850) se proclamou *devaraja* (rei divino na terra). Admirador de Shiva, ele construiu um gigantesco templo-montanha piramidal, que representava o monte Meru, sagrada morada mítica dos deuses hindus. Essa edificação lançou as fundações da arquitetura de Angkor *(pp. 218-9)*. Seu sucessor, Indravarman I (reinado 877-89) expandiu o império, mas foi Yasovarman I (reinado 889-910) quem transferiu a antiga capital de Roluos para Angkor. Para estabelecer sua nova sede de gover-

Rio sinuoso perto de Siem Reap (p. 212), portal para os templos de Angkor

Monges budistas passam pelo grandioso complexo de Angkor Wat *(pp. 216-7)*

no, ele construiu um templo magnífico na colina de Phnom Bakheng e outro no imenso Baray Oriental. As mais grandiosas edificações do local são o Angkor Wat e o Angkor Thom. O primeiro foi construído por Suryavarman II (reinado 1113-50) e o segundo por Jayavarman VII. Após a morte deste, Angkor entrou em um longo período de declínio e acabou esquecida depois que invasores tais devastaram a região.

Só no século XIX, fascinados exploradores europeus encontraram Angkor. Depois de sua "descoberta", a velha cidade passou por um período de restauração até meados do século XX, quando novamente desapareceu por causa dos conflitos. Na Guerra do Vietnã *(pp. 48-9)*, comunistas vietnamitas usaram o Camboja como escala, e os EUA retrucaram com pesados bombardeios, que mataram milhares de cambojanos e fizeram surgir o Khmer Vermelho de Pol Pot. Esse radical partido maoísta assumiu o poder em 1975, e, ao ser derrotado pelos vietnamitas, em 1979, havia matado aproximadamente 2 milhões de cambojanos, num dos piores genocídios da história.

Atual Angkor

Desde o colapso do Khmer Vermelho, no início da década de 1990, Angkor foi aos poucos reaberta ao mundo. Milagrosamente, num país devastado pela guerra, o grandioso complexo de templos escapou quase incólume. Agora, após caprichosa limpeza da vegetação densa e das partes quebradas, a restauração e a conservação estão em pleno funcionamento. Um dos sítios arqueológicos mais importantes do mundo, Angkor atrai milhares de visitantes por ano, o que incentiva muito a economia do Camboja.

Datas Históricas

802 Fundação do império *khmer*.
900 A capital muda de Roluos para Angkor.
1113-1150 Suryavarman II ergue o Angkor Wat.
1181-1201 Jayavarman VII constrói o Bayon e o Angkor Thom.
1352-1431 O Sião ataca Angkor em quatro ocasiões.
1863 O Camboja se transforma em protetorado francês.
1953 O Camboja se torna independente da França com o rei Sihanouk.
1970 Os EUA bombardeiam o norte e o leste do Camboja.
1975 O Khmer Vermelho assume o poder.
1979 Forças vietnamitas derrotam o Khmer Vermelho.
1998 Morre Pol Pot, líder do Khmer Vermelho.
2005 ONU aprova tribunal para julgar líderes sobreviventes do Khmer Vermelho.

Como Explorar Angkor

Instalados em meio à densa floresta verdejante e a campos de arroz, os sólidos monumentos de Angkor são as mais fantásticas e fascinantes obras-primas do Sudeste Asiático. Localizado ao norte de Siem Reap, no coração de Angkor, o enorme complexo de Angkor Wat, com suas torres impressionantes, e a grande cidade de Angkor Thom, com seus caminhos notáveis e os gigantescos rostos sorridentes do Bayon, são atrações de tirar o fôlego, em especial durante o amanhecer e o anoitecer. Mais ao norte ficam os templos menores e únicos de Preah Khan e Preah Neak Pean. A leste de Angkor Thom acha-se o mágico Ta Prohm, com grandes árvores crescendo entre as paredes do templo. Mais para fora, a edificação rosada de arenito de Banteay Srei fica a nordeste, enquanto a sudeste estão as ruínas do Grupo de Roluos, o mais antigo de Angkor.

Requintados entalhes de *apsaras* dançarinas no Bayon, em Angkor Thom

Principais Atrações

Monumentos Históricos

❷ *Angkor Wat pp. 216-7*
❸ Phnom Bakheng
❹ *Angkor Thom pp. 220-3*
❺ Preah Khan
❻ Preah Neak Pean
❼ Ta Prohm
❽ Prasat Kravan
❾ Banteay Srei
❿ Grupo de Roluos

Cidade

❶ Siem Reap

Grossas raízes de árvores cobrem paredes e telhados de pedra no Ta Prohm

INTRODUÇÃO A ANGKOR | 211

Como Circular

Para visitar os templos de Angkor é preciso tempo e transporte motorizado. Podem-se conhecer os sítios principais de motocicleta, mas a maneira mais confortável de viajar por essa área quente e empoeirada é de carro com motorista e ar-condicionado. No período colonial, os franceses definiram dois circuitos; ambos começam no Angkor Wat e são usados até hoje. O "circuito curto", de 18km, leva pelo menos um dia e cobre os templos centrais do complexo, continuando até Ta Prohm, antes de voltar ao Angkor Wat pelo caminho de Banteay Kdei. O "circuito longo", de 27km, leva no mínimo dois dias inteiros e abrange o circuito curto e templos mais externos, passando por Preah Neak Pean até Ta Som e voltando pelo sul, por Pre Rup.

Localize-se

Legenda
- Áreas urbanas
- Sítios arqueológicos
- Estrada principal
- Estrada secundária

Painel em baixo-relevo muito detalhado, no Angkor Wat

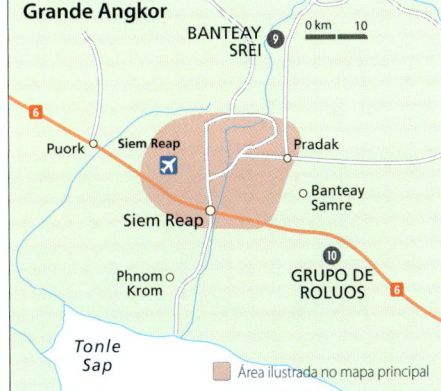

Legenda dos símbolos *na orelha da contracapa*

Siem Reap

Literalmente, Siem Reap significa Sião Derrotado, e comemora a vitória *khmer*, no século XVII, sobre o reino tai de Ayutthaya. A cidade é capital da província de Siem Reap, localizada no noroeste do Camboja, e alcançou notoriedade como principal base para as pessoas que visitam os templos de Angkor e Roluos. Como centro de turismo florescente, dotado de aeroporto, Siem Reap dispõe de muitos hotéis e restaurantes novos, e ainda mais desenvolvimento está a caminho.

PREPARE-SE

Informações Práticas
250km a NO de Phnom Penh.
Khmer Angkor Tour Guide Association, (063) 964 347.
khmerangkortourguide.com

Transporte
de Battambang e Phnom Penh.

Gramados bem-cuidados do Raffles Grand Hotel d'Angkor (p. 241), em Siem Reap

Como Explorar a Cidade

Siem Reap conseguiu manter o ambiente rural e calmo apesar de se dedicar cada vez mais a atender seus milhares de visitantes anuais. Sossegada e bem-equipada, a cidade oferece o meio ideal para relaxar após um dia de explorações em Angkor.

O **Raffles Grand Hotel d'Angkor**, do período colonial francês e muito bem restaurado recentemente, fica na frente do Jardim Real, no norte da cidade. O pequeno **Palácio Real**, raramente visitado pelo rei Sihamoni, acha-se bem perto.

Ao sul de uma imagem de Vishnu que marca o centro da cidade, a Avenida Pokambor segue pela margem direita do rio Siem Reap até **Psar Chaa**. Esse mercado antigo é um bom lugar para comprar suvenires. Perto, o antigo French Quarter, hoje reformado, abriga um dos melhores restaurantes de Angkor. Para quem quer conhecer a região, as margens do rio Siem Reap oferecem uma caminhada agradável. Ali podem-se ver diversas palafitas pintadas de azul e barulhentas rodas-d'água, de bambu.

Mais ao sul, a uma distância de 10km, encontra-se o embarcadouro de ferryboats de **Tonle Sap**. O maior lago de água doce do Sudeste Asiático é também uma reserva da biosfera. A **Exposição Krousar Thmey Tonle Sap**, no subúrbio ao norte de Siem Reap, tem mostras sobre o lago, vilas flutuantes e vida selvagem.

Os principais monumentos de Angkor, a bilheteria e uma estufa estão 6km para o norte da cidade. Na metade do caminho, em **Wat Thmei**, fica uma estupa onde se guardam os crânios das vítimas locais do Khmer Vermelho.

Exposição Krousar Thmey Tonle Sap
Na estrada para o Angkor Wat. **Tel** (063) 964 694. 9h-11h30, 14h-18h diariam.

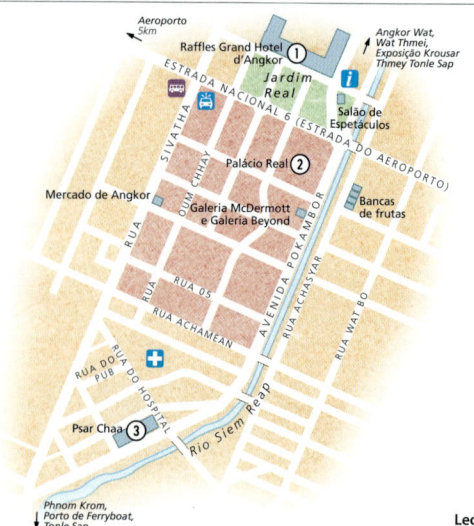

Siem Reap

① Raffles Grand Hotel d'Angkor
② Palácio Real
③ Psar Chaa

Legenda

Bairro Francês

0 m   500

Legenda dos símbolos *na orelha da contracapa*

Veja hotéis e restaurantes dessa região nas pp. 236-41 e 246-53

Turistas apreciam a vista de Angkor ao pôr do sol, em Phnom Bakheng

❷ Angkor Wat

pp. 216-7.

❸ Phnom Bakheng

Ao S de Angkor Thom.
◯ amanhecer-anoitecer diariam.
🎫 ingresso geral para Angkor.

O complexo de templos de Phnom Bakheng situa-se numa colina íngreme, que se eleva 67m acima da planície ao redor. Erguido pelo rei Yasovarman I (reinado 889-910) em honra ao deus hindu Shiva, o complexo de Bakheng apresenta um dos primeiros templos-montanha da região *(p. 218)*, um estilo diferente de arquitetura sacra, que se tornou o principal estilo *khmer* para construções religiosas. O conjunto era rodeado por 109 torres, mas a maioria desapareceu. Contudo, estátuas bem-construídas de leões, que ladeiam cada uma das esplanadas do templo, ainda podem ser vistas. O santuário central, um dos cinco, é enfeitado com diversos postes e estátuas de *apsaras* (dançarinas celestiais) e *makaras* (míticas criaturas marinhas).

No lado leste da colina, um lance íngreme de degraus de pedra quebrados leva ao topo. O caminho sinuoso do lado sul é mais seguro e consiste no trajeto habitual de turistas até o topo, feito no lombo de elefantes. Desse ponto há uma vista espetacular de Angkor e do Baray Ocidental. No pôr do sol, a claridade ilumina Tonle Sap e as torres do Angkor Wat com um brilho etéreo.

❹ Angkor Thom

pp. 220-3.

❺ Preah Khan

1,6km a NE de Angkor Thom.
◯ amanhecer-anoitecer diariam.
🎫 ingresso geral para Angkor.

Com o nome da espada sagrada que pertencia ao rei Jayavarman II, do século IX, o complexo de templos de Preah Khan foi criado por Jayavarman VII (reinado 1181-1218), e funcionava como mosteiro e colégio religioso. Também se acredita que tenha servido como capital temporária para Jayavarman VII durante a restauração de Angkor Thom, depois que a cidade foi saqueada pelo reino de Champa, em 1177.

Uma estela de pedra com inscrições foi encontrada em 1939 e indica que o templo, maior recinto de Angkor, estava baseado no centro da cidade antiga de Nagarajayacri – *jayacri* significa "espada sagrada" em siamês. O santuário central foi dedicado a Buda, mas os governantes hindus que sucederam Jayavarman VII vandalizaram muitos traços do templo budista, substituindo diversas imagens de Buda nas paredes por entalhes de divindades hindus.

O complexo atual se estende por 57ha e é cercado por uma muralha de laterita de 3km de comprimento. O local também conta com um grande reservatório (*baray*). O acesso para o santuário central, construído em formato de cruz, passa por quatro portões, um em cada ponto cardeal. Um dos destaques de Preah Khan é o Salão das Dançarinas, com requintados baixos-relevos de *apsaras* nas paredes. O santuário da Senhora Branca, uma das esposas de Jayavarman VII, ainda é venerado por moradores, que lhe fazem oferendas de flores e incenso. A obra mais notável do lugar, porém, é o Templo dos Quatro Rostos, cujo nome vem das esculturas da torre central.

Assim como Ta Prohm *(p. 224)*, Preah Khan é enfeitado com grandes árvores, cujas raízes cobrem e, em alguns lugares, perfuram as estruturas de laterita e arenito por onde crescem. Mas, ao contrário do Ta Prohm, o complexo passou por uma restauração profunda. Muitas árvores gigantes caíram, e as paredes estão sendo reconstruídas com esmero.

Eremita em prece, em Preah Khan

Baixo-relevo intricado de *apsaras* no Salão das Dançarinas, no Preah Khan

Jovens monges leem no templo Bayon, em Angkor Thom

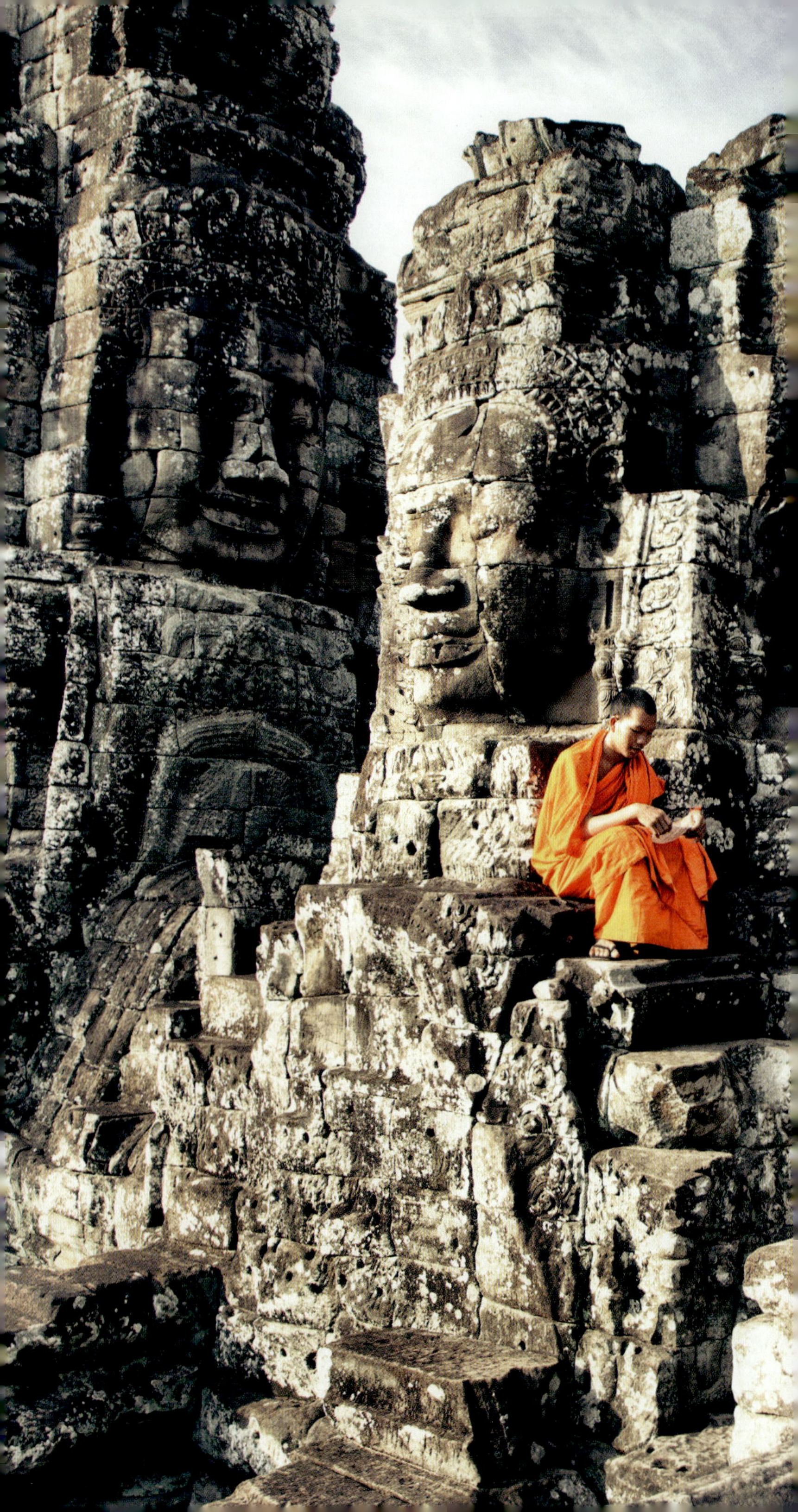

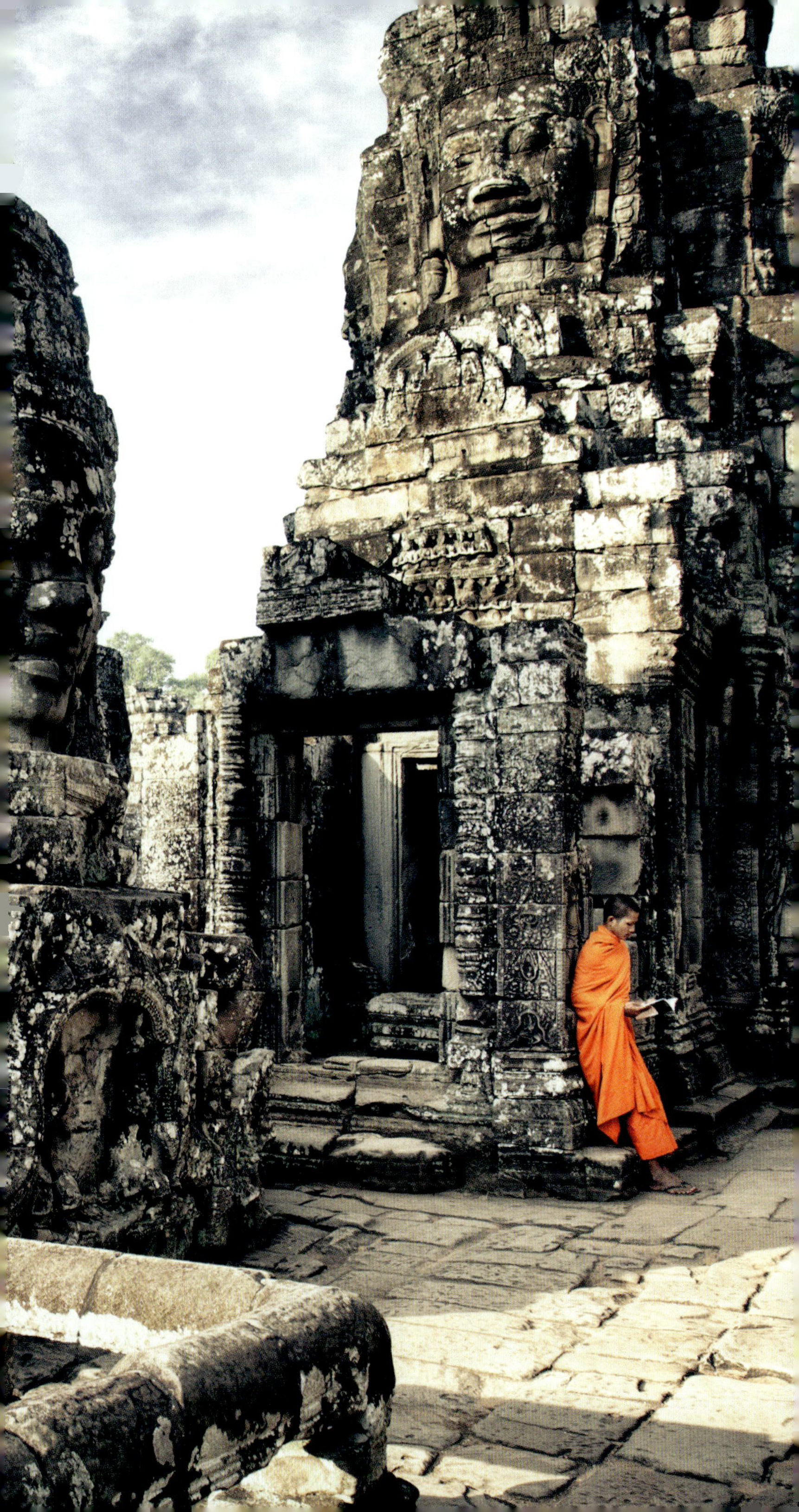

❷ Angkor Wat

Maior monumento religioso do mundo, Angkor Wat significa "a cidade que é um templo". Construída no século XII por Suryavarman II (reinado 1113-50), esse conjunto espetacular foi originalmente consagrado a Vishnu, deus hindu protetor da criação. Seu projeto se baseia numa *mandala* (desenho sagrado) do cosmo hindu. No meio do complexo existe um templo com cinco torres em formato de botão de lótus que representam o monte Meru, morada mítica dos deuses e centro do universo. Os muros externos representam as extremidades do mundo, e o fosso é o oceano cósmico. Chamam atenção os entalhes intricados que adornam as paredes, a exemplo de um painel de 600m com baixos-relevos e cerca de 2 mil entalhes de *apsaras,* ou dançarinas celestiais, com sorrisos enigmáticos. O Angkor Wat, diferentemente dos templos *khmer*, está voltado para oeste, na direção do sol poente, símbolo da morte.

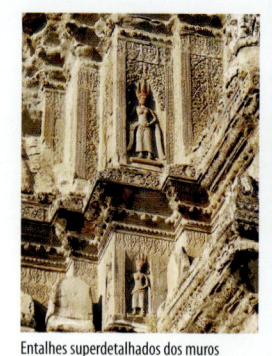

Entalhes superdetalhados dos muros externos do Santuário Central

★ **Santuário Central**
Mais alto do que o restante do conjunto, o Santuário Central tem uma subida íngreme. As quatro entradas dispõem de imagens de Buda, o que reflete a influência do budismo, que substituiu o hinduísmo no Camboja.

★ **Apsaras**
O entalhe de centenas de sensuais *apsaras* (dançarinas celestiais) acompanha as paredes do templo. Em poses sedutoras, elas usam joias sofisticadas e requintados arranjos no cabelo.

Veja hotéis e restaurantes dessa região nas pp. 236-41 e 246-53

ANGKOR WAT | **217**

Vista das Torres
As cinco torres do Angkor Wat se elevam por três níveis até o grandioso Santuário Central. O conjunto todo é cercado de muros largos e de um amplo fosso, que representa a borda externa e o oceano do universo. A vista do templo, do outro lado do fosso, é fantástica, com as torres refletidas nas águas calmas.

PREPARE-SE

Informações Práticas
6km ao N de Siem Reap.
🛈 Khmer Angkor Tour Guide Association, Siem Reap, (063) 964 347. ⏰ 5h-18h diariam. 🎫 ingresso geral para Angkor.
🌐 khmerangkortourguide.com

Transporte
✈ até Siem Reap. 🚌

★ Galeria de Baixos-Relevos
A porção sul da Galeria Ocidental retrata diversas cenas do épico hindu *Mahabharata*. Aqui os baixos-relevos detalham as imagens de centenas de guerreiros armados em violento combate na batalha de Kurukshetra.

O Caminho
A larga calçada que leva até a entrada do templo principal, no lado oeste, oferece uma vista espetacular do grandioso exterior do Angkor Wat. Balaustradas entalhadas no formato de *nagas* (serpentes) ladeiam o caminho.

LEGENDA

① **Os baixos-relevos da Galeria Sul** retratam imagens do rei Suryavarman II, que iniciou a construção do Angkor Wat.

Arquitetura

A arquitetura de Angkor data de quando Jayavarman II fundou a capital *khmer* perto de Roluos *(p. 225)*, no início do século IX. Daí até o século XV, os historiadores de arte identificam cinco principais estilos arquitetônicos. O primeiro, do Preah Ko, prende-se às tradições pré-angkorianas de Sambor Prei Kuk até o leste de Angkor e ao estilo do Kompong Preah, do século VIII, cujas relíquias se encontram em Prasat Ak Yum, ao lado do Baray Ocidental. A arquitetura *khmer* chegou ao auge durante a construção do Angkor Wat e entrou em declínio logo depois.

Biblioteca de arenito no recinto interno de Banteay Srei

Preah Ko (875-890)

Caracterizado por um projeto de templo relativamente simples, com uma ou mais torres de tijolo quadradas que se elevam de uma base de laterita, o Preah Ko viu o primeiro uso de recintos concêntricos, acessados por uma *gopura* (torre de entrada). Outra inovação era a biblioteca anexa, que pode ter sido usada para proteger o fogo sagrado.

Essa **figura de guardião bem-conservada**, do século IX, foi esculpida em arenito e colocada no muro externo da torre de um santuário do Templo Lolei, do Grupo de Roluos.

O **caminho oriental de Bakong** segue da *gopura* principal até a alta torre central. Essa estrutura fica em cima de uma pirâmide de base quadrada, como um templo-montanha simbólico.

Do Bakheng ao Pre Rup (890-965)

O estilo de templo-montanha, baseado no monte Meru, desenvolveu-se no período Bakheng. Phnom Bakheng *(p. 213)*, Phnom Krom e Phnom Bok apresentam o clássico projeto de cinco torres dispostas em quincunce: uma torre em cada canto e a quinta no centro. O Pre Rup surgiu com Rajendravarman II (reinado 944-68), dando sequência ao estilo Bakheng, com torres mais altas e íngremes e em mais níveis.

O **Phnom Bakheng** exemplifica bem o estilo Bakheng. Foi o templo oficial da primeira capital *khmer* e data do final do século IX. Ele se ergue majestosamente de uma pirâmide de esplanadas quadradas até o grupo principal de cinco torres do santuário.

O **Pre Rup** se diferencia pelo tamanho e pelo despontar abrupto da construção em diversos níveis até o santuário principal. Os lintéis entalhados em arenito têm detalhes mais elaborados do que nos templos anteriores. Os arqueólogos especulam que a edificação pode ter servido de crematório real, pois *pre rup* significa "gire o corpo".

Do Banteay Srei ao Baphuon (965-1080)

Representado pelo delicado e refinado Banteay Srei (p. 225), esse estilo homônimo se caracteriza pelos entalhes de sensuais *apsaras* (dançarinas celestiais) e *devadas* (dançarinas). Em meados do século XI, quando a arquitetura *khmer* atingia seu apogeu, esse gênero se transformou no estilo do Baphuon, que se diferencia pelas enormes proporções e pelas galerias abobadadas. A escultura do período mostra realismo crescente e sequências narrativas.

O **Baphuon**, em cinco níveis, era o templo estatal de Udayadityavarman II (governo 1050-66). A imensa edificação foi descrita por Zhou Daguan, viajante chinês do século XIII, como "um espetáculo assombroso, com mais de dez câmaras na base".

O **Banteay Srei**, construído entre 967 e 1000, é conhecido pelo fino trabalho manual, evidente nos detalhes requintados dos baixos-relevos e nos lintéis entalhados na pedra.

Angkor Wat (1080-1175)

Os historiadores da arte concordam que o estilo do Angkor Wat (pp. 216-17) foi o apogeu do gênio arquitetônico e escultural *khmer*. O maior dos templos-montanha, ele também se orgulha das refinadas narrativas em baixo-relevo. Igualmente, a arte dos lintéis entalhados atingiu o auge no período.

Os **baixos-relevos de Suryavarman II**, na porção oeste da Galeria Sul, retratam o rei no trono, cercado de cortesãos com leques e guarda-sóis. Abaixo dele, princesas e damas da corte são carregadas em palanquins. Em outro baixo-relevo fantástico, o rei aparece montado num grande elefante de guerra.

A **vista aérea do Angkor Wat** deixa clara a escala enorme e o projeto simbólico. Cada aspecto do complexo é rico em significados, e o mais evidente é o quincunce de torres, que representa os cinco picos do sagrado monte Meru.

Bayon (1175-1240)

Último dos exemplares da arquitetura de Angkor e considerado uma síntese dos estilos anteriores, o Bayon ainda é magnífico, mas se caracteriza pelo perceptível declínio da qualidade. Há mais uso de laterita e menos arenito, além de mais imagens budistas e, em contrapartida, menos temas hindus.

As **cenas de batalha** retratadas nos baixos-relevos do templo Bayon, em Angkor Thom (pp. 220-3), fornecem um notável registro das guerras entre o império *khmer* e o reino de Champa. Os conflitos deram vitória ao rei *khmer* Jayavarman VII em 1181.

Acima da **porta sul de Angkor Thom** há uma grande escultura com quatro rostos do deus-rei, ou *devaraja*, Jayavarman VII. Ele é retratado como bodisatva Avalokitesvara, com olhar perdido na direção dos quatro pontos cardeais.

❹ Angkor Thom

Notável pela escala e pela engenhosidade arquitetônica, Angkor Thom (Grande Cidade) foi fundada pelo rei Jayavarman VII no final do século XII. Maior cidade do império *khmer* na época, é protegida por uma muralha de 8m de altura e quase 13km de extensão e cercada por um fosso largo. Existem cinco portões para a cidade – quatro na direção dos pontos cardeais e um extra do lado leste –, todos com gigantescos rostos de pedra. Dentro de Angkor Thom há diversas ruínas, e a mais famosa é a do Bayon, um templo de ambientação única no centro desse conjunto histórico.

Fileiras de deuses acompanham o caminho para o Portão Sul

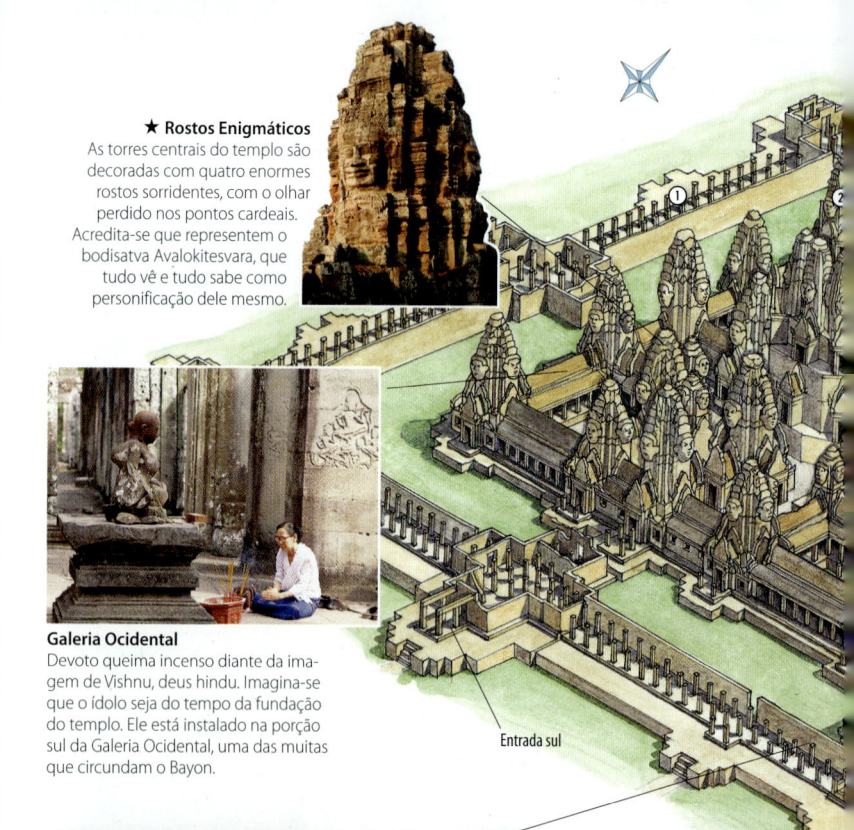

★ Rostos Enigmáticos
As torres centrais do templo são decoradas com quatro enormes rostos sorridentes, com o olhar perdido nos pontos cardeais. Acredita-se que representem o bodisatva Avalokitesvara, que tudo vê e tudo sabe como personificação dele mesmo.

Galeria Ocidental
Devoto queima incenso diante da imagem de Vishnu, deus hindu. Imagina-se que o ídolo seja do tempo da fundação do templo. Ele está instalado na porção sul da Galeria Ocidental, uma das muitas que circundam o Bayon.

Entrada sul

0 m   25

★ Baixos-Relevos da Galeria Meridional
Com entalhes profundos nas paredes, os baixo-relevos mostram imagens da vida diária na Angkor do século XII. Há representações de luta de galos, preparo de refeições, festas e cenas no mercado.

LEGENDA
① Recinto externo
② Torre central
③ Baixos-relevos de um circo *khmer*
④ Recinto interno

Veja hotéis e restaurantes dessa região nas pp. 236-41 e 246-53

ANGKOR THOM | 221

PREPARE-SE

Informações Práticas
2km ao N do Angkor Wat;
8km ao N de Siem Reap.
🛈 Khmer Angkor Tour Guide Association, Siem Reap, (063) 964 347. ⏱ 5h-18h diariam.
🎫 ingresso geral para Angkor.

★ Vista Sul do Bayon
De longe, o Bayon parece uma edificação sacra complicada, quase excêntrica. De perto, porém, as 54 torres majestosas e as misteriosas 216 esculturas de pedra assumem um formato mais definido. Sua grandiosidade arquitetônica deixa o visitante atônito.

Detalhe de Devada
A dançarina *devada* é diferente da sensual *apsara* (p. 216) e pode ser homem ou mulher. Uma *devada* é retratada de modo menos sedutor.

Entrada leste

O Bayon
Localizado no coração de Angkor Thom, o Bayon é uma das edificações mais extraordinárias da cidade, e resume a "civilização perdida" de Angkor. Esse templo-montanha simbólico ocupa três níveis e dispõe de 54 torres, que exibem mais de 200 enormes rostos de pedra enigmáticos. O acesso a ele é feito por oito torres em forma de cruz ligadas por galerias antes cobertas, mas que agora recebem restauração. As galerias têm alguns dos baixos-relevos mais impressionantes de Angkor, que mostram cenas do dia a dia e imagens de batalhas, principalmente contra os cham.

Marcha do Exército Khmer
Os baixos-relevos da Galeria Oriental mostram cenas de lutas entre os *khmer* e os *cham*, registradas com caprichosos detalhes. Aqui, o rei *khmer*, montado num elefante, lidera o exército que marcha para a batalha.

Como Explorar Angkor Thom

A cidade fortificada de Angkor Thom se estende por uma área de quase 10km². Quando estava no auge, chegou a ter 1 milhão de habitantes. Das cinco entradas, a mais usada é o Portão Sul, cujos caminhos levam direto ao templo Bayon. Mais além ficam as ruínas de muitos outros monumentos notáveis, como Baphuon e Phimeanakas. Embora a maioria esteja em mau estado, essas edificações colossais e muito bem esculpidas, com trabalhos intricados, ainda refletem a glória e o poder do império *khmer*.

Rostos sorridentes com olhar perdido ao longe, no Portão Sul

Portão Sul
O imponente Portão Sul é a mais bem conservada das cinco entradas de Angkor Thom. Chega-se a ele por uma calçada ladeada por 154 estátuas de pedra: deuses no lado esquerdo e demônios no direito, cada um carregando uma serpente gigantesca. O Portão Sul é uma estrutura sólida, com 23m de altura, coroada por uma torre tripla com quatro enormes rostos de pedra voltados para os pontos cardeais. De cada lado do portão há estátuas de Erawan, o elefante de três cabeças que servia de montaria para o deus hindu Indra.

Bayon
Com o brilho artístico do período, o Bayon é o maior destaque da cidade. Com formato de pirâmide, seus dois pontos mais importantes são os diversos rostos calmos e sorridentes que adornam as torres, e os fascinantes baixos-relevos das muitas galerias (pp. 220-1).

Baphuon
Um dos mais importantes templos de Angkor, o Baphuon foi construído por Udayadityavarman II, no século XI. Como templo hindu, seu formato de montanha piramidal representa o monte Meru, mítica morada dos deuses. Uma torre central com quatro entradas ficava no topo, mas ruiu há tempos. Por uma calçada elevada de 200m de extensão chega-se ao templo, que tem quatro portões. Cada um é decorado com elegantes baixos-relevos de cenas de épicos hindus, como o *Mahabharata* e o *Ramayana* (*Reamker* em khmer). No interior, acompanhando a extensão ocidental do Baphuon, há um imenso Buda Deitado. Como o templo foi consagrado ao hinduísmo, é provável que essa imagem tenha sido acrescentada mais tarde, no século XV. O templo passou por uma grande restauração e está totalmente aberto ao público.

Phimeanakas
Esse palácio-templo real foi erguido no século X por Rajendravarman II e ampliado depois por Jayavarman VII. Consagrado ao hinduísmo, é também conhecido como Palácio Celestial e associado à lenda de uma torre dourada que antes havia no local e era ocupada por uma serpente de nove cabeças. Essa cobra mágica teria aparecido para o rei como uma mulher, com a qual o rei teve relações antes de procurar suas outras esposas e concubinas. Acredita-se que, se o rei não conseguisse dormir com a mulher-serpente, ele morreria; mas conseguiu e assim garantiu a linhagem real.

O palácio, com base retangular e formato piramidal, é cercado por um muro de laterita de 5m de altura, que contorna uma área de 15ha. Tem cinco entradas e as escadarias, que são ladeadas por leões. Há também figuras de elefantes em cada um dos quatro cantos da pirâmide. A esplanada superior oferece uma bonita vista do templo Baphuon, ao sul.

Preah Palilay e Tep Pranam
Duas das menores edificações de Angkor Thom, o Preah Palilay e o Tep Pranam estão localizados a pouca distância da Esplanada do Rei Leproso, a noroeste.

O Preah Palilay data dos séculos XIII e XIV e consiste em um pequeno santuário budista instalado dentro de um quadrado de 50m, com muro de laterita. Parcialmente em ruínas, é acessado por um único portão e se ergue numa torre cônica. Um caminho de 33m leva a uma esplanada a leste do santuário, cujo destaque é a balaustrada de *nagas* (serpentes). Ali perto, a leste, fica o Tep Pranam, um santuário budista do século XVI. É provável que,

Exterior do palácio-templo Phimeanakas, em Angkor Thom

Veja hotéis e restaurantes dessa região nas pp. 236-41 e 246-53

Baixos-relevos intricados e figuras de elefantes enfeitam a Esplanada dos Elefantes

no início, funcionasse como escola maaiana. Agora é usado como local de devoção teravada e apresenta uma grande imagem de arenito de Buda, sentado na *mudra* (posição) de "invocação da terra como testemunha".

Restauração passo a passo na Esplanada do Rei Leproso

Esplanada do Rei Leproso

A uma curta caminhada a sudeste do Tep Pranam, essa pequena esplanada data do final do século XII. No topo da estrutura está uma estátua sem cabeça, conhecida como Rei Leproso. Acreditava-se que fosse uma imagem do rei Jayavarman VII, que teria essa doença. Mas na realidade ela é a representação de Yama, deus hindu do mundo subterrâneo. Contudo, essa estátua é uma réplica, pois a original está exposta no Museu Nacional de Phnom Penh.

A esplanada é marcada por duas paredes, ambas bem-restauradas, com baixos-relevos requintados. A parede interna, coberta com figuras de divindades do mundo subterrâneo, reis, mulheres celestiais, *nagas* de cinco, sete ou nove cabeças, *devadas*, *apsaras*, guerreiros com espadas e estranhas criaturas marinhas, é mais notável. Não é muito clara a função exata dessa esplanada, que parece uma extensão da Esplanada dos Elefantes. Provavelmente era usada em recepções reais ou cremações.

Esplanada dos Elefantes

Construída pelo rei Jayavarman VII, essa estrutura tem mais de 300m de comprimento, estendendo-se desde o Baphuon até a Esplanada do Rei Leproso. Dispõe de três plataformas principais e duas menores. Foi inicialmente usada para revistas militares reais e outros desfiles. Todo o conjunto tem decoração elaborada com figuras quase de tamanho real de elefantes de arenito em procissão, com seus tratadores. Há muitas imagens de tigres, leões, serpentes, gansos sagrados e de Garuda, a águia de montaria de Vishnu.

Khleang Norte e Sul

Esses dois prédios semelhantes ficam a leste da estrada principal, que passa pela Esplanada dos Elefantes. O Khleang Norte foi erguido no final do século X pelo rei Jayaviravarman, e o Khleang Sul surgiu no início do século XI, com Suryavarman I (reinado 1002-50). A principal característica arquitetônica dos dois consiste nos lintéis de arenito e nas janelas com elegantes balaustradas de pedra. Infelizmente, não se sabe qual era a função original dos prédios. Khleang, que significa "armazém", é uma designação moderna e considerada enganosa.

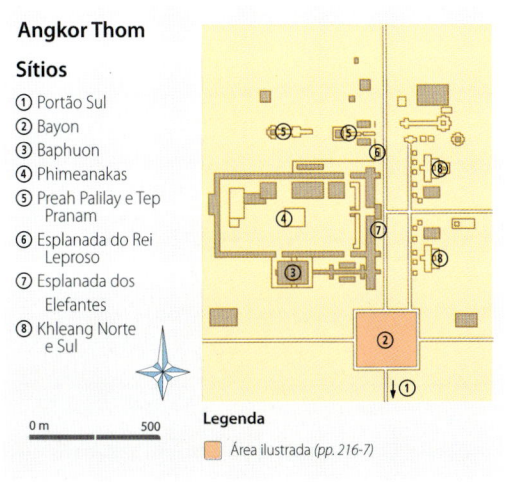

Angkor Thom

Sítios

1. Portão Sul
2. Bayon
3. Baphuon
4. Phimeanakas
5. Preah Palilay e Tep Pranam
6. Esplanada do Rei Leproso
7. Esplanada dos Elefantes
8. Khleang Norte e Sul

0 m 500

Legenda

Área ilustrada (pp. 216-7)

⑥ Preah Neak Pean

4km a NE de Angkor Thom. ⏰ amanhecer-anoitecer diariam. 🎟 ingresso geral para Angkor.

Um dos templos mais incomuns de Angkor, o Preah Neak Pean (Serpentes Enroladas) é uma edificação singular, do final do século XII. Como quase tudo em Angkor, foi criado pelo rei Jayavarman VII. Consagrado ao budismo, localiza-se no meio do lago Baray Norte, agora seco.

O templo foi feito ao redor de uma lagoa artificial cercada de quatro lagoas quadradas menores que só enchem na estação chuvosa. No centro há uma ilha circular, com um santuário dedicado ao bodisatva Avalokitesvara. Duas serpentes entrelaçadas circundam a base, dando nome ao templo. A leste da ilha está a figura esculpida do cavalo Balaha, uma manifestação do Avalokitesvara, que, segundo a mitologia budista, se transformou em cavalo para resgatar marinheiros naufragados por um ogro marinho.

A lagoa representa um lago mítico, o Anavatapta, que seria a fonte dos quatro grandes rios do mundo. Eles foram reproduzidos simbolicamente por quatro cabeças que lembram gárgulas, cujas bocas são as bicas das quais a água cai nas lagoas externas.

A cabeça do leste é a de um homem; a do sul, de um leão; a do oeste, de um cavalo; e a do norte, de um elefante. Quando o templo funcionava, os devotos budistas buscavam conselhos com os monges residentes,

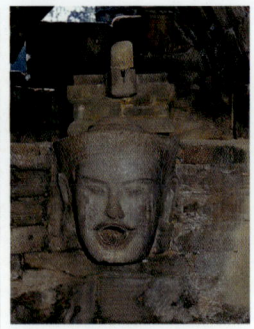

Fonte em formato de cabeça humana, no Preah Neak Pean

e depois se banhavam nas águas sagradas que fluíam da fonte indicada pelo monge.

⑦ Ta Prohm

1km a L de Angkor Thom. ⏰ amanhecer-anoitecer diariam. 🎟 ingresso geral para Angkor.

Talvez a mais misteriosa de todas as construções religiosas de Angkor, o Ta Prohm (Ancestral de Brahma) era um mosteiro budista e foi erguido no reinado de Jayavarman VII. Uma estela de pedra descreve como o mosteiro era poderoso. No auge, contava com mais de 3 mil vilas e era mantido por 80 mil funcionários, entre os quais dezoito sacerdotes e mais de 600 dançarinas do templo.

Também estão arroladas as riquezas do templo e de seu fundador, Jayavarman VII, que incluem mais de 35 diamantes e 40 mil pérolas. Os franceses começaram a restauração arqueológica do local no período colonial, e foi feita uma tentativa deliberada de preservar o Ta Prohm nas condições em que estava, limitando a restauração e eliminando o menos possível da selva densa que se formara. Como resultado, o templo continuou sufocado pelas raízes de figueiras gigantescas, o que manteve o ambiente que os exploradores do século XIX devem ter encontrado.

O templo fica no topo de um morro e possui um conjunto de prédios de pedra rodeados por um muro retangular de laterita. As passagens estreitas da construção, junto com as enormes sumaúmas, oferecem alívio ao calor tropical, e ligam uma série de galerias escuras e mofadas. A entrada principal está desgastada, mas continua magnífica, cheia de imagens de Buda recuperadas das ruínas. Depois do portão fica o fascinante Salão das Dançarinas. Imperdível, esse prédio de arenito repousa sobre pilares quadrados e é decorado com falsas entradas e fileiras de intricados baixos-relevos de *apsaras* (dançarina celestial). A oeste fica o santuário principal, uma edificação de pedra simples, diferenciada pelo cenário de selva.

⑧ Prasat Kravan

3km a L do Angkor Wat. ⏰ amanhecer-anoitecer diariam. 🎟 ingresso geral para Angkor.

Do início do século X, o Prasat Kravan (Santuário do Cardamomo) foi fundado por Harshavarman I (reinado 915-23). Dedicado ao deus hindu Vishnu, tem cinco torres de tijolo e é um dos menores templos do complexo.

O Prasat Kravan se destaca pelos trabalhos de tijolo e pelos baixos-relevos, que representam Vishnu, sua consorte Lakshmi, Garuda, a águia que lhe servia de montaria, uma *naga* (serpente) e diversos serviçais divinos.

Os portões e os lintéis das cinco torres são feitos de arenito, e os da torre ao sul têm uma bela imagem de Vishnu

O templo Ta Prohm, coberto por figueiras gigantescas

OS TEMPLOS DE ANGKOR | 225

montado em Garuda. No meio da torre central há uma pedra elevada, que era usada para receber a água dos ritos de purificação.

❾ Banteay Srei

30km a NE de Siem Reap.
amanhecer-anoitecer diariam.
ingresso geral para Angkor.

O remoto conjunto do templo Banteay Srei (Cidadela das Mulheres) atrai pelos entalhes refinados e complicados. Elaborado com arenito rosado, o complexo foi erguido na segunda metade do século X por sacerdotes hindus, e assim, ao contrário da maioria dos monumentos de Angkor, não é um templo da realeza.

Com formato retangular, protegido por três muros e pelo que restou de um fosso, o santuário central contém relicários ornamentados dedicados a Shiva, deus hindu da destruição. Os lintéis com entalhes intricados reproduzem cenas do grande épico hindu Ramayana.

Representações de Shiva, de sua consorte Parvati, do rei-macaco Hanuman, do divino pastor de cabras Krishna e do rei-demônio Ravana foram lindamente esculpidas. Também se destacam as figuras elegantemente entalhadas de deuses e deusas nos nichos das torres do santuário central. As divindades masculinas carregam lanças e usam apenas uma tanga. Em contraste, as deusas, com longos cabelos presos em tranças ou rabos de cavalo, vestem saias drapeadas em estilo indiano e têm quase o corpo todo forrado de belas joias.

Santuário do templo Lolei, do Grupo de Roluos

Estátua do Banteay Srei

❿ Grupo de Roluos

12km a SE de Siem Reap. amanhecer-anoitecer diariam. ingresso geral para Angkor.

Esses templos emprestaram o nome da cidadezinha de Roluos. Monumentos mais antigos da área de Angkor, os templos marcam o local de Hariharalaya, a primeira capital *khmer*, fundada por Indravarman I (reinado 877-89). Ali se encontram três complexos. Ao norte da Rodovia 6, no caminho de Siem Reap até Phnom Penh, fica o Lolei. Fundado por Yasovarman I (reinado 889-910), esse templo está sobre um montículo artificial, no meio de um pequeno reservatório, e acha-se sobre uma plataforma dupla, rodeada de um grosso muro de laterita. As quatro torres centrais de tijolo mantiveram bem preservadas as portas falsas e também as inscrições.

Ao sul do Lolei, encontra-se o Preah Ko (Touro Sagrado). Construído por Indravarman I, esse templo hindu foi consagrado ao culto de Shiva. Sua construção homenageava os pais do rei e Jayavarman II, fundador do império *khmer*. O santuário principal consiste em seis torres de tijolo apoiadas numa plataforma elevada de laterita. Ao lado estão três estátuas de Nandi, o touro sagrado que deu nome ao templo e está em excelentes condições. Os desenhos das portas falsas, dos lintéis e das colunas encontram-se muito bem conservados. Entre eles estão kalas, criaturas míticas com boca arreganhada e grandes olhos salientes; makaras, seres marinhos com um bico em forma de tronco; e Garuda, a águia de montaria de Vishnu. O templo situa-se num sereno cenário rural e passou por extensa restauração.

Depois do Preah Ko fica o imperdível Bakong. Esse templo, também consagrado a Shiva, foi erguido por Indravarman I no século IX. Maior monumento do Grupo de Roluos, é acessado por um caminho protegido por nagas de sete cabeças e ladeado por hospedarias construídas por peregrinos. No centro do complexo há um montículo artificial que representa o mítico monte Meru, considerado o centro do mundo hindu e morada dos deuses. O montículo se eleva em cinco etapas. As três primeiras são decoradas com elefantes de pedra nas beiradas. No topo acha-se o santuário central, quadrado, com quatro níveis e uma torre em formato de lótus bem no meio. O montículo é rodeado por oito imensas torres de tijolo, que, como o restante do Grupo de Roluos, apresentam requintados ornamentos entalhados em arenito.

Deusa do santuário central, no recinto interno do Banteay Srei

Informação de Viagem em Angkor

A maioria dos que visitam Angkor chega de avião, pois o grande número de voos internacionais e domésticos que servem o país tornam essa opção viável e confortável. Ônibus locais e de longa distância, que saem do Vietnã e da Tailândia, oferecem uma alternativa mais econômica. Contudo, embora a rodovia que sai de Phnom Penh tenha melhorado, as péssimas condições das outras estradas podem provocar atrasos e muito desconforto. Uma viagem mais panorâmica é por ferryboat ou barco. Serviços regulares de hidrofólios ligam Siem Reap a Phnom Penh, e Siem Reap a Chau Doc (p. 104), no Vietnã. Circular em Angkor é fácil, com diversos meios de transporte baratos.

Embarque na Bangkok Airways, no Aeroporto Internacional de Siem Reap

Quando Ir

O melhor momento para visitar Angkor é durante a estação fria do país, entre novembro e fevereiro, apesar de ainda fazer calor. Ou durante a estação das chuvas, que acontece entre junho e novembro, quando o local fica verdejante e relativamente fresco, porém úmido. Nesse período, os *barays* (reservatórios) e alguns templos, como Preah Neak Pean (p. 224), são inundados. Convém não ir na estação quente, de março a maio, quando as temperaturas são sufocantes.

Como Chegar

No Camboja, existem o **Aeroporto Internacional de Phnom Penh** e o **Aeroporto Internacional de Siem Reap**. Graças às diversas empresas nacionais e internacionais que oferecem voos para Phnom Penh e Siem Reap, o visitante chega facilmente a Angkor. Entre as principais empresas aéreas internacionais em operação na área estão **Vietnam Airlines**, **Lao Airlines**, **Malaysia Airlines**, **SilkAir**, **Thai Airways**, **Bangkok Airways**, **Jetstar** e **Air Asia**. Com exceção da Thai Airways, todas oferecem voos diretos para Siem Reap a partir de destinos concorridos, como Hanói, Ho Chi Minh, Kuala Lumpur, Bancoc e Cingapura.

A empresa cambojana **Cambodia Angkor Air** voa de Phnom Penh para Siem Reap diariamente. Saiba que não é incomum a mudança repentina nos horários ou o fechamento de empresas aéreas locais. Confirme as informações atualizadas sobre tarifas aéreas, rotas e horários de voos com sua agência de viagem.

Cruzar a fronteira em uma viagem de ônibus ou táxi a partir da Tailândia, do Laos ou do Vietnã é uma opção não só possível, como também barata. O visitante que sai do Vietnã tem oito locais para atravessar a divisa entre os países. Os mais populares são de Moc Bai até Bavet e de Chau Doc até Phnom Penh. Essa viagem de seis horas custa por volta de US$11. De Phnom Penh, pode-se dividir um táxi ou um micro-ônibus até Siem Reap, numa viagem de cinco horas.

Outra maneira de viajar até Angkor é de ferryboat ou de barco, embora essa opção esteja se tornando menos popular devido à melhora das conexões aéreas e rodoviárias. Os ferryboats fluviais de Phnom Penh a Siem Reap trafegam diariamente e são fáceis de pegar, mas o trajeto pode levar até seis horas (US$25-35). As excursões de barco também operam de Ho Chi Minh até Siem Reap. O passeio costuma durar uma semana ou mais e custa por volta de US$35. Uma das companhias mais conhecidas de excursões de barco é a **Pandaw Cruises**.

Vistos e Passaportes

O visto para um mês no Camboja é concedido na chegada aos aeroportos internacionais e às fronteiras terrestre e fluvial. O visto de turista custa US$20. Exige-se passaporte com fotografia. Para ficar mais tempo, deve-se solicitar a prorrogação do visto em Phnom Penh. Quem ultrapassa o prazo paga US$5 por dia. E-vistos podem ser comprados em evisa.mfaic.gov.kh por US$25 com cartão de crédito. Eles são enviados por e-mail e impressos pelo solicitante.

Um dos muitos ônibus de turismo que chegam a Siem Reap

Excursões do Vietnã

Em Hanói e em Ho Chi Minh há diversas agências de viagem que organizam excursões até Angkor. Além dos pacotes prontos, o turista pode pedir um roteiro personalizado. Em geral os preços incluem a viagem, os passeios e os guias; o custo do visto, da taxa de embarque e dos ingressos do complexo não costumam fazer parte do pacote.

Como Circular

Há diversos tipos de transporte em Siem Reap e Angkor, a exemplo de bicicletas, mototáxis, micro-ônibus, riquixás e elefantes. As tarifas variam de US$1 a US$40 por algumas horas ou para o dia todo. Uma ótima maneira de explorar Angkor é de bicicleta, que pode ser alugada em lojas e hotéis. Mas a maneira mais confortável de viajar é alugando um carro, algo que pode ser arranjado com facilidade nos hotéis da cidade. Um veículo com motorista e ar-condicionado custa entre US$25 e US$50 por dia.

Os mototáxis são comuns em Siem Reap

Alfândega

As normas alfandegárias são um tanto flexíveis, mas as penalidades contra infrações são rígidas. É proibida a entrada de pornografia e drogas. Há placas contra a entrada de explosivos no país, e você terá de declarar na alfândega se estiver carregando mais de US$10 mil. A regra mais reforçada na alfândega é quanto ao contrabando de antiguidades que datam do período angkoriano ou anterior a ele.

Taxa de Embarque

Nos voos internacionais há uma taxa de embarque de US$25 por pessoa, que pode ser paga em dólares americanos. A taxa de embarque para voos domésticos é de US$6, normalmente inclusa no preço da passagem.

AGENDA

Embaixadas

Brasil
Não há embaixada brasileira no Camboja. Os turistas brasileiros em visita a Angkor podem procurar a embaixada do país na Tailândia:

Torre Lumpini, 34º andar, 1168/101 rod Rama IV Thungmahamek, Sathorn Bancoc 10120.
Tel (66 2) 679 8567.

Estados Unidos
Rua 96, nº 1, Sangkat Wat Phnom, Phnom Penh.
Tel (023) 728 000.

Vietnã
Blv Monivong 436, Phnom Penh.
Tel (023) 362 531.

Aeroportos

Aeroporto Internacional de Phnom Penh
Tel (023) 890 890.
W cambodia-airports.aero

Aeroporto Internacional de Siem Reap
Tel (063) 761 261.
W cambodia-airports.aero

Empresas Aéreas

Air Asia
Rua 179, Sisowath.
Tel (023) 890 035.
W AirAsia.com

Bangkok Airways
Siem Reap.
Tel (063) 965 422/3.
W bangkokair.com

Jetstar
Siem Reap.
Tel (063) 761 261.
W jetstar.com

Lao Airlines
Rodovia 6, nº 114, Siem Reap. **Tel** (063) 963 169.
W laoairlines.com

Malaysia Airlines
Aeroporto Internacional de Siem Reap.
Tel (063) 964 135.
W malaysiaairlines.com

SilkAir
Aeroporto Internacional de Siem Reap.
Tel (063) 964 993.
W silkair.com

Thai Airways
1F unidade 8A, Regency Complex-A Building, 298 Mao Tse Tung Blvd, Phnom Penh.
Tel (023) 214 359.
W thaiair.com

Vietnam Airlines
Rodovia 6, nº 342, Siem Reap. **Tel** (063) 964 488.
W vietnamairlines.com

Viagens de Barco

Pandaw Cruises
Tel (090) 371 1239 (Ho Chi Minh).
W pandaw.com

Empresas de Turismo

Diethelm Travel
Rua 65, nº 240, Phnom Penh. **Tel** (023) 219 151.
W diethelmtravel.com

Hanuman Tourism
Rua 310, nº 12, Phnom Penh. **Tel** (023) 218 396.
W hanuman.travel

Exotissimo Travel
B20-21, St 60m (Spean Neak), Siem Reap.
Tel (063) 964 323.
W exotissimo.com

Informações Úteis em Angkor

Após anos de agitação, o Camboja passa por uma fase de desenvolvimento econômico. Fator importante nesse processo é a indústria do turismo, que tem crescido significativamente. Parte disso se deve à rica herança cultural de Angkor e aos milhares de visitantes que o local atrai todos os anos. Como resultado, a pacata cidade de Siem Reap, que serve de entrada para Angkor, transformou-se num movimentado centro turístico, com hospedagem e restaurantes de todos os níveis. O sistema de ingresso simples, o transporte fácil e novos recursos de comunicação fizeram do turismo em Angkor algo descomplicado.

Quarto iluminado e bem-decorado do Victoria Sapa Resort (p. 241)

Ingressos e Horários de Funcionamento

Para acessar o imenso complexo de Angkor, os visitantes precisam adquirir um passe na bilheteria, localizada na entrada principal, aberta das 5h às 18h todos os dias. O sistema de ingressos pode parecer meio caro à primeira vista, mas oferece boa relação custo-benefício, principalmente porque parte dos fundos coletados vai para a preservação dos muitos monumentos históricos de Angkor.

Existem três tipos de passe, que permitem entrar em todos os monumentos do complexo, exceto Phnom Kulen, Koh Ker e Beng Melea, que são pagos à parte. As opções são: passe de um dia, por US$20, ideal para uma rápida caminhada pelas principais ruínas; passe de três dias, por US$40, válido por uma semana e suficiente para conhecer os templos famosos; passe de uma semana por US$60, válido por um mês.

É preciso providenciar uma fotografia como a do passaporte junto com a taxa de ingresso para fazer um crachá. Você pode levar sua foto ou tirar uma na cabine de entrada. Esse crachá deve ser mostrado em cada sítio do complexo.

Informação Turística

Particular, o **Centro de Informação Turística** de Siem Reap está instalado num prédio branco da Avenida Pokambor, mas não é de muita ajuda, exceto para fazer reservas. Mais útil, e situada no mesmo prédio, é a **Khmer Angkor Tour Guide Association**, que oferece carros para alugar, além de motoristas credenciados, bem-informados e que falam inglês.

A publicação trimestral *Siem Reap Angkor Visitors Guide* fornece ao visitante informações atualizadas sobre viagens. Ela conta com listagem de lojas e transportes, assim como uma lista detalhada de restaurantes e hotéis da área. É oferecida gratuitamente em muitos hotéis da cidade.

Onde Ficar

Houve época em que havia poucas acomodações nada atraentes em Siem Reap, mas agora novos hotéis e hospedarias surgem a cada mês. A variedade de alojamentos é ampla, com opções que atendem a diferentes orçamentos. Há desde hotéis de luxo cinco-estrelas, como o Raffles Grand Hotel d'Angkor (p. 241), até uma grande variedade de hotéis de gestão familiar, com recursos básicos, e uma seleção de hospedarias bem-equipadas e com preços muito razoáveis.

O visitante que não optou por uma viagem com tudo reservado vai encontrar muitas informações sobre hospedagem no aeroporto. Muitos picaretas circulam pelo aeroporto oferecendo hospedagem, mas é bom ter cuidado, pois há perigo de logro. A maioria dos estabelecimentos, mesmo os mais simples, manda um carro com motorista encontrá-lo no aeroporto. Outra maneira mais fácil e mais barata é fazer reserva on-line. Saiba que as diárias dos quartos variam e são muito caras na alta temporada, de novembro a março, barateando na baixa temporada, que vai de maio a novembro.

Onde Comer

A culinária disponível na cidade de Siem Reap agrada a todos os gostos, com sabores tailandeses, cambojanos, vietnamitas, chineses, franceses, indianos, americanos e italianos.

Há grande oferta de restaurantes (p. 253), com diversos estabelecimentos com preço razoável, principalmente perto de Psar Chaa. Essa área está cheia de barracas de comida na rua, servindo alimentos locais. Ba-

Hóspedes saboreiam refeição no Red Piano (p. 253), em Siem Reap

guetes, patês e bom café são encontrados em cada esquina. A maioria das hospedarias possui pequenos cafés, enquanto os hotéis maiores exibem restaurantes finos. Alguns preparam cestas de piquenique.

Saúde e Segurança

O Camboja é um país pobre, não muito avançado em cuidados com a saúde. Num caso grave, convém ser transferido para tratamento em Bancoc, na Tailândia. No entanto, com algumas precauções, é possível passar sem qualquer problema de saúde. Beba apenas água mineral, coma alimentos bem cozidos, evite gelo e lave as mãos antes de comer. Para evitar desidratação, cansaço pelo calor e até insolação ao visitar Angkor, leve uma garrafa de água mineral e use chapéu ou lenço de cabeça. Procure não sair no período mais quente do dia.

A malária ocorre em algumas partes do Camboja e até em Angkor, e o viajante deve tomar remédios preventivos. Outros riscos são a dengue, a hepatite e a raiva. Pergunte a seu médico sobre a necessidade de vacinas antes de viajar. No Camboja também são comuns a aids e as DSTs.

Minas de guerra que não explodiram são uma preocupação grave em Siem Reap. O turista deve se manter no caminho bem batido e ficar perto dos guias.

A segurança em Angkor só requer bom senso. Evite áreas afastadas e escuras, não use joias ou roupas muito sedutoras, no caso das mulheres, e deixe itens valiosos no cofre do hotel. A polícia turística e os guardas ficam em diversos pontos do complexo.

Bancos e Moeda Local

A moeda cambojana é o riel. Cada dólar americano vale aproximadamente 4 mil riéis, cujas notas vêm nas denominações de 50 até 100 mil riéis, que equivalem a cerca de apenas US$25. Mas o visitante de Angkor raramente tem de usar o riel, pois para muitas transações turísticas a moeda preferida é o dólar americano; na falta dele, aceita-se o *bhat* tailandês em Siem Reap. Mesmo assim, convém andar com uma quantia em riéis para pequenas gorjetas ou para a compra de itens baratos.

Há muitos bancos em Siem Reap que trocam notas ou traveler's checks. Em geral os bancos funcionam de segunda a sexta-feira, das 9h às 16h. Embora seja bom ter dinheiro vivo, os cartões de crédito mais importantes são bem aceitos e podem ser usados para retirar dinheiro. Os caixas eletrônicos são outra fonte de dinheiro vivo.

Um dos muitos bancos e casas de câmbio de Siem Reap

Comunicações

A rede de comunicações de Angkor está razoavelmente bem-desenvolvida. Fazer chamadas internacionais é simples: usam-se cartões pré-pagos nos telefones públicos ou os serviços telefônicos da internet, disponíveis nos cibercafés. Também é possível ligar do hotel, mas esta é uma opção mais cara. O código de área de Siem Reap é 063. Há muitos cibercafés, e não existem restrições do governo ou limites para o acesso à internet. Para serviços postais ou de remessas, o visitante pode procurar as agências postais da cidade ou agências como **DHL** e **EMS**.

Portadores de Deficiência

Atualmente, não existem equipamentos para o acesso de deficientes físicos ao complexo de Angkor. Muitos novos hotéis de luxo, porém, estão se esforçando para vir a atender os portadores de necessidades especiais.

AGENDA
Informação Turística

Khmer Angkor Tour Guide Association
Tel (063) 964 347.
w khmerangkortourguide.com

Emergência

Bombeiros
Siem Reap.
Tel (012) 784 464.

Polícia Turística
Na frente da bilheteria principal de Angkor.
Tel (012) 402 424,
(012) 969 991.

Centros Médicos

Hospital Infantil de Angkor
Caixa Postal 50, Siem Reap.
Tel (063) 963 409.
w fwab.org

Hospital Intenacional Royal Angkor
Rodovia 6, Estrada do Aeroporto, Siem Reap. **Tel** (063) 761 988.
w royalangkorhospital.com

Neak Tep Clinic
Rua Ta Neuy, nº 8, Siem Reap.
Tel (017) 928 655.
w neaktepclinic.com

Bancos

ANZ Royal Bank
Rua Tep Vong 566-70, Siem Reap.
Tel (023) 726 900.
w anzroyal.com

Cambodia Asia Bank
Esquina Blv Sivutha e Estrada do Aeroporto no Angkor Holiday Hotel, Siem Reap.
Tel (063) 964 741-2.
w cab.com.kh

Union Commercial Bank
Rua 130, nº 61, Siem Reap.
Tel (023) 724 931.
w ucb.com.kh

Remessas

DHL Express
Rua Sivatha 15A, Siem Reap.
Tel (063) 964 949.

EMS
Rua Porkambor, Phum Mondul 2, Siem Reap.
Tel (063) 760 000.

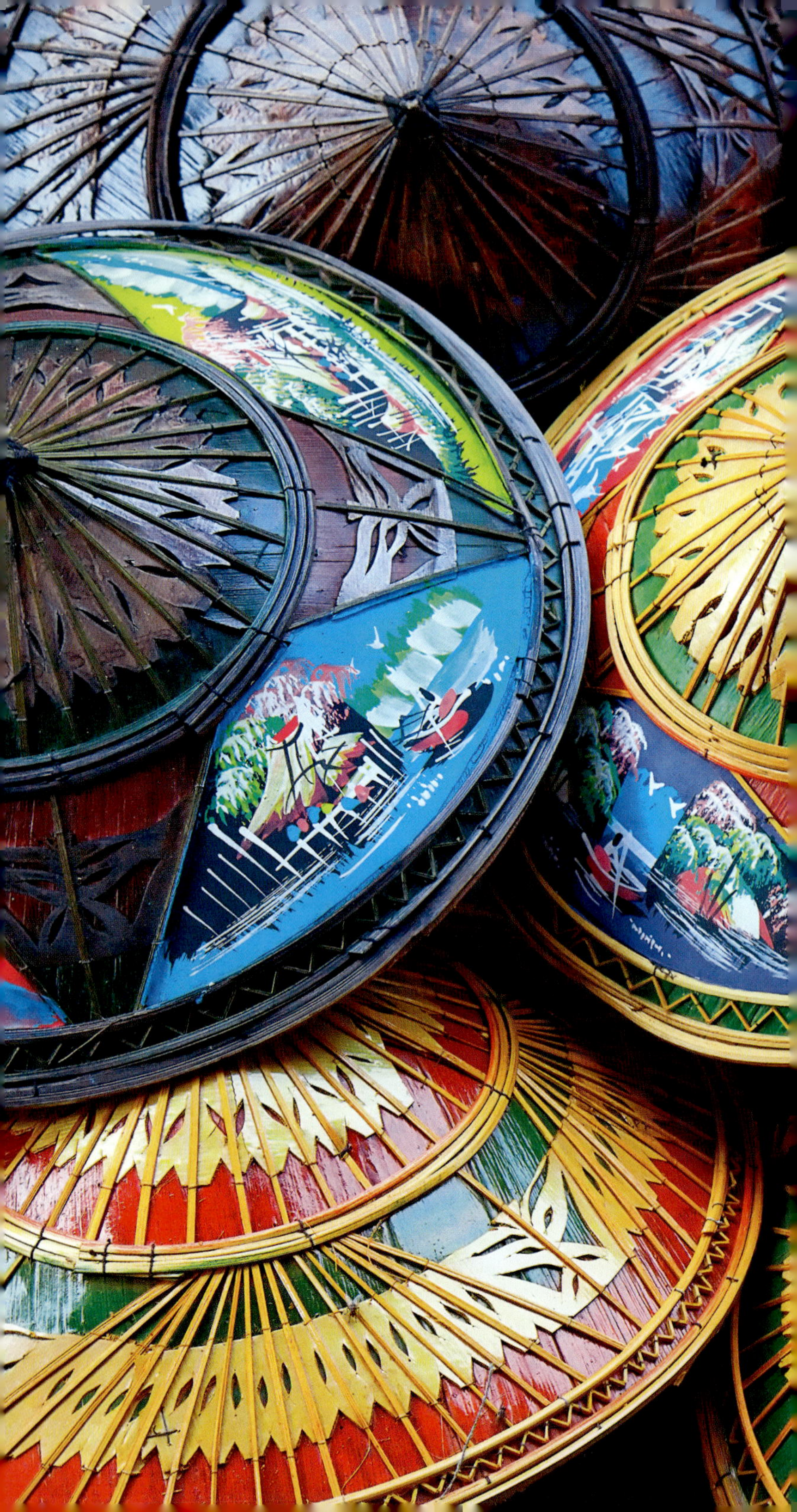

INDICAÇÕES AO TURISTA

Onde Ficar	232-241
Onde Comer e Beber	242-253
Compras	254-259
Diversão	260-263
Atividades ao Ar Livre e Interesses Especiais	264-267

ONDE FICAR

As opções de hospedagem no Vietnã vão desde hotéis-butique históricos e resorts sofisticados até pousadas básicas. Há hotéis de luxo em todas as grandes cidades e nas praias, enquanto as opções mais econômicas estão disponíveis em todo o interior. Os grandes hotéis oferecem instalações como piscinas, academia, restaurante e até casa noturna. Os resorts, concentrados na costa central, também garantem mordomias. Embora hotéis e pousadas econômicos não tenham requinte, dispõem, em sua maioria – com exceção dos mais baratos – de ar-condicionado, banheiros em estilo ocidental e água quente. Albergues e campings são raros, mas há a alternativa de se hospedar em casas de família nas aldeias. A prática permite não só um contato estreito com o cotidiano do Vietnã rural, mas com frequência possibilita ao turista a oportunidade de experimentar a deliciosa e autêntica cozinha local.

Classificação

Existe um sistema oficial para classificar hotéis no Vietnã, mas a única indicação real de luxo ou da falta dele é o preço. Em geral, estabelecimentos que cobram mais de US$100 por noite equivalem a um hotel quatro ou cinco estrelas da Europa ou do Brasil. Mas, apesar dos preços médios, um hotel pode ter acomodações de padrão variado, desde suítes luxuosas a quartos despojados.

Note também que há uma distinção entre hotel *(khach san)* e pousada *(nha khach)*. Embora possa parecer um hotel mais barato, a pousada dispõe de menos conforto e estrutura.

A majestosa fachada do Continental Hotel *(p. 236)*, em Ho Chi Minh

Preços

O Vietnã oferece hospedagem por preços razoáveis para todos. A tarifa de um quarto no hotel de mais alto nível não chega nem perto do valor que seria cobrado na maioria dos países ocidentais. Nas grandes cidades, uma acomodação com instalações básicas como TV e ar-condicionado sai por apenas US$15 por noite e, em cidades menores, por US$8-10. Hotéis de nível médio oscilam entre US$40 e US$70, e todo o luxo de um hotel de ponta pode ser desfrutado por US$100 ou pouco mais.

A maioria dos estabelecimentos cobra preços diferentes para vietnamitas e turistas estrangeiros; essa regra vale em especial para hotéis de propriedade do governo.

Reservas

É bom reservar com boa antecedência durante a alta estação *(p. 270)*, especialmente em grandes hotéis e resorts. Tanto Ho Chi Minh quanto Hanói recebem um fluxo regular de viajantes a negócios o ano todo, e hotéis que atendem esse público costumam ter boa ocupação o ano todo.

Embora qualquer agente de viagens possa ajudá-lo com as reservas, os hotéis de ponta têm sites na internet com serviço de reserva. Um surpreendente número de hotéis econômicos oferece também essa opção, e há ainda vários serviços de hospedagem em operação, como **Hotels in Vietnam**, **Vietnam Stay** e **Vietnam Lodging**. Todos eles mantêm sites que representam uma série de hotéis, resorts, apartamentos e pousadas. Esses grupos são eficientes e rápidos, além de negociarem com os hotéis para conseguir os melhores preços.

O elegante interior do luxuoso Caravelle *(p. 236)*

◀ Variedade de chapéus de palha coloridos à venda em mercado flutuante

Check-in

No check-in, o usual é pedirem ao hóspede o passaporte, que fica retido no hotel durante a estada. O hotel precisa desse documento para comunicar a presença do hóspede à polícia local. Os grandes estabelecimento em Ho Chi Minh e Hanói podem simplesmente copiar a informação e devolver o passaporte em vez de retê-lo. Se seu passaporte foi enviado a uma embaixada para renovação do visto ou se você não se sente à vontade em deixá-lo com o hotel, em geral uma cópia costuma ser o suficiente.

Mesa de sinuca junto ao saguão da Miss Loï's Guesthouse *(p. 236)*

Hotéis de Luxo

Diversos hotéis de luxo se instalaram nos principais destinos turísticos do Vietnã. Com isso, o país tornou-se popular não só entre mochileiros – é também um refúgio bem cotado entre ricos e famosos. Lugares como Ho Chi Minh, Hanói, Nha Trang e Mui Ne estão servidos por redes multinacionais como Sheraton, Hilton, Novotel, Sofitel e Six Senses. A rede Victoria Hotels and Resorts oferece hospedagem de luxo em bonitos edifícios e localizações que se destacam pela beleza.

Executivos encontram uma série de instalações adequadas nesses hotéis, como salas de reunião, estrutura para teleconferência e internet. Praticamente todo hotel quatro e cinco estrelas gaba-se de oferecer um serviço gastronômico espetacular, empregando chefs internacionais. Seus fabulosos restaurantes servem culinária sofisticada – francesa, chinesa, japonesa e italiana. O café da manhã é extremamente pródigo e pode ser no estilo ocidental ou vietnamita.

À noite, alguns hotéis sofisticados se transformam em locais de espetáculos no estilo ocidental. Alguns têm discoteca e vários oferecem algum tipo de entretenimento musical.

Resorts

O Vietnã tem resorts elegantes, que foram introduzidos no país pelos colonizadores franceses. Ainda restam alguns charmosos hotéis dessa época, hoje bastante reformados e modernizados. O Dalat Palace *(p. 238)*, em Dalat, por exemplo, foi convertido em um belo refúgio de férias.

A tendência, porém, é implantar resorts com equipamentos modernos, em geral ao longo do litoral. Dois dos mais luxuosos são o Nam Hai *(p. 239)*, em Hoi An, e o Six Senses Hideaway *(p. 238)*, na baía de Ninh Van. Alguns resorts não parecem muito diferentes dos hotéis convencionais, em edifícios de vários andares, mas são qualificados como resorts por estarem mais isolados das cidades. Bastante afetadas pelo desenvolvimento do turismo, tanto Nha Trang como Phan Thiet ganharam reputação de cidades balneárias. Seus estabelecimentos à beira-mar oferecem todas as comodidades usuais, como piscina, bons restaurantes e, é claro, uma linda praia de areia branca. A maioria também oferece atividades esportivas, como mergulho e kiteboarding.

Um grande número de resorts oferece também passeios especializados e pacotes de férias. Há agendamento de trilhas até comunidades tribais de montanha, seja por guias locais ou operadores de Sapa, enquanto em Hue a Saigon Morin promove viagens históricas pelo rio Perfume. O Sun Spa Resort *(p. 239)*, em Dong Hoi, promove aulas grátis de ioga e tai chi de manhã na praia.

Piscina do Victoria Resort, em Can Tho *(p. 237)*

O hotel Majestic (p. 236), na rua Dong Khoi, em Ho Chi Minh

Pousadas e Hotéis Econômicos

As pousadas vietnamitas geralmente oferecem quartos limpos e confortáveis, com banheiros ao estilo ocidental, água quente, TV a cabo e frigobar. Costumam ser administradas e operadas por famílias. Entre as opções de serviços extras pode haver lavanderia, café da manhã, auxílio nas reservas (passeios, ônibus, trem e avião), guarda-volumes, aluguel de bicicleta e motocicleta e Wi-Fi grátis.

Nas cidades com tradição no setor turístico, como Ho Chi Minh City e Nha Trang, os hotéis econômicos costumam concentrar-se numa mesma área (como no bairro Pham Ngu Lao, em Ho Chi Minh).

Um quarto numa pousada ou hotel econômico pode custar desde apenas US$8 em cidades como Dalat até US$25 em Ho Chi Minh. Em média, espere pagar entre US$10 e US$15. Um quarto simples com ventilador e sem janela pode ser alugado por até US$6, e uma cama e um armário com cadeado em um dormitório decente custa por volta de US$5.

Casas de Família

A hospedagem em casas de família está se tornando uma opção bastante popular, em especial em partes do delta do Mekong, como Vinh Long (p. 94) e no planalto do Norte. Essa experiência incrível custa a partir de US$15 por noite. É bem fácil arranjar estada em casa de família por meio de uma agência de viagem de Ho Chi Minh ou Hanói. A **Innoviet** oferece passeios temáticos e sob medida, incluindo esse tipo de hospedagem. Consulte também os órgãos de turismo locais.

Aluguel de Apartamentos

Se você for ficar em alguma parte do Vietnã por várias semanas, pode alugar um apartamento e reduzir custos sem abrir mão do luxo. Hoje não há muitas opções desse tipo, mas a demanda é alta, e mais empresas podem começar a oferecer o serviço. Uma das melhores opções no país é a **Sedona Suites**, em Hanói e Ho Chi Minh, com suítes individuais elegantes e totalmente equipadas.

Uma opção mais barata, mas cansativa, é pesquisar o mercado imobiliário para alugar um apartamento. A prática, porém, envolve muita burocracia, e é preciso se registrar na polícia local. É bem mais fácil e barato alugar um quarto em uma residência particular, o que permite conhecer a vida cotidiana das pessoas comuns do país. Essas oportunidades podem ser encontradas em quadros de avisos de cafés e restaurantes de mochileiros. Ao alugar um quarto, também se exige o registro na polícia local.

Despesas Extras

Hotéis sofisticados cobram uma taxa de 10% sobre a diária do quarto, e mais 5% pelo serviço. Tais quantias constam da conta. Hotéis econômicos incluem essas cobranças na tarifa básica, portanto o valor não incide na soma final.

Descontos

Se não estiver lotado, todo hotel é aberto a certa negociação. É mais difícil conseguir desconto em reservas on-line ou por telefone, mas dá para negociar a tarifa estipulada na chegada.

A bela piscina cercada por jardins da Ancient House (p. 239), em Hoi An

Caso pretenda ficar mais de uma semana ou esteja disposto a ocupar um quarto menos desejável, o preço pode cair em até 30% em um hotel grande. Hotéis econômicos às vezes dão desconto de alguns dólares.

Gorjetas

Embora as gorjetas não sejam costumeiras no Vietnã, com o advento do turismo estão se tornando a norma. Não é preciso dar gorjetas em hotéis grandes, que já cobram uma taxa de serviço, mas se alguém da equipe for muito gentil e solícito, oferecer US$1 é considerado generoso.

Crianças

Não há instalações especiais para crianças *(p. 272)*, exceto em hotéis sofisticados, mas elas são bem recebidas em todos os estabelecimentos. A maioria dos hotéis permite que crianças de até 12 anos durmam de graça na cama dos pais. Por uma pequena taxa, consegue-se uma cama extra em qualquer hotel decente. Até os locais mais rústicos recebem os pequenos de braços abertos e se esmeram para que tenham uma estada confortável. Qualquer hotel, seja qual for o tamanho e o preço, consegue babás experientes mediante uma taxa razoável.

Portadores de Deficiência

A maioria dos hotéis do Vietnã tem instalações bem limitadas para portadores de deficiência *(p. 272)*. Hotéis de luxo modernos contam com rampas, elevadores e outros equipamentos especiais para cadeirantes, mas é raro haver essas comodidades em estabelecimentos menores. Em geral, todo hotel se dispõe de bom grado a contratar um ajudante, mas é improvável que encontrem alguém qualificado.

A belíssima propriedade do Victoria Sapa

Hotéis Recomendados

Os estabelecimentos listados nas páginas a seguir foram cuidadosamente selecionados como os melhores do país em suas respectivas categorias: luxuoso, butique, resort, econômico e pousada. Essas categorias refletem a crescente variedade de opções de hospedagem no Vietnã, que há apenas vinte anos não apresentava um setor de turismo significativo. Hoje o país recupera o tempo perdido, e muitas cadeias internacionais abrem novos estabelecimentos nos principais destinos turísticos. Os critérios de seleção consideram não só itens principais, como tipo de instalação, custo-benefício, localização e padrão de serviço, mas também pontos importantes, como se a equipe tem suficiente domínio do inglês para poder ajudar os hóspedes com eventuais dificuldades. Aqueles locais que mostram excelência em vários aspectos foram indicados como "Destaque" e contam com uma descrição mais detalhada de seus méritos.

AGENDA
Reservas

Hotels in Vietnam
Rua Bat Su 24-26, Distrito de Hoan Kiem, Hanói.
Mapa 2 E3.
Tel (04) 3923 2982
w hotels-in-vietnam.com

Vietnam Lodging
Rua De Tham 220, Dist. 1, HCMC.
Mapa 2 D5.
Tel (08) 3920 5847/4767.
w vietnamlodging.net

Vietnam Stay
Conjunto R10, Edifício IBC 1A, Praça Me Linh, Dist. 1, HCMC.
Mapa 2 F4.
Tel (08) 3823 3771.

Rua Ly Nam De 91, Distrito de Hoan Kiem, Hanói.
Mapa 2 D2.
Tel (04) 3747 2597.
w vietnamstay.com

Casas de Família

Innoviet
Rua Bui Vien 158, Dist. 1, HCMC.
Mapa 2 D5. **Tel** (08) 6291 5408.
w innoviet.com

Aluguel de Apartamentos

Sedona Suites
Bulevar Le Loi 65, Dist. 1, HCMC.
Mapa 2 E4. **Tel** (08) 3822 9666.
Rua To Ngoc Van 96, Hanói.
Tel (04) 3718 0888.
w sedonahotels.com.sg

A elegante fachada do La Veranda Resort

Onde Ficar

Ho Chi Minh
Cholon

Hotel Equatorial $$$
Luxuoso Mapa 4 F3
Rua Tran Binh Trong 242
Tel *(08) 3839 7777*
w equatorial.com/hcm
Hotel exclusivo em arranha-céu a oeste do centro da cidade. Tem ótimos restaurantes, entre eles o The Orientca.

Windsor Plaza $$$
Luxuoso Mapa 4 F4
Rua An Duong Vuong 18
Tel *(08) 3833 6688*
w windsorplazahotel.com
Os quartos nos últimos andares desse hotel muito alto têm vistas panorâmicas. O bufê do Café Central é imperdível.

Distrito 1

An An $
Econômico Mapa 2 D5
Rua Bui Vien 40
Tel *(08) 3837 8088*
w anan.vn
Quartos de bom tamanho, com computador e Wi-Fi grátis. Bem localizado, no centro do agito.

Dong Do $
Econômico Mapa 2 F4
Rua Mac Thi Buoi 35
Tel *(08) 3827 3637*
w dungdohotel.com
Um dos mais baratos perto de Dong Khoi, com instalações básicas, incluindo Wi-Fi grátis.

Lac Vien $
Econômico Mapa 2 D5
Rua Bui Vien 28/12-14
Tel *(08) 3920 4899*
w lacvienhotel.com
Boa opção entre os hotéis desse tipo no Distrito 1. Prefira os quartos superiores ou VIP. Wi-Fi grátis.

A piscina iluminada do elegante hotel Caravelle

Linh Linh $
Econômico Mapa 2 D5
Rua Pham Ngu Lao 175/14
Tel *(08) 3837 3004*
Em uma rua tranquila, tem quartos confortáveis e amplos com plantas nas sacadas. Serviço atencioso e Wi-Fi grátis.

Destaque
Madam Cuc $
Econômico Mapa 2 D5
Rua Bui Vien 64
Tel *(08) 3836 5073*
w madamcuchotels.com
O Madam Cuc tem uma fórmula simples – tratar os hóspedes como gente da família. Deu tão certo que agora são várias filiais no distrito, das quais essa é a de localização mais prática. Os quartos são básicos, mas muito limpos. Inclui café da manhã, chá e lanches. Wi-Fi grátis.

Miss Loi's Guesthouse $
Econômico Mapa 2 E5
Rua Co Giang 178/20
Tel *(08) 3837 9589*
Fica em uma ruela na parte sul do Distrito 1, com quartos simples e bom serviço. Wi-fi grátis.

Spring $
Econômico Mapa 2 F3
Rua Le Thanh Ton 44-46
Tel *(08) 3829 7362*
w springhotelvietnam.com
Quartos confortáveis, com carpete, por preços razáveis. Uma das melhores opções na categoria.

Lavender $$
Hotel-butique Mapa 2 E4
Rua Le Thanh Ton 208-210
Tel *(08) 2222 8888*
w lavenderhotel.com.vn
Quartos belamente mobiliados e bom serviço. Ótima localização, perto do mercado Ben Thanh.

Categorias de Preço
Diária de um quarto padrão para duas pessoas, na alta temporada, com taxas de serviço e impostos.
$ até US$50
$$ US$50-US$150
$$$ acima de US$150

Destaque
Caravelle $$$
Luxuoso Mapa 2 F3
Praça Lam Son 19-23
Tel *(08) 3823 4999*
w caravellehotel.com
Considerado um dos melhores hotéis de Saigon, o Caravelle oferece quartos de luxo bem equipados e assinados por profissionais. Localização ideal, perto das lojas de Dong Khoi. As instalações são ótimas, e o serviço, de alto nível. Wi-Fi grátis.

Catina $$$
Luxuoso Mapa 2 F4
Rua Dong Khoi 109
Tel *(08) 3829 6296*
w hotelcatina.com.vn
Perto da Catedral de Notre Dame, com quartos pequenos mas elegantes. Equipe eficiente.

Continental $$$
Luxuoso Mapa 2 F3
Rua Dong Khoi 132-134
Tel *(08) 3829 9201*
w continentalvietnam.com
A Grande Dama dos hotéis de Saigon, abriga quartos com pé-direito alto e atmosfera colonial.

Grand $$$
Luxuoso Mapa 2 F4
Rua Dong Khoi 8
Tel *(08) 3915 5555*
w grandhotel.vn
Uma joia colonial reformada. Dispõe de quartos luxuosos e muitos recantos tranquilos.

Hotel Nikko Saigon $$$
Luxuoso Mapa 2 D5
Rua Nguyen Van Cu 235
Tel *(08) 3925 7777*
w hotelnikkosaigon.com
Uma opção de alto nível, o Nikko oferece quartos grandes, design minimalista e várias opções para comer.

Majestic $$$
Luxuoso Mapa 2 F4
Rua Dong Khoi 1
Tel *(08) 3829 5517*
w majesticsaigon.com.vn
Hotel colonial majestoso junto ao rio, com interiores art déco. Wi-Fi grátis. Não aceita fumantes.

Park Hyatt $$$
Luxuoso Mapa 2 E3
Praça Lam Son 2
Tel *(08) 3824 1234*
w saigon.park.hyatt.com
Ótima localização, junto à Ópera, com boas opções para comer e um spa excelente.

Rex $$$
Luxuoso Mapa 2 E4
Rua Nguyen Hue 141
Tel *(08) 3829 6536*
w rexhotelvietnam.com
Hotel histórico, famoso pelo bar da cobertura. Quartos luxuosos e suítes em três diferentes alas.

Distrito de Tan Binh

Park Royal $$
Moderno Mapa 1 A1
Rua Nguyen Van Troi 309B
Tel *(08) 3842 1111*
w parkroyalhotels.com
Antigo Novotel Garden Plaza, é uma opção bem equipada, a poucos minutos do aeroporto.

Arredores de Ho Chi Minh

LONG HAI: Thuy Duong Resort $$
Resort Mapa C6
Cidade de Phuoc Hai
Tel *(064) 388 6215*
w thuyduongresort.com.vn
Resort de preço razoável diante de uma praia sombreada por árvores casuarinas. Oferece vários tipos de quarto.

LONG HAI: Anoasis Beach Resort $$$
Resort Mapa C6
Rodovia 44, Long Hai, Ba Ria
Tel *(064) 386 8227*
w anoasisresort.com.vn
Antes uma mansão do imperador, esse resort premiado é um refúgio verdadeiramente especial.

VUNG TAU: Son Thuy Resort $
Resort Mapa C6
Rua Thuy Van 165C
Tel *(064) 352 3460*
w sonthuyresort.com.vn
Série de chalés em forma de "A" diante da longa praia de Trás. Uma excelente opção econômica para famílias.

VUNG TAU: Palace Hotel $$
Moderno Mapa C6
Rua Nguyen Trai 1
Tel *(064) 385 6411*
w palacehotel.com.vn
Hotel confiável em prédio alto. Quartos com bom tamanho, carpete, TV e iluminação agradável.

Quarto confortável e bem iluminado do Victoria Chau Doc Hotel

Destaque

VUNG TAU: Binh An Village $$$
Resort Mapa C6
Rua Tran Phu 1
Tel *(064) 351 0016*
w binhanvillage.com
Resort adorável, com apenas dez casas erguidas em sólidas colunas de madeira e mobiliadas em fusão de estilos antigo e moderno. Todas as suítes e alguns quartos têm salas ao ar livre que dão para um jardim. O seu excelente restaurante proporciona vistas do oceano.

Delta do Mekong e Sul do Vietnã

BAC LIEU: Bac Lieu Hotel $
Econômico Mapa B6
Rua Hoang Van Thu 4-6
Tel *(0781) 395 9697*
w baclieuhotel.com
Belíssima fachada e quartos confortáveis, embora bem básicos. Aluga carro e motocicleta.

BEN TRE: Hung Vuong $
Econômico Mapa B6
Rua Hung Vuong 166
Tel *(075) 382 2408*
w hungvuonghotelbentre.vn
Ótima localização, perto do centro da cidade, oferece bom custo-benefício. Peça um quarto com vista do rio.

CAN THO: Tay Ho $
Econômico Mapa B6
Rua Hai Ba Trung 42
Tel *(0710) 382 3392*
w tayhohotel.com
Os donos do Tay Ho são muito solícitos. Prefira um dos quartos com vista do rio nesse hotel bem localizado.

CAN THO: Saigon Can Tho $$
Moderno Mapa B6
Rua Phan Dinh Phung 55
Tel *(0710) 382 5831*
w saigoncantho.com.vn
Hotel ideal para executivos, com quartos agradáveis e bem equipados, além de serviço atencioso.

CAN THO: Victoria Can Tho $$$
Resort Mapa B6
Distrito Cai Khe
Tel *(0710) 381 0111*
w victoriahotels-asia.com
Elegância colonial em península própria, no norte da cidade.

CHAU DOC: Song Sao $
Econômico Mapa B6
Rua Nguyen Huu Canh 12
Tel *(076) 356 1777*
Opção em edifício alto. Quartos confortáveis, equipe atenciosa e localização central. Wi-Fi grátis.

CHAU DOC: Chau Pho $$
Moderno Mapa B6
Rua Trung Nu Vuong 88
Tel *(076) 356 4139*
w chauphohotel.com
Um dos mais refinados de Chau Doc. Quartos espaçosos e bem iluminados, serviço eficiente.

CHAU DOC: Victoria Chau Doc $$$
Resort Mapa B6
Rua Le Loi 32
Tel *(076) 386 5010*
w victoriahotels-asia.com
Único resort cinco estrelas da cidade, com quartos amplos e sacadas com lindas vistas do rio.

ILHA CON DAO: Saigon Con Dao Resort $$
Resort Mapa B6
Rua Ton Duc Thang 18-24
Tel *(064) 383 0336*
w saigoncondao.com
A segunda melhor aposta em Con Dao para quem não quer se esbaldar no Six Senses.

ILHA CON DAO: Six Senses Hideaway $$$
Resort Mapa B6
Praia Dat Doc
Tel *(064) 383 1222*
w sixsenses.com
Resort superluxuoso em praia própria. Casas elegantes, cada qual com seu mordomo.

ILHA PHU QUOC: Beach Club $
Econômico Mapa A6
Praia Bai Trong
Tel *(077) 398 0998*
w beachclubvietnam.com
Chalé defronte à praia com quartos simples ao redor de um restaurante. Wi-Fi grátis.

Mais informações sobre hotéis *na p. 233*

Destaque

ILHA PHU QUOC: La Veranda $$$
Resort   Mapa A6
Praia Bai Trong
Tel *(077) 398 2988*
w laverandaresorts.com
Instalado em um edifício em estilo colonial francês no meio da praia Bai Trong, esse é um dos resorts mais luxuosos de Phu Quoc. Tem spa, piscina e um restaurante, o Pepper Tree, no terraço da cobertura.

ILHA PHU QUOC: Saigon Phu Quoc Resort $$$
Resort   Mapa A6
Rua Tran Hung Dao 62
Tel *(077) 384 6999*
w sgphuquocresort.com.vn
Gracioso resort na ponta norte da praia Bai Trong, com spa, piscina e vários esportes aquáticos.

MY THO: Chuong Duong $
Econômico   Mapa B6
Rua Thang 4 10, 30
Tel *(073) 387 0875*
Conforto mínimo e sacadas com vista para o rio. Abriga um dos melhores restaurantes da cidade.

SOC TRANG: Phong Lan I $
Econômico   Mapa B6
Rua Dong Khoi 124
Tel *(079) 382 1619*
Hotel simples junto ao rio, com quartos básicos, no centro de Soc Trang. Wi-Fi grátis.

TRA VINH: Cuu Long $
Econômico   Mapa B6
Rua Nguyen Thi Minh Khai 999
Tel *(074) 386 2615*
Bem perto do centro da cidade, tem quartos bem equipados e equipe atenciosa. Wi-Fi grátis.

VINH LONG: Phuong Hoang $
Econômico   Mapa B6
Rua Hung Vuong 2H
Tel *(070) 382 5185*
Mini-hotel bem administrado, melhor que os hotéis do governo em Vinh Long. Wi-Fi grátis.

Região Centro-Sul

BUON MA THUOT: Dam San Hotel $
Econômico   Mapa C5
Rua Nguyen Cong Tru 212
Tel *(500) 385 1234*
w damsanhotel.com.vn
O Dam San apresenta quartos espaçosos e confortáveis com carpete e linda vista.

Mesas no espaço ao ar livre do La Veranda Resort, na ilha Phuc Quoc

Destaque

DALAT: Dreams $
Econômico   Mapa C5
Rua Phan Dinh Phung 151
Tel *(063) 383 3748*
w dreamshoteldalat.com
Tão popular que quase sempre está lotado; reserve bem antes. Tem café da manhã generoso, Wi-Fi grátis e serviço de quarto 24h. A filial, na mesma rua, tem banheira de hidromassagem em alguns quartos.

DALAT: Hotel du Parc $$
Hotel-butique   Mapa C5
Rua Tran Phu 7
Tel *(063) 382 5777*
w dalatresorts.com
Edifício colonial reformado no centro da cidade, com estrutura completa e ambiente de classe.

DALAT: Dalat Palace $$$
Luxuoso   Mapa C5
Rua Tran Phu 12
Tel *(063) 382 5444*
w dalatresorts.com
Melhor hotel de Dalat, tem quartos muito bem mobiliados e áreas comuns luxuosas.

KONTUM: Indochine $
Econômico   Mapa C4
Rua Bach Dang 30
Tel *(060) 386 3335*
w indochinehotel.vn
Monolito de oito andares, com quartos bem equipados que proporcionam lindas vistas do rio.

MUI NE: Mui Ne Backpackers $
Econômico   Mapa C6
Rua Nguyen Dinh Chieu 88
Tel *(062) 384 7047*
w muinebackpackers.com
Local popular, com dormitórios e quartos privados. Wi-Fi grátis.

MUI NE: Coco Beach $$$
Resort   Mapa C6
Rua Nguyen Dinh Chieu 58
Tel *(062) 384 7111*
w cocobeach.net
Resort original de Mui Ne e um dos melhores. Chalés elegantes em palafitas, num coqueiral.

MUI NE: Mia Resort $$$
Resort   Mapa C6
Rua Nguyen Dinh Chieu 24
Tel *(062) 384 7440*
w miamuine.com
Resort-butique de alto nível, com luxuosas cabanas de teto de palha em meio a jardins tropicais.

NHA TRANG: La Suisse $
Econômico   Mapa C5
Rua Tran Quang Khai 34
Tel *(058) 352 4353*
w lasuissehotel.com
A melhor das muitas opções econômicas de Nha Trang, a poucos passos da praia. Wi-Fi grátis.

NHA TRANG: Nha Trang Lodge $$
Moderno   Mapa C5
Rua Tran Phu 42
Tel *(058) 352 1500*
w nhatranglodge.com
Opção decente, com quartos de bom tamanho. Localizado em um passeio junto à praia.

NHA TRANG: Sheraton $$$
Luxuoso   Mapa C5
Rua Tran Phu 26
Tel *(058) 388 0000*
w sheratonnhatrang.com
Bem na orla de Nha Trang. Tem dez tipos de quarto e todas as instalações de praxe.

NINH HOA: Six Senses Hideaway $$$
Resort   Mapa C5
Baía de Ninh Van
Tel *(058) 352 4268*
w sixsenses.com
Localizado em ilha privada, esse retiro oferece uma experiência com todo o luxo imaginável.

PHAN RANG: Ho Phong $
Econômico   Mapa C5
Rua Ngo Gia Tu 363
Tel *(068) 392 0333*
Poucos turistas pernoitam em Phan Rang, mas essa é a melhor opção para quem decide fazê-lo.

PHAN THIET: Du Parc Ocean Dunes & Golf Resort $$
Resort   Mapa C6
Rua Ton Duc Thang 1A
Tel *(062) 382 5682*
w phanthiethotels.com
Antigo Novotel Ocean Dunes, esse sereno refúgio fica perto de Mui Ne, distante das multidões.

Categorias de Preço *na p. 236*

ONDE FICAR | 239

QUANG NGAI: My Khe Resort $
Resort Mapa C4
Rua Nguyen Hue 8
Tel *(056) 389 2401*
Resort tranquilo, acolhedor, em praia grande, perto de Quang Ngai. Instalações limitadas.

QUY NHON: Avani Resort & Spa $$
Resort Mapa C5
Ghenh Rang, Praia Bai Dai
Tel *(056) 384 0132*
w avanihotels.com
Resort muito bem projetado em belíssima praia. Oferece aulas de bem-estar como cortesia.

Região Central

DANANG: Grand Mercure Danang $$
Moderno Mapa C4
Hoa Cuong Bac, Danang
Tel *(0511) 379 7777*
w accorhotels.com
Instalado em ilha própria, o Grand Mercure abriga quartos muito bem mobiliados.

DANANG: Sun River $$
Moderno Mapa C4
Rua Bach Dang 132-136
Tel *(0511) 384 9188*
w sunriverhoteldn.com.vn
Prédio com fachada de vidro e linda vista do rio. Ótimo serviço.

DONG HOI: Sun Spa Resort $$
Resort Mapa B3
My Canh, Bao Ninh
Tel *(052) 384 2999*
w sunsparesortvietnam.com
Localização agradável, quartos arejados e ótimas instalações estão disponíveis no Sun Spa.

HOI AN: Cua Dai Hotel $
Resort Mapa C4
Rua Cua Dai 54A
Tel *(0510) 386 2231*
w hotelcuadai-hoian.com
Hotel pequeno e acolhedor, entre a cidade e a praia Cua Dai. Uma escolha prática.

HOI AN: Ancient House $$
Resort Mapa C4
Rua Cua Dai 377
Tel *(0510) 392 3377*
w ancienthouseresort.com
Resort de gerência familiar em amplo terreno, tem uma casa de 200 anos de idade.

Destaque

HOI AN: Nam Hai $$$
Resort Mapa C4
Hamlet 1, Vila Dien Duong
Tel *(0510) 394 0000*
w thenamhai.com
Prepare-se para receber todos os mimos nesse luxuoso resort. São casas de um a cinco quartos, em belo terreno diante de uma praia idílica. Algumas casas têm piscina privativa.

HOI AN: Victoria Hoi An $$$
Resort Mapa C4
Praia Cua Dai
Tel *(0510) 392 7040*
w victoriahotels.asia.com
Resort com personalidade, simula uma vila pesqueira tradicional.

HUE: Hue Nino $
Econômico Mapa C3
Rua Nguyen Cong Tru 14
Tel *(054) 625 2171*
w hueninohotel.com
Os quartos exibem mobiliário vietnamita antigo. Serviço atencioso e preços bem reduzidos.

HUE: La Residence Hotel & Spa $$$
Luxuoso Mapa C3
Rua Le Loi 5
Tel *(054) 383 7475*
w la-residence-hue.com
Um dos melhores hotéis de Hue, com elegantes obras de arte nas paredes e decoração de bom gosto nos quartos.

HUE: Saigon Morin $$$
Luxuoso Mapa C3
Rua Le Loi 30
Tel *(054) 382 3526*
w morinhotel.com.vn

Alojamento que há mais de um século abriga viajantes, em instalações de ótimo padrão.

PRAIA DA CHINA: Furama Resort $$$
Resort Mapa C4
Truong Sa
Tel *(0511) 384 7333*
w furamavietnam.com
Um dos melhores resorts do país, totalmente autônomo e com grande gama de atividades.

PRAIA DA CHINA: Fusion Maia Da Nang $$$
Resort Mapa C4
Rua Truong Sa, Danang
Tel *(0511) 396 7999*
w fusionmaiadanang.com
Spa-resort com tudo incluído. Cada quarto tem sua piscina.

PRAIA LANG CO: Lang Co Beach Resort $$
Econômico Mapa C3
Cidade de Lang Co
Tel *(054) 387 3555*
w langcobeachresort.com.vn
Tranquilo, em uma das melhores praias do país. Boas instalações.

VINH: Saigon Kim Lien $$
Moderno Mapa B2
Rua Quang Trung 25
Tel *(038) 383 8899*
w saigonkimlien.com.vn
Local razoável, administrado pelo governo, no centro de Vinh, com uma piscina pequena.

Hanói

Bairro Antigo

Classic Street $
Econômico Mapa 2 E3
Rua Hang Be 41
Tel *(04) 3825 2421*
w classicstreet-phocohotel.com
Quartos muito elegantes por preços econômicos. Equipe atenciosa e boa localização. Wi-Fi grátis.

Hanoi Backpackers Hostel $
Pousada Mapa 2 E2
Rua Ma May 9
Tel *(04) 3935 1891*
w vietnambackpackerhostels.com
Localização imbatível. Um império em expansão. Dormitórios e quartos duplos. Às vezes, abriga festas.

Hong Ngoc Tonkin $
Econômico Mapa 2 E3
Rua Luong Van Can 14
Tel *(04) 3826 7566*
w hongngochotels.com
Um pouco mais caro do que a maioria dos locais econômicos, mas oferece mobília e estrutura melhores. Wi-Fi grátis.

A elegante sala de jantar envidraçada do Sun River hotel, em Danang

Mais informações sobre hotéis *na p. 233*

Nam Hai 1 — $
Econômico   Mapa 2 E2
Rua Ma May 37
Tel *(04) 3926 3632*
Antigo Anh Dao, esse mini-hotel tem quartos para famílias, bom custo-benefício e bufê decente de café da manhã. Wi-Fi grátis.

Win — $
Econômico   Mapa 2 E3
Rua Hang Hanh 34
Tel *(04) 3828 7371*
w win-hotel-hanoi.com
Ótima localização em rua calma do ruidoso Bairro Antigo. O Win tem quartos bem equipados e serviço cordial.

Hanoi Moment — $$
Moderno   Mapa 2 E2
Rua Hang Can 15
Tel *(04) 3923 3988*
w hanoimomenthotel.com
Quartos modernos em branco e preto, piso de madeira, vidro duplo e iluminação regulável.

Destaque

Queen Travel — $$
Hotel-butique   Mapa 2 E3
Rua Hang Bac 65
Tel *(04) 3826 0860*
w azqueentravel.com
Projetado pelo dono, esse hotel tem personalidade. Quartos com atmosfera envolvente e mobília tradicional, além de piso de madeira e extras como aparelho de DVD e Wi-Fi grátis. Abriga também o escritório da Queen Travel, boa operadora de turismo.

Sunshine Suites — $$
Moderno   Mapa 2 E2
Rua Ma May 52
Tel *(04) 3926 4920*
w sunshinesuites.com.vn
Quartos grandes e iluminados, com computador e Wi-Fi grátis. Excelente localização.

Bairro Francês

De Syloia — $$
Hotel-butique   Mapa 2 F5
Rua Tran Hung Dao 17A
Tel *(04) 3824 5346*
w desyloia.com
Uma boa opção no Bairro Francês, com quartos bem equipados, serviço personalizado e localização prática.

Movenpick — $$
Moderno   Mapa 2 D4
Rua Ly Thuong Kiet 83A
Tel *(04) 3822 2800*
w movenpick-hotels.com
Hotel de negócios, com quartos luxuosos e estrutura completa.

Hilton Hanoi Opera — $$$
Luxuoso   Mapa 2 F5
Rua Le Thanh Tong 1
Tel *(04) 3933 0500*
w hanoi.hilton.com
Um ponto acima da média dos hotéis Hilton, com mobília e decoração vietnamitas e serviço excelente.

Melia — $$$
Luxuoso   Mapa 2 E4
Rua Ly Thuong Kiet 44B
Tel *(04) 3934 3343*
w meliahanoi.com
Destaca-se pelo elegante projeto de seus quartos. Dispõe de estrutura completa e serviço eficiente.

Sofitel Legend Metropole — $$$
Luxuoso   Mapa 2 F4
Rua Ngo Quyen 15
Tel *(04) 3826 6919*
w sofitel.com
Ocupa um edifício colonial muito bem restaurado. Quartos à prova de som e banheiras imensas.

Zephyr — $$$
Luxuoso   Mapa 2 E4
Rua Ba Trieu 4
Tel *(04) 3934 1256*
w zephyrhotel.com.vn
Pequeno hotel de luxo perto do lago Hoan Kiem. Quartos grandes.

Oeste do Lago Hoan Kiem

Church Boutique — $$
Hotel-butique   Mapa 2 E3
Rua Nha Tho 9
Tel *(04) 3928 8118*
w nhatho.churchhotel.com.vn
Primeiro dos três Church Boutique, oferece ótima localização no distrito de compras. Conforto clássico.

Quarto acolhedor com cama confortável no hotel Nikko Hanoi

Hanoi Spring II — $$
Moderno   Mapa 2 D3
Rua Pho Au Trieu 38
Tel *(04) 3826 8500*
w hanoispringhotel.com
Espaçosos, os quartos exibem pisos de madeira e sacadas com vistas da catedral.

Nikko Hanoi — $$$
Luxuoso   Mapa 1 C5
Rua Tran Nhan Tong 84
Tel *(04) 3822 3535*
w hotelnikkohanoi.com.vn
Hotel de negócios, com quartos luxuosos, bom spa e um excelente restaurante japonês.

Sheraton Hanoi — $$$
Luxuoso   Mapa 1 A3
Rua Nghi Tam K5, Xuan Dieu 11
Tel *(04) 3719 9000*
w sheraton.com/hanoi
Ótima localização nas praias do lago Oeste, com as usuais comodidades excelentes do Sheraton.

Sofitel Plaza — $$$
Luxuoso   Mapa 1 B1
Rua Thanh Nien 1
Tel *(04) 3823 8888*
w sofitel.com
Arranha-céu nas praias do lago Oeste, com vistas panorâmicas e muitas opções gastronômicas.

Norte do Vietnã

BA BE NATIONAL PARK: Ba Be National Park Guesthouse — $
Econômico   Mapa B1
Sede do Parque Nacional Ba Be
Tel *(0281) 389 4126*
Ótima opção para quem vai visitar o parque nacional. Quartos em ordem, piscina e restaurante.

BAC HA: Sao Mai — $
Econômico   Mapa A1
Ban Pho
Tel *(020) 388 0228*
w saomaibachahotel.com
Quartos em três edifícios e acesso fácil ao mercado de domingo.

CAO BANG: Hoang Anh — $
Econômico   Mapa B1
Rua Kim Dong 131
Tel *(026) 385 8969*
A melhor das poucas opções dali. Quartos amplos, com vistas do rio.

DIEN BIEN PHU: Muong Thanh — $$
Moderno   Mapa A1
Rua Thang 5 nº 514, 7
Tel *(0230) 381 0043*
w muongthanh.vn
Esse é o melhor ponto da cidade, com um bom restaurante, piscina e serviço atencioso.

Categorias de Preço *na p. 236*

ONDE FICAR | **241**

HAIPHONG: Harbour View $$$
Luxuoso   Mapa B1
Rua Tran Phu 4
Tel *(031) 382 7827*
w avanihotels.com/haiphong
Não tem vista do porto, mas os quartos são elegantes. Ótimo serviço e bom restaurante.

**HALONG: Novotel
Halong Bay** $$
Moderno   Mapa C1
Rodovia Halong, Bai Chay
Tel *(033) 384 8108*
w novotelhalongbay.com
Quartos e áreas comuns confortáveis, além de serviço cordial.

**HALONG: Indochina
Sails** $$$
Luxuoso   Mapa C1
Rua Dam Trau 27 A6, Hanói
Tel *(04) 3984 2362*
w indochinasails.com
A melhor maneira de curtir a baía Halong é do deque desse luxuoso junco.

ILHA CAT BA: Noble House $
Econômico   Mapa C1
Rua Thang 4 nº 1
Tel *(031) 388 8363*
Quartos grandes, bem equipados. Boa localização e vistas do porto.

ILHA CAT BA: Holiday View $$
Moderno   Mapa C1
Rua Thang 4 nº 1
Tel *(031) 388 7200*
w holidayviewhotel-catba.com
Hotel em arranha-céu com boas vistas da baía. Equipe eficiente.

NINH BINH: Emerald Resort $$$
Luxuoso   Mapa B2
Reserva Van Long, Comuna de Gia Van, Distrito Gia Vien
Tel *(030) 365 8333*
w emeraldaresort.com
Quartos imensos com camas confortáveis e vistas das montanhas em lindo resort. Wi-Fi grátis.

SAPA: Sapa Goldsea $
Econômico   Mapa A1
Rodovia Fansipan 58
Tel *(020) 387 1869*
Vistas fabulosas, ótimos quartos com aquecedor e Wi-Fi grátis.

Destaque

SAPA: Victoria Sapa $$$
Resort   Mapa A1
Hoang Dieu
Tel *(020) 387 1522*
w victoriahotels-asia.com
Situado no alto da cidade, esse resort de aspecto alpino é o melhor alojamento de Sapa. Há quartos agradáveis e belas vistas. Promove passeios pela região e tem um trem de luxo próprio – o Victoria Express – para trazer hóspedes de Hanói.

SON LA: Trade Union Hotel $
Econômico   Mapa A1
Rua Thang 8 nº 4, 26
Tel *(022) 385 2804*
Equipe atenciosa em hotel básico, mas agradável. Wi-Fi grátis.

**VALE DE MAI CHAU: Mai Chau
Lodge** $$$
Luxuoso   Mapa B2
Cidade de Mai Chau
Tel *(0218) 386 8959*
w maichaulodge.com
Nadar, passear de caiaque ou de bicicleta e escalar rochedos são atrações desse hotel caro.

Angkor

SIEM REAP: Earthwalkers $
Pousada   Mapa A5
Vila Sala Kanseng, Sangkat nº 2
Tel *(012) 967 901*
w earthwalkers.no
Ideal para mochileiros, gerido por noruegueses. Dormitórios, quartos duplos e para famílias.

SIEM REAP: Eight Rooms $
Econômico   Mapa A5
Vila Streoung Thamey 138-139, Comuna de Svydangkum
Tel *(063) 969 788*
w ei8htrooms.com
Reduto clássico de viajantes, perto do centro. Ar-condicionado, TV a cabo e Wi-Fi grátis.

SIEM REAP: Rosy's Guesthouse $
Econômico   Mapa A5
Rua Phum Slor Kram 74
Tel *(063) 965 059*
w rosyguesthouse.com
Adorável mansão antiga, gerida por casal ocidental. Quartos bem equipados e redes. Wi-Fi grátis.

**SIEM REAP: Two
Dragons Guesthouse** $
Econômico   Mapa A5
Vila de Wat Bo 110
Tel *(063) 965 107*
w twodragons-asia.com
Quartos espartanos, clima acolhedor e ótimas dicas de viagem.

**SIEM REAP:
Mysteres d'Angkor** $$
Hotel-butique   Mapa A5
Rua Phum Slor Kram 235
Tel *(063) 963 639*
w mysteres-angkor.com
Hotel-butique gerido por um francês, com quartos coloniais e piscina em belo jardim. Wi-Fi grátis.

**SIEM REAP: La Residence
d'Angkor** $$$
Luxuoso   Mapa A5
Rodovia do Rio
Tel *(063) 963 390*
w residencedangkor.com
Quartos e suítes em amplo jardim tropical, com spa, piscina e academia.

Destaque

**SIEM REAP: Raffles Grand
Hotel d'Angkor** $$$
Luxuoso   Mapa A5
Rua Charles de Gaulle 1, Khum Svay Dang Tum
Tel *(063) 963 888*
w raffles.com
Ótima opção para quem visita o complexo de Angkor. Os quartos desse sofisticado edifício colonial têm mobília refinada e todas as comodidades. Promove com frequência espetáculos de dança.

SIEM REAP: Shinta Mani $$$
Luxuoso   Mapa A5
Junction of Oum Khun and 14th sts
Tel *(063) 761 998*
w shintamani.com
Hotel refinado, com spa, aulas de culinária, biblioteca e Wi-Fi grátis.

A bem-decorada e confortável sala de estar do Victoria Sapa

Mais informações sobre hotéis *na p. 233*

ONDE COMER E BEBER

Os vietnamitas têm paixão por comida, por isso não faltam no país ingredientes frescos e cozinheiros experientes. Seja um lanche rápido ou uma refeição completa, quem visita o Vietnã dispõe de uma incrível variedade de locais para comer, de carrocinhas, barracas de rua e cafés de calçada a pizzarias e restaurantes finos. Tampouco faltam por perto um chá quente ou uma cerveja gelada. O melhor de tudo é que os preços são muito razoáveis, já que o país tem um repertório culinário eclético e inovador, com muitas opções deliciosas para todos os bolsos. Cada vez mais há opções de fast-food no estilo ocidental, e restaurantes italianos, americanos e indianos vêm surgindo nas grandes cidades. Os locais mais confiáveis para encontrar comida internacional são os restaurantes refinados que atendem turistas e residentes estrangeiros, ao passo que a boa comida vietnamita está em bancas de rua e constitui uma ótima experiência cultural.

Terraço do café Thuy Ta (p. 252), em frente ao lago Hoan Kiem, Hanói

Restaurantes

Estabelecimentos com garçons treinados, menus impressos e guardanapos engomados são encontrados principalmente nas principais cidades, assim como nos maiores hotéis e resorts.

Muitos restaurantes de comida vietnamita são especializados em determinado prato. Um dos mais comuns é o *bun thit nuong*, que consiste em fatias de carne marinada grelhada (bovina ou suína), servidas em uma cama de macarrão de arroz, ervas frescas e picles, com um caldo de peixe agridoce. O *banh xeo* é um crepe de farinha de arroz ou milho recheado com carne de porco, frutos do mar e brotos de feijão, servido com caldo de peixe agridoce. O *lau* é um caldo aromático, colocado num fogareiro no centro da mesa. Trata-se de um prato comunitário, aos quais os comensais adicionam legumes, ervas, macarrão e carne a gosto.

Os restaurantes chineses são comuns, e a profusão de cafés no país torna fácil encontrar baguetes frescas, café quente e suco de frutas. Lanchonetes ao estilo americano, pizzarias e redes de fast-food, como a KFC, estão presentes nas cidades de Hanói, Ho Chi Minh e nos principais destinos turísticos, e alguns hotéis grandes e restaurantes oferecem a alta-cozinha europeia.

Com e Pho

Um restaurante que serve uma porção farta de arroz com carne e legumes é chamado de *quan com* ("com" é o termo vietnamita para arroz). Em geral humildes, esses locais comportam uma meia dúzia de pessoas sentadas. A comida é exposta em um balcão de vidro e o cliente aponta o que deseja. Carnes grelhadas, refogadas ou guisadas e peixe com algum tipo de molho são comuns, bem como brotos de bambu refogados, beringela grelhada, favas fritas e diversas opções à base de tofu.

O prato nacional vietnamita no café da manhã – uma sopa de talharim chamada *pho* (p. 244) – é servido em locais pequenos, geridos por famílias. Em geral, o *pho* leva carne ou frango e tem um aroma típico de anis-estrelado. Ervas frescas e uma variedade de temperos são adicionados a gosto.

Na Rua

O Vietnã tem rica tradição de comida de rua. Em todas as cidades, ambulantes andam com cestas repletas de petiscos deliciosos, como vagens de tamarindo, doces, sanduíches na baguete, bolinhos de arroz ou frutas frescas. Alguns cozinheiros vendem petiscos doces ou salgados em folhas de bananeira, que são então cozidos ou assados. Carrocinhas podem carregar cozinhas inteiras e oferecem *pho*, macarrão frito, pratos à base de tofu e *chao* – um mingau de arroz, também chamado de *congee*. O melhor é que a comida é feita na hora. Alguns vendedores levam a comida em uma canga cruzada no peito. Vendem desde petiscos secos a frutas frescas e legumes, e alguns andam com um fogareiro, com o qual preparam uma refeição quente na hora.

O interior bem iluminado do Bassac, em Chau Doc

Cervejarias e Bia Hoi

Muito abundantes no sul, onde o calor impera, as cervejarias sempre promovem uma marca ou outra, que pode mudar toda semana. Em geral, vendem petiscos para acompanhar a bebida, como rolinhos primavera, acompanhados por molhos picantes.

A cerveja artesanal ou *bia hoi* é uma especialidade de Hanói, embora possa ser encontrada em todo o país. É livre de conservantes, e cada copo custa poucos centavos. Os bares que servem *bia hoi* costumam ser simples e pequenos e, em geral, frequentados por homens. Os turistas também podem ir a esses bares, desde que não se incomodem em sentar em banquinhos muito baixos. É uma boa maneira de conhecer um pouco da cultura local.

Vegetarianos

Há poucos restaurantes exclusivamente vegetarianos no país, mas é fácil evitar carne vermelha, pois todo estabelecimento tem sempre muitas opções de peixes, aves e legumes. Veganos e vegetarianos radicais devem estar cientes de que o *nuoc mam*, o apreciado molho de peixe fermentado, está presente na maioria das receitas. Embora quase todos os restaurantes conheçam a prática vegetariana e se disponham a atender os pedidos dos clientes, é preciso ter o cuidado de explicar em detalhes suas necessidades e restrições alimentares.

Preços

A comida talvez seja o item que menos pesa no orçamento do turista em visita ao Vietnã. Uma refeição completa em um hotel pode custar menos de US$15 por pessoa, se bem que bebida alcoólica importada pode quadruplicar esse valor. Os impostos sobre vinhos são altíssimos, mas os destilados importados se mostram mais acessíveis, e a cerveja local tem preço bem razoável. Dá para beber e comer bem em restaurantes menores e na rua gastando US$6 por dia.

Hábitos à Mesa

Ao contrário do Ocidente, no Vietnã as refeições não são servidas em uma sucessão de pratos. Estes chegam à mesa assim que ficam prontos. O habitual é cada um pedir um prato diferente, e mais um para a mesa. As pessoas provam as comidas umas das outras e apreciam o ato de partilhar tanto quanto a própria refeição. As maneiras à mesa *(p. 273)* são simples: sinta-se à vontade para sugar o macarrão e jogar ossos de peixe e carne no chão. A norma é comer com animação e conversar em voz alta.

Gorjetas

A gorjeta não era costumeira no Vietnã, mas se tornou comum em restaurantes de nível melhor e em áreas de mochileiros com o advento do turismo moderno. Se o serviço foi bom, deixe 10%. Não ofereça nada se foi ruim. Em hotéis e restaurantes de luxo, cobra-se 5% de serviço, mas você pode prodigalizar uma pequena gorjeta para os funcionários.

Restaurantes Recomendados

Os restaurantes nas páginas a seguir foram selecionados cuidadosamente para oferecer opções diversificadas em todo o país – há não só muita culinária vietnamita, com variações regionais como a cozinha imperial de Hue, mas também comida japonesa e tailandesa, além de chinesa, indiana, francesa, italiana e mexicana.
Às vezes, em áreas turísticas, essas diferentes culinárias constam do mesmo cardápio. Alguns dos locais mais inovadores servem pratos de fusão que combinam ingredientes e técnicas de diversas cozinhas, como vietnamita e francesa. As sugestões deste guia levam em conta não só a qualidade da comida, mas também o ambiente e o padrão do serviço. No entanto, como o sabor é mais importante do que a apresentação para a maioria dos comensais vietnamitas, muitos dos locais aqui listados não têm o tipo de ambiente sofisticado tão procurado nos restaurantes do Ocidente. Os estabelecimentos que sobressaem por sua excelência culinária ou sua atmosfera envolvente são descritos com mais detalhes nos quadros de "Destaque".

A fachada chique de um café em estilo francês em Ho Chi Minh

Os Sabores do Vietnã

Ao longo da história, o Vietnã absorveu muitas influências culinárias, mas mantém a própria cozinha. A longa dominação chinesa deixou sua marca na culinária do país, e o uso dos pauzinhos, o molho de soja e o tofu são exemplos disso. Gostos ocidentais também foram importados durante o domínio colonial francês, como ocorreu com o café, o pão e os laticínios. No sul, influências culinárias indianas, *khmer* e tailandesas são evidentes no uso do coco e de curries aromáticos.

Maços de hortelã, manjericão e coentro

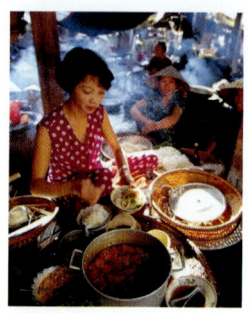

Mulher prepara comida em mercado de Hoi An

A cozinha vietnamita usa muitas ervas e especiarias – sobretudo coentro, hortelã, gengibre, capim-limão e cebolinha – e molho de peixe. O arroz *(p. 99)*, no entanto, é o esteio da dieta vietnamita. Sua importância se reflete até no idioma; por exemplo, a saudação mais comum *(Ban an com chua?)* pode ser traduzida literalmente como "Já comeu arroz?". Existe um vasto vocabulário sobre vários tipos de arroz, as etapas do processo de plantio, crescimento e colheita, além de uma série de expressões para refeições à base desse grão. Ele está sempre à mesa: no dia a dia é usado o *gao te* (arroz comum, solto) e, em ocasiões especiais, como aniversários, festas e oferendas, recorre-se ao *gao nep* (arroz-glutinoso, viscoso). O arroz moído é a

A Culinária

Os deltas férteis do rio Vermelho, no norte, e do rio Mekong, no sul, abastecem o Vietnã de arroz. O longo litoral do país, os rios e os lagos fornecem muitos peixes e frutos do mar, e o clima tropical faz com que frutas e legumes cresçam em abundância.

Limão   Durião   Mangostão   Banana   Toranja   Rambotã

Seleção de frutas tropicais presentes em todo o Sudeste Asiático

Pratos e Especialidades Locais

Guarnição para *pho*

Três regiões imperam na cozinha vietnamita. O norte, com seu clima mais frio, tem um estilo culinário simples. Carnes exóticas, como a de cachorro, são iguarias, e toma-se muito vinho de cobra. A região central apresenta uma rica tradição vegetariana, além da sofisticada cozinha imperial da antiga capital Hue. As regiões ao sul se beneficiam de uma produção tropical mais rica.

Pho, a tradicional sopa de talharim, capta a essência da culinária vietnamita. Prato humilde, inventado no norte do país, virou o favorito da nação. Com fatias de carne crua cozidas em uma tigela de caldo quente, a *pho* é por si só uma refeição nutritiva. Sua qualidade pode variar; os entendidos preferem ir tarde às barracas de *pho*, quando o caldo está mais forte.

Pho Esse prato clássico combina talharim, fatias de carne e cebolinha-verde em um caldo bem consistente

Secagem de peixe ao sol para uso no *nuoc mam*, Nha Trang

base de muitos produtos, inclusive o talharim, bolos e papel de arroz, e o cereal destilado é usado para fabricar saquê e licores.

A antiga tradição budista do país é responsável pela popularidade de uma cozinha vegetariana aprimorada ao longo do tempo. É muito renomada a culinária vegetariana de Hue, tradicional centro budista do Vietnã. Nesse local, mulheres vietnamitas preparam suntuosos banquetes, que incluem versões vegetarianas de pratos famosos, nos quais a carne é substituída por tofu ou cogumelos.

Um dos aspectos mas incomuns e interessantes da cozinha vietnamita é o consumo de carnes exóticas, como as de rã, cobra, pardal, caracol e tartaruga. Certos restaurantes servem até porco-espinho, embora seja proibido abater animais selvagens.

Comida de Rua

Com binh dan (comida popular) ou *com bui* (comida empoeirada) são termos que se referem à comida de rua. Em quase todo lugar do Vietnã há sempre uma barraca por perto servindo refeições e petiscos gostosos. Barracas cheias de gente em volta, sentada em cadeiras de plástico, costumam ser as que servem os pratos mais deliciosos. A sopa de talharim *(pho)*, a panqueca *(banh xeo)* e as baguetes recheadas são ótimas.

É comum ver nas ruas mulheres levando um bastão longo com uma cesta de cada lado, cheias de talharim, ervas, carne e legumes, e também de tigelas, hashis e um fogareiro a carvão, ou seja, uma verdadeira cozinha portátil, que pode produzir banquetes memoráveis.

Ambulante vende baguetes em Ho Chi Minh

NO CARDÁPIO

Nuoc mam Molho fermentado de peixe salgado.

Nuoc cham Molho de peixe com açúcar, limão, água, alho e pimenta.

Nem ran Rolinhos primavera fritos, envoltos em papel de arroz e embebidos em *nuoc cham*.

Banh cuon Crepes de farinha de arroz, com recheio de carne.

Chao tom Pasta de camarão servida em um gomo de cana.

Canh chua ca Sopa azeda.

Lau Ensopado de carne.

Chao Papa de arroz.

Cahn Chua Ca Uma sopa azeda e quente, em geral feita com abacaxi, bagre e bastante pimenta.

Banh Xeo Crepe de carne de porco e camarão, feito em geral com folha de alface e servido com molho de limão e pimenta.

Cha Ca Originário de Hanói, esse prato contém peixe frito, talharim, endro, amendoim e *nuoc cham*.

Onde Comer e Beber

Ho Chi Minh
Cholon

Café Central An Dong $$
Internacional Mapa 4 F4
Rua An Duong Vuong 18
Tel *(08) 3833 6688*
Vale a pena pular uma refeição antes de ir a esse fantástico bufê para poder saborear o maior número possível de pratos. Cozinhas vietnamita, japonesa e internacional, no café da manhã, no almoço e no jantar. Tem ainda cardápio à la carte.

Orientica $$$
Vietnamita/
Frutos do mar Mapa 4 F3
Rua Tran Binh Trong 242
Tel *(08) 3839 7777*
Ótimo restaurante premiado, localizado no hotel Equatorial. Tem um "mercado" onde os clientes podem escolher os frutos do mar frescos. Os chefs preparam a comida em cozinha aberta.

Distrito 1

Asian Kitchen $
Internacional Mapa 2 D5
Rua Pham Ngu Lao 185/22
Tel *(08) 3836 7397*
Escondido numa ruela, o Asian Kitchen tem imenso cardápio de pratos vietnamitas, japoneses e vegetarianos. Ambiente tranquilo. Prove a carne de porco cozida na panela de barro.

Black Cat $
Internacional Mapa 2 F4
Rua Phan Van Dat 13
Tel *(08) 3829 2055*
Serve comida prática, como waffle e hambúrguer. Para os vorazes, o cheeseburger de 500 g é a pedida. Também tem alguns pratos vietnamitas e italianos.

Bo Tung Xeo $
Vietnamita Mapa 2 E3
Rua Ly Tu Trong 31
Tel *(08) 3825 1330*
Esse restaurante grande com amplo jardim leva o nome de seu prato-chefe, o bo tung xeo – tiras de carne grelhadas pelos próprios clientes num braseiro na mesa.

Bun Cha Hanoi $
Vietnamita Mapa 2 F3
Rua Le Thanh Ton 26/1
Tel *(08) 3827 5843*
O Bun Cha Hanoi é um dos lugares mais populares da cidade para se provar a carne de porco grelhada, servida com legumes (em geral, alface, broto de feijão, abóbora e pepino) e arroz vermicelli – uma especialidade de Hanói.

Destaque

Nha Hang Ngon $
Vietnamita Mapa 2 E3
Rua Pasteur 160
Tel *(08) 3827 7131*
Com instalações de cozinha simples, que produzem especialidades regionais fantásticas, faz jus ao nome *Ngon*, que significa "delicioso". É visita obrigatória para uma introdução à cozinha vietnamita, servida dentro e ao redor de uma casa colonial a preços reduzidos. Muito disputado pelo público local, pode lotar nos horários de pico.

Original Bodhi Tree $
Vegetariana Mapa 2 D5
Rua Pham Ngu Lao 175/4
Tel *(08) 3837 1910*
Serve fantástica seleção de comida vegetariana, incluindo pratos vietnamitas, italianos e mexicanos, além de deliciosos milk-shakes. O "original" do nome é para diferenciá-lo de imitações.

Pho 24 $
Vietnamita Mapa 2 F4
Rua Dong Khoi 71-73
Tel *(08) 3825 7505*
Há filiais dessa popular franquia espalhadas por todo o país, servindo pho – o prato nacional, que consiste de uma sopa de talharim, em geral servida com carne – em ambiente higiênico, com ar-condicionado.

Sozo $
Internacional Mapa 2 D5
Rua Bui Vien 176
Tel *(08) 870 6580*
Esse pequeno e adorável café e padaria situado no Distrito 1

Categorias de Preço
Por pessoa, para uma refeição composta de três pratos e uma taça de vinho da casa, mais taxas e gorjeta de 15-20%.
$ até US$10
$$ US$10–US$30
$$$ acima de US$30

é perfeito para sentar e comer tranquilamente. A equipe é formada por crianças de rua locais, treinadas para que administrem elas mesmas o negócio.

Wrap and Roll $
Vietnamita Mapa 2 F3
Rua Hai Ba Trung 62
Tel *(08) 3822 2166*
Quem gosta de comer com as mãos vai adorar esse lugar. Peça os ingredientes, enrole-os em papel de arroz e mergulhe-os nos molhos suculentos.

Lemongrass $$
Vietnamita Mapa 2 F4
Rua Nguyen Thiep 4
Tel *(08) 3822 0496*
Distribuído em três andares, propõe um cardápio de pratos clássicos, como camarões em açúcar de cana e caranguejo em molho picante. O almoço de preço fixo é uma boa opção. Faça reserva no jantar.

Ngoc Suong Marina $$
Vietnamita/
Frutos do mar Mapa 2 D3
Rua Nguyen Dinh Chieu 172
Tel *(08) 3930 2379*
Popular entre moradores locais por seus frutos do mar, tem filiais em todo o país. Prove o caranguejo no molho de tamarindo ou o camarão no açúcar de cana.

Tandoor $$
Indiana Mapa 2 F3
Rua Hai Ba Trung 74/6
Tel *(08) 3930 4839*
Comida de qualidade em restau-

Chefs preparam refeições na cozinha aberta do Orientica

O elegant interior do popular restaurante tailandês Spice

rante indiano de localização central. O almoço de preço fixo tem bom custo-benefício e é popular entre os trabalhadores de escritório da área.

Temple Club $$
Vietnamita Mapa 2 E4
Rua Ton That Thiep 29-31
Tel *(08) 3829 9244*
Restaurante em ambiente envolvente, num antigo templo chinês. Prove o curry de frango ou o cha ca Hanói e relaxe no lounge retrô com sobremesa e café.

Destaque

Vietnam House $$
Vietnamita Mapa 2 F4
Rua Dong Khoi 93-95
Tel *(08) 3829 1623*
Para os não familiarizados com a cozinha vietnamita, esse é um ótimo lugar para descobrir seus maravilhosos sabores. Fica em linda casa em estilo colonial, com garçons em trajes tradicionais e música ao vivo suave. Pode-se escolher entre o menu fixo e pratos à la carte.

Zan Z Bar $$
Internacional Mapa 2 F4
Rua Dong Khoi 19
Tel *(08) 6291 3686*
Restaurante e bar muito popular no coração da cidade, o Zan Z serve uma variedade de tapas e pratos principais tentadores, como cordeiro e filés. As mesas de fora são ideais para ficar observando as pessoas da rua.

Bonsai Cruises $$$
Vietnamita Mapa 2 F4
Píer Bach Dang ao pé de Nguyen Hue
Tel *(08) 3910 5560*
O cruzeiro com jantar da Bonsai Cruises no rio Saigon pode ser muito divertido. Inclui um bufê de comida vietnamita e internacional e uma banda tocando no convés.

Camargue $$$
Mediterrânea Mapa 2 F3
Rua Hai Ba Trung 74/7D
Tel *(08) 3520 4888*
Em um núcleo de restaurantes e bares no centro da cidade, serve cozinha mediterrânea de alto nível em ambiente elegante. Deguste um aperitivo no bar e depois suba ao andar superior para banquetear-se.

Maxim's Nam An $$$
Vietnamita Mapa 2 F4
Rua Dong Khoi 13-17
Tel *(08) 3829 6676*
Volte ao passado com a arquitetura em estilo francês, banheiros de madeira entalhada, mesas arrumadas com elegância e apresentações musicais à noite. A comida é tradicional vietnamita.

Xu Restaurant and Lounge $$$
Vietnamita Mapa 2 F3
Rua Hai Ba Trung 71-75
Tel *(08) 3824 8468*
Esse local ultrachique é restaurante e casa noturna. Serve pratos vietnamitas inovadores em ambiente intimista, com assentos luxuosos e iluminação discreta.

Distrito 3

Au Lac do Brazil $$
Internacional Mapa 1 C2
Rua Pasteur 238
Tel *(08) 3820 7157*
Serve excelente comida brasileira em ambiente elegante. Prove o churrasco, que garante a satisfação até mesmo dos carnívoros mais exigentes.

Spice $$
Tailandesa Mapa 2 D3
Rua Le Quy Don 27
Tel *(08) 3930 7873*
Com localização prática perto do Museu de Vestígios da Guerra, esse é provavelmente o melhor restaurante tailandês da cidade. Serve clássicos como tom yam kung e curries apimentados.

Arredores de Ho Chi Minh

VUNG TAU: Binh An Village $
Vietnamita/Internacional
Mapa C6
Rua Tran Phu 1
Tel *(064) 351 0016*
No resort de mesmo nome, esse é o restaurante de ambiente mais envolvente em Vung Tau. Está instalado em belo edifício com decoração de bom gosto, vista do mar e ótima comida.

VUNG TAU: Ganh Hao $
Vietnamita/
Frutos do mar Mapa C6
Rua Tran Phu 3
Tel *(064) 355 0909*
O Ganh Hao serve dos melhores frutos do mar de Vung Tau. Tem mesas no terraço num promontório acima do mar e um salão acolhedor. Prove a lagosta, o camarão gigante ou o robalo.

VUNG TAU: Bistro Nine $$
Internacional Mapa C6
Rua Truong Vinh Ky 9
Tel *(064) 351 1571*
Café acolhedor, ótimo para um café da manhã convencional, um almoço bem servido ou um simples expresso. Serve também pão francês caseiro e sorvetes.

Delta do Mekong e Sul do Vietnã

CAN THO: Nam Bo $$
Vietnamita/Internacional
Mapa B6
Rua Ngo Quyen 1
Tel *(0710) 381 9139*
Uma instituição de Can Tho, foi reformado recentemente. Oferece comida vietnamita de fusão e internacional. Tem um bar em forma de barco no andar superior.

CAN THO: Spices $$$
Vietnamita/Internacional
Mapa B6
Resort Victoria Can Tho, Distrito Cai Khe
Tel *(0710) 381 0111*
Vale a pena sair da cidade para uma refeição no terraço à beira da piscina do Victoria Resort. Peça a comida vietnamita tradicional ou clássicos da cozinha internacional, como salmão ou truta tartar.

CAO LANH: A Chau $
Vietnamita Mapa B6
Rua Ly Thuong Kiet 42
Tel *(067) 385 2202*
Ao norte do centro da cidade, o A Chau tem cardápio em inglês e serve ótimo banh xeo (panqueca frita), além de vários pratos de arroz.

CHAU DOC: Bay Bong $
Vietnamita Mapa B6
Rua Thuong Dang Le 22
Esse local simples com banquinhos e mesas de plástico serve excelentes pratos em panelas de barro e sopa de peixe azeda.

Mais informações sobre restaurantes *na p. 242*

Área para comer ao ar livre do Bassac, junto ao rio de mesmo nome

CHAU DOC: Bassac $$$
Vietnamita/Internacional
Mapa B6
Rua Le Loi 32, Hotel Victoria Chau Doc
Tel *(076) 386 5010*
Esse restaurante se revela o melhor lugar de Chau Doc para um jantar romântico no terraço, com vistas do rio Bassac. Peça pato assado ou o peixe local, acompanhados por uma taça de um bom vinho.

HA TIEN: Hai Van $
Vietnamita/Internacional
Mapa B6
Rua Sam Lon 57
Junto ao hotel de mesmo nome, o Hai Van apresenta decoração simples. É conhecido por sua ótima comida vienamita, assim como pelo excelente café da manhã em estilo ocidental.

ILHA CON DAO: Saigon Con Dao $$
Vietnamita   Mapa B6
Rua Ton Duc Thang 18-24
Tel *(064) 383 0336*
Um dos melhores lugares para comer dentre o limitado leque de opções de Con Son. O Saigon Con Dao serve frutos do mar fantásticos, que podem ser degustados no elegante salão ou na brisa do terraço.

ILHA PHU QUOC: Oasis $
Vietnamita/
Internacional   Mapa A6
Rua Tran Hung Dao 118/5
Localizado atrás do resort La Veranda, o Oasis é um verdadeiro achado para quem deseja comida caseira, como purê de batata ou tortas salgadas. Fica lotado à noite, com esportes na TV e mesa de sinuca.

Categorias de Preço *na p. 246*

Destaque
ILHA PHU QUOC: Palm Tree $
Vietnamita   Mapa A6
Tran Hung Dao
A mobília e a decoração simples podem enganar à primeira vista, mas a comida é sempre saborosa e bem preparada. Experimente uma das opções de cozidos em panela de barro ou, então, o churrasco de frutos do mar na alta estação. Não tem vista do mar, mas a comida compensa.

ILHA PHU QUOC: Pepper Tree $$$
Vietnamita/Internacional   Mapa A6
La Veranda Resort, Praia Bai Trong
Tel *(077) 398 2988*
Restaurante mais elegante de Phu Quoc, numa varanda com vista da praia no La Veranda Resort. Pequena seleção de pratos de ótimo preparo e apresentação.

MY THO: Chuong Duong Restaurant $$
Vietnamita   Mapa B6
Rua Thang 4, nº 10, 30
Tel *(073) 387 0875*
Às margens do rio Giang, tem cardápio voltado a peixes de rio e frutos do mar. Também abriga quartos, que são bastante procurados por turistas estrangeiros.

SOC TRANG: Quan Com Hung $
Vietnamita   Mapa B6
Rua Hung Vuong, 6/24
Tel *(079) 382 2268*
Nessa cidade pouco turística, se fazer entender pode ser difícil. Use um dicionário ou aponte o prato que deseja. Prove o curry de cabra ou os picles de camarão.

VINH LONG: Thien Tan $
Vietnamita   Mapa B6
Rua Pham Thai Buong 56/1
Tel *(070) 382 4001*
Vale a pena ir para o sul do centro da cidade para conhecer esse estabelecimento especializado em grelhados. O peixe assado em tubo de bambu é particularmente delicioso.

Região Centro-Sul

BUON MA THUOT: Black & White $$
Vietnamita   Mapa C5
Rua Nguyen Cong Tru 171
Tel *(0500) 384 4960*
Restaurante com bonita decoração, bem em frente ao Dam San Hotel, a curta caminhada do centro da cidade. Serve uma ampla seleção de pratos muito bem preparados.

DALAT: An Lac $
Vegetariana   Mapa C5
Rua Phan Dinh Phung 71
Tel *(063) 382 2025*
O An Lac serve uma variedade de pratos vegetarianos e aproveita muito bem a abundância de produtos frescos dos mercados da cidade. Tem também alguns pratos que incluem simulações de carne.

DALAT: Café V $
Vietnamita/Internacional   Mapa C5
Rua Bui Xui Thuan 1/1
Tel *(063) 352 0215*
Acolhedor e dirigido por um casal americano-vietnamita, o Café V serve alguns pratos locais muito bem preparados, como carne de porco grelhada. Há também bolos e tortas caseiros.

DALAT: Long Hoa $
Vietnamita/Internacional   Mapa C5
Rua Thang 2 nº 6, 3
Tel *(063) 382 2914*
Restaurante em estilo bistrô bem no centro da cidade, com ótimos cozidos e sopas, além de excelentes iogurtes caseiros. Abre uma sala nos fundos quando a parte da frente lota.

DALAT: Café de la Poste $$
Internacional   Mapa C5
Tran Phu
Tel *(063) 382 5444*
Operado pelo Du Parc Hotel e situado em frente aos correios, esse café elegante em estilo francês serve um bufê de café da manhã substancioso, além de sanduíches, filés e massas. O cardápio à la carte inclui delícias ocidentais e asiáticas.

ONDE COMER E BEBER | 249

DALAT: Le Rabelais $$$
Francesa **Mapa** C5
Dalat Palace Hotel, Rua Tran Phu 12
Tel *(063) 382 5444*
De longe a melhor opção para comer em Dalat, tanto em qualidade quanto em preço. Cozinha de alto nível servida em cenário majestoso por uma equipe sempre disposta a dar sugestões.

KONTUM: Dakbla $
Vietnamita/Internacional **Mapa** C4
Rua Nguyen Hue 168
Tel *(060) 386 2584*
Café pequeno e peculiar, o Dakbla se tornou o favorito dos viajantes, não só por refogados, sanduíches e café saborosos, mas também por sua mostra de parafernália da tribo das montanhas, boa parte da qual está à venda.

MUI NE: Shree Ganesh $
Indiana **Mapa** C6
Rua Nguyen Dinh Chieu 57
Tel *(062) 374 1330*
Uma boa escolha para uma refeição substanciosa com foco na cozinha do norte da Índia e em pratos tandoori. A música cria uma atmosfera intimista. O andar de cima tem varanda.

NHA TRANG: Da Fernando $$
Italiana **Mapa** C5
Rua Nguyen Thien Thuat 96
Tel *(058) 352 8034*
O melhor lugar para boa pizza, massas e pratos principais deliciosos, como o filé com pimenta verde em grão. Tem boa carta de vinhos italianos.

NHA TRANG: Lanterns $$
Vietnamita **Mapa** C5
Rua Nguyen Thien Thuat 34/6
Tel *(058) 247 1674*
Outro restaurante que treina jovens desfavorecidos para uma carreira estável em hotelaria. Serve excelentes cozido de frutos do mar e peixe na panela de barro. Também dá aulas de culinária.

NHA TRANG: Louisiane Brewhouse $$
Internacional **Mapa** C5
Rua Tran Phu 29
Tel *(058) 352 1948*
Cervejaria defronte à praia com extenso cardápio de pratos vietnamitas, japoneses e outros internacionais, assim como uma deliciosa cerveja artesanal.

NHA TRANG: Sandals $$
Internacional **Mapa** C5
Rua Tran Phu 72-74
Tel *(058) 352 4628*
Restaurante elegante junto à praia, com ampla seleção de pratos, como carpaccio de carne e paella de mariscos. Há mesas no salão e ao ar livre.

PRAIA MUI NE: Lam Tong $
Vietnamita/Internacional **Mapa** C6
Rua Nguyen Dinh Chieu 92
Tel *(062) 384 7598*
Restaurante básico na praia. Serve comida melhor e mais saborosa do que a maioria dos restaurantes elegantes de Mui Ne, por preço bem mais baixo.

PRAIA MUI NE: Rung (Forest) $$
Vietnamita **Mapa** C6
Rua Nguyen Dinh Chieu 67
Tel *(062) 384 7589*
Crianças adoram o Rung porque é como comer na floresta, rodeado de videiras e riachos. Ótima comida e música tradicional à noite.

Destaque

PRAIA MUI NE: Champa $$$
Mediterrânea **Mapa** C6
Coco Beach Resort, Rua Nguyen Dinh Chieu 58
Tel *(062) 384 7111* **Fecha** *seg*
Aberto só no jantar, o Champa oferece cenário romântico em um terraço com vista da piscina do resort e de um coqueiral. O cardápio tem pratos tentadores, como lagosta assada no uísque e lombo de vitela em crosta de gergelim-preto e pimenta. Reserve espaço para a divina calda de chocolate.

QUANG NGAI: Cung Dinh $$
Vietnamita **Mapa** C4
Rua Ton Duc Thang 5
Tel *(055) 381 8555*
Um dos melhores da cidade, junto ao rio; serve excelente salada de frutos do mar e pratos como o don (sopa de caracóis).

QUY NHON: Seafood 2000 $$
Vietnamita/
Frutos do mar **Mapa** C5
Rua Tran Doc 1
Tel *(056) 381 2787*
No litoral do Vietnã comem-se frutos do mar, e esse lugar costuma ficar lotado de clientes degustando camarão gigante, filé de tubarão e cozidos.

Região Central

DANANG: Bread of Life $
Internacional **Mapa** C4
Rua Dong Da 4
Tel *(0511) 356 5185* **Fecha** *dom*
Esse café incomum, dirigido por uma família americana, serve comida básica, como hambúrguer e pizza. A equipe é toda de surdos.

DANANG: Waterfront $$
Vietnamita/Internacional **Mapa** C4
Rua Bach Dang 150-152
Tel *(0511) 384 3373*
Local novo, elegante, em dois andares – bar no térreo e restaurante com vista do rio no piso superior. Prove o fettuccini à marinara ou a costela de porco na grelha. Ampla seleção de drinques.

DANANG: Apsara $$$
Vietnamita **Mapa** C4
Rua Tran Phu 222
Tel *(0511) 356 1409*
Restaurante mais requintado de Danang, com decoração *cham* e réplica de uma torre típica no jardim. O menu tem clássicos da cozinha vietnamita e frutos do mar.

Destaque

HOI AN: Miss Ly $
Vietnamita **Mapa** C4
Rua Nguyen Hue 22
Tel *(0510) 386 1603*
Há muitas casas elegantes com comida bem apresentada na cidade, mas em questão de sabor esse local simples, gerido por família, numa rua calma, é imbatível. Prove os bolinhos de rosa branca (com recheio de camarão), o cao lau (sopa de talharim com broto de feijão e carne de porco) e o peixe grelhado em folha de bananeira.

HOI AN: Morning Glory $
Vietnamita **Mapa** C4
Rua Nguyen Thai Hoc 106
Tel *(0510) 324 1555*
Um dos vários estabelecimentos operados pelo *restaurateur* local Trinh Diem Vy, o Morning Glory ocupa uma construção em estilo colonial e serve saboroso banh xeo (panqueca de camarão e broto de feijão).

Um dia comum no Lanterns, que serve frutos do mar e cozido de peixe

Mais informações sobre restaurantes *na p. 242*

HOI AN: Nhu Y (Mermaid) $
Vietnamita Mapa C4
Rua Tran Phu 2
Tel *(0510) 386 1527*
Restaurante simples, o Nhu Y é muito popular por seus wontons fritos especiais, pela lula recheada com carne de porco e pelos tomates recheados. Também oferece aulas de culinária.

HOI AN: Red Bridge $
Vietnamita Mapa C4
Thon 4, Cam Thanh
Tel *(0510) 393 3222*
Restaurante fora da cidade, elegante e tentador o suficiente para se passar o dia inteiro nele: o Red Bridge oferece aulas de culinária, serve almoço delicioso e tem até uma piscina. Jantar, só com agendamento.

HOI AN: Tam Tam Café & Bar $
Internacional Mapa C4
Rua Nguyen Thai Hoc 110
Tel *(0510) 386 2212*
Restaurante extremamente popular entre os turistas. Serve boas cozinhas francesa, italiana e mediterrânea, além de alguns pratos vietnamitas. Conta também com um dos bares mais agitados da cidade.

HOI AN: Mango Rooms $$
Fusão Mapa C4
Rua Nguyen Thai Hoc 111
Tel *(0510) 391 0839*
Os nomes dos pratos do cardápio são tão inovadores quanto a comida. O "exotic dance" é um camarão enrolado em fatias de carne e o "a la cubana" se revela um bife com molho de manga.

Comida servida no restaurante Red Bridge, na periferia da cidade de Hoi An

HUE: La Boulangerie Francaise $
Francesa Mapa C3
Rua Nguyen Tri Phuong 46
Tel *(054) 383 7437*
Criada para dar a crianças portadoras de deficiência a oportunidade de aprender uma profissão, essa padaria francesa serve excelentes baguetes e doces. Ótima opção para o café da manhã.

HUE: Lac Thien $
Vietnamita Mapa C3
Rua Dinh Tien Hoang 6
Tel *(054) 352 7348*
Um dos três locais dirigidos por uma família de mudos, com real talento culinário. A especialidade é a cozinha de Hue, com pratos como o banh xeo (panquecas de carne de porco, camarão e broto de feijão).

HUE: Les Jardins de la Carambole $$
Vietnamita/Francesa Mapa C3
Rua Dang Tran Con 32
Tel *(054) 354 8815*
Em atraente casa colonial no centro histórico, serve maravilhosa cozinha francesa, além de alguns pratos vietnamitas. O dono é um simpático francês que está sempre à disposição para oferecer sugestões.

HUE: Ong Tao $$
Vietnamita Mapa C3
Rua Chu Van An 31
Tel *(054) 352 2031*
Apesar de um pouco difícil de localizar, o Ong Tao vale a pena por suas especialidades típicas, como asa de frango frito em molho de peixe e cozido de pato com ervas chinesas.

HUE: Le Parfum $$$
Vietnamita/Internacional Mapa C3
La Residence Hotel, Rua Le Loi 5
Tel *(054) 383 7475*
Dentro do La Residence Hotel, o Le Parfum tem uma das melhores comidas ocidentais de Hue. Prove o cordeiro com alecrim ou o peixe do dia no vapor. Ambiente tranquilo e sofisticado.

PRAIA DA CHINA: My Hanh $$
Frutos do mar Mapa C4
Praia My Khe
Tel *(0511) 383 1494*
Casa de frutos do mar na praia de My Khe. Popular entre os moradores locais, mas fique de olho no preço do que pedir.

PRAIA LANG CO: Thanh Tam $$
Vietnamita Mapa C3
Thanh Tam Resort, Praia Lang Co
Tel *(054) 387 4456*
Vale a pena ir a esse restaurante de resort, famoso por suas especialidades de ostras da estação. Respire a brisa marinha e prove os frutos do mar. Clientes podem usar a piscina do local.

Hanói

Bairro Antigo

Cha Ca La Vong $
Vietnamita Mapa 2 E2
Rua Cha Ca 14
Tel *(04) 3825 3929*
Serve cha ca thang long (famoso prato de peixe de Hanói feito com endro, cebolinha e broto de feijão) em ambiente simples. Um pouco turístico, mas a comida é autêntica.

Little Hanoi $
Internacional Mapa 2 E3
Rua Hang Gai 21-23
Tel *(04) 3928 5333*
Restaurante pequeno, agradável e bem localizado, perto da ponta norte do lago Hoan Kiem – bom para fugir do trânsito agitado da cidade. O cardápio tem básicos como sanduíches na baguete, frango frito, hambúrgueres e saladas.

> **Destaque**
>
> ### New Day $
> **Vietnamita** Mapa 2 E2
> *Rua Ma May 72*
> **Tel** *(04) 3828 0315*
> Às vezes, as coisas mais simples são as melhores. Com certeza é esse o caso do New Day, local básico no Bairro Antigo, onde a comida é melhor que a de muitos restaurantes caros da cidade. Serve fantásticos rolinhos primavera e costela a preços bem reduzidos.

Tandoor $
Indiana Mapa 2 E3
Rua Hang Be 24
Tel *(04) 3824 5359*
Restaurante indiano despretensioso com localização conveniente no bairro antigo. Serve boa variedade de pratos, incluindo thalis vegetarianos e não vegetarianos. No segundo andar, ouve-se bem menos o ruído da rua.

Highway 4 $$
Vietnamita Mapa 2 F3
Rua Hang Tre 5
Tel *(04) 3926 4200*
Provavelmente a mais bem localizada das várias filiais desse restaurante e bar, o Highway 4 serve não só uma ótima cozinha vietnamita mas também bebidas alcoólicas da região.

Categorias de Preço na p. 246

ONDE COMER E BEBER | **251**

Khazaana $$
Indiana Mapa 2 F3
Rua Ly Thai To 11
Tel *(04) 3934 5657*
Serve deliciosa comida indiana em ambiente muito elegante. Tanto a apresentação quanto o serviço são excelentes, e o menu fixo do almoço tem preços bem razoáveis.

Destaque

Green Tangerine $$$
Fusão Mapa 2 E3
Rua Hang Be 48
Tel *(04) 3825 1286*
Um dos restaurantes de ambiente mais envolvente de Hanói, em velha casa colonial com pátio. O cardápio muda sempre e funde o melhor das técnicas culinárias francesa e vietnamita com muita criatividade. Optar pelo cardápio fixo de almoço é uma boa maneira de provar dois ou três pratos diferentes sem gastar muito.

A magnífica fachada do refinado restaurante Ly Club

Bairro Francês

Pho 24 $
Vietnamita Mapa 2 E4
Rua Hang Khay 31
Tel *(04) 3976 2424*
O Pho 24 faz para o prato nacional do Vietnã o que o McDonald's fez pelo hambúrguer. Suas lojas servem pho em várias formas, em um ambiente impecável, com alto padrão de higiene.

Quan An Ngon $
Vietnamita Mapa 2 D4
Rua Phan Boi Chau 18
Tel *(04) 3942 8162*
Restaurante de sucesso que serve uma fantástica seleção de especialidades regionais. As agradáveis mesas no salão e ao ar livre lotam nos horários de pico.

Al Fresco's $$
Internacional Mapa 2 E4
Rua Hai Ba Trung 23L
Tel *(04) 3826 7782*
O lugar certo para satisfazer seu desejo de porções generosas de comida caseira, como costela, filés ou pizza. Tem sobremesas deliciosas, além de cerveja e café.

Cay Cau $$
Vietnamita Mapa 2 F5
Hotel De Syloia,
Rua Tran Hung Dao 17A
Tel *(04) 3933 1010*
No refinado ambiente colonial do De Syloia Hotel, esse salão de refeições sofisticado serve excelente comida vietnamita. Música tradicional das 19h às 21h.

Indochine $$
Vietnamita Mapa 1 C4
Rua Thi Sach 38
Tel *(04) 3942 4097*
Virou um ponto turístico, mas vale a visita pela atraente casa colonial em que está instalado e pela ampla seleção de pratos vietnamitas clássicos.

Pots 'n Pans $$
Vietnamita Mapa 2 E5
Rua Bui Thi Xuan 57
Tel *(04) 3944 0205*
Os garçons do Pots 'n Pans são formados pela Academia KOTO (Know One, Teach One). Serviço impecável e ambiente sofisticado. Inovador, o cardápio tem pratos como cordeiro cozido em fogo lento com ervas aromáticas.

San Ho $$
Vietnamita/
Frutos do mar Mapa 2 D4
Rua Ly Thuong Kiet 58
Tel *(04) 3934 9184*
Especializado em pratos de frutos do mar, costuma lotar de grandes grupos em festas regadas a cerveja. Tem música de piano ao vivo à noite. Serviço atencioso.

Le Beaulieu $$$
Francesa Mapa 2 F4
Sofitel Legend Metropole,
Rua Ngo Quyen 15
Tel *(04) 3826 6919*
Instalado no La Beaulieu, hotel mais chique de Hanói, serve cozinha francesa preparada com os melhores ingredientes. O brunch de domingo é lendário, mas se prepare para pagar por isso.

Ly Club $$$
Vietnamita/Internacional
Mapa 2 F4
Rua Le Phung Hieu 4
Tel *(04) 3936 3069*
Um dos restaurantes mais finos da cidade, o Ly Club tem bar de coquetéis no térreo e jantares com música tradicional (19h-21h) no primeiro andar.

Distrito de Hai Ba Trung

Wild Rice $$
Vietnamita Mapa 2 E5
Rua Ngo Thi Nham 6
Tel *(04) 3943 8896*
Edifício colonial restaurado, com ambiente refinado para degustar a cozinha tradicional vietnamita com toques modernos. Prove o frango grelhado com pimenta e capim-limão ou a berinjela refogada com carne de porco.

Oeste do Lago Hoan Kiem

Hoa Sua $
Internacional Mapa 1 C1
Rua Chau Long 34
Tel *(04) 3942 4448*
Escola de treinamento para jovens com deficiência, em uma linda casa colonial. Ótima maneira de apoiar uma boa causa saboreando uma refeição deliciosa.

Khai's Brothers $$
Vietnamita Mapa 1 C3
Rua Nguyen Thai Hoc 26
Tel *(04) 3733 3866*
Instalado em um edifício colonial, oferece um ótimo bufê. Grande variedade de pratos deliciosos tanto no almoço quanto no jantar.

Mediterraneo $$
Italiano Mapa 2 E3
Rua Nha Tho 23
Tel *(04) 3826 6288*
Tradicional restaurante italiano com clima de *trattoria* de verdade. Fica perto da Catedral de São José e das lojas da moda da Nha Tho.

Moca Café $$
Vietnamita/Internacional Mapa 2 E3
Rua Nha Tho 14-16
Tel *(04) 3825 6334*

Mais informações sobre restaurantes *na p. 242*

O Moca, que serve tanto cozinha ocidental quanto vietnamita, é uma ótima opção para quem vai às compras na Nha Tho e deseja fazer uma refeição tranquila.

Thuy Ta $$
Internacional Mapa 2 F3
Rua Le Thai To 1
Tel *(04) 3828 6290*
Popular café com ótima localização na praia noroeste do lago Hoan Kiem. Atrai turistas atrás de uma bebida refrescante, baguetes, doces e sorvetes.

Vine $$$
Internacional Mapa 2 D1
Rua Xuan Dieu 1A
Tel *(04) 3719 8000*
Paraíso para os conhecedores de vinhos, com paredes repletas de garrafas. Boas opções de refeição a partir de um cardápio à base de cozinha italiana e mexicana. Comida de excelente preparo e ótimo serviço.

Tay Ho

Restaurant Bobby Chinn $$$
Fusão Mapa 2 E4
Rua Xuan Dieu 77
Tel *(04) 3934 8577*
Comandado pelo chef célebre Bobby Chinn, tem iluminação discreta, lindas obras de arte e um cardápio curto de pratos de fusão. Prove as costelas de porco grelhadas com salada asiática.

Norte do Vietnã

BAC HA: Cong Fu $
Vietnamita Mapa A1
Hotel Cong Fu
Tel *(020) 388 0254*
A pequena Bac Ha tem poucas opções para comer. O Cong Fu, no centro da cidade, pode não ser gourmet, mas tem comida saborosa e barata.

Paredes repletas de garrafas de vinho no Vine

DIEN BIEN PHU: Lien Tuoi $
Vietnamita Mapa A1
Hoang Van Thai
Tel *(023) 382 4919*
Destaca-se entre os poucos bons locais para comer em Dien Bien Phu. Tem cardápio em inglês, comida vietnamita decente e pratos chineses a preços baixos.

HAIPHONG: Com Vietnam $
Vietnamita Mapa B1
Rua Hoang Van Thu 4
Tel *(031) 384 1698*
Restaurante simples e acolhedor, perto do centro da cidade, serve ampla gama de pratos básicos vietnamitas, como rolinhos primavera, sopas de talharim e arroz frito.

HAIPHONG: Nam Phuong $$
Vietnamita Mapa B1
Rua Tran Phu 12
Tel *(031) 382 7827*
Esse restaurante elegante no hotel Avani abre só para o jantar, mas vale a visita por seu excelente preparo de pratos vietnamitas clássicos. Prove o robalo grelhado com capim-limão.

HALONG: Asia Restaurant $$
Vietnamita Mapa C1
Rua Vuon Dao 24, Bai Chay
Tel *(033) 364 0028*
Talvez seja o melhor dos diversos restaurantes que ficam perto do píer em Halong. O cardápio traz uma ampla variedade de pratos vietnamitas, e o serviço em geral é eficiente.

HALONG: Bien Mo Floating Restaurant $$
Vietnamita Mapa C1
Rua Ben Tau 35, Hong Gai
Tel *(033) 382 8951*
A maioria das pessoas que visita a baía de Halong espera comer ótimos frutos do mar enquanto flutua na água, e esse restaurante fino oferece uma excelente oportunidade para isso.

ILHA CAT BA: Green Mango $$
Vietnamita/Internacional Mapa C1
Rua Thang 4 nº 231, 1
Tel *(031) 388 7151*
Refinado, serve uma fantástica variedade de comida, de cereais com iogurte ao salmão frito e rolinho de pato defumado. Preço um pouco alto, mas o serviço e a qualidade são ótimos.

NINH BINH: Hoang Hai $$
Vietnamita Mapa B2
36 Truong Han Sieu
Tel *(030) 387 5177*
No Hoang Hai Hotel, essa talvez seja a melhor opção para comer no centro de Ninh Binh. O carro-chefe é a carne de bode, preparada de diferentes maneiras.

Destaque

SAPA: Nature Bar & Grill $
Vietnamita Mapa A1
Rua Cau May 24
Tel *(091) 227 0068*
Instalado num imenso loft em estilo alpino, com lareiras acesas no inverno, o Nature Bar & Grill é especializado em grelhados, servidos em travessas quentes de pedra. Prove os pratos de carne bovina ou de cervo, acompanhados por rolinhos primavera ou talvez um coquetel steamboat para aquecer o corpo. Serviço atencioso e dono prestativo.

SAPA: Baguette & Chocolat $$
Internacional Mapa A1
Thac Bac
Tel *(020) 387 1766*
Parte da Escola Hoa Sua, esse café com muito estilo treina jovens com deficiência para uma carreira no ramo da alimentação. É um verdadeiro achado, com assentos confortáveis e ótimos cafés e bolos, além de refeições.

SAPA: Delta $$
Italiana Mapa A1
Rua Cau May 33
Tel *(020) 387 1799*
Faça uma caminhada pelas montanhas em torno de Sapa e prove pizzas de forno a lenha, massas, filés australianos ou lasanhas nesse local adorável no centro da cidade. A vinheria no andar superior exibe grande variedade.

SAPA: Viet Emotion $$
Internacional Mapa A1
Rua Cau May 27
Tel *(020)387 2559*
O Viet Emotion tem opções para todos – de tapas a café da manhã reforçado, sopas caseiras e saborosos pratos principais, como sal-

Terraço ajardinado do Nest Angkor, coberto por tendas elegantes

mão com arroz-glutinoso. Tem também Wi-Fi e livros.

Angkor

SIEM REAP: Café Central $
Internacional Mapa A5
Esquina das ruas 9 e 11
Tel *(017) 692 997*
Bem no centro da cidade, o Café Central é perfeito para um cafezinho com bolo e também para uma refeição de peixe e fritas ou um hambúrguer. Tem cardápio infantil e Wi-Fi.

SIEM REAP: Common Grounds $
Internacional Mapa A5
Rua 14 nº 719-721
Tel *(063) 965 687*
Com a missão de bancar esquemas humanitários no país, esse café em estilo americano não só serve comida saborosa como apoia boas causas. Ótimo café da manhã, sopas caseiras e sucos.

SIEM REAP: Khmer Kitchen $
Khmer Mapa A5
Rua dos pubs
Tel *(063) 964 154*
Ótimo lugar para conhecer a cozinha *khmer*, de amok (curry suave e denso com peixe) a carne lok lak (marinada em tempero picante) e abóbora assada. Promove aulas de culinária.

SIEM REAP: The Soup Dragon $
Fusão Mapa A5
Rua 8 nº 369
Tel *(063) 964 933*
Restaurante simples distribuído por três andares, oferece uma das comidas mais gostosas e baratas de Siem Reap. É famoso pelo pho (sopa vietnamita de talharim) e pelo amok – um curry denso com peixe ou carne no vapor.

SIEM REAP: El Camino Taqueri $$
Mexicana Mapa A5
Passagem
Tel *(092) 207 842*
Bem no centro de Siem Reap, o El Camino é um bom exemplo do aspecto global dessa cidade turística. Delicie-se com tacos, fajitas, enchiladas e burritos, acompanhados por uma margarita.

SIEM REAP: FCC Angkor $$
Internacional Mapa A5
Avenida Pokambor
Tel *(063) 760 283*
Um dos restaurantes mais refinados de Siem Reap, instalado no ultramoderno FCC Hotel. Serve clássicos internacionais, como filé com massas, além de alguns pratos da culinária local.

SIEM REAP: Red Piano $$
Internacional Mapa A5
Rua dos pubs
Tel *(063) 963 240*
Frequentado por Angelina Jolie durante as filmagens de *Tomb Raider*, é um bar e restaurante popular, instalado em dois andares em uma esquina. O cardápio oferece filés e sanduíches, além de curries tailandeses e indianos.

SIEM REAP: Sugar Palm $$
Khmer Mapa A5
Rodovia Ta Phul
Tel *(063) 964 838*
Para aqueles que se perguntam onde os donos de restaurantes comem em Siem Reap, a resposta é o Sugar Palm. O local serve excelentes pratos *khmer*, como o peixe amok e a berinjela no carvão com carne de porco, em terraço bem arejado.

SIEM REAP: Terrasse des Éléphants $$
Internacional Mapa A5
Rodovia Sivatha
Tel *(063) 965 570*
Com o nome de uma das principais atrações de Angkor, o Terrasse des Éléphants tem um terraço elevado com linda vista. Pratos ocidentais e da cozinha *khmer*.

SIEM REAP: Viroth's $$
Khmer Mapa A5
Rodovia Wat Bo 246
Tel *(012) 826 346*
Estabelecimento com lindo ambiente, rodeado de bambu e verde, perfeito para saborear o melhor da comida *khmer*. Prove a salada de abacaxi e camarão ou a sopa azeda *khmer*.

SIEM REAP: Cuisine Wat Damnak $$$
Fusão Mapa A5
Vila Wat Damnak
Tel *(077) 347 762* **Fecha** *dom e seg*
O chef francês usa ingredientes incomuns em versões modernas de pratos cambojanos tradicionais. Tem também cardápio de degustação. Abre só no jantar.

Destaque

SIEM REAP: Nest Angkor $$$
Internacional/Khmer Mapa A5
Sivatha Rd
Tel *(063) 966 381*
O cardápio desse restaurante impressionante é fora do trivial e oferece opções como filé-mignon com lagosta de rio e peito de pato grelhado com mel. Tem também pratos de sushi e de macarrão, além de uma variedade de coquetéis. O terraço ajardinado é coberto por tendas muito elegantes.

Mais informações sobre restaurantes *na p. 242*

COMPRAS

Até poucas décadas atrás, o mais notável de uma loja vietnamita eram suas prateleiras vazias. Agora o cenário mudou drasticamente, pois as lojas do país estão repletas de produtos, entre os quais os famosos chapéus cônicos, sedas finas, roupas de grife, abajures coloridos, peças de cerâmica delicadas e móveis de bambu com entalhes elegantes – tudo a preços acessíveis. Talvez as mercadorias mais cobiçadas sejam os itens tradicionais, como os tecidos com bordados requintados, peças feitas a mão e joias elaboradas por minorias étnicas do Vietnã. Os shopping centers caros estão nas grandes cidades, mas os mercados locais e as ruas e bairros comerciais de Hanói e de Ho Chi Minh são os melhores locais de compras. Hoi An, com incrível oferta de peças de laca, trajes e artesanatos, é o paraíso dos compradores.

Tecidos à venda numa vila tai branca, em Mai Chau

Horários

A maioria das lojas abre às 8h e só fecha às 20h ou 21h. Os shopping centers mais novos e as lojas de departamentos das grandes cidades abrem às 10h e fecham às 22h, mas esteja ciente de que os funcionários costumam encerrar as atividades antes do horário oficial. Os mercados tradicionais, como o Ben Thanh *(p. 70)*, em Ho Chi Minh, e o Dong Xuan *(p. 162)*, em Hanói, costumam funcionar do amanhecer ao anoitecer. Alguns oferecem um florescente mercado noturno de rua, que vai até as 24h. O varejo opera praticamente sete dias por semana. Mas, durante o Tet *(pp. 32-3)*, há lojas que fecham por alguns dias, enquanto outras funcionam até bem mais tarde do que o habitual.

Como Pagar

Embora o *dong* (VND) vietnamita seja a única moeda corrente no país, ninguém recusa o dólar americano. Nas áreas muito procuradas por visitantes, principalmente nos bairros mais caros, a maioria das lojas prefere colocar os preços em dólar. O motivo é que o dólar é mais rentável para os lojistas do que o *dong* por causa da taxa de câmbio flutuante. Por isso, tente sempre pagar em *dong*, pois sairá mais barato.

A maioria dos cartões de crédito consagrados são aceitos nas lojas caras, nos hotéis e nos restaurantes das grandes cidades, e também nos resorts mais importantes. Contudo, nas cidadezinhas e vilas, os terminais de ônibus, os mercados, as barracas de rua e todo o comércio só aceitam dinheiro vivo.

Direitos e Reembolsos

Em princípio, todas as vendas são definitivas. Apesar de algumas lojas de departamentos das grande cidades adotarem uma política de reembolso, em geral, assim que o dinheiro, a mercadoria ou qualquer serviço muda de mãos, não há volta. Alguns produtos, principalmente os eletrônicos, têm garantia. Mas ela cobre a substituição, não o reembolso.

Como Pechinchar

A menos que você esteja num shopping ou numa loja cara, o preço é discutível, com exceção de comidas e bebidas, que têm menor margem de lucro. Quase sempre o primeiro preço é o dobro do que o negociante espera receber. Assim, prepare-se para pechinchar. Uma boa negociação requer três coisas. A primeira e mais importante é a atitude amável, até um certo bom humor. Lembre-se de que não se trata só de uma transação comercial, mas de um encontro social. Em segundo lugar, prepare-se para perder um pouco de tempo. Não se faz o preço cair de US$50 para US$25 rapidamente. Uma transação dessa magnitude pode levar mais de dez minutos. E, por fim, experimente ir embora. Às vezes, isso provoca uma drástica redução no preço.

Sortimento de bolsas em loja do Mercado Binh Tay, em Ho Chi Minh

COMPRAS | 255

Exterior da exclusiva Diamond Plaza, em Ho Chi Minh

Shoppings e Lojas de Departamentos

Há shopping centers e lojas de departamentos de luxo na maioria das cidades grandes vietnamitas. O **Vincom Shopping Center**, em Ho Chi Minh, é um dos maiores centros de compras do país, com lojas e redes de fast-food internacionais. Outro shopping de alto padrão é o Diamond Plaza, com cinema e pista de boliche. Ali perto fica a **Parkson**, uma loja de departamentos elegante, com quatro andares, que oferece grifes como Nike, Guess, Estée Lauder e Mont Blanc, entre outras. Também há supermercado e diversos restaurantes. Com localização central, o **Tax Trading Center** conta com muitas lojas e oferece preços melhores do que a maioria; e o **Zen Plaza**, com seis andares de lojas e cafés, vende desde roupas até móveis e objetos. Nas proximidades fica o **Saigon Shopping Center**, com supermercado, livraria e numerosas lojas de brinquedos e de eletrônicos. No distrito de Cholon, o **An Duong Plaza** tem lojas com ampla variedade de artigos asiáticos.

Em Hanói, o **Trang Tien Plaza** tem nível internacional, com marcas conhecidas, locais e estrangeiras, enquanto o supermercado **Big C Thang Long** vende outras coisas além de comida. Esse shopping apresenta ótima oferta de alimentos frescos e utensílios domésticos, roupas, artigos de decoração e eletrônicos. No entanto, o maior de todos é o **Vincom Mega Mall**, na Cidade Real, que possui um parque aquático interno e uma pista de patinação, além de boliche e cinema.

Mercados e Ambulantes

Enquanto shopping centers modernos começam a surgir nas grandes cidades, os mercados tradicionais ainda são os melhores locais de compras. São muito mais baratos e ideais para compreender o espírito da cidade. Os maiores de Ho Chi Minh são o Ben Thanh (p. 70), no Distrito 1, e o Binh Tay (p. 75), em Cholon. Ambos oferecem uma incrível seleção de produtos, de roupas e mantimentos a utensílios domésticos e móveis. Para comidas e bebidas importadas, artigos pessoais e acessórios, vale a pena visitar o **Mercado Antigo**. Em Hanói, o Dong Xuan (p. 162), um dos preferidos pelos turistas, dispõe de grande provisão de artigos domésticos, além de roupas e suvenires. Para ver um grande sortimento de tecidos, visite o **Mercado Hang Da**, onde também se consegue roupa sob medida. Um dos mercados mais charmosos do Vietnã fica em Hoi An (p. 132). Enquanto durante o dia o mercado está cheio de roupas, peças de laca e cerâmica, seda, calçados e artesanato, à noite ele é ideal para um passeio fascinante. As ruas também ficam tomadas por lojas que vendem suvenires, artigos de cozinha, mercadorias de imitação e roupas.

Abajures no Dong Khoi, em Ho Chi Minh

Ruas e Bairros Comerciais

Todas as ruas do Bairro Antigo de Hanói (pp. 160-1) têm o nome do produto que costumava ser vendido ali. Por exemplo: a Rua Ma (papel) oferece artigos de papel; a Rua Hon Gai (cânhamo) tem muitas lojas de seda; a Rua Chieu (capacho) tem capachos de junco e persianas de bambu; e a Rua Thiec (estanho) oferece itens de estanho e vidro, além de espelhos. Apesar de a distribuição dos produtos nessas ruas não ser muito rígida atualmente, elas ainda são locais para procurar grande variedade de artigos a preços baixos. A principal área comercial de Ho Chi Minh é Dong Khoi (pp. 60-1), com grande número de lojas de roupas, antiguidades, artes, artesanato e móveis.

Imitações

O Vietnã está cheio de mercadorias de imitação, que são vendidas em qualquer esquina. Entre os itens à venda estão relógios Rolex, placas de identificação de cães do exército e isqueiros Zippo, com a marca de imitação.

Café e Chá

Não há nada igual ao café vietnamita, que vem em sabores como baunilha, anis e chocolate. Há três variedades: arábica, robusta e doninha. O arábica é o mais caro e de sabor melhor, enquanto o robusta é o mais barato. O doninha é outro café caro, feito a partir de grãos ingeridos e defecados pelas raras doninhas vietnamitas. O Vietnã tem o chá-verde aromatizado com flores de lótus. O melhor lugar para comprar café ou chá é em mercados como o Ben Thanh, de Ho Chi Minh, ou o Dong Xuan, de Hanói. Ambulantes também vendem, mas cobram mais caro.

Peças artesanais de colorido vivo, em Hoi An

Artesanato

Artesanato tradicional é produzido em todo o Vietnã. Tecidos ricamente bordados, objetos e estatuetas com belos entalhes, lanternas de seda colorida e pinturas estilizadas são algumas especialidades. Procure tecidos finos, em especial os bordados a mão, de alta qualidade, feitos por artistas franceses e japoneses, na **Chi Vang**, em Hanói. Veja também na **Tan My** roupas de mesa, mantas e colchas bordadas a mão. A **Lan Handicrafts** também vende tecidos finos, feitos por pessoas com deficiência especialmente para essa loja sem fins lucrativos. Em Hoi An, uma atividade similar ocorre na Hoa-Nhap Handicrafts. O distrito de Dong Khoi, em Ho Chi Minh, acolhe muitos negociantes de sedas, como a **Bao Nghi**, que também tem roupa de cama e outras peças.

O artesanato dos povos das montanhas, feito por minorias étnicas, é oferecido em Ho Chi Minh, na loja **Sapa**, que dispõe de diversos tecidos feitos a mão, sedas bordadas e calçados. Em Hanói, a **Craft Link**, a **Viet Hien** e a **Craft Window** apresentam variada seleção de artesanato, enquanto em Hoi An a **House of Traditional Handicrafts** e a Handicraft Workshop (p. 132) são ótimas. Para cerâmicas, louças e abajures de seda, caminhe pelas ruas de Hoi An. Há algumas cerâmicas excelentes (aparelhos de chá, vasos e vasilhas) na **Em Em**, em Ho Chi Minh. A **Hanoi Gallery** é um bom lugar para adquirir arte moderna. No Distrito 1 de Ho Chi Minh, a **Dogma** tem arte política, e a **Galerie Quynh** exibe obras contemporâneas de artistas famosos locais e estrangeiros. Vale a pena visitar a **Hoi An Art Gallery**, em Hoi An.

Estatueta decorativa

Roupas

Hoi An é o lugar mais concorrido do Vietnã para adquirir roupas. Suas butiques conseguem copiar qualquer traje das lojas de grife em poucas horas, e a um terço do preço. A loja mais elegante, com produtos e serviços de alta qualidade, é a **Yaly Couture**, que também faz calçados, principalmente femininos. Para comprar alfaiataria simples, procure o **Hoi An Cloth Market**. Para trajes de seda, experimente a **Bibi Silk**, enquanto a **Bao Khanh Tailors** é especializada em roupas formais sob medida. Visite também a **Gia Thuong**, para roupas, e a **Thang**, para calçados. Em Hanói, a **Khai Silk** vive cheia de novidades, principalmente na moda formal, ao passo que a **Ha Noi Silk** consegue costurar um terno em 24 horas. Conheça excelentes lojas de seda na Rua Hang Gai. Para tamanhos maiores, vá à **Things of Substance**. Em Ho Chi Minh, a **H&D Tailors** faz ternos para homens. As mulheres podem adquirir um ao dai, vestido tradicional vietnamita, na **Ao Dai Minh Thu**. Dê uma passada na **Creations** para ver roupas sob medida.

Móveis

A mobília é considerada uma forma de arte no Vietnã. A maior parte dos móveis é feita em madeira de lei e tem trabalhos finos, com marchetaria de madrepérola ou ricos entalhes. Costumam-se aceitar pedidos especiais, e a maioria das lojas faz remessas das compras para o exterior. Em Ho Cho Minh, a **Furniture Outlet** oferece peças excelentes e os melhores preços, enquanto a Tien An dispõe de móveis leves, como poltronas de bambu e tapetes de fibras. A **The Lost Art** tem peças antigas e reproduções. Em Hanói, a **Viet Hien** dispõe de variedade. Em Hoi An, a **Mosaique** vende móveis e itens de decoração.

Peças de Laca e Cerâmica

O Vietnã é famoso pelos artigos de laca e pelas cerâmicas – peças decorativas, aparelhos de chá, vasos, vasilhas, pratos, bandejas e pinturas. Alguns produtos de laca têm delicadíssima marchetaria de casca de ovo ou madrepérola, enquanto muitas peças de cerâmica apresentam desenhos intricados. Caixas de joias costumam ser de laca. Em Ho Chi Minh, a **Gaya** dispõe de obras do famoso designer Michele de Alberts. A **Quang's Ceramics**, de Hanói, possui uma bela coleção, e a Rua Le Duan também tem ótimas lojas. Em Hoi An, muitas lojas vendem produtos vietnamitas tradicionais.

Costureira toma as medidas da cliente numa loja de Hoi An

AGENDA

Shoppings e Lojas de Departamentos

An Duong Plaza
Rua An Duong Vuong, nº 18, Cholon, HCMC. **Mapa** 4 F4.
Tel (08) 3832 3288.

Big C Thang Long
Rua Tran Duy Hung, nº 222, Hanói.

Diamond Plaza
Rua Le Duan, nº 34, Dist. 1, HCMC. **Mapa** 2 E3.
Tel (08) 3825 7750.
w diamondplaza.com.vn

Parkson Plaza
Rua Le Than Ton, nº 35-45, Phuong Ben Nghe, HCMC. **Mapa** 2 E3.
Tel (08) 3827 7636.

Saigon Center
Rua Le Loi, nº 65, Dist. 1, HCMC. **Mapa** 2 E4.
Tel (08) 3829 4888.

Saigon Tax Trading Center
Rua Nguyen Hue, nº 135, Dist. 1, HCMC. **Mapa** 2 F4.
Tel (08) 3821 3849.
w thuongxatax.com.vn

Trang Tien Plaza
Hang Bai, Hanói. **Mapa** 2 E4.
Tel (04) 3934 9734.
w trangtienplaza.vn

Vincom Center
Rua Le Thanh Ton, nº 72, Dist. 1, HCMC. **Mapa** 2 E3.
Tel (08) 3936 9999.

Vincom Mega Mall
Nguyen Trai, nº 72A, Thanh Xuan, Hanói.
Tel (04) 3974 3550.
w vincomjsc.com

Zen Plaza
Rua Nguyen Trai, nº 54, Dist. 1, HCMC. **Mapa** 2 D5.
Tel (08) 3925 0339.

Mercados

Mercado Hang Da
Esquina das ruas Hang Ga e Doung Thanh, Hanói. **Mapa** 2 D2.

Mercado Antigo
Esquina das ruas Ham Nghi e Ton That Dam, Dist. 1, HCMC. **Mapa** 2 F4.

Artesanato

Bao Nghi
Rua Dong Khoi, nº 127, Dist.1, HCMC. **Mapa** 2 F4.
Tel (08) 3823 4521.

Chi Vang
Trang Tien, nº 27, Hanói. **Mapa** 2 F4.
Tel (04) 3828 6576.

Craft Link
Rua Van Mieu, nº 43, Hanói. **Mapa** 1 B4.
Tel (04) 3733 6101.
w craftlink.com.vn

Craft Window
Rua Nguyen Thai Hoc, nº 99, Hanói. **Mapa** 1 C3.

Dogma
Rua Ton That Thien, nº 43, Dist. 1, HCMC. **Mapa** 2 E4.
Tel (08) 3821 8272.

Em Em
Rua Mac Thi Buoi, nº 38, Dist. 1, HCMC. **Mapa** 2 F4.
Tel (08) 3829 4408.

Galerie Quynh
Rua De Them, nº 65, Dist. 1, HCMC. **Mapa** 2 D5.
Tel (08) 3836 8019.
w galeriequynh.com

Hanoi Gallery
Rua Hang Bac, nº 110, Hanói. **Mapa** 2 E3.

Hoi An Art Gallery
Nguyen Thai Hoc, nº 6, Hoi An. **Tel** (0510) 386 1792.

House of Traditional Handicrafts
Rua Le Loi, nº 41, Hoi An.
Tel (0510) 386 2164.

La Gai Handicrafts
Rua Nguyen Thai Hoc, nº 103, Hoi An.
Tel (0510) 391 0496.

Lan Handicrafts
Au Trieu, nº 38, Hanói. **Mapa** 1 E3. **Tel** (04) 3828 9278.

Sapa
De Them, nº 223, Dist. 1, HCMC. **Mapa** 2 D5.
Tel (08) 3836 5163.

Tan My
Rua Hang Gai, nº 66, Hanói. **Mapa** 2 E3.
Tel (04) 3825 1579.
w tanmyembroidery.com.vn

Viet Hien
Rua Ta Hien, nº 8B, Hanói. **Mapa** 2 E2.
Tel (04) 3826 9769.

Roupas

Ao Dai Minh Thu
De Tham, nº 129, Dist. 1, HCMC. **Mapa** 2 D5.
Tel (08) 3836 1947.
w aodaiminhthu.com

Bao Khanh Tailors
Rua Tran Hung Dao, nº 101, Hoi An.
Tel (0510) 386 1818.

Bibi Silk
Phan Chu Trinh, nº 13, Hoi An. **Tel** (091) 343 3260.

Creations
Rua Dong Khoi, nº 105, Dist. 1, HCMC. **Mapa** 2 F4.
Tel (08) 3829 5429.
w creations.vn

Gia Thuong
Rua Nguyen Thai Hoc, nº 41, Hoi An.
Tel (0510) 386 1816.

H&D Tailors
New World Hotel, Rua Pham Hong Thai, Dist. 1, HCMC. **Mapa** 2 E4.
Tel (08) 3824 3517.

Ha Noi Silk
Thankg Long Opera Hotel, Rua Tong Dan, nº 1, Hanói. **Mapa** 2 F4.
Tel (04) 3926 3469.
w hanoisilkvn.com

Hoi An Cloth Market
Esquina das ruas Tran Phu e Hoang Dieu, Hoi An.

Khai Silk
Rua Nguyen Thai Hoc, nº 26, Hanói. **Mapa** 1 C3.
Tel (04) 3928 9883.
w khaisilkcorp.com

Thang
Nguyen Duy Hieu, nº 352.
Tel (0510) 391 0076.

Things of Substance
Nha Tho, nº 5, Hanói. **Mapa** 2 E3.
Tel (04) 3828 6965.
w prieure.com.vn

Yaly Couture
Rua Nguyen Duy Hieu, nº 358, Hoi An.
Tel (0510) 391 4995.
w yalycouture.com

Móveis

Furniture Outlet
Rua Nguyen Thanh, nº 2C, Dist. 1, HCMC. **Mapa** 2 D1. **Tel** (08) 2243 7955.

The Lost Art
Nguyen Huu Canh, nº 45, Dist. Binh Thanh, HCMC.
Tel (08) 3514 6080.
w saigonlostart.com

Mosaique
Rua Phan Chu Trinh, nº 61A, Hoi An.
Tel (0510) 850 5000.
w mosaiquedecoration.com

Viet Hien
Veja Artesanato.

Peças de Laca e Cerâmica

Gaya
Rua Nguyen Van Trang, nº 1, Dist. 1, HCMC. **Mapa** 2 D5.
Tel (08) 3925 1495.
w gayavietnam.com

Quang's Ceramics
Rua Ba Trieu, nº 95, Hanói. **Mapa** 2 E5.
Tel (04) 3945 4235.

O que Comprar no Vietnã

Mercados tradicionais e espaçosos, vendedores ambulantes e shopping centers oferecem ampla variedade de artigos vietnamitas atraentes e únicos. Quase tudo da moda costuma ser uma pechincha, a exemplo de roupas, calçados ou joias, enquanto peças de artesanato, como louças, cestarias, artigos de laca e pinturas de artistas locais, constituem belos suvenires. Os itens mais especiais são os requintados produtos bordados a mão e as joias de prata dos povos das montanhas. Em contraste, mas também tentador, é o excesso de produtos de imitação, encontrados por toda parte.

Sedas tingidas a mão dos tais brancos, com desenhos diferentes

Roupas, Calçados e Acessórios

O tradicional *ao dai* para as mulheres pode ser feito de algodão, seda ou tecido sintético, tudo colorido. O Vietnã também oferece roupas a bons preços, como camisetas de algodão, vestidos de seda e roupas de grife, quase sempre mais baratos do que no Ocidente. Paga-se pouco pelas camisas de seda e pelas calças ao estilo vietnamita, confeccionadas com rapidez. Estolas e lenços bordados ou tecidos pelos povos das montanhas valem cada *dong* cobrado.

Bolsas com bordados ricos feitas pela minoria *dao* vermelha

Estolas tecidas a mão com pedras trançadas

Sandálias de dedo coloridas

Vestido de seda com gola chinesa

Peças de Laca

Vasilha com camada brilhante de laca

Os vietnamitas aprenderam a extrair laca das árvores de sumagre 2 mil anos atrás, e até hoje o país oferece belos suvenires laqueados. Mesmo as caixas, os vasos e as bijuterias mais simples são transformados em requintados objetos de arte após receber cobertura de laca, num processo que leva meses. Em geral, a laca é aplicada em uma base de madeira e recebe pintura ou marchetaria intricada, num trabalho caprichoso.

Potes de tempero pintados com desenhos típicos

Estojo com marchetaria de madrepérola

Trabalho de laca com casca de ovo

Bússola de marinheiro com signos do zodíaco

Porta-joias laqueado, com desenhos de pássaros e folhas

Peças de Louça

De vasos enormes a xícaras minúsculas, os ceramistas vietnamitas criam úteis e belas peças de louça, vendidas por todo o país. As mais famosas são dos artesãos de Bat Trang, perto de Hanói. Essa região é conhecida pela qualidade de seu barro branco e pelos estilos únicos de vitrificação, como o "brilho antigo perolado" e o "brilho de flores azul-escuras", que foram desenvolvidos durante séculos.

Elefantes de louça pintados a mão

Vaso de porcelana azul e branco, ao estilo chinês

Grandes vasos com desenhos florais espiralados sobre esmalte cor de marfim

Pinturas

O Vietnã atrai colecionadores de arte. Aquarelas e óleos são encontrados quase em qualquer lugar, porém os mais requintados e exclusivos são peças de laca e pinturas em seda. Os melhores exemplares estão em Hanói, Hoi An e Hue.

Joias de Prata dos Povos das Montanhas

A prata é um tradicional símbolo de riqueza entre muitos povos das montanhas do Vietnã. Brincos, pingentes espessos e pulseiras estão nas lojas de grandes cidades e vilas. Os cintos de prata femininos são muito atraentes.

Pintura colorida de artista contemporâneo

Painel tradicional dos *dao* vermelhos

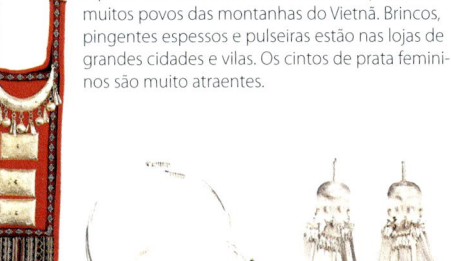

Alguns brincos de prata

Bandejas de ratã usadas para servir

Vasilhas de madeira para frutas

Tradicional chapéu cônico vietnamita

Bandejas de vime com alças de cerâmica

Caixa pintada para cosméticos

Bambu, Junco, Folhas e Capim

Tecidos com perícia em formatos e tamanhos interessantes, o capim e o junco são usados como almofadas, cadeiras e cortinas no Vietnã. Bandejas e vasilhas de vime são populares, assim como utensílios de cozinha e persianas de bambu bordado. Os tradicionais *non la* (chapéus cônicos), muitas vezes feitos de grossas folhas secas de palmeira, são achados em qualquer lugar. Em Hue, os chapéus revelam desenhos delicados se olhados contra a luz.

Máscara de vime para o Tet

DIVERSÃO

O clima cultural do Vietnã está mais animado e promissor do que nunca. Música e teatro tradicionais, uma herança de séculos, são incentivados pelos festivais culturais realizados em todo o país. Embora o rico legado artístico atraia plateias internacionais, as grandes cidade também oferecem boates e complexos modernos. Salas de concertos grandiosas apresentam recitais de ópera, e cantores pop locais soltam a voz nas últimas baladas em palcos improvisados. Não existe mais o toque de recolher da meia-noite na cidade de Ho Chi Minh, e muitos bares e boates dispõem de música ao vivo e servem coquetéis criativos até o amanhecer. Jazz e marionetes na água fazem sucesso em Hanói. A batida techno é comum nas cidadezinhas. Fazer apostas é legal, mas apenas em corridas de *greyhounds* e cavalos. Cheio de constrastes e contradições, o Vietnã oferece boa mescla de diversão para todos.

Informações

Revista mensal oficial da Administração Nacional de Turismo, a *Travellive* é cheia de notícias sobre viagens e estilo de vida em todo o país; a revista *Heritage*, da Vietnam Airlines, é parecida. Para obter o máximo de cobertura sobre lazer e a programação cultural, além de listas atualizadas de eventos, adquira a *The Word* ou a *Asia Life*, revistas mensais. Distribuída gratuitamente em restaurantes, bares e hotéis, a *Vietnam Pathfinder* traz comentários e histórias sobre viagens e cultura no Vietnã. Em inglês, o jornal *Viet Nam News* e o mensal *Saigon Times* dispõem de seções dedicadas a lançamentos em Hanói e Ho Chi Minh.

Ingressos

A compra adiantada de ingressos ainda não é comum no Vietnã, mas boa parte dos hotéis ajuda nisso e pode reservar ingressos ou comprá-los antecipadamente para você. A reserva pela internet é rara, mas alguns cinemas estão começando a adotar o serviço. Costumam-se comprar ingressos na hora e no local do espetáculo.

Teatro Tradicional, Música e Dança

No Vietnã, a música, a dança e o teatro tradicionais estão sempre interligados, e em geral um fica incompleto sem o outro. Mesmo que tudo esteja se modernizando, essas artes cênicas ganharam ímpeto com o turismo e estão florescentes.

Hanói é considerada o centro cultural do Vietnã. Entre outras coisas, é o local de nascimento do formato teatral mais encantador e peculiar, o de marionetes na água (p. 163). O melhor local para apreciar essa forma de arte, na qual as marionetes encenam histórias bucólicas em um palco cheio de água, é o Teatro de Marionetes na Água Thang Long (p. 162), em Hanói. Ali perto, o **Teatro Kim Dong** apresenta diversos espetáculos todos os dias. O Golden Dragon Water Puppet Theater, em Ho Chi Minh, tem espetáculos diários, e a **Vila Turística Binh Quoi** também inclui marionetes na água nos eventos culturais. Diversas formas de artes cênicas são populares no Vietnã. O teatro tradicional (pp. 28-9) pode ser classificado em três principais tipos dramáticos: *hat boi*, *hat cheo* e *cai luong*. Os três são cantados (*hat* significa "cantar") e, no formato, são operísticos. Marcado por trajes e maquiagem extravagantes, além de atuação altamente estilizada, o *hat boi*, ou *tuong*, é obviamente influenciado pelo teatro chinês, mas tem personalidade vietnamita.

O *hat cheo* é uma versão reduzida e simplificada do *hat boi*. Semelhante a uma opereta, também se concentra no drama e na tragédia, mas é suavizado pelo humor. Por sua vez, o *cai luong* surgiu no início do século XX e lembra os musicais da Broadway. O palco tem decoração elaborada, e cada cena é melodramática. Apesar da história e das músicas, apresenta um conjunto de melodias que representam emoções como felicidade, tristeza, suspeita etc. Os fãs conhecem de cor todas as melodias.

Atualmente, o teatro tradicional conta com mais popularidade em Hanói do que

Trajes elaborados no Teatro de Marionetes na Água, em Hanói

no restante do país. As apresentações de *hat cheo* são encenadas com regularidade no **Teatro Nacional Cheo**, enquanto o **Golden Bell Theater** traz performances de diversas regiões do país, com duração de uma hora. Nos fins de semana, o Den Ngoc Son (p. 164) apresenta trechos de peças *hat cheo*. Veja a programação local de todas as apresentações teatrais no Templo da Literatura (pp. 170-1).

Além de ópera, a música clássica do Vietnã dispõe de composições vocais e instrumentais. Depois de submetida aos padrões e às regras rígidas da corte imperial de Hue, a música formal obteve um novo período de vida sob o domínio colonial francês. Assim, surgiram três estilos: *bac* (norte), *nam* (sul) e *trung* (centro). A música de câmara vietnamita emprega cordas, percussão e instrumentos de sopro de madeira, criando um som diferenciado. Para o teatro tradicional, os metais são introduzidos na orquestra para conferir um toque dramático. Os músicos costumam tocar no Palácio da Reunificação, em Ho Chi Minh (p. 65), mas sua programação não segue um cronograma fixo.

Como Hanói e Ho Chi Minh, a maioria das cidades tem centros culturais e teatros. Em Hoi An, o **Teatro de Artes Tradicionais** recebe recitais de música quase todas as noites. O **Teatro de Ópera Clássica** de Danang e a Bienal de Artes de Hue, que ocorre em anos ímpares, mantêm vivos os antigos dramas, danças e músicas do país. Em Hue, o Templo Hon Chen (p. 152) apresenta música, dança e recitais no terceiro e sétimo meses lunares. O **Vien Dong Hotel**, em Nha Trang, tem um programa noturno que exibe músicas e danças de minorias étnicas.

Apresentação de música tradicional em Ho Chi Minh

Concertos e Música Contemporânea

As salas de concerto mais famosas do Vietnã são a Ópera (p. 166) de Hanói e o Teatro Municipal (p. 62) de Ho Chi Minh. Elas apresentam música orquestral ocidental e ópera asiática, além de concertos de música pop. O **Conservatório de Música** de Ho Chi Minh sedia a sinfônica local e apresenta recitais de música clássica, ópera e jazz com regularidade.

Em razão do clima ameno, os vietnamitas adoram concertos ao ar livre. Em Ho Chi Minh, o panorâmico **Parque Van Hoa** é muito procurado, enquanto em Hanói os cantores se apresentam no lago Hoan Kiem (p. 164). Boa parte desses shows apresenta música pop vietnamita, e de vez em quando um corpo de baile feminino dança o tradicional *ao dai*. Embora tais apresentações possam ser estranhas aos visitantes, o ambiente festivo é muito contagiante.

Os estádios esportivos, a exemplo do **Estádio da 7ª Região Militar**, de Ho Chi Minh, constituem locais comuns para concertos. Grande número de jovens vietnamitas se reúne para aplaudir os astros locais ao vivo. Alguns restaurantes, bares e lojas de roupas de Ho Chi Minh e Hanói também

Ator em traje *cai luong* completo

apresentam concertos ao vivo com frequência. Esses eventos são divulgados pela mídia local, mas os hotéis são boas fontes de informações.

No **Maxim's Dinner Theater**, um desses locais mais antigos de Ho Chi Min, pode-se jantar e assistir a um espetáculo que exibe desde quartetos de corda e música pop até canções folclóricas vietnamitas e os últimos sucessos do rock local.

Teatro Moderno

Apesar de existirem muitos dramaturgos bons e ousados, que produzem trabalhos de ótimo nível, o teatro moderno é uma arte para conhecedores nesse país. As peças, geralmente em vietnamita, costumam ser encenadas em pequenos teatros mal localizados. Um bom lugar para estrangeiros é o **Teatro Municipal de Ho Chi Minh**, onde obras locais são apresentadas com legendas em inglês. O **Teatro da Juventude**, em Hanói, é um dos melhores do país. Le Hung, seu diretor, estudou em Moscou, onde sofreu influência de Stanislávski e Brecht. Agora ele apresenta o que aprendeu no Vietnã contemporâneo. Muitas peças exibidas pelo grupo de repertório foram escritas pelo próprio Le, ao passo que outras são adaptações de obras de autores vietnamitas e estrangeiros. São muito interessantes as versões modernizadas de *hat cheo*, encenadas de vez em quando.

Espaço para refeições ao ar livre em restaurante de Ho Chi Minh

Filmes

Os filmes vietnamitas ocasionalmente são dublados ou legendados em outras línguas. Alguns cinemas de Hanói, como a **Cinematheque** e o **National Cinema Theater**, são locais que valem a pena conhecer pela arte local e pelos filmes estrangeiros. Em todas as grandes cidades, o **Megastar Cineplex** exibe os lançamentos internacionais. Os filmes estrangeiros também são populares em cidades pequenas, embora sejam mais vistos através de CDs e DVDs piratas.

Boates, Bares e Discotecas

Mesmo nos primeiros anos das reformas econômicas do Vietnã (doi moi), parecia que a única fonte de prazer em Ho Chi Minh era curtir uma cerveja morna num bar de mochileiros. Agora a vida noturna da cidade mudou muito. O **Hien and Bob's Place**, um de seus melhores bares serviu de exemplo para o lançamento de outros similares.

Enquanto muitos bares de Ho Chi Minh parecem abrir e fechar quase semanalmente, alguns antigos, como **Apocalypse Now** continuam firmes. Essa é a boate mais famosa do Vietnã. O bairro dos mochileiros de Ho Chi Minh, na Rua Pham Ngu Lao e em volta dela, exibe uma fila de barzinhos desbotados e boates animadas. Entre eles, o **163 Cyclo Bar** é o mais elegante, com bela vista da rua. Para um drinque sossegado, pode-se ir ao **La Fenetre Soleil**, local agradável para saborear um coquetel ou fumar narguilé. O **Vasco's** e o **O'Briens** oferecem cervejas geladas e petiscos saborosos. Também vale a pena conhecer o disputado **Blue Gecko**, que tem bilhar e jogo de dardos. **The Spotted Cow** permite que você assista esportes num telão, enquanto toma cerveja. O **Carmen Bar** é famoso pela música latina e flamenca, enquanto o **Lush** é o lugar para dançar ao som dos melhores DJs da cidade.

Há mais sofisticação nos bares de cobertura dos hotéis chiques da Rua Dong Khoi, como o bar de cobertura do **Rex** (p. 64), onde bandas ao vivo tocam enquanto os hóspedes apreciam a cidade. O mesmo ocorre com o Saigon Saigon, no Caravelle (p. 62), o **Breeze Sky Bar** e o **Level 23 ZanZBar**, lugar da moda na principal rua da cidade, a Dong Khoi. Para uma noite de jazz ao vivo há pouca concorrência para o **Sax n Art**.

Hanói talvez não seja tão glamorosa quanto Ho Chi Minh, mas seus moradores sabem como se divertir. São muito procurados os lugares pequenos, onde a cerveja local bia hoi (p. 243) é uma especialidade. Para quem não quer simplicidade, o **Restaurant Bobby Chinn** é um ponto de encontro bastante disputado, com ótimo vinho, narguilé e chef-celebridade. Música clássica ao piano e violino é tocada no **Ly Club**, ao passo que o **Seventeen Cowboys** lembra o Velho Oeste. O **Le Pub** é ótimo para relaxar.

Contudo, o mais interessante são os bares de jazz de Hanói. Uma rede de casas pode ser localizada pela mídia local, mas o máximo é o **Binh Minh Jazz Club**, onde as sessões de sax do mestre Quyen Van Minh ocorrem quase todas as noites. Em Hoi An, o **Tam Tam Café & Bar** (p. 250) tem decoração que lembra a antiga Indochina, mas um DJ moderno agita a noite. O **White Marble** é o bar que oferece a maior variedade de vinhos da cidade.

Em Nha Trang, **El Coyote Mexican Bar** é um lugar divertido para começar a noite, enquanto **La Bella Napoli** serve o único copo de grappa da cidade. Um dos melhores pontos de encontro é o **Sailing Club**, um bar calmo de dia e animado à noite. Em Hue, o **DMZ Bar** tem charme europeu, enquanto o **Why Not Bar** é perfeito para um longo coquetel.

Em geral, as boates de karaokê não passam de fachada para a prostituição, e convém evitá-las, já que atualmente o governo está desmontando esses locais.

Esportes para Assistir

Não há nenhuma dúvida de que o futebol é a paixão nacional. Times locais e ligas são repetidados, e o país praticamente para na Copa do Mundo. A maior parte das partidas ocorre no **Estádio Thong Nhat**, em Ho Chi Minh, e no **Estádio Nacional My Dinh**, em Hanói.

A segunda preferência é pelo badminton: os vietnamitas gostam de jogar ainda mais do que gostam de assistir aos campeões nacionais em ação. Os jogos fazem parte dos costumes e da cultura do país, mas são ilegais. Contudo, a loteria do estado, o **Clube de Corridas Saigon** e o **Estádio Lam Son**, onde correm os greyhounds, são liberados.

Corrida de cavalos no famoso Saigon Racing Club

AGENDA

Teatro, Música e Danças Típicas

Vila Turística de Binh Quoi
Rua Xo Viet Nghe Tinh, nº 1147, Dist. Binh Thanh, HCMC. **Tel** (08) 3898 6696.

Teatro de Ópera Clássica
Rua Phan Chu Trinh, nº 155, Danang.
Tel (0511) 356 1291.

Golden Bell Theater
Rua Hang Bac, nº 72, Hanói. **Mapa** 2 E3.
Tel (098) 830 7272
w goldenbellshow.vn

Golden Dragon Water Puppet Theater
Rua Nguyen Thi Minh Khai, , nº 55B, Dist. 1, HCMC. **Mapa** 2 D4.
Tel (08) 3827 2653.
w goldendragontheatre.com

Kim Dong Theater
Rua Dinh Tien Hoang, nº 57B, Hanói. **Mapa** 2 E3.
Tel (04) 3824 9494.

Teatro Nacional Cheo
Nguyen Dinh Chieu, nº 15, Hanói. **Tel** (04) 3934 7361.

Teatro de Artes Tradicionais
Rua Nguyen Thai Hoc, nº 75, Hoi An.
Tel (0510) 386 1159.

Vien Dong Hotel
Rua Tran Hung Dao, nº 1, Nha Trang.
Tel (058) 352 3608.

Concertos e Música Contemporânea

Conservatório de Música
Rua Nguyen Du, nº 112, Dist. 1, HCMC.
Mapa 2 D4.
Tel (08) 3822 5841.

Maxim's Dinner Theater
Rua Dong Khoi, nºˢ 13, 15, 17, Dist. 1, HCMC.
Mapa 2 F4.
Tel (08) 3822 5554.

Estádio da 7ª Região Militar
Rua Pho Quang, nº 2, Tan Binh, HCMC.

Parque Van Hoa
Rua Nguyen Du, nº 115, Dist. 1, HCMC. **Mapa** 2 D3.

Teatro Moderno

Ho Chi Minh City Drama Theater
Rua Tran Hung Dao, nº 30, Dist. 1, HCMC. **Mapa** 2 E5.
Tel (08) 3836 9556.

Teatro da Juventude
Rua Ngo Thi Nham, nº 11, Hanói. **Mapa** 2 E5.
Tel (04) 3943 8020.
w nhahattutuoitre.com

Filmes

Cinematheque
Rua Hai Ba Trung, nº 22A, Hanói. **Mapa** 2 E4.
Tel (04) 3936 2648.

Megastar Cineplex
w megastar.vn

National Cinema Theater
Rua Lang Ha, nº 87, Hanói.
Mapa 1 A3.
Tel (04) 3514 2278.

Boates, Bares e Discotecas

163 Cyclo Bar
Rua Pham Ngu Lao, nº 163, Dist. 1, HCMC.
Mapa 2 D5.
Tel (08) 3920 1567.

Apocalypse Now
Rua Thi Sach, nº 2C, Dist. 1, HCMC. **Mapa** 2 F3.
Tel (08) 3825 6124.

Binh Minh Jazz Club
Quan Su, nº 65, Hanói.
Mapa 2 D4.
Tel (04) 3942 0400.
w minhjazzvietnam.com

Blue Gecko
Ly Tu Trong, nº 31, Dist. 1, HCMC. **Mapa** 2 E3.
Tel (08) 3824 3483.

Breeze Sky Bar
Majestic Hotel, Rua Dong Khoi, nº 1, Dist. 1, HCMC.
Mapa 2 F4.
Tel (08) 3829 5517.
w majesticsaigon.com

Carmen Bar
Rua Ly Tu Trong, nº 8, Dist. 1, HCMC.
Tel (08) 3829 7699.

DMZ Bar
Rua Le Loi, nº 60, Hue.
Tel (054) 382 3414.
w dmzbar.com.vn

Hien and Bob's Place
Rua Hai Ba Trung, nº 43, Dist. 1, HCMC. **Mapa** 2 F3.
Tel (08) 3823 0661.

La Bella Napoli
Rua Hung Vuong, nº 60, Nha Trang.
Tel (058) 352 7299.

La Fenetre Soleil
Ly Tu Trong, nº 44, Dist. 1, HCMC. **Tel** (08) 3824 5994.

Le Pub
Hang Be, nº 25, Hanói.
Mapa 2 E3.
Tel (04) 3926 2104.

Level 23
Sheraton Hotel, Rua Dong Khoi, nº 88, Dist. 1, HCMC. **Mapa** 2 F4.
Tel (08) 3827 2828.
w sheratonsaigon.com

Louisiane Brewhouse
Rua Tran Phu, lote 29, Nha Trang. **Tel** (058) 352 1948.

Lush
Ly Tu Trong, nº 2, Dist. 1, HCMC. **Mapa** 2 F2.
Tel (08) 3824 2496.
w lush.vn

Ly Club
Le Phung Hieu, nº 4, Hanói. **Mapa** 2 F4.
Tel (04) 3936 3069.
w qbarsaigon.com

O'Brien's
Hai Ba Trung, nº 74A2, Dist. 1, HCMC. **Mapa** 2 F3.
Tel (08) 3829 3198.

Restaurant Bobby Chinn
Rua Xuan Dieu, nº 77, Hanói. **Mapa** 2 E4.
Tel (04) 3719 2460.
w bobbychinn.com

Sailing Club
Rua Tran Phu, Nha Trang, nº 72. **Tel** (058) 352 4628.
w sailingclubvietnam.com

Sax n Art
Le Loi, nº 28, Dist. 1, HCMC. **Mapa** 2 E3.
Tel (08) 3822 8472.
w saxnart.com

Seventeen Cowboys
Rua Tran Hung Dao, nº 98B, Hanói. **Mapa** 2 D4.
Tel (090) 443 8883.

The Spotted Cow
Bui Vien, nº 111, Dist. 1, HCMC. **Mapa** 2 D5.
Tel (08) 3920 7670.

Tam Tam Café and Bar
Nguyen Thai Hoc, nº 110, Hoi An. **Tel** (0510) 386 2212.

Vasco's
Hai Ba Trung, nºˢ 77,74/7D, Dist. 1, HCMC. **Mapa** 2 F3.
Tel (08) 3824 2888.

Why Not Bar
Rua Pham Ngu Lao, nº 26, Hue. **Tel** (054) 393 8855.

White Marble
Rua Le Loi, nº 98, Hoi An.
Tel (0510) 391 1862.

ZanZBar
Dong Khoi, nº 19, Dist. 1, HCMC. **Mapa** 2 F4.
Tel (04) 6291 3686.
w zanzbar.com

Esportes para Assistir

Estádio Lam Son
Le Loi, nº 15, Vung Tau.
Tel (064) 351 3555.

Estádio Nacional My Dinh
Rua Hoa Lac, Tu Liem Dist, Hanói.

Clube de Corridas Saigon
Rua Le Dai Hanh, nº 2, Dist. 11, HCMC. **Mapa** 3 C2. **Tel** (090) 366 6433.

Estádio Thong Nhat
Rua Dao Duy Tu, nº 138, Dist. 10, HCMC.
Mapa 4 E3.
Tel (08) 3855 7865.

ATIVIDADES AO AR LIVRE E INTERESSES ESPECIAIS

Com topos de montanhas enevoados, florestas tropicais, rios caudalosos e cidades cada vez mais cosmopolitas, o Vietnã oferece muitas atividades a céu aberto. O litoral relativamente pouco desenvolvido se estende por centenas de quilômetros e realiza o sonho de quem aprecia água, com praias isoladas, baías intocadas e rebentação livre. Quem gosta de trekking e da natureza é atraído pela notável rede de parques nacionais, trilhas montanhosas e caminhadas pelas florestas, enquanto os ciclistas exploram o relevo ou pedalam por estradas sem congestionamento de Hanói até Ho Chi Minh. Para atender às necessidades de milhares de visitantes internacionais, surgiram luxuosos clubes de golfe nas grandes cidades e nos balneários. Quem gosta de culinária pode apurar o paladar num dos muitos cursos, saboreando a cozinha imperial de Hue e os frutos exóticos do delta do Mekong. Com tantas atividades para escolher, o Vietnã é um país multifacetado, que sempre tem algo que se encaixa no interesse e no orçamento de quem o visita.

Grupo se prepara para mergulhar em Nha Trang

Mergulho com Tanque, Snorkel e Natação

O melhor ponto para mergulhar no Vietnã é a cidade de Nha Trang (pp. 112-5), com diversos especialistas competentes que oferecem equipamentos, barcos e instrutores para cursos rápidos. Os **Rainbow Divers** são os mais antigos e confiáveis operadores em atividades aquáticas do local e têm muitas filiais em pontos de mergulho no país. Nha Trang possui em operação muitas outras organizações consagradas, como o **Sailing Club Divers**. Quase 60km ao norte da cidade, o **Whale Island Resort** é um local cada vez mais procurado para mergulho. Localizadas mais ao sul, as ilhas Phu Quoc (p. 105) e Con Dao (p. 102) são abençoadas com recifes de coral rasos e se esforçam para competir seriamente com Nha Trang. Phu Quoc e Con Dao ainda se encontram relativamente intocadas, embora estejam se desenvolvendo rapidamente. A Rainbow Divers é a única operadora nesses locais. Hoi An (pp. 128-33), com uma fileira de ilhas de pescadores, a quase uma hora de barco da praia, oferece ótimas oportunidades de mergulho na região Central. Excursões de um a três dias são organizadas pelo **Cham Island Diving Center**.

A maior parte das praias, de Danang (p. 138) até Nha Trang, oferece trechos ideais para nadar. Entre as mais seguras está a praia Mui Ne (p. 110), onde as correntes marinhas são mais fracas. Recursos para a natação também estão disponíveis nas cidades, pois os hotéis permitem o uso das piscinas por uma pequena taxa. Em Ho Chi Minh, o Grand Hotel (p. 236) dispõe de uma das taxas mais baixas para um dia na piscina, enquanto o International Club fornece piscina, sauna seca e a vapor, e academia por menos de U$10 ao dia. Em Hanói, as piscinas do **Army Hotel** e do **Thang Loi Hotel** estão disponíveis para uso. Parques aquáticos, como o Dam Sen (p. 75), em Ho Chi Minh, o **Ho Tay Water Park** em Hanói, e o **Phu Dong Water Park**, em Nha Trang, são ótimos para mergulhar.

Surfe, Windsurfe e Kitesurfe

Apesar de muito poucos vietnamitas surfarem, os turistas estrangeiros aproveitam as enormes ondas da praia da China (p. 137). Pranchas podem ser alugadas no local.

O kitesurfe se popularizou muito em Mui Ne. Atualmente, realiza-se ali uma competição internacional desse esporte todos os anos. O mar calmo e os ventos fortes criam as condições perfeitas. O **Jibe's Beach Club** oferece pacote de férias com kitesurfe.

A popularidade do esporte é crescente. Duas operadoras fazem kitesurfe e windsurfe: a **Sailing Club Kite School** e a **C2Sky Kitecenter**.

Windsurfistas nas ondas suaves do mar da China Meridional, em Mui Ne

Caiaque

Os caiaques, ainda uma novidade no Vietnã, foram introduzidos na baía de Halong (pp. 186-8) e logo se mostraram ideais para a exploração de ilhas, angras e cavernas da área. Embora o visitante fique livre para passear pelas águas sozinho, convém contratar uma agência de viagem especializada. Entre as organizações confiáveis estão a Sinh Tourist (p. 273) e a **Buffalo Tours**, que organizam programas com caiaques. Também se recomenda a **Handspan Adventure Travel**, conhecida por formar grupos pequenos e usar veículos e guias próprios. A **Green Trail Tours** organiza passeios de caiaque pela baía de Halong, pelo lago Ba Be (p. 204) e pelo delta do Mekong.

Caiaque nas águas cristalinas da baía de Halong

Golfe

Antes considerado pelos membros do Partido Comunista como um passatempo decadente e burguês, o golfe tem se tornado popular no Vietnã. Os clubes de golfe, de início dominados pela comunidade exilada, agora são frequentados por um número crescente de vietnamitas entusiasmados. Apesar de a filiação a um clube ser cara, as taxas para hóspedes não são muito elevadas.

Os campos estão ao redor de Ho Chi Minh, Mui Ne, Danang, Dalat e Hanói. O **Rach Chiec Driving Range** fica a uns dez minutos de carro ao norte do centro e é mais econômico que a maioria dos locais. O **Vietnam Golf Country Club** é uma instalação de alto nível, com dois campos de dezoito buracos iluminados por holofotes, permitindo que se jogue à noite. Em Hanói, pode-se

Bem-cuidado campo de golfe do Ocean Dunes, em Phan Thiet

treinar no **Lang Ha Driving Range**. A uma hora para o oeste da cidade acha-se o exclusivo **King's Island Golf Course**. Os campos mais procurados ficam em Dalat ou arredores (pp. 118-20). Dois clubes de golfe elegantes são o **Dalat Palace**, do período colonial francês, e o **Ocean Dunes** de Phan Thiet, projetado por Nick Faldo. O **Sea Links**, em Mui Ne, é um dos campos de golfe mais luxuosos do país.

Trekking

A topografia variada do Vietnã atrai quem gosta de trekking. Você pode escolher entre caminhadas pela natureza em trilhas de parques nacionais ou andar nas encostas montanhosas, em aventuras pelas florestas densas, ou em longos passeios pelas praias. A área montanhosa ao norte, em volta de Sapa (pp. 200-1), é um dos pontos de trekking mais procurados por visitantes ou moradores, e recebe atenção de muitas agências de turismo, como a **Topas Adventure**, **Exotissimo** e **Footprints**. Elas se orgulham do estilo de pôr a mão na massa e fornecem guias locais, que funcionam como embaixadores úteis quando se entra em contato com vilarejos étnicos.

Os parques nacionais também são ótimos para trekking, com boas trilhas e alguma infraestrutura básica. O Parque Nacional de Cat Ba (p. 193) tem uma das trilhas mais difíceis do sistema de parques. Ela serpenteia por 47km na selva, bem no topo da montanha mais alta do parque. Sapatos resistentes, capa de plástico e muita água são fundamentais. Convém contratar um guia. Qualquer hotel das redondezas faz os arranjos necessários. Nem todas as trilhas do Parque Nacional Cuc Phuong (p. 197) são marcadas, por isso é bom ter um guia. A caminhada mais longa leva cinco horas até a vila de Kanh, onde se pode pernoitar ou fazer rafting no rio Buoi. Um passeio de 8km leva o caminhante a se embrenhar pela floresta até uma árvore enorme, que se acredita ter mil anos. Caminhadas mais curtas incluem um belo passeio pelo jardim botânico e até o Centro de Resgate de Primatas, enquanto outras levam a uma caverna de achados pré-históricos.

Algumas das trilhas mais marcantes ficam no Parque Nacional Bach Ma (p. 140). A Trilha do Topo leva ao cume da montanha Bach Ma, assim chamada pelos traços de nuvens brancas sempre encontrados no cume. A vista espetacular compensa a subida íngreme. A Trilha da Cascata dos Cinco Lagos leva o caminhante por uma série de cachoeiras, em meio a espécimes raros da flora e da fauna. Ou é possível andar pela Trilha do Rododendro, que se enche de flores na primavera.

Trilha da Cascata dos Cinco Lagos, no Parque Nacional Bach Ma

Ciclismo

A melhor maneira de sentir o verdadeiro Vietnã é de bicicleta. O caminho entre Hanói e Ho Chi Minh é muito conhecido dos ciclistas. Como a Rodovia 1 ficou congestionada e sofre enchentes, atualmente se dá preferência à Rodovia 14. Embora falte a brisa do mar que sopra ao longo da rota litorânea, ela é muito pitoresca.

Mais ao sul, o delta do Mekong oferece passeios em estradas planas. A vista é bonita, principalmente na época da colheita do arroz. No planalto Central está se desenvolvendo o ciclismo de montanha, apesar de ainda não existirem trilhas especiais. As condições das estradas ao longo da área sul variam, mas os rios e as pontes no caminho fornecem escalas panorâmicas. A **Veloasia** organiza passeios personalizados de bicicleta para partes remotas do país, assim como a excelente **SpiceRoads**, com sede em Bancoc. No entanto, evite excursões longínquas nas montanhas do norte durante o inverno, pois as estradas ficam escorregadias e perigosas. Para andar de bicicleta na região Centro-Sul, procure a **Phat Tire Ventures**. O ciclista que deseja viajar com independência deve levar seu equipamento, já que as bicicletas alugadas nem sempre são confiáveis. Mesmo que a bicicleta quebre, há muitas oficinas ao longo das estradas. Você também precisa ficar de olho em seus bens.

Ciclistas conhecem as ruas de Hoi An

É comum ver instrutores de artes marciais treinando em parques

Artes Marciais

No Vietnã, as artes marciais constituem parte importante da vida cultural, atlética e social, com a prática de muitas formas, que incluem o vo dao nativo, cujas origens remontam a aproximadamente 2 mil anos. Como o judô, ele dirige a força do oponente contra ele mesmo, e, como o kung fu, compreende amplo vocabulário de golpes. Armas como lanças, espadas e machados são (ou não) incorporadas aos recursos do praticante. Você pode fazer um curso na **Nam Huynh Dao School**, em Ho Chi Minh. Outra arte marcial nativa do Vietnã é a *sa long cuong*. Ela enfatiza os princípios da mente sobre a matéria e da flexibilidade sobre a rigidez. As aulas são dadas na **Casa de Cultura Jovem de Ho Chi Minh**.

Diversas outras artes marciais, como judô, aikido e kung fu, são praticadas no **Saigon Sports Club** de Ho Chi Minh mediante o pagamento de uma taxa. Quem só estiver interessado em assistir pode fazê-lo gratuitamente. Em alguns parques da cidade, principalmente no distrito de Cholon, é comum ver instrutores de artes marciais exercitando-se. Em Hanói, o tae kwon do – um estilo de combate desarmado de autodefesa – é a arte marcial mais popular, e o famoso **GTC Club** da cidade é um dos melhores locais para treinar.

Ornitofilia

Com mais de 800 espécies registradas, o Vietnã é um destino excelente para os ornitófilos. O país também é um importante território para procriação de muitas aves migratórias, e as mais comuns são vistas por toda parte. Agências turísticas estão começando a incluir excursões especializadas em seus roteiros, e é fácil obter informação nos escritórios de turismo. Na década de 2000, o Vietnã foi afetado pela gripe aviária, mas atualmente a situação se encontra sob controle.

Ingredientes frescos e temperos aguardam o preparo em Hue

Culinária nas Férias

O Vietnã dispõe de uma das cozinhas mais interessantes do mundo. Apesar de as viagens culinárias serem caras, a maioria dos gastrônomos confia nelas. A **Absolute Travel**, com sede em Nova York, oferece uma viagem luxuosa, que começa em Ho Chi Minh, segue até Hoi An *(pp. 128-32)* e Hue *(pp. 142-8)* e termina em Hanói. Em pouco mais de uma semana, ela permite que se provem os estilos básicos da cozinha vietnamita. Aulas de culinária constituem outra opção. Muitos hotéis oferecem cursos, e um dos melhores é o de Madame Thi Kim Hai, no Sofitel Legend Metropole Hotel *(p. 166)* de Hanói. Esse curso de meio dia leva o aluno até o mercado, de onde volta com os ingredientes básicos para preparar pratos do norte. Outro curso interessante é o **Miss Vy's Cooking Class**, em Hoi An.

Spas

Alguns dos melhores spas do Vietnã ficam em luxuosos complexos hoteleiros, como o Six Senses Hideaway *(p. 238)*, em Ninh Hoa. Porém, certos spas menores vêm deixando sua marca, como o **Thap Ba Hot Springs** *(p. 114)*, em Nha Trang, o **Tam Spa** e o **Forester Spa**, em Mui Ne.

Construções na praia, no Six Senses Hideaway Ninh Van Bay, Ninh Hoa

AGENDA

Mergulho com Tanque, Snorkel e Natação

Army Hotel
Rua Pham Ngu Lao, nº 33C, Hanói. **Mapa** 2 F4.
Tel (04) 3826 5541.

Cham Island Diving Center
Rua Nguyen Thai Hoc, nº 88, Hoi An.
Tel (0510) 391 0782.

C2Sky Kitecenter
Rua Nguyen dinh Chieu, nº 82, Mui Ne.
Tel (091) 665 5241.
w c2skykietcenter.com

Ho Tay Water Park
Rua Lac Long Quan, nº 614, Hanói.
Tel (04) 3718 4222.

Phu Dong Water Park
Rua Tran Phu, Nha Trang.

Rainbow Divers
Rua Hung Vuong, nº 90A, Nha Trang.
Tel (058) 352 4351.

Sailing Club Divers
Rua Tran Phu, nº 72 – 74, Nha Trang.
Tel (058) 352 2788.

Thang Loi Hotel
Rua Yen Phu, nº 200, Ho Tay, Hanói.
Tel (04) 3289 4211.

Whale Island Resort
Rua Me Linh, nº 2, Nha Trang. **Tel** (058) 351 3871.

Surfe, Windsurfe e Kiteboarding

Jibe's Beach Club
Nguyen Dinh Chieu, nº 90, Mui Ne, Phan Thiet.
Tel (062) 384 7008.

Sailing Club Kite School, Mia Resort
Rua Nguyen Dinh Chieu, nº 24, Mui Ne, Phan Thiet.
Tel (062) 384 7442.
w stormkiteboarding.com

Caiaque

Buffalo Tours
Hanói. **Tel** (04) 3828 0702.
w buffalotours.com

Green Trail Tours
Hanói. **Tel** (04) 3754 5268 (ramal 101). w green trail-indochina.com

Handspan Adventure Travel
Hanói. **Tel** (04) 3926 2828.
w handspan.com

Golfe

Dalat Palace
Rua Phu Dong Thien Vuong, Dalat.
Tel (063) 382 1201.

King's Island Golf Course
Lago Dong Mo, Son Tay.
Tel (034) 3368 6555.

Lang Ha Driving Range
Rua Lang Ha, nº 6, Hanói.
Tel (04) 3835 0909.

Ocean Dunes
Rua Ton Duc Thang, nº 1, Phan Thiet. **Tel** (062) 382 3366.

Rach Chiec Driving Range
Vila An Phu, Dist. 9, HCMC.
Tel (08) 3986 0756.

Sea Links Golf & Country Club
Rua Nguyen Dinh Chieu, Mui Ne, Phan Thiet.
Tel (062) 374 1741.
w sealinkscity.com

Vietnam Golf Country Club
Vila Long Thanh My, Thu Duc, HCMC.
Tel (08) 6280 0103.

Trekking

Exotissimo
Rua Tran Nhat Duat, nº 26, Hanói. **Mapa** 2 E2.
Tel (04) 3828 2150.
w exotissimo.com

Footprints
Rua Ly Nam De, nº 10, Hanói. **Mapa** 2 D2.
Tel (04) 3933 2844.
w footprintsvietnam.com

Topas Adventure
Rua To Ngoc Van, nº 52, Hanói. **Mapa** 1 C1.
Tel (04) 3715 1005.
w topastravel.vn

Ciclismo

Phat Tire Ventures
Rua Nguyen Van Troi, nº 109, Dalat.
Tel (063) 382 9422.
w phattireventures.com

SpiceRoads
w spiceroads.com

Veloasia
Rua Pham Ngu Lao, nºs 2, 283/20, Dist. 1, HCMC.
Mapa 2 D5.
Tel (08) 3837 6766.
w veloasia.com

Artes Marciais

GTC Club
Rua Ngoc Khanh, nº A3, Hanói. **Tel** (04) 3846 3095.

Nam Huynh Dao School
Rua Tran Quang Khai, nº 29, Dist. 1, HCMC.
Mapa 1 C1.

Saigon Sports Club
Rua Huynh Tan Phat, nº 514B, Dist. 7, HCMC.
Tel (096) 633 0089.

Youth Culture House of HCMC
Rua Pham Ngoc Thach, nº 4, Dist. 1, HCMC.
Mapa 2 E3.
Tel (08) 3829 4345.

Culinária nas Férias

Absolute Travel
w absolutetravel.com

Miss Vy's Cooking Class
Cargo Club, Rua Nguyen Thai Hoc, nº 107, Hoi An.
Tel (0510) 391 1227.
w restaurant-hoian.com

Spas

Forester Spa
Rua Nguyen Dinh Chieu, nº 82, Mui Ne, Phan Thiet.
Tel (062) 374 1317.

Tam Spa
Rua Nguyen Dinh Chieu, nº 9A, Mui Ne, Phan Thiet.
Tel (062) 374 1899.

Thap Ba Hot Springs
Rua Ngoc Son, nº 15, Nha Trang. **Tel** (058) 383 5345.
w thapbahotspring.com.vn

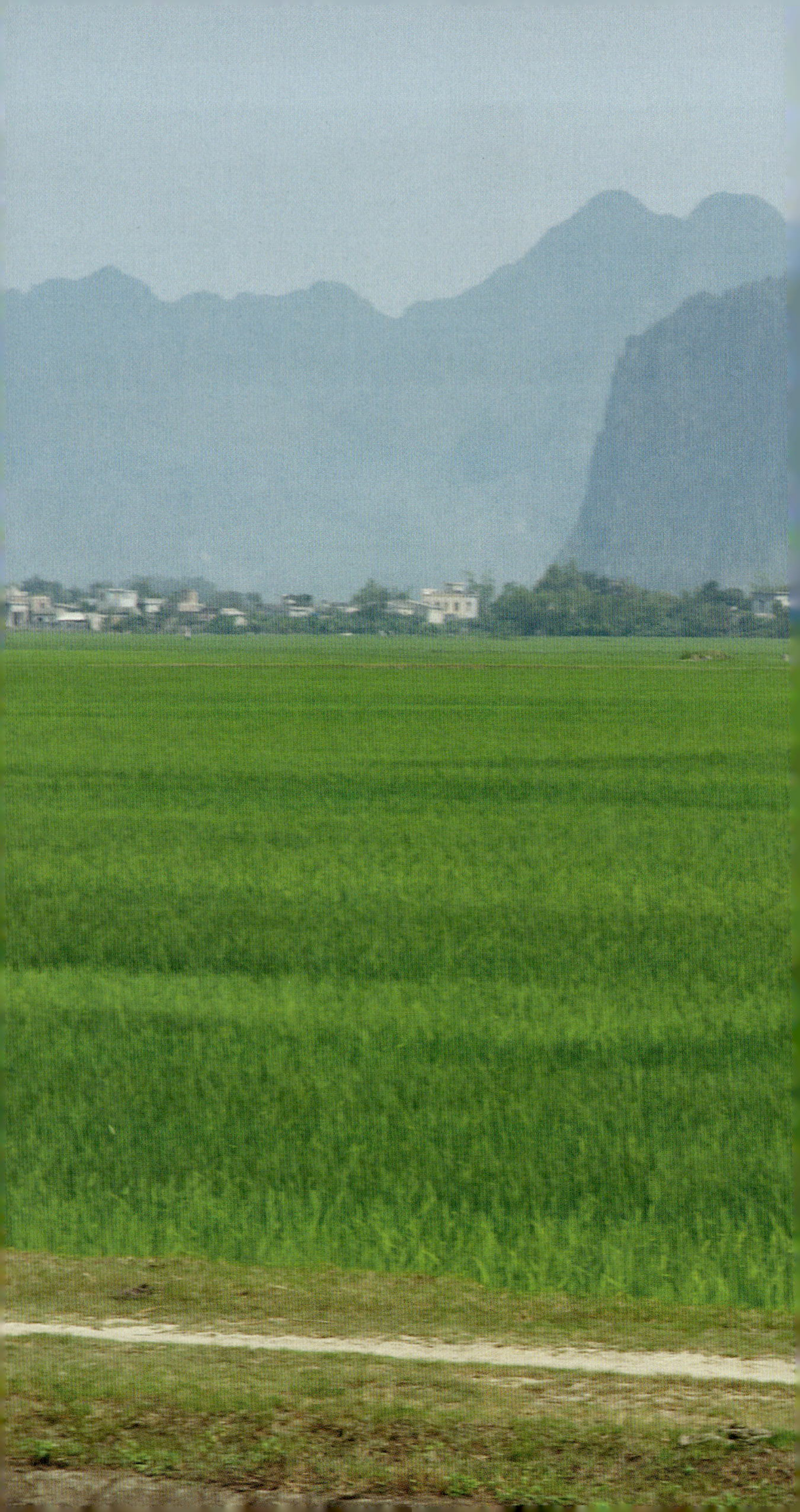

MANUAL DE SOBREVIVÊNCIA

Informações Úteis   270-279
Informação de Viagem   280-285

INFORMAÇÕES ÚTEIS

O Vietnã é hoje um destino turístico popular e atrai um número cada vez maior de visitantes. Apesar de o país ter se aberto ao turismo apenas em meados da década de 1990, desde então a infraestrutura e os recursos disponíveis têm melhorado em ritmo acelerado para servir aos milhões de turistas.

As grandes cidades do país oferecem opções de hospedagem que vão desde albergues para mochileiros até hotéis cinco estrelas. E os restaurantes atendem a todos os paladares e orçamentos. Atualmente, quase todo o litoral está aberto aos investimentos turísticos, e novos resorts surgem o tempo todo. Áreas isoladas, como as das montanhas do norte, ainda não têm muito desenvolvimento, mas o acesso a elas é fácil graças à proliferação de agências de viagem na maioria das cidades. Os equipamentos estatais não oferecem muita assistência ao viajante, mas existem diversas operadoras particulares confiáveis, que podem organizar excursões por diferentes áreas desse bonito país.

Quando Ir

A temperatura e o regime de chuvas do Vietnã variam muito de uma região para outra (pp. 38-9), por isso o visitante deve fazer os itinerários conforme a área que planeja visitar, tomando o cuidado de evitar o pior das monções. No sul chove mais entre maio e novembro; no norte o período mais chuvoso vai de maio a agosto. No entanto, como esses meses estão fora da temporada, a estadia pode ser bem mais econômica. Mas lembre-se de que isso talvez seja desconfortável e inconveniente em razão das enchentes e da pouca visibilidade.

Se quiser participar das grandes festas, como o Tet (pp. 32-3), o período de dezembro a fevereiro é o mais aconselhável, apesar dos preços mais altos. Para pegar tempo bom e menos gente, aconselha-se a visita no período que vai de março a maio.

Agradável tarde de janeiro em Phan Thiet (p. 110)

O que Levar

Quase tudo pode ser encontrado nas cidades do Vietnã, e a preços mais baixos do que em sua terra natal. Mas é provável que nas vilas e nas áreas mais afastadas não exista a mesma variedade de opções. Em geral, aconselha-se o uso de chapéu de aba larga e bastante protetor solar. Um guarda-chuva dobrável é fundamental nos meses chuvosos. É bom também levar um canivete completo, lanterna, pilhas e repelente de inseto.

As melhores roupas para o clima tropical do sul são as de algodão ou seda, leves, de cores claras. Os calçados devem ser leves, pois é provável que você ande bastante. No norte, principalmente no planalto, as noites são frias, e a temperatura pode cair bastante durante o dia. O visitante deve usar camadas de roupas para armazenar o calor do corpo e mantê-lo quente.

Reservas

No Vietnã, o auge da temporada vai de dezembro a fevereiro. Nesse período, milhares de *viet kieu*, ou vietnamitas que moram no exterior, voltam para casa a fim de passar o Natal e o Tet com a família. Faça as reservas para essa época com pelo menos três meses de antecedência. Alguns viajantes evitam a pressão entrando pelo Laos ou pelo Camboja, mas a maioria dos países do Sudeste Asiático tem o mesmo movimento no fim do ano. Diversas agências de viagem podem se responsabilizar pelas reservas (pp. 273 e 283). Convém também reservar bem antes a hospedagem para esse período, principalmente se você pretende ficar num hotel mais caro. Já as acomodações mais econômicas não costumam causar problemas.

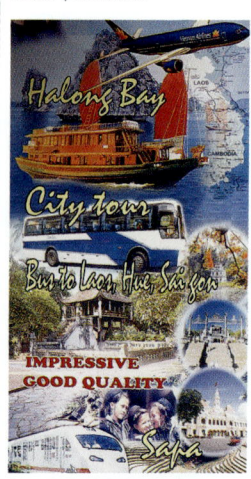

Cartaz divulga excursões especiais oferecidas por agência de viagem

Passaportes e Vistos

A maior parte das pessoas que viaja para o Vietnã, cidadãos brasileiros inclusive, precisa ter passaporte válido e visto, quer chegue ao país de avião, por terra ou pelo mar. O visto é emitido apenas pela

Mulher anda de bicicleta pelos campos verdes de Tam Coc, na região de Ninh Binh

Inspeção de passaporte de comerciante na fronteira com a China

embaixada vietnamita e pode ser requisitado por meio de agências de viagem. Hoje existe um procedimento para a concessão do visto na chegada ao país, que pode ser solicitada facilmente pela internet, poupando a viagem até a embaixada. No entanto, é necessário pagar uma taxa de carimbo (atualmente de US$45) no aeroporto, além da taxa do visto.

O visto de turista comum é válido por um mês, embora o de três meses custe apenas um pouco mais. Os visitantes também podem solicitar um visto de entrada única ou múltipla. Vistos de negócios podem durar de um a três meses, mas requerem a apresentação de uma carta de convite ou de patrocínio feita pela empresa vietnamita em questão.

Vacinação

Diversas vacinas são recomendadas pela Organização Mundial de Saúde (OMS) para qualquer pessoa que viaje para o Sudeste Asiático. Na lista de doenças contra as quais o visitante pode se imunizar estão: hepatite A e B, tétano, rubéola, sarampo, caxumba, difteria e tifo. A malária foi erradicada na maior parte do país, mas a ilha Phu Quoc e as regiões montanhosas ainda são áreas de risco. As drogas para combater a doença variam conforme o tempo, o terreno, o clima e até a espécie de mosquito. É melhor consultar seu médico ou a OMS com antecedência ao viajar para essa região.

A dengue tem sido um grave problema no Vietnã, assim como em muitos países vizinhos. Atualmente não existe vacina contra a doença. O vírus é transmitido a partir da picada de um pernilongo, e a melhor forma de prevenção é o uso de repelente e mosquiteiros.

Saiba que a qualidade dos recursos médicos e de outros cuidados com a saúde no Vietnã, principalmente em vilas e áreas rurais, pode ser bastante precária. Também pode acontecer de um paciente não conseguir atendimento se não provar com antecedência que tem recursos para bancar o tratamento. Consulte mais informações sobre saúde nas pp. 274-5.

Alfândega

As regras da alfândega de turismo costumam ser bastante rigorosas no Vietnã. O visitante pode levar 1,5 litro de bebida alcoólica e 400 cigarros. Quantias além de 300g de ouro e acima de US$5 mil devem ser declaradas.

Na chegada é preciso preencher um formulário da alfândega, do qual uma via amarela é devolvida a você. Embora poucos turistas sejam revistados, itens considerados ofensivos podem ser confiscados, o que inclui pornografia, CDs, fitas de vídeo e qualquer material considerado crítico ao governo. O site da **Alfândega do Vietnã** (em inglês) tem informações atualizadas.

AGENDA

Embaixadas no Vietnã

Brasil
Rua Thuy Khue, nº 14, Hanói.
Tel (04) 843 0817/2544.

Canadá
Rua Hung Vuong, nº 31, Hanói.
Mapa 1 B3.
Tel (04) 3734 5000.
w canadainternational.gc.ca/vietnam

Estados Unidos
Rua Lang Ha, nº 7, Hanói.
Tel (04) 3831 4590.
w http://vietnam.usembassy.gov

França
Rua Tran Hung Dao, nº 57, Hanói.
Mapa 2 E5.
Tel (04) 3944 5700.
w ambafrance-vn.org

Reino Unido
Rua Hai Ba Trung, nº 31, Hanói.
Mapa 2 E4.
Tel (04) 3936 0500.
w gov.uk/government/world/vietnam

Embaixada do Vietnã no Brasil

Vietnã
SHIS Q1 9, cj. 10, casa 1, CEP 71625-100, Brasilia, DF.
Tel (61) 3364 5876
w vietnamembassy-brazil.org

Alfândega

w customs.gov.vn

Turistas posam na frente do Mausoléu de Ho Chi Minh (p. 169)

Letreiro de néon do Saigon Tourist, em Ho Chi Minh

Informação Turística

A indústria turística do Vietnã ainda está se desenvolvendo. As duas fontes oficiais de informação e assistência, a **Saigon Tourist** e a **Vietnam Tourism**, são empresas estatais que lucram administrando hotéis e organizando passeios, com sites bastante úteis e informativos. Agências de viagem e operadoras de turismo independentes *(veja também pp. 283 e 285)* constituem opções melhores e mais convenientes se você precisar de ajuda no planejamento do seu itinerário ou se quiser aproveitar as vantagens de um pacote turístico personalizado. Embora existam várias empresas duvidosas que oferecem um serviço inferior, a maioria das operadoras é confiável e experiente.

Ingressos e Descontos

A maior parte de museus, zoos e jardins botânicos cobra uma pequena entrada, quase sempre menos de US$1. Até pouco tempo atrás funcionava um sistema de duas tarifas, pelo qual o preço para estrangeiros podia ser cinco vezes o pago pelos locais. Essa prática foi oficialmente abolida, mas ainda vale em alguns lugares. A maioria dos pagodes não cobra ingresso, embora uma caixa de donativos esteja sempre visível.

Portadores de Deficiência

Equipamentos para portadores de deficiência são bem raros no país, principalmente para cadeirantes. Apesar de as calçadas serem largas, é muito difícil manobrar uma cadeira de rodas nelas, pois ambulantes instalam suas bancas ali, enquanto outras pessoas estacionam bicicletas. Parecem existir rampas para cadeira de rodas em cada quarteirão, mas na realidade são acessos para motocicletas. Elevadores não são muito comuns, e os sanitários para deficientes são praticamente desconhecidos.

Contudo, mesmo que tenham de enfrentar algum desconforto, as pessoas com necessidades especiais não devem se sentir desmotivadas por essa falta de infraestrutura. Muitos hotéis e resorts sofisticados agora estão bem-equipados para acomodar deficientes físicos, e os agentes de viagem podem contratar um acompanhante, ainda que nem sempre especializado, para quem precisar.

Placa multilíngue de um templo

Com bom planejamento e a assistência de agências especializadas, muitos inconvenientes podem ser minimizados.

Crianças

Nesse país voltado para as famílias, todos adoram crianças e as recebem muito bem em quase qualquer lugar. A imagem de pais que viajam com filhos pequenos é muito comum, e é fácil conseguir fraldas, papinhas e outros produtos infantis, em especial nas cidades maiores. Todos os restaurantes são simpáticos com crianças, mas não oferecem menus especiais. Alguns pratos talvez sejam condimentados demais, mas sempre há sorvetes, iogurtes e frutas. Quase não existem acomodações especiais para crianças, mas muitos hotéis têm quartos com três ou mais camas de solteiro.

Idioma

Com muitas variações tonais, o vietnamita é uma língua difícil de aprender. Por sorte, muita gente, principalmente quem deseja vender mercadorias ou serviços para estrangeiros, fala um um inglês básico. Muitas vezes é difícil entender, mas como os vietnamitas escrevem no alfabeto romano, a maioria dos vendedores consegue escrever o que tem a dizer. As grandes empresas aéreas, os bancos e os hotéis têm equipes que falam bem o inglês.

Nas áreas rurais, convém viajar com intérprete ou guia, que podem ser contratados por US$20 a US$40 a diária.

Etiqueta

A etiqueta vietnamita é rígida, mas fácil de cumprir. Como regra, sorria muito, não eleve a voz e nunca aponte para as pessoas. Se precisar acenar ou chamar a atenção de alguém, vire a palma da mão para baixo antes de gesticular. Também é importante lembrar que ficar com raiva é contraproducente. É mais provável o vietnamita atender às suas queixas se elas forem expostas com civilidade.

Quando as pessoas se encontram e se cumprimentam, é costume darem-se a mão. Nunca toque na cabeça de ninguém, pois ela é considerada repositório da alma. Fora isso, a maior parte dos vietnamitas é afetuosa. Pessoas do mesmo sexo andam de braços dados,

Placa de pagode pede roupas recatadas

INFORMAÇÕES ÚTEIS | 273

Turistas descansam e se alimentam em um café com mesas na calçada

dão tapinhas nos ombros e ficam de mãos dadas. Isso não vale para pessoas do sexo oposto, a menos que o casal seja casado. É muito comum os locais pegarem no colo bebês estrangeiros, e muitas vezes apertam suas bochechas e até os abraçam. Alguns turistas talvez se incomodem com isso, mas há apenas afeto nessas manifestações espontâneas.

Quantos às roupas, não é raro ver um homem usando apenas shorts folgados. As mulheres se vestem com recato. Lembre-se sempre de que os vietnamitas são muito rigorosos quanto às boas maneiras, principalmente em locais de oração, onde se deve ir vestido de modo adequado, com braços e pernas cobertos.

À mesa, é educado esperar que a pessoa mais velha comece a comer, a não ser que você seja convidado de honra. Nunca espete a comida com os palitinhos nem os apoie em cima da tigela de comida, pois isso é uma prática fúnebre. É normal comer fazendo barulho, como maneira de mostrar que gostou da comida. Saiba que, embora você possa ser convidado para jantar na casa de alguém, em geral os convidados são levados a restaurantes. Na p. 243 há mais indicações sobre comportamentos e costumes à mesa e sobre gorjetas.

Fotografias

O Vietnã é um país bastante fotogênico. Podem-se comprar câmeras de boa qualidade e cartões de memória a preços excelentes em Ho Chi Minh, em Hanói e outras grandes cidades. A fotografia é restrita em áreas militares e em volta de delegacias de polícia. É mais seguro pedir permissão antes de tirar fotos de locais religiosos ou de pessoas, principalmente de minorias étnicas.

Turista tira uma fotografia

Fuso Horário e Calendário

O Vietnã fica sete horas à frente do Horário Médio de Greenwich (GMT), quinze horas à frente do Horário Padrão do Pacífico (PST), e doze horas à frente do Horário Padrão Oriental (EST). Embora o calendário ocidental gregoriano seja usado para fins oficiais e comerciais, o calendário lunar ainda rege os eventos religiosos, como as datas de festivais.

Medidas

O sistema métrico é utilizado no Vietnã desde a ocupação francesa, no século XIX.

Eletricidade

Como em toda a região, a corrente elétrica no Vietnã é de 220 volts. A maioria das tomadas de parede aceita tanto os pinos redondos quanto os achatados. Os hotéis costumam ter adaptadores, mas eles também são encontrados em qualquer loja de artigos domésticos. Para sua segurança, convém que você traga seu próprio adaptador. Carregue o notebook e o celular diariamente, pois costuma ocorrer falta de energia, principalmente em cidades pequenas e remotas.

AGENDA

Agências de Viagem e Informação Turística

Ann Tours
Pham Hong Thai, nº 77, Hanói.
Mapa 2 D1. **Tel** (04) 3715 0950.
Rua Ton That Tung, nº 58,
Dist. 1, HCMC. **Mapa** 1 C5.
Tel (08) 3833 2564.
w anntours.com

Saigon Tourist
Rua Le Thanh Ton, nº 45, Dist. 1, HCMC. **Mapa** 2 E3.
Tel (08) 3827 9279.
w saigontourist.net

The Sinh Tourist
Rua Luong Ngoc Quyen, nº 52, Hanói. **Mapa** 2 E2.
Tel (04) 3926 1568.
Rua De Tham, nº 246,
Dist. 1, HCMC. **Mapa** 2 D5.
Tel (08) 3836 9597.
w the sinhtourist.vn

TNK Travel Vietnam
Rua De Tham, nº 220, Dist. 1, HCMC. **Mapa** 2 D5.
Tel (08) 3920 4766.
w tnktravelvietnam.com

Tuan Travel
Bui Vien, nº 32, Dist. 1, HCMC.
Mapa 2 D5. **Tel** (08) 3837 9667.
w tuantravel.com

Vietnam Tourism
Rua Quan Su, nº 80, Hanói.
Mapa 2 D4. **Tel** (04) 3942 2070.
w vietnamtourism.com

Portadores de Deficiência

Accessible Journeys
w disabilitytravel.com

Disability World
w disabilityworld.com

Mobility International USA
w miusa.org

Society for Accessible Travel & Hospitality
w sath.org

Segurança e Saúde

O Vietnã é um dos lugares mais seguros do mundo para viajar. Além de um governo muito autoritário, o país tem uma sociedade que costuma respeitar as leis. O turista pode fazer suas atividades sem medo, atendo-se apenas às regras do bom senso. Infelizmente, as pequenas infrações estão aumentando nas grandes cidades. Os crimes violentos são raros, mas acontecem. Os estabelecimentos vietnamitas costumam ser limpíssimos e as comidas de rua são confiáveis, mas prefira tomar apenas água mineral. O atendimento médico ainda é precário. Com poucas ambulâncias ou pronto-socorros bem-equipados, aconselha-se levar um seguro-saúde com boa cobertura.

Precauções Gerais

Embora as viagens pelo Vietnã sejam consideradas seguras, é preciso seguir algumas precauções básicas. Uma vez que pequenos crimes, como roubo de bolsas e carteiras, ocorrem em cidades grandes, a exemplo de Ho Chi Minh e Nha Trang, evite carregar muito dinheiro ou usar joias. Aconselha-se guardar parte do dinheiro e passaporte escondidos num cinto próprio, por baixo da roupa, e deixar uma parte dos valores no cofre do hotel. Segure as câmeras e a bolsa ao caminhar ou num passeio de motocicleta, por causa de ladrões montados, que emparelham as motos, roubam e saem correndo.

Outra regra básica de segurança é evitar se aventurar por áreas desconhecidas à noite. Não aceite convites de desconhecidos para um café no centro de Saigon, pois é a maneira como a máfia filipina aborda os turistas. Convém fazer fotocópias de passaporte, seguro viagem e outros documentos importantes. Em caso de roubo ou perda, essas cópias ajudam o procedimento de substituição. Guarde-as separadamente.

O problema do HIV está crescendo no Vietnã, e a transmissão sexual ultrapassou a intravenosa como causa de disseminação. Em 2012, a UNAIDS estimou que havia 260 mil pessoas soropositivas no país, mas o número de vítimas não aumentou nos últimos anos.

Guarda de trânsito *(à esq.)* e policial *(à dir.)* uniformizados

Polícia Turística

Além dos fiscais de trânsito e das forças gerais da polícia, o Vietnã tem uma polícia turística, que fica estacionada nas atrações mais movimentadas. No entanto, a presença dos policiais é mais para efeito de demonstração. Ela também fornece informações. Em geral, a polícia é discreta. Nos contatos com policiais, seja educado. Se você for roubado, talvez o policial o ajude a fazer um boletim para o seguro, mas em geral eles se recusam a isso. Talvez você precise de um intérprete.

Hospitais e Farmácias

No Vietnã, a maioria dos recursos médicos modernos está localizada nas cidades de Ho Chi Minh e Hanói. Se você adoecer numa vila, procure chegar a uma dessas duas cidades. Embora os hospitais e as clínicas locais sejam adequados para as necessidades diárias e pequenas cirurgias, talvez faltem medicamentos, equipamentos e especialistas para casos mais complicados. O mesmo vale para o atendimento dentário. Se você se sentir muito mal, então é melhor sair do Vietnã e ir para localidades mais desenvolvidas, como Bancoc, Hong Kong ou Cingapura.

Grande parte das farmácias de Hanói e de Ho Chi Minh dispõe de boa variedade de medicamentos, mas verifique o prazo de validade antes de comprar. Se você faz uso contínuo de remédios, é melhor levar um suprimento de casa.

Seguro de Viagem

Uma apólice de seguro de viagem é interessante em qualquer lugar, mas principalmente nessa parte do mundo. Cuide de que, além de doenças e ferimentos, ela também cubra roubo. E o mais importante: a apólice deve cobrir remoção médica em caso de emergência.

Doenças Provocadas por Comida e Água

Os males mais comuns são diarreia, disenteria e giardíase, todos causados por infecção alimentar. A infecção é tratada com antibióticos e pode ser prevenida

Uma das muitas bancas de frutas encontradas por todo o Vietnã

INFORMAÇÕES ÚTEIS | 275

com a adoção de algumas medidas. Lave muito bem as mãos antes das refeições; coma apenas em locais limpos, que ofereçam comida bem cozida ou que preparem o prato na sua frente; descasque as frutas você mesmo. Nem sempre a comida de rua é arriscada, mas deve-se tomar cuidado e avaliar a situação. Também é preciso cuidado ao comer num bufê ou com o serviço de quarto, até em hotéis cinco estrelas. Se a sua dieta normal é leve, lembre-se de que a comida do Vietnã às vezes é muito condimentada. Essa mudança de tempero pode provocar indisposição estomacal. Tenha sempre remédios para má digestão.

Para evitar doenças transmitidas pela água, como tifo e cólera, tome apenas água mineral ou bem fervida. Em geral, é seguro tomar chá, pois tradicionalmente a água é fervida no momento do preparo.

Calor

No verão, o calor pode ficar muito forte no Vietnã. O importante é manter-se hidratado quando viajar no tempo quente e úmido. Sempre leve muita água, e lembre-se de tomá-la a intervalos regulares. Para se proteger da insolação, use chapéu, óculos escuros e roupas leves e soltas. Passe protetor solar para evitar queimaduras de sol.

Picadas de Insetos e Infecções

Uma picada de mosquito pode causar dengue ou, com menos frequência, malária, duas doenças graves contra as quais é possível tomar algumas precauções. Os mosquitos portadores são mais ativos ao anoitecer ou ao amanhecer. Para não ser picado, aplique um repelente e durma sob um mosquiteiro. Quartos equipados com ventilador ou ar-condicionado não costumam ter mosquitos. Tome um remédio profilático para malária ao visitar áreas de floresta ou o Mekong, mas primeiro procure orientação médica. Leve seus curativos e pomadas, pois os machucados infeccionam com relativa facilidade nesse clima e devem ficar limpos.

Epidemias

Gripe aviária, gripe suína e febre aftosa (uma preocupação em relação às crianças) tornaram-se questões significativas desde 2005. É recomendável não frequentar creches públicas. Muitos templos mantêm gaiolas com aves silvestres, para soltá-las como forma de oração. Evite o contato com essas aves.

Explosivos Não Detonados

Bombas e granadas não detonadas ainda preocupam em áreas como a Zona Desmilitarizada (p. 153). Todas as regiões turísticas importantes estão livres desses perigos. Se você for para um lugar pouco procurado e avistar algo que pareça um foguete ou uma bomba, não toque nele. Afaste-se com cuidado e informe as autoridades.

Turista passeia pelas ruas do Vietnã com uma criança

Mulheres em Viagem

Não é difícil encontrar uma mulher estrangeira viajando sozinha. Ela chama atenção em algumas áreas rurais, mais pela curiosidade do que por hostilidade. O povo vietnamita é hospitaleiro, e as mulheres turistas talvez sejam convidadas para jantar em alguma casa ou até para passar a noite com a família. Evite roupas chamativas, pois elas atraem atenções indesejáveis. À noite, convém tomar as precauções normais.

Placa indicativa de sanitário masculino

AGENDA

Emergências

Ambulância, nacional
Tel 115.

Bombeiros, nacional
Tel 114.

Polícia, nacional
Tel 113.

Informação Médica

Centro de Controle de Doenças
w cdc.gov

Medicina Familiar do Vietnã
w vietnammedicalpractice.com

Organização Mundial da Saúde
w who.int/ith

Gays e Lésbicas

Utopia
w utopia-asia.com

Gays e Lésbicas

As atitudes da sociedade vietnamita em relação à homossexualidade mudaram radicalmente ao longo da última década. Um influxo de cultura ocidental levou a uma postura mais tolerante, e a cidade de Ho Chi Minh apresenta hoje uma próspera cena gay. Para obter mais informações, veja sites como o **Utopia**.

Banheiros Públicos

Banheiros públicos são raros. Mesmo na cidade de Ho Chi Minh, apenas o centro tem sanitários pagos, que custam por volta de US$0,10. Hoi An possui o maior número de banheiros públicos per capita. Às vezes encontram-se sanitários sujos, com pouca privacidade, para usar agachado. Traga seu papel higiênico, mas não o jogue no vaso, senão ele entope.

Bancos e Moeda Local

Em todas as cidades grandes e médias há muitos serviços financeiros. Os traveler's checks podem ser descontados em bancos, e os hotéis consagrados aceitam-nos como pagamento. Os lojistas também gostam de receber em dólares americanos, apesar de poderem cobrar uma taxa de 2% pela transação. As casas de câmbio e os caixas eletrônicos são comuns na maioria das cidades grandes e médias, o que não ocorre em áreas remotas. Lembre-se de levar uma quantia suficiente de dinheiro vietnamita para esses lugares, muito embora ninguém no país esteja a mais de algumas horas de viagem de algum tipo de serviço bancário.

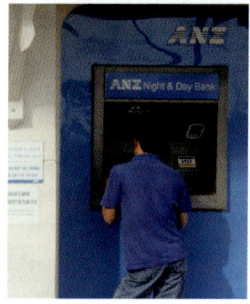

Cliente saca dinheiro de um caixa eletrônico do ANZ

Bancos e Horários de Funcionamento

Os grandes bancos do país são o **Vietcombank** e o **Sacombank**, e os internacionais mais comuns são o **ANZ** e o **HSBC**. Todos têm agências e caixas eletrônicos por todo o país. Ir ao banco para trocar dinheiro ou fazer uma retirada com cartão de crédito leva mais tempo do que usar um caixa eletrônico ou ir a uma casa de câmbio particular. Mesmo que varie um pouco de cidade para cidade e de banco para banco, o horário de funcionamento quase sempre vai das 8h às 17h, de segunda a sexta-feira; alguns fecham para o almoço, ao meio-dia. As casas de câmbio particulares têm horários próprios.

Caixas Eletrônicos

Em 1999 só existiam dois caixas eletrônicos no país, ambos em Hanói. Agora eles são encontrados praticamente em qualquer lugar que tenha um banco. Todos dão instruções em vietnamita e em inglês e funcionam 24 horas. Só se pode sacar em moeda local, e o cálculo do câmbio é feito pela cotação oficial do dólar no dia. Pode-se sacar qualquer quantia em um dia, mas cada transação deve ficar entre 2 e 5 milhões de dongs. Há uma taxa para cada saque, em geral entre US$2 e US$5. Retiradas maiores devem ser feitas na agência. Se planeja permanecer no Vietnã por vários meses, pense em abrir uma conta. Embora a burocracia seja meio assustadora, as transações financeiras ficarão mais fáceis.

Troca de Moeda

O processo de troca de moeda melhorou nos últimos anos, mas a norma ainda é uma longa espera nos bancos. O meio mais rápido são as casas de câmbio particulares, mas as tarifas não são tão boas. As melhores taxas são as oferecidas por lojas de ouro e joalherias, mas elas não dão nenhuma segurança contra enganos na troca ou falsificações. Com a proliferação de caixas eletrônicos, porém, muitos turistas preferem usar seus cartões de débito.

Cartões de Crédito e de Débito

Os cartões de crédito e de débito não são muito aceitos nas pequenas cidades do Vietnã, mas valem quase tanto quanto dólares e dongs nas grandes cidades, em especial em Ho Chi Minh e Hanói. Empresas aéreas, agências de viagem, hotéis de luxo, restaurantes caros e lojas de alto padrão que atendem turistas aceitam cartões como MasterCard e Visa. Se for preciso, você também pode obter um adiantamento em dinheiro, no banco, com seu cartão de crédito.

Moeda Local

O dong vietnamita, cuja abrevição é VND ou d, é a unidade monetária do país. Porém, mesmo não sendo oficial, o dólar é aceito quase em toda parte, principalmente em áreas turísticas. Verifique sempre se as cédulas estão perfeitas. É aconselhável ter algumas notas de dong (de preferência de valores menores) para os gastos diários. Não se esqueça de que o dong não será trocado fora do Vietnã.

Traveler's Checks

Negociar com traveler's checks não é a melhor opção no Vietnã, mas aconselha-se carregar alguns para as emergências. Eles podem ser trocados nos grandes bancos, nas casas de câmbio e também em empresas aéreas e hotéis caros por uma pequena comissão. Se perdê-los, é provável que você tenha de ir a uma grande cidade para substituí-los.

Filial do Vietcombank, opção confiável para a troca de moeda

Cédulas

As notas vietnamitas circulam com as denominações de 500d, 1.000d, 2.000d, 5.000d, 10.000d, 20.000d, 50.000d, 100.000d, 200.000d e 500.000d. A mais comum é a nota de 50.000d, que vale cerca de US$3. Todas mostram o rosto de Ho Chi Minh, e a partir das notas de 1.000d elas são feitas de polímero.

500.000 dongs

100.000 dongs

50.000 dongs

200.000 dongs

20.000 dongs

10.000 dongs

5.000 dongs

200 dongs

500 dongs

1.000 dongs

2.000 dongs

Moedas

Em 2004 o governo vietnamita criou as moedas de 200d, 500d, 1.000d, 2.000d e 5.000d para facilitar a remoção das notas com o mesmo valor. Percebidas por muitos como apenas uma jogada, algumas lojas e vendedores de rua podem não aceitá-las, porque são pesadas e fáceis de perder.

5.000 dongs

AGENDA

Bancos

Banco ANZ
Rua Ngo Duc Ke, nº 2, Dist. 1, HCMC. **Mapa** 2 F4.
Tel (08) 3829 9319.
Rua Le Thai To, nº 14, Hanói.
Mapa 2 F3. **Tel** (04) 3825 8190.
w anz.com

Banco HSBC
Rua Dong Khoi, nº 235, Dist. 1, HCMC. **Mapa** 2 F4. **Tel** (08) 3829 2288. **w** vn.hsbc.com

Sacombank
Rua Nam Ky Khoi Nghia, nº 278, Dist. 3, HCMC. **Mapa** 1 C2.
Tel (08) 3932 2585.
w sacombank.com

Vietcombank
Rua Ton Duc Thang, nº 37, Dist.1, HCMC. **Mapa** 2 E2.
Tel (08) 3910 1993.
Rua Hang Bai, nº 2, Hanói.
Mapa 2 E4. **Tel** (04) 3934 3472.
w vietcombank.com.vn

Comunicação e Mídia

Considerada arcaica e pouco confiável, a rede de comunicações do Vietnã melhorou muito nos últimos anos. Agora pode-se fazer uma ligação internacional ou mandar um e-mail ou fax de qualquer lugar, menos de zonas muito remotas. Quase todo mundo tem um celular. Os telefones públicos, por outro lado, são bem limitados. O país também tem acesso fácil à internet, um serviço oferecido por hotéis e cafés. As mais importantes publicações internacionais são vendidas nas grandes cidades, e cresce o número de revistas e jornais locais publicados em inglês. O sistema postal é eficiente e atendido por gente prestativa, mas os serviços de courier são preferidos por causa da entrega mais rápida. No entanto, o correio continua fortemente censurado, e todos os pacotes são inspecionados antes do envio.

Cibercafé pequeno e confiável, comum em Ho Chi Minh

Telefone público numa esquina de Ho Chi Minh

Chamadas Locais e Internacionais

É fácil fazer ligações internacionais na maior parte dos hotéis, mas elas costumam ser muito caras, assim como as chamadas locais. O melhor lugar para fazer ligações internacionais é nas agências de correio. E existe também a opção de fazer chamadas a cobrar. Outra opção para fazer ligações internacionais é com o econômico serviço Voice Over Internet Protocol (VoIP), que permite ao usuário ligar via internet. Digite 1717 + 00 + código do país + código de área + número do telefone desejado. Existe também uma opção pré-paga que usa o sistema de chamadas 1717, para a qual você precisa adquirir um cartão 1717, disponível na maioria dos pontos de venda de serviços de telecomunicação.

Já as chamadas domésticas são bem mais econômicas. O Vietnã fez mudanças na telefonia em 2008, adicionando um dígito (em geral o 3) a todas as linhas fixas. A maior parte dos lugares agora tem números de sete dígitos, além de um código de área de três ou quatro dígitos. As exceções são Hanói, Ho Chi Minh e Haiphong. O serviço de linhas fixas funciona bem, mas os interurbanos podem apresentar problemas. Muitas lojas oferecem um serviço de telefone barato. Procure a placa azul com a inscrição *dien thoai cong cong* (telefone público).

Os celulares são muito populares no Vietnã e custam bem menos do que no Ocidente. O envio de mensagens de texto também é barato. Se você for permanecer por muitas semanas, a melhor opção é comprar um cartão SIM VinaPhone ou MobiFone para o seu celular. Todos os celulares têm um número de dez dígitos fornecido pela operadora.

Internet

Agora até as menores cidades do Vietnã dispõem de internet. Na realidade, em locais em que os estrangeiros se reúnem, os recursos da internet estão em toda parte. A maioria dos hotéis modernos têm acesso à internet sem fio nos quartos, assim como a maioria dos albergues para mochileiros. Muitos bares e restaurantes oferecem conexão sem fio, útil para os notebooks e celulares. Os cibercafés existem, mas não são mais tão populares quanto eram há alguns anos.

O Vietnã bloqueia uma série de sites permanentemente, e outros, durante períodos. Entre eles estão sites de redes sociais, da BBC e uma variedade de blogs e serviços de crítica e notícias do governo.

Serviços Postais

Não importa em que lugar do Vietnã você esteja, sempre haverá por perto uma agência do correio. Os vietnamitas adoram escrever cartas e mandar presentes; por isso, o correio tem papel importante na vida diária. A maioria das agências fica aberta até tarde, em geral das 8h às 21h, sete dias por semana. Os funcionários costumam ser prestativos e até ajudam a fazer pacotes, preencher formulários de alfândega e colar os selos. Os selos vietnamitas nem sempre têm o verso adesivo, sendo necessário um pote de cola e um pincel. O processo de entrega não é rápido nem confiável. Saiba que a correspondência será aberta e inspecionada antes de ser entregue.

Dois selos vietnamitas

INFORMAÇÕES ÚTEIS | 279

Cartas postadas de Hanói ou Ho Chi Minh costumam levar de dez a catorze dias para chegar ao Ocidente, enquanto pacotes podem demorar meses devido à inspeção do governo. Postagens de cidades pequenas destinadas a outros países podem levar ainda mais tempo para alcançar o sistema internacional de remessas.

As tarifas são praticamente as mesmas do resto do mundo. Um cartão-postal para o Brasil ou a Europa custará cerca de meio dólar. Existe *poste-restante* nas grande cidades, como Hanói e Ho Chi Minh, por uma tarifa apenas simbólica.

Para remessas mais rápidas há empresas consagradas no serviço de courier, como a **DHL**, a **Federal Express** e a **UPS**. Entretanto, pacotes enviados por esse meio podem ser detidos e examinados. Fotografias estão sujeitas à análise aprofundada.

Alguns jornais nacionais e estrangeiros vendidos no Vietnã

Jornais e Revistas

Uma seleção de publicações estrangeiras, em francês e inglês, está à venda nos hotéis mais caros e em bancas das grandes cidades. Entre elas estão jornais como *New York Times*, *Le Monde* e *Bangkok Post*, e revistas como *Time* e *Newsweek*.

Muitos bares das cidades de Ho Chi Minh e Hanói compram jornais para oferecer aos clientes. O jornal mais lido em língua inglesa é o *Viet Nam News*, um jornal útil para conhecer os eventos culturais, com uma revista de lazer na edição de domingo. Veja mais informações sobre eventos futuros e listagens atualizadas em publicações como *Word* e *Asia Life*.

Todos os meios de comunicação são censurados pelo governo, e os jornalistas que criticam as autoridades são presos com frequência por "abusar das liberdades".

Televisão e Rádio

A rádio e a televisão vietnamitas – respectivamente a Voz do Vietnã e VTV – são estatais e transmitem principalmente notícias, novelas, música pop vietnamita e filmes. Atualmente, porém, a maioria dos hotéis oferece boa variedade de canais de TV estrangeiros, a exemplo de Cinemax, CNN, HBO, BBC, ESPN, MTV e Singapore's News Asia. As emissoras de esportes também têm audiência, principalmente na temporada de futebol.

Endereços Vietnamitas

No Vietnã, os endereços são bem simples: número, rua e cidade. Em Ho Chi Minh o número do distrito também é colocado depois do nome da rua. Endereços com barra (como 120/5 Rua Nguyen Trai) significam que você tem de ir até o nº 120 dessa rua e depois achar o prédio nº 5 na viela ao lado. Saiba que a numeração de uma mesma rua recomeça quando a via entra em um novo distrito, e que as palavras vietnamitas *pho* ou *duong* (rua) vêm no início.

AGENDA
Telefones Úteis

Serviço Doméstico de Ligações Interurbanas
Tel 101.

Serviço de Ligações Internacionais
Tel 110.

Páginas Amarelas
Tel 1080.

Serviço de Courier

DHL
Rua Nguyen Van Binh, nº 3, Dist. 1, HCMC. **Mapa** 2 E3.
Tel (08) 3823 1525.
Rua Le Thach, nº 10, Hanói.
Mapa 2 E4. **Tel** (04) 3825 7124.

Federal Express
Rua Thang Long, nº 6, Dist. Tan Binh, HCMC. **Tel** (08) 3984 0370.
Rua Le Vien Thiem, nº 5B, Dist. Thanh Xuan, Hanói.
Tel (04) 3557 8899.
w fedex.com

UPS
Rua Cong Hoa, nº 18A, Dist. Tan Binh, HCMC. **Tel** (08) 3811 2888.
Rua Pham Van Dong, nº 26, Dist. Tu Liem, Hanói. **Tel** (04) 3514 2888. w ups.com

Códigos Úteis

- Nas ligações internacionais, disque 00 + código do país + código de área + número desejado.
- Código de alguns países: Brasil 55; EUA e Canadá 1; Reino Unido 44; França 33.
- Ao ligar para o Vietnã do Brasil, disque 00 + código da operadora + 84 (código do país) + código da cidade + número desejado.
- Para falar com a telefonista internacional, disque 00.
- Para auxílio à lista, digite 1080.
- Para falar com a telefonista em ligações locais, digite 0. Esse número muda conforme a operadora do celular. Existe auxílio ao cliente em inglês e em vietnamita. É preciso esperar um pouco para obter informações em inglês.

Cartões de celulares da VinaPhone

INFORMAÇÃO DE VIAGEM

A maioria dos turistas chega ao Vietnã de avião. No país, o sistema de transporte aéreo doméstico é bom e está melhorando. Os registros de segurança são admiráveis. Os voos estão quase sempre no horário e têm boa conexão com os principais destinos turísticos. Em geral, o visitante das Américas e da Europa chega via Bancoc ou Hong Kong. Do Camboja, a viagem de barco pelo rio Mekong é panorâmica. Com a abertura de diversas fronteiras, muitos viajantes preferem entrar no Vietnã de trem, de carro ou de ônibus a partir da China, do Laos ou do Camboja. O meio mais barato e quase sempre mais rápido e confortável de circular pelo país é o sistema de ônibus intermunicipais e os ônibus Open Tour. E para o viajante independente, um carro com motorista é relativamente barato. No local, os táxis e os mototáxis são os meios de transporte preferidos.

O movimentado aeroporto Tan Son Nhat, em Ho Chi Minh

Viagens Aéreas

O Tan Son Nhat, em Ho Chi Minh, é o aeroporto mais movimentado do país. O Aeroporto Noi Bai, em Hanói, e o Aeroporto Internacional de Danang também são importantes. A **Vietnam Airlines**, empresa aérea oficial do país, opera voos diretos de muitos destinos, como Paris, Pequim, São Francisco, Sydney, Siem Reap, Bancoc e Cingapura. Outras empresas de renome servem o Vietnã, como **Air France**, **Cathay Pacific**, **Thai Airways**, **Malaysia Airlines**, **Qantas**, **Lufthansa**, **Japan Airlines**, **Singapore Airlines** e **United Airlines**. Do Brasil ao Vietnã a viagem dura mais de 24 horas e tem duas ou três escalas. A **South African Airlines** tem tarifas mais baratas e faz escala em Johannesburgo. Verifique com a companhia aérea se é exigido visto de trânsito ou de turista nas paradas que for fazer a caminho do Vietnã.

Tarifas Aéreas

O preço da passagem para o Vietnã varia conforme a empresa aérea, a temporada e o agente de viagem. Partindo de São Paulo, o preço médio da passagem é US$2.500 ida e volta. O período mais movimentado e caro para viajar para o Vietnã vai de dezembro a fevereiro, quando muitas famílias chegam de avião para celebrar o Tet *(pp. 32-3)*. Fora da temporada, há passagens com desconto. Verifique as promoções de empresas aéreas que voam para o país.

Chegada

Atualmente, o sistema de chegada ao Vietnã está mais eficiente e aperfeiçoado. Ainda no avião, os passageiros recebem um formulário de imigração para preencher, que deve ser apresentado com o passaporte no balcão de imigração do aeroporto. Quem tiver solicitado o visto pela internet deve pagar a taxa e retirar o visto antes de passar pela imigração.

Traslado do Aeroporto

O Tan Son Nhat, na cidade de Ho Chi Minh, é um dos mais bem-equipados aeroportos do Vietnã. Chegadas e partidas são controladas de modo rápido e eficiente. Saiba que nesse aeroporto é preciso passar pelo controle de segurança na chegada e na partida. Ele fica a 5km do centro da cidade. Um carro com taxímetro pode ser solicitado a um serviço autorizado, que se encontra próximo ao balcão de câmbio. Dispense os motoristas que oferecem preço único. Há também micro-ônibus que fazem transporte até a cidade, assim como vans circulares, que podem ser providenciadas pelos hotéis, se você pedir. Prepare-se para encontrar muito movimento do lado de fora do terminal, pois há pessoas que vão pegar os familiares ou observar os passageiros e os aviões que chegam e partem.

Táxi do aeroporto, transporte confortável

Aeroportos	Informações	Distância do Centro da Cidade	Tarifa Média de Táxi	Tempo Médio de Viagem
Tan Son Nhat, Ho Chi Minh	(08) 3848 5383	5km	US$15	20 minutos
Aerop. Internacional de Danang	(0511) 382 3391	1,6km	US$2	5 minutos
Aeroporto Noi Bai, Hanói	(04) 3886 5047	35km	US$17	45-60 minutos

INFORMAÇÃO DE VIAGEM | 281

Turista ajeita a bagagem no Vina Taxi, amarelo e com taxímetro

O novo Aeroporto Noi Vai, em Hanói, é mais afastado do centro, e a viagem de táxi até a cidade pode levar mais de 45 minutos. Todas as operadoras de serviços de transporte, que incluem táxis com taxímetro e micro-ônibus, estão localizadas fora do terminal. Porém, é necessário negociar o preço da corrida, pois muitos motoristas se recusam a utilizar o taxímetro. A tarifa média até o Bairro Antigo é de US$17. Fique atento aos motoristas que tentarem recomendar um hotel a você, pois podem cobrar comissão – a máfia de taxistas de Noi Bai é conhecida por essa prática. O jeito mais barato de chegar ao centro é com os ônibus de números 7 ou 17, que saem a cada 15 minutos. Eles levam uma hora e meia para chegar à cidade e fazem paradas, quando solicitadas, no caminho até o lago Hoan Kiem (p. 164). Outra opção econômica é o ônibus circular da Vietnam Airlines, que custa por volta de US$3 e leva seus passageiros até o escritório da empresa, na Rua Trang Thi. Alguns motoristas levam passageiros até o hotel se isso for solicitado. Saiba que você não tem de pagar nenhuma taxa para ir e vir do aeroporto.

Localizado na extremidade oeste da cidade, o Aeroporto de Danang é o menor dos três. Tem apenas um terminal, com uma pequena área destinada aos voos internacionais. Do lado de fora do terminal, o serviço de táxi oferece tarifas fixas e baratas para uma corrida até o centro da cidade.

Carro ou Barco

O Vietnã faz fronteira com três países: China, Laos e Camboja. Com a abertura de novas fronteiras a estrangeiros (atualmente há três com a China, sete com o Laos e sete com o Camboja), viajantes mais independentes estão fazendo o caminho por terra.

Da China, pode-se entrar no Vietnã de carro, ônibus ou trem. O popular Passo da Amizade, em Dong Dang, está aberto ao trânsito ferroviário e rodoviário e é a passagem mais movimentada entre os países. Um trem quinzenal entre Hanói e Pequim faz uma breve parada nesse passo. As outras duas passagens ficam em Lao Cai (p. 201) e Mong Cai. Abertas só para veículos motorizados, são caminhos menos procurados.

A partir do Laos é possível cruzar a fronteira em Lao Bao, a oeste de Dong Ha; Cau Treo, em Nam Can; Cha Lo; Na Meo; Tay Trang e Bo Y. Nos primeiros três locais passam apenas veículos motorizados. A travessia de ônibus pode ser demorada. O melhor é fazer o trajeto Laos-Vietnã de avião.

A entrada pelo Camboja é fácil e livre (pp. 226-7). Moc Bai é o ponto mais movimentado e fica a quase duas horas de Ho Chi Minh. Muitos ônibus trafegam diariamente entre os dois países. A fronteira de Vinh Xuong, perto de Chau Doc, oferece uma chegada mais panorâmica ao Vietnã. O turista pode viajar pelo rio Mekong em um barco ou um navio de luxo, desfrutando da linda paisagem. Há outros cinco pontos de travessia, que, por serem mais remotos, são menos utilizados.

AGENDA
Empresas Aéreas

Air France
Rua Ba Trieu, nº 1, Hanói.
Mapa 2 E4.
Tel (04) 3824 7066.
w airfrance.com.vn

Cathay Pacific
Rua Hai Ba Trung, nº 49, Hanói.
Mapa 2 D4. **Tel** (04) 3826 7298.
w cathaypacific.com

Japan Airlines
Rua Le Duc Tho, nº 36, Dist.Tu Liem, Hanói. **Tel** (04) 3826 6693.
w jal.co.jp

Lufthansa
Rua Nguyen Hue, nºs 19-25, Dist. 1, HCMC. **Mapa** 2 F4.
Tel (08) 3829 8529.
w lufthansa.com

Malaysia Airlines
Rua Hai Ba Trung, nº 49, Hanói.
Mapa 2 D4. **Tel** (04) 3826 8820.
w malaysiaairlines.com

Qantas
Rua Le Thanh Ton, nº 186-188, Dist. 1, HCMC. **Mapa** 2 E4. **Tel** (08) 3910 5373. **w** qantas.com

Singapore Airlines
Rua Ngo Quyen, nº 17, Hanói.
Mapa 2 F4. **Tel** (04) 3826 8888.
w singaporeair.com

Thai Airways
Rua Thanh Nien, nº 28, Dist. Tay Ho, Hanói.
Tel (04) 3826 7921.
w thaiair.vn.com

Vietnam Airlines
Rua Trang Thi, nº 25, Hanói.
Mapa 2 E4.
Tel (04) 3832 0320.
w vietnamairlines.com

Ônibus do aeroporto circula pelas ruas da cidade de Ho Chi Minh

Como Circular no Vietnã

Com o rápido desenvolvimento da infraestrutura, o sistema de transportes do país está melhorando e se tornando confortável e econômico. Ferrovias vão de Ho Chi Minh até Hanói, ligando diversas cidades pelo caminho antes de seguir para a China. Razoavelmente confortáveis e baratos, os trens constituem o meio de transporte mais eficiente. Os ônibus de longa distância são populares entre mochileiros, mas podem se tornar desconfortáveis após algumas horas, embora os ônibus expressos, mais caros, sejam bem luxuosos. Mais popular é o sistema de ônibus Open Tour, que liga os centros importantes. Para viagens rápidas entre grandes cidades, o sistema aéreo é ótimo, enquanto ferryboats e hidrofólios ligam alguns portos. O turista também pode alugar uma moto ou um carro com motorista.

Embarque de passageiros na estação de trem de Ho Chi Minh

Voos Domésticos

As quatro empresas aéreas que operam no país são a Vietnam Airlines *(p. 281)*, a **Jetstar Pacific Airlines**, a **Vietnam Air Service Company (VASCO)** e a **Vietjet Air**. A Vietnam Airlines e a VASCO são estatais. A primeira é maior e opera em todo o país; a VASCO opera no sul do Vietnã. A Jetstar Pacific é parcialmente estatal e serve as seis maiores cidades. A Vietjet Air, primeira companhia aérea privada do país, também serve diversas cidades grandes.

Passagens Aéreas, Tarifas e Reservas

Passagens aéreas podem ser adquiridas pela internet, nas lojas das empresas aéreas (em cidades grandes) ou no balcão de reservas do aeroporto. Em geral, há sempre um atendente que fala inglês. Qualquer agência de viagem do Vietnã pode vender uma passagem aérea; geralmente, seus preços não ultrapassam os que você pagaria na própria companhia aérea. Também é possível reservar passagens na recepção dos melhores hotéis, ou por meio de operadoras de mergulho e seletas lojas de suvenires.

As tarifas domésticas raramente passam de US$150, excluindo as taxas. Convém reservar com boa antecedência se viajar na alta estação, de meados de novembro a meados de março.

Rede de Ferrovias

A rede ferroviária serve quase toda a extensão do país, seguindo pelo litoral, de Ho Chi Minh até Hanói, com paradas em cidades grandes ao longo do caminho. A partir de Hanói, algumas linhas fazem a ligação até a baía de Halong *(pp. 186-8)*, Sapa *(pp. 200-1)* e a China. Os tempos de viagem variam, mas a jornada mais rápida entre Ho Chi Minh e Hanói leva cerca de 33 horas. Os trens costumam sair atrasados, mas, curiosamente, podem chegar cedo. Trens com número par trafegam do norte para o sul, ao passo que os de número ímpar circulam na direção oposta. Embora os trens que ligam Hanói à cidade de Ho Chi Minh sejam chamados de Expressos da Reunificação, de fato nenhum trem tem esse nome.

Trens

Os trens de passageiros, em sua maioria, são bem acessíveis, limpos e razoavelmente confortáveis, mas não luxuosos. Alguns dos vagões têm ar-condicionado. Há passagens de quatro classes: assento rijo, basicamente em bancos de madeira; assento macio, poltrona estofada e reclinável, em vagão com TV; leito rijo, compartimento com seis beliches; e leito macio, compartimento privativo de quatro beliches e porta com chave. Há refeições e lanches em todas as classes por uma taxa extra. Os passageiros também podem descer nas estações para comprar comida. Os trens de longa distância têm vagão-restaurante, e vendedores percorrem a composição oferecendo diversos petiscos e bebidas.

Passagens de Trem, Tarifas e Reservas

As passagens de trem podem ser adquiridas nas estações, em agências de viagem *(p. 273)* e nos melhores hotéis. Saiba que alguns agentes de viagem só trabalham com passagens para um único destino e não levam o turista além de certos pontos. Verifique os horários atualizados nas estações, no site da **Vietnam Railways** e com os agentes de viagem. As tarifas variam de poucos dólares a mais de US$100 – a viagem mais cara é a de Hanói a Sapa, pela empresa privada Victoria Service. Faça reservas com boa antecedência se for viajar na alta temporada.

Ônibus de longa distância aguarda partida no terminal Mien Tay

INFORMAÇÃO DE VIAGEM | 283

Compra de passagens de ônibus em Mien Tay, na cidade de Ho Chi Minh

Ônibus

A chegada de expressos novos e limpos tornou a viagem de ônibus o meio de transporte preferido para o visitante circular entre as grandes cidades. Tais veículos são mais caros do que os não expressos e os micro-ônibus locais, mas têm mais rapidez, segurança e conforto. Porém, a principal desvantagem deles é o equipamento de karaokê que a maioria carrega. Além dos ônibus com horário regular, outra opção interessante são os micro-ônibus fretados. Agentes de viagem e os hotéis podem contratar um desses para dezesseis passageiros, em passeios para fora da cidade.

O ônibus Open Tour e tipos semelhantes viajam entre os principais destinos e constituem um meio de transporte procurado e rápido para turistas. Muitos cafés turísticos, como o Sinh Tourist (p. 273) operam esses serviços. As passagens, só de ida, são baratas e flexíveis, permitindo paradas.

Passagens de Ônibus e Tarifas

As tarifas são baratas. O trajeto Ho Chi Minh-Hanói custa de US$45 a US$60. Porém, o sistema de emissão de bilhetes e de horários é bem complicado. As passagens podem ser compradas no dia da viagem ou antes, mas determinado terminal pode vender passagens só para alguns destinos, e as conexões dificultam ainda mais a questão. É melhor combinar tudo com um agente ou o hotel.

Aluguel de Carro e Motocicleta

Se preferir alugar um carro, também deve contratar um motorista licenciado. Um carro com motorista custa entre US$65 e US$120 por dia, mas o preço varia com a distância a ser coberta e a quantidade de combustível necessária. O motorista cuida das próprias refeições e da hospedagem em viagens de mais de um dia.

Por lei é preciso ter licença para alugar uma motocicleta, mas raramente a pedem. Se quiser circular de moto, é melhor contratar um mototáxi, localmente denominado *xe om* ou *Honda om*. Conforme a distância que você espera viajar, isso deverá custar mais de US$10 por dia. O uso de capacete é obrigatório.

Barcos e Ferryboats

Barcos navegam desde Ho Chi Minh até Chau Doc, na fronteira cambojana, no Mekong. A viagem pelo rio leva dois dias em barco lento e um dia em um rápido. Há também alguns ferryboats que saem de Rach Gia e vão para a ilha Phu Quoc (p. 105) e para muitos pontos entre as ilhas da baía de Halong. Hidrofólios operados por empresas confiáveis, como a **Vina Express**, mantêm serviços regulares entre Ho Chi Minh e Vung Tau (p. 80).

Navio de cruzeiro ancorado no rio Saigon

AGENDA

Empresas Aéreas

Jetstar Pacific Airlines
w jetstar.com

VASCO
w vasco.com.vn/en

Vietjet Air
w vietjetair.com

Trem

Estação de Danang
Rua Haiphong, nº 202, Danang.
Tel (0511) 382 3810.

Estação de Hanói
Rua Le Duan, nº 120, Hanói. **Mapa** 1 C4.
Tel (04) 3942 3697.

Estação Saigon
Rua Nguyen Thong, nº 1, Dist. 3, HCMC. **Mapa** 1 A3.
Tel (08) 3343 6528.

Vietnam Railways
w vr.com.vn/english

Terminais de Ônibus

Estação Cholon
Rua Trang Tu, nº 86, Cholon, HCMC. **Mapa** 3 C5. **Tel** (08) 3855 7719.

Estação Gia Lam
Rua Gia Thuy Long Bien, Hanói. **Tel** (04) 3827 1569.

Estação Giap Bat
Rua Giai Phong, nº 6, Hanói. **Tel** (04) 3864 1467.

Estação Kim Ma
Esquina das ruas Nguyen Thai Hoc e Giang Vo, Hanói. **Mapa** 1 A3.
Tel (04) 3845 2846.

Estação Mien Dong
Rua Dinh Bo Linh, nº 292, Dist. Binh Thanh, HCMC.
Tel (08) 3899 4056.

Estação Mien Tay
Rua Kinh Duong Vuong, nº 395, Dist. Binh Chanh, HCMC. **Tel** (08) 3825 5955.

Terminais de Barco e Ferryboat

Porto de Danang
Rua Bach Dang, nº 26, Danang. **Tel** (0511) 382 2513.

Porto de Haiphong
Rua Tran Phu, nº 8A, Haiphong.
Tel (031) 385 9456.

Vina Express no Píer Bach Dang
Rua Ton Duc Thang, Dist. 1, HCMC. **Mapa** 2 F4.
Tel (08) 3829 7892.

Agências

Kangaroo Café
Rua Bao Khanh, nº 22, Hanói. **Mapa** 2 E3.
Tel (04) 3828 9931.

Sinhbalo Adventure Travel
Rua Pham Ngu Lao, nº 238/20, Dist.1, HCMC. **Mapa** 2 D5. **Tel** (08) 3837 6766.

Transporte Local

O sistema de transporte público no Vietnã ainda está engatinhando, e varia muito de uma cidade para outra. O meio de transporte mais prático e seguro para turistas é o táxi com taxímetro. A rede de ônibus local não é considerada uma opção viável ou confiável, pois os veículos lotam e são barulhentos, inseguros e irregulares. É provável que o meio mais rápido e barato de circular seja o mototáxi, conhecido como *xe om* ou *Honda om*. As ruas de Ho Chi Minh estão cheias deles. O turista estrangeiro pode alugar motocicletas e carros. Embora proibidos em 2009 e não muito seguros em ruas movimentadas, os ciclos continuam sendo utilizados em áreas turísticas de Ho Chi Minh e de Hanói.

Nas principais regiões turísticas, homens de motocicletas oferecem esses serviços em todas as esquinas. Se você precisar de um, fique na calçada e acene para uma moto que passar. Logo você conseguirá seu transporte. A tarifa habitual é de US$0,70 por quilômetro rodado. No entanto, os preços variam conforme o distrito e vão depender de suas habilidades para negociar.

Tam Hanh, empresa de ônibus intermunicipais que opera no sul do Vietnã

Como Circular em Hanói e Ho Chi Minh

O melhor modo de explorar Ho Chi Minh e, principalmente, Hanói é a pé. Apesar de Ho Chi Minh ser uma grande mancha urbana que abrange muitos quilômetros, dá para andar a pé em cada um de seus distritos. Por sua vez, o Bairro Antigo de Hanói é uma área charmosa, a qual se conhece em um dia de caminhada.

O ciclo é uma engenhoca semelhante a uma bicicleta, na qual os passageiros se sentam à frente do condutor, que pedala pelas ruas e vielas das cidades. Meio de transporte popular entre os turistas em visita a Ho Chi Minh, Hanói, Hue e outros centros, os ciclos estavam entranhados na cultura vietnamita. Da época colonial aos nossos dias, ele foi usado para transportar pessoas e cargas pesadas por todo o Vietnã.

Infelizmente, hoje as ruas das cidades vietnamitas estão repletas de motocicletas e automóveis trafegando em alta velocidade, e o ciclo acabou por se transformar em um estorvo. Andar de ciclo em algumas regiões turísticas ainda é permitido, mas não recomendável.

Um jeito bem mais rápido e acessível de circular, principalmente na cidade de Ho Chi Minh, é de Honda *om*, conhecido como *xe om* em Hanói. Trata-se do mototáxi, no qual o passageiro vai na garupa, encontrado em grande número em todas as cidades.

Ônibus e Micro-Ônibus

No Vietnã os ônibus urbanos, além de desconfortáveis, estão em condições lamentáveis, fato reconhecido até pelo governo. Apesar de ser uma forma de transporte barata, o número de ônibus a serviço das cidades é insuficiente. Além disso, a maioria é lenta, e faltam recursos como ar-condicionado.

É possível alugar micro-ônibus por preços acessíveis, o que pode ser feito por agências de viagem e pela maioria dos hotéis. Grupos pequenos de turistas ou famílias podem alugar um deles para passeios de um dia e até para excursões de um ou dois dias fora da cidade.

Táxis com Taxímetro

Até pouco tempo os táxis eram raridade no Vietnã. Onde existiam, eram carros particulares, emprestados ou alugados, com preços negociados. Agora há táxis por toda parte na maioria das cidades e praticamente todos têm taxímetro. O governo reconhece que até as melhores empresas de táxi fraudam o taxímetro ou enganam os passa-

Motorista passando por táxis estacionados no Bairro Antigo, em Hanói

INFORMAÇÃO DE VIAGEM | 285

Rua de trânsito congestionado em Ho Chi Minh

geiros, tomando o caminho mais demorado. Em geral as tarifas começam em menos de US$1, mas isso varia de acordo com a empresa e o local. Verifique o taxímetro de perto e tente pagar o valor exato – muitos motoristas alegam não ter troco.

Regras da Estrada

A regra número 1 da estrada é não cair na tentação de alugar um carro e sair dirigindo. Não é aconselhável que estrangeiros dirijam carros alugados, pois o trânsito às vezes fica caótico. Alugar uma moto para circular é relativamente mais seguro, se bem que seria prudente observar e familiarizar-se com o fluxo e o movimento irregular do trânsito durante alguns dias. E sempre fique atento a animais na pista.

Para o turista médio, a principal preocupação é como atravessar a rua. Há poucos semáforos, e os que existem muitas vezes são considerados apenas um alerta, e não uma convenção obrigatória. Observe como os moradores enfrentam o trânsito e repita o que eles fizerem: primeiro, espere os veículos de quatro rodas passarem e depois caminhe devagar e firme entre o mar de veículos de duas rodas. Não hesite nem pare subitamente, pois os motoristas não conseguirão prever os seus movimentos e você poderá ser atropelado.

Os motociclistas devem usar capacetes nas rodovias nacionais, mas ninguém segue essa regra literalmente. Nas grandes cidades do Vietnã as motos podem transportar apenas duas pessoas. Porém, essa lei é obedecida sem muita regularidade e, por vezes, ignorada.

Motos Honda *om*, ou *xe om*, disponíveis para aluguel

Excursões Organizadas

Excursões organizadas de um dia, assim como excursões de um ou dois dias para grupos são comuns. Além de convenientes, às vezes elas também podem se revelar mais econômicas, conforme o tamanho do grupo. Há diversas empresas em Hanói e em Ho Chi Minh que oferecem esses passeios. Como os custos variam, verifique com algumas agências de turismo a melhor oferta disponível. A maioria das excursões de Ho Chi Minh vai para os Túneis Cu Chi (p. 76) e o delta do Mekong; as que partem de Hanói costumam rumar para a baía de Halong (pp. 186-8) e para Sapa (pp. 200-1).

AGENDA

Táxi – Hanói

Airport Taxis
Tel (04) 3873 3333.

Hanoi Taxis
Tel (04) 3853 5353.

Mai Linh Taxi
Tel (04) 3861 6161.

Táxi – Ho Chi Minh

Airport Taxis
Tel (08) 3844 6448.

Mai Linh Taxis
Tel (08) 3838 3838.

Vina Taxi
Tel (08) 3811 1111.

Empresas de Turismo

Buffalo Tours
p. 275.

Kim Travel
Rua De Tham, nº 189,
Dist. 1, HCMC. **Mapa** 2 D5.
Tel (08) 3920 5552.

Queen Travel
Rua Hang Bac, nº 189, Hanói.
Mapa 2 E3. **Tel** (04) 3826 0860.

Saigon Tourist
p. 281.

The Sinh Tourist
p. 281.

TNK Travel
p. 273

Vientindo Travel
Rua Bo, S-239/71, Dist.
Long Bien, Hanói.
Tel (04) 3872 7754.

Ônibus de turismo na frente do Teatro Thang Long de Marionetes na Água

Índice Geral

Os números de página em **negrito** referem-se às entradas principais.

36 Ruas *veja* Bairro Antigo (Hanói)
163 Cyclo Bar (HCM) 262, 263

A

Abelheiro-verde 101
Absolute Asia 266, 267
Acomodações *veja* Hotéis
Acordos de Paz de Paris 49
Aeroporto Internacioal Phnom Penh 226, 227
Aeroporto Internacional de Siem Reap 226, 227
Agências de viagem 273, 283, 285
  Angkor 227
Agricultura 20
  arroz **99**
Aids 229, 274
Air France 280, 281
Ako Dong, vila 121
Alfaiates de Bao Khanh (Hoi An) 256, 257
Alfândega 271
  Angkor 227
Alpes Tonquineses *veja* Montanhas Hoang Liem
Altar de Confúcio (Templo da Literatura) 171
Altar do Olho (Olho Divino Cao Dai) 79
Aluguel
  apartamentos 234, 235
  carros e motos 283
Americano tranquilo, O (filme) 63
Americano tranquilo, O (Graham Green) 60, 62
Amida 74
An Binh, ilha (Vinh Long) 94, 95
An Duong Voung, rei 41, 176
An Thoi, ilha (Ilha Phu Quoc) 105
Andorinha-das-cavernas 205
Angkor 100, **206-29**
  aeroportos e empresas aéreas 226, 227
  alfândega 227
  arquitetura 208-9, **218-9**
  banco e moeda corrente 229
  centros médicos 229
  comunicações 229
  embaixadas 227
  excursões do Vietnã 227
  história 208-9, **209**
  hotéis 228, 241
  informação de viagem **226-7**
  informação turística 228, 229
  informações úteis **228-9**
  ingressos 228
  mapa 210-12
  portadores de deficiência 229
  religião 208
  restaurantes 228-9, 253
  templos *veja* Templos de Angkor
  saúde e segurança 229
  taxa de embarque 227
  telefones de emergência 229
  vistos e passaportes 226-7
Angkor Thom 209, 210, 214-5, 219, **220-3**
  mapa 223
Angkor Wat 70, 208, 209, 210, **216-7**, 219
Animismo 27
Aniversário de Buda 35
Aniversário de Ho Chi Minh 35
Ann Tours (Hanói) 273
Ano-Novo *cham* 37, 107, 111
Ano-Novo ocidental 37
Ao dai 18, 24
Ao Dai Minh Thu (HCM) 256, 257
Ap Bac (My Tho) 92
Apocalypse Now (HCM) 262, 263
Apocalypse Now 71
Apsara 210, 213, 216, 224
Armadilhas de pesca 94, **103**
Army Hotel (Hanói) 264, 267
Arquitetura **30-1**
  casa com loja *veja* Casa com loja 129, 131, 132
  casas do delta do Mekong **103**
  casas flutuantes **103**, 104
  colonial francesa *veja* Arquitetura colonial francesa
  estilo de Angkor 208-9, **218-9**
  estilo *khmer* 89, 98, 100, 213
  estilos arquitetônicos de Hoi An **133**
  franco-vietnamita 114, 142
  gótica francesa 112
  indochinesa 166-7
  influência chinesa 30, 89
  palafitas **103**
  tubular *veja* Arquitetura tubular
Arquitetura colonial francesa **31**, 54, 58, 157
  Casa de Hóspedes do Governo (Sofitel Legend Metropole Hotel) 166
  Catedral de Notre Dame 58, 60, 64
  Catedral de S. José 165
  Cong Tu Bac Lieu (Bac Lieu) 100
  Continental Hotel 61, 62, 236
  Correio Central 13, 57, 58, 60, 64
  Grand Hotel d'Angkor (Siem Reap) 212
  Hanoi Guest House 31
  Hoi An 128, 133
  Hôtel de Ville (HCMC) 60
  Museu da Cultura Sa Huynh (Hoi An) 130
  Museu de Belas-Artes (Hanói) 168
  Museu de Haiphong (Haiphong) 192
  Museu de Ho Chi Minh 63
  Museu de Lam Dong (Dalat) 119
  Museu Khmer (Soc Trang) 100
  Ópera (Haiphong) 192
  Ópera (Hanói) **166**
  Palácio Presidencial 31
  Sofitel Legend Metropole Hotel 166
  Teatro Municipal 58, 61, 62
Arquitetura do Bakheng 218
Arquitetura Pre Rup 218
Arquitetura tubular 30, **31**
  Hanói 160, 161
  Hoi An 128, 130, 133
Arroz 244
Arte e escultura *cham* **139** *veja também* Museu de Escultura Cham
Artes marciais 266, 267
Artesanato 256, 257
  Oficina de Artesanato de Hoi An 132
  o que comprar no Vietnã 258, 259
Árvore-da-imperatriz 22
Asia Life 260
Assembleia Cantonesa (Hoi An) 129, 130
Assembleia Chinesa (Hoi An) 131
Assembleia Chinesa Hai Nam (Hoi An) 132
Assembleia de Phuc Kien (Hoi An) 132
Assembleia de Quang Dong *veja* Assembleia Cantonesa
Associação Budista Vietnamita 143
Associação das Nações do Sudeste Asiático (ASEAN) 51
Associações comerciais 161
Associações de artesãos 160
Astrologia **35**
Atividades ao ar livre **264-7**
  artes marciais 266, 267
  caiaque 265, 267
  ciclismo 266, 267
  culinária nas férias 266, 267
  golfe 265, 267
  kitesurfe 264, 267
  mergulho 102, 105, 115, 264, 267
  natação 75, 111, 264, 267
  ornitofilia 266
  snorkel e mergulho com tanque 105, 115, 264, 267
  spas 267
  surfe 55, 111, 137, 264, 267
  trekking 265, 267
  windsurfe 264, 267
Au Co, princesa 41
Au Lac, reino de 41, 42
Avião 280-1, 282
  agências de viagem 227, 273, 283, 285
  aluguel de carro ou motocicleta 283, 285
  Angkor 211, **226-7**
  barcos e ferryboats 91, 281, 283
  chegada por terra ou pela água 281
  ciclos 284
  delta do Mekong e sul do Vietnã 91
  empresas de turismo 285
  Hanói 159
  Ho Chi Minh 59
  Honda *om* 284
  norte do Vietnã 185
  ônibus e micro-ônibus 283, 284
  passeios organizados 285
  rede ferroviária 282
  região Central 127
  região Centro-Sul 109
  regras da estrada 285
  seguro de viagem 274
  sistema de transporte público 284
  táxis com taxímetro 280, 281, 284-5
  transporte local 284-5
  trens 282, 283
  xe oms 284

B

Ba Be, Parque Nacional **204**
  hotéis 240
Ba Ho (Nha Trang) 114
  fontes termais 112
Ba Om Pond (Tra Vinh) 93
Bac De 128
Bac Ha 182, 183, 184, **201**
  hotéis 240
  mercado 201
  restaurantes 252
Bac Lieu 89, **100**
  hotéis 237
Bach Dang, Batalha de 44, 166
Bahnar, povo 24,107, 122
Bai Chay (Halong) 189
Bai Tu Long, baía **192**
Bai veja Praias

ÍNDICE GERAL | 287

Bairro Antigo (Hanói) 10, 12, 54, 157, 158, **160-1**
  hotéis 240
  Mapa Rua a Rua 160-1
  nome de ruas **161**
  restaurantes 251
Bairro Antigo (Hoi An) 12, **128-33**
  Mapa Rua a Rua **130-1**
Bairro Francês (Hanói)
  hotéis 239-40
  restaurantes 250-1
Bairro Francês (Hue) 142
Bairro Francês (Siem Reap) 212
Baixo-relevo
  Angkor Thom 220, 221
  Angkor Wat 211, 217, 219
  Banteay Srei 219
  Baphuon 222
  Bayon 219, **220-21**, 222
  Prasat Kravan 224
  Preah Khan 213
  Ta Prohm 224
Bakong (Grupo de Roluos) 225
Balas de coco 93
Ban Pho 201
Bancos **276-7**
  Angkor 229
  cédulas 277
  horários de funcionamento 276, 277
Bang Lang, Jardim das Cegonhas (Can Tho) 98
Banh chung 33, 245
Banh It 123
Banh xeo 242, 245
Banheiros públicos 275
Banteay Srei 210, **225**
  arquitetura 219
Bao Dai, imperador 47, 114, 119, 121
Bao Dai, mansões de 114
Bao Dai, Palácio de Verão de (Dalat) 119
Bao Nghi (HCM) 256, 257
Bao Ninh 19
Bao Tang Dan Toc Hoc *veja* Museu da Etnologia
Bao Tang Lich Su *veja* Museu da História Vietnamita (Hanói)
Bao Tang My Thuat *veja* Museu de Belas-Artes (Hanói)
Bao Tang Phu Nu Nam Bo *veja* Museu da Mulher do Vietnã do Sul
Baphuon (Angkor Thom) 222
  arquitetura 219
Baray Oriental 209
Barcos e ferryboats 91, 281, 283
  como circular pelo delta do Mekong e pelo sul do Vietnã 91
  para Angkor 226, 227
  viagem internacional 281
Bares 262, 263
Base de Combate Khe Sanh 153
Bayon (Angkor Thom) 210, 214-5, 219, **220-1**, 222
  arquitetura 219
Behaine, Pigneau de 45, 105
Ben Duoc, túneis 76
Ben Tre **93**
  hotéis 237
Bhadravarman, rei 136
Bia hoi veja Cervejarias e *bia hoi*
Bibi Silk (Hoi An) 256, 257
Biblioteca Real (Cidadela de Hue) 145, 147
Bich Dong 195
Bienal de Artes (Hue) 261

Big C Thang Long (Hanói) 255, 257
Binh Chau – Reserva Natural Phuoc Buu 80-1
Binh Chau Hot Springs Resort 81
Binh Hoa Phuoc, ilha (Vinh Long) 94, 95
Binh Hoa Phuoc, vila (Vinh Long) 95
Binh Quoi, vila turística (HCM) 260, 263
Binh Minh Jazz Club (Hanói) 262, 263
Bitexco Financial Tower 11, 13, **63**
Blue Gecko (HCM) 262, 263
Boates 262, 263
Bodisatva 26, 168
  Avalokitesvara 219, 220, 224
Boi-de-vu-quang *veja* Saola
Bombardeios de napalm 49
Borboletas do Vietnã **23**
Breeze Sky Bar (HCM) 262, 263
Bru, povo 25
Buda 26, 44
  Chua Doi 100
  Olho Divino Cao Dai 78, 79
  Pagode Dieu De (Hue) 142
  Pagode do Embaixador 165
  Pagode do Perfume 196
  Pagode Khleang (Soc Trang) 100
  Pagode Lien Phai 167
  Pagode Pho Minh (Rach Gia) 102
  Pagode Quan Am 74
  Pagode Thay 177
  Pagode Thien Mu (Hue) 148
  Pagode Thien Vuong (Nha Trang) 119
  Pagode Tu Hieu (Hue) 148
  Pagode Vinh Nghiem 68
  Pagode Xa Loi 69
  Quy Nhon 122
  Montanha Ta Cu 110
Buda Amitabha 44
  Pagode do Perfume 196
  Pagode Lien Phai 167
Buda Deitado (montanha Ta Cu) 110
Buda Di Lac *veja* Buda Maitreya
Buda Maitreya
  Pagode do Embaixador 165
  Sede Sagrada do Cao Dai 78
Buda Sakyamuni *veja* Buda Thich Ca
Buda Thich Ca 26
  Pagode Chua Ba Da (Hanói) 165
  Pagode Dieu De (Hue) 142
  Pagode Long Khan (Quy Nhon) 122
  Pagode Thay (Hanói) 177
  Pagode Thien Vuong (Nha Trang) 119
  Pagode Tu Dam (Hue) 143
  Pagode Tu Hieu (Hue) 148
Budismo 19, **26**, 42, 44
  Angkor 208
  Seita do lótus 167
  Seita Truc Lam 189
  Budismo maaiana 26, 165, 189
  Pagode do Embaixador **165**
  Seita Truc Lam (Yen Tu) 189
Budismo teravada 26
Buffalo Tours (Hanói) 265, 267, 285
Bun thit nuong 242
Buon Ma Thuot 107, 108, **121**
  hotéis 238
  restaurantes 248
Buu Dien Trung Tam *veja* Correio Central

C

C2Sky Kitecenter (Phan Thiet) 264, 267
Ca tru (Hat a dao) 28

Cachoeiras
  Bo Bla (Dalat) 120
  Dambri (Dalat) 108, 120
  Datanla (Dalat) 106, 120
  Dau Dang (Parque Nacional Ba Be) 204
  Dray Nur (Buon Ma Thuot) 121
  Dray Sap (Buon Ma Thuot) 121
  Gia Long (Buon Ma Thuot) 121
Café e chá 255
Cai luong 28, 29, 260, 261
Cai Rong 192
Caiaque 265, 267
Caixas eletrônicos 276
Calendário 273
Calley, tenente William 123
Calor 275
Camboja 17, 89, 208-9
  moeda 229
  ocupação francesa do 46 *veja também* Angkor
Caminhadas
  Dalat 118-20
  ilhas Phu Quoc 105
  Nui Ba Den 76 *veja também* Trekking
Camp Carroll 153
Can Cau 201
Can Tho 89, **98**
  hotéis 237
  mapa 98
  restaurantes 247
Cao Bang **204**
  hotéis 240
Cao Lanh **94**
  restaurantes 247
Caodaísmo 19, 26, **27**, 78
Caravelle Hotel 11, 13, **62**, 236
Carmen Bar (HCM) 262, 263
Carro *veja* Regras da estrada
Carste 104, 183, 205
  baía de Halong **186-8**, 190-1
  baía Tu Long (norte do Vietnã) 192
  formação de **186**
  Tam Coc 195
Cartões de crédito e débito 254, 276
Casa com loja
  Casa de Quan Thang (Hoi An) 129
  Casa de Tan Ky (Hoi An) 129, 131
  Museu do Comércio de Cerâmica (Hoi An) 131, 132
Casa de Cultura Jovem de Ho Chi Minh 266, 267
Casa de Hóspedes do Governo (Sofitel Legend Metropole Hotel) 166
Casa de Phung Hung (Hoi An) 126, 128
Casa de Quan Thang (Hoi An) 129
Casa de Tan Ky (Hoi An) 129, 131
Casas comunitárias
  de palafita 121
  nha rong 24, 122, 192
Casas do delta do Mekong **103**
Casas flutuantes **103**, 104
Cat Ba, ilha 183, **193**
  Cidade de 193
  hotéis 240-41
  langures 193
  restaurantes 252
Cat Cat 201
Cat Tien, Parque Nacional 23, **81**
  rinoceronte-javanês **81**
Catedrais e igrejas 27
  Capela da Família Tran (Hoi An) 129, 130, 133
  Catedral de Dalat 118
  Catedral de Danang 138

288 | ÍNDICE GERAL

Catedrais e igrejas (cont.)
Catedral de Nha Trang 13, 112
Catedral de Notre Dame (HCM) 11, 13, 60, **64**
Catedral de Notre Dame (Hue) 142
Catedral de Phat Diem 195
Catedral de S. José (Hanói) **165**
Igreja My Tho (My Tho) 92
Igreja Tra Vinh (Tra Vinh) 93
Cau Da (Nha Trang) 112, 114
Cavernas e grutas
baía de Halong **186-8**
caverna Phong Nha 125, 126, **154-5**
caverna Son Doong (caverna Phong Nha) 155
gruta Van Trinh (Kenh Ga) 195
Hang Pac Bo 204
Hang Puong (Parque Nacional Ba Be) 204
Pagode Hang (Hon Chong) 104
Pagode Huong Tich (Pagode do Perfume) **196**
Tam Coc 195
Templo Thach Dong 104
Thien Duong (caverna Phong Na) 155
Celulares 278
Cemitério dos Mártires de Dien Bien Phu (Dien Bien Phu) 199
Cemitério Nacional de Truong Son (DMZ) 153
Centro de Resgate de Primatas em Extinção (Parque Nacional Cuc Phuong) 197
Centros de Peregrinação Yen Tu **189**
Cerâmica 256, 257, 259
Cervejarias e *bia hoi* 243, 262
Cha Ban 123
Cha Ca La Vong 160
Cham Island Diving Center (Hoi An) 264, 267
Cham, povo 18
muçulmanos 24, 104
Cham, sítios arqueológicos
Dong Duong 134, 136, 138, 139
My Son 124, 125, 126, **134-6**
Phan Rang-Thap Cham 107, **111**
Phan Thiet 110
Thap Doi Cham (Quy Nhon) 123
Thap Prong (Parque Nacional Yok Don) 122
Torres *cham* Po Nagar (Nha Trang) 13, 55, 113
Tra Kieu 138, 139
Chamadas
internacionais 278
nacionais 278
Champa, reino de **107**
história 42, 43, 44
Parque Nacional Cat Tien 81
Preah Khan 213
Chau Doc 90, **104**
clima 38
hotéis 237
restaurantes 247-8
Chau Sa (Quang Ngai) 123
Cheiro de papaia verde, O (Tran Anh Hung) 71
Cheo 29, 260, 261
China 17
arquitetura 30, 89
disputas territoriais 51
influência na cultura vietnamita 18
ocupação do Vietnã 42
Chineses *han* 41
Cho Benh Thanh *veja* Mercado Ben Thanh

Cho Binh Tay *veja* Mercado Binh Tay
Cho Dam (Nha Trang) 112
Cho Dong Xuan *veja* Mercado Dong Xuan
Cholon 11, 50, 58
hotéis 236
mapa 72-3
passeio a pé **72-3**
restaurante 246
Chu nom 19
Chua Ba Da (Catedral de S. José) 165
Chua Ba *veja* Pagode Thien Hau
Chua Con Son 189
Chua Dat Set (Soc Trang) 100
Chua Doi 100
Chua Dong (Yen Tu) 189
Chua Quan Su *veja* Pagode do Embaixador
Chua veja Pagodas
Chua Xu (Chau Doc) 104
Chuvas 38-9, 270
Angkor 226
Ciclismo 266, 267
Ciclo 284
Cidade Cívica (Cidade de Hue) 144
Cidade Imperial *veja* Cidadela de Hue
Cidade Púrpura Proibida (Cidadela de Hue) 142, 144, 146
Cidadela de Co Loa **176**
Cidadela de Hanói 10, **172**
Cidadela de Ho (Ninh Binh) 195
Cidadela de Hue (Hue) 12, 45, 55, 125, 142, **144-7**
arquitetura 31
Passeio de barco pelo rio Perfume 152
Cidadelas reais 31
Cinematheque (Hanói) 262, 263
Clima **38-9**
Clinton, Bill 51
Clinton, Hillary 51
Clube de Corridas Saigon (HCM) 262, 263
Co Loa 41, 42
Co To, ilha (baía Bai Tu Long) 192
Cochinchina 46, 57
Códigos de área 279
Angkor 229
Colina A1 (Dien Bien Phu) 199
Colina Hamburger 49, 153
Comida e bebida **242-53**
comida de rua 242, 245
comida do Tet 33
cultivo de arroz 99
nuoc mam 110, 111, 141, 245
Sabores do Vietnã **244-5**
Compras **254-9**
artesanato 256, 257
café e chá 255
cartões de crédito e débito 254, 276
como pagar 254
direitos e reembolsos 254
horários 254
lojas de departamentos e shoppings 255, 257
mercados 255, 257
móveis 256, 257
o que comprar **258-9**
pechinchar 254
peças de laca e cerâmica 256, 257
produtos de imitação 255
roupas 256, 257
ruas e bairros comerciais 255
vendedores ambulantes 255
Comunicação e Mídia **278-9**
Angkor 229

Comunidades étnicas 17-8, 107, 122, 183
objetos 256, 257, 258-9
Museu de Etnologia (Hanói) 10, 176
povos do Vietnã **24-5**
veja também por etnia
Con Dao, ilhas 89, **102**
hotéis 237
restaurantes 248
Con Qui (ilha Fênix) 93
Con Son (ilhas Con Dao) 102
Con Tan Long (ilha Fênix) 93
Confúcio 94, 170
Aniversário de Confúcio 37
Confucionismo 19, **26**, 42, 44
Cong Tu Bac Lieu (Bac Lieu) 100
Conservação 20-1
Conservatório de Música (HCM) 261, 263
Constructores de barco do delta do Mekong 93, **94**
Continental Hotel 11, 61, **62**, 232, 236
Conto de Kieu, O (Nguyen Du) 19
Coqueiros 23, 93, 101
Cordilheira Truong Son 22, 125, 140, 205
Corredeiras Trinh Nu (Buon Ma Thuot) 121
Correio Central 57, 58, 60, **64**
Corridas de Barco de Ngo *veja* Festival Oc Om Boc
Costumes à mesa 243, 273
Cot Co (Cidadela de Hue) 146
Cot Co (Museu de História Militar) 168
Craft Link (Hanói) 256, 257
Craft Window (Hanói) 256, 257
Creations (HCM) 256, 257
Crianças 235, 272
Cristianismo 27
Cronkite, Walter 62
Cu Chi, túneis 11, **76**, 154
Cuc Phuong, Parque Nacional 183, **197**
espécies de borboletas 23
Culinária nas férias 266, 267
Cultivo do arroz de seca 202
Cultura 18
Cyclo 71

D

Dai Lanh (Nha Trang) 115
Dai The Chi Bo Tat 26
Dai Viet 42, 43, 44
Dalat 107, 108, **118-20**
hotéis 238
mapa 119
restaurantes 248-9
Dalat Palace (Dalat) 265, 267
Dan bau 28, 132
Dan Nam Giao (Hue) 148
Danang 12, 17, 137, **138**
história 46
hotéis 239
restaurantes 249
Danang, baía de (Danang) 138
Dança do macaco 24
Dançarina de Tra Kieu 139
Dang Viet Nga 118
Dao 183, 204
pretos 201
Dao Titop (baía de Halong) 187, 188
Dao Tuan Chau (baía de Halong) 186, 188
Dat Doc (ilhas Con Dao) 102
De Castries, general 199

ÍNDICE GERAL | 289

De Gaulle, general Charles 47
Delta do Mekong 13, 96-7
　casas **103**
　cultivo de arroz 89, **99**
　flora, fauna e pássaros **101**
　Paisagem e vida selvagem 22
　reinos Funan e Champa 43
Delta do Mekong e sul do Vietnã **89-105**
　armadilhas de pesca **103**
　casas do delta do Mekong **103**
　como circular 91
　construtores de barco no delta do Mekong **94**
　cultivo de arroz 89, **99**
　flora, fauna e pássaros do delta do Mekong **101**
　hotéis 237-8
　mapa 90-1
　Monge do Coco **92**
　Paisagem e vida selvagem 22
　Passeio de barco por Vinh Long **95**
　restaurantes 247-8
Delta do rio Vermelho 17, 41, 195
　arroz 251
　irmãs Trung 167
　paisagem e vida selvagem 22
　surgimento do teatro de marionetes na água 163
Den Ha (Templos dos Reis Hung) 177
Den Hai Ba Trung *veja* Templo Hai Ba Trung
Den Hung (Templos dos Reis Hung) 177
Den Kiep Bac 189
Den Ngoc Son (lago Hoan Kiem) 164
　apresentações teatrais 261
Den Thuong (Templos dos Reis Hung) 177
Destacamento vermelho de mulheres 166
Devada 221
Dia da Libertação 35
Dia do Trabalho 35
Dia Nacional 36
Diamond Plaza (HCM) 255, 257
Dien Bien Phu 153, 183, **199**
　batalha de 47, 199
　diorama (Museu de História Militar) 168
　hotéis 241
　restaurantes 252
Diethelm Travel 227
Dinastia Dinh 44, 195
Dinastia Han Ocidental 42
Dinastia Ly 44
　fundação de Thang Long (Hanói) **164**
Dinastia Ming 44, 164
Dinastia Nguyen 29, 45, 57
　imperadores *veja* entradas individuais
　túmulos reais 125, 149
Dinastia Tang 42, 43
Dinastia Tran 44
Dinastia Van Lang 41
　Templos dos Reis Hung 177
Dinh Bo Linh 44
Dinh Hang Kenh (Haiphong) 192
Dinheiro da alma 27
　veja também Papel votivo
Direitos e reembolsos 254
Discotecas 262, 263
Distrito de Hai Ba Trung (Hanói)
　restaurantes 251

Diversão **260-3**
　boates, discotecas e bares 262, 263
　esportes coletivos 262, 263
　filmes 262, 263
　fontes de informação 260
　hotéis 233
　música contemporânea e concertos 261, 263
　música tradicional, teatro e dança **28-9**, 260-1, 263
　reserva de ingressos 260
　teatro de marionetes na água 162, **163**
　teatro moderno 261, 263
DMZ Bar (Hue) 262, 263
DMZ *veja* Zona Desmilitarizada
Doc Let (Nha Trang) 115
Doenças provocadas por comida e água 274-5
Dogma (HCM) 256, 257
Doi moi 19, 50-51
Dong veja Banco e Moeda Local
Dong Duong 134, 136, 138, 139
Dong Hoi **154**
　hotéis 239
Dong Khanh, túmulo de 149
Dong Khoi 13, 57, 58,
　bairros comerciais 255
　mapa **60-1**
Dong Phu (Passeio de Barco em Vinh Long) 95
Dong Son, civilização 41, 176
Dong Tam Cung (baía Halong) 187, 188
Dong Thap Muoi 94
Dong Van, Geoparque do Planalto de Carste 204
Doumer, Paul 46
Dragão
　barcos 127, 187
　dança 33
　simbolismo 30, 35, 133, 187
Duong Dong (ilha Phu Quoc) 105
Duong Khong Lo 37
Duong Thu Huong 19

E

Economia do Vietnã 19-20
Ede, povo 24, 107 121
Edifício do Comitê do Povo 11, 13, 60, **63**
Eiffel, Gustave 64
Electricidade 273
Elefantes asiáticos 22, 205
Em Em (HCM) 256, 257
Embaixadas 271
　Angkor 227
Emergência 275
　Angkor 229
Endereços 279
Escrita vietnamita 19
Esperance 37
Esplanada do Rei Leproso (Angkor Thom) 223
Esplanada dos Elefantes (Angkor Thom) 223
Esportes coletivos 262, 263
Estação de montanha Ba Na **137**
Estações de trem
　Dalat (Dalat) 119
　Danang 283
　Hanói 283
　Saigon 283
Estádio da 7ª Região Militar (HCM) 261, 263
Estádio Lam Son (Vung Tao) 262, 263
Estádio Nacional My Dinh (Hanói) 262, 263

Estádio Thong Nhat (HCM) 262, 263
Estátua de Ly Thai To (lago Hoan Kiem) 164
Estelas das Tartarugas (Templo da Literatura) 171
Estradas *veja* Regras da estrada
Estrela do Ódio 104
Estuário do rio Cai (Nha Trang) 113
Etiqueta 272-3
　costumes à mesa 243, 273
　fotografia 273
Etnia chinesa *veja* Hoa
Europeus, influência dos 45
Excursões e pacotes especiais
　baía de Halong **186-8**
　ciclismo 266, 267
　empresas de turismo e agências de viagem 273, 283, 285
　oferecidos por resorts 233
　para Angkor 227
　passeio a pé por Cholon **72-3**
　passeios de barco 95, 152
　passeios organizados 285
　Sapa 200-1
　Túneis Cu Chi **76**
　Zona Desmilitarizada 153
Exotissimo (Hanói) 265, 267
Exotissimo Travel 227
Explosivos não detonados 229, 275
Exposição Krousar Thmey Tonle Sap (Siem Reap) 212

F

Fábrica de envoltórios de arroz **99**
Faisão-de-edward 140
Faisão-prateado-anamita 205
Faldo, Nick 265
Farol de Vung Tau (Vung Tau) 80
Fênix, ilha **92-3**
Feriados **37**
Ferrovias 282, 283
　veja também Viagem de Trem
Ferryboats *veja* Barcos e ferryboats
Festivais **34-7**
　da Baleia 36-7
　da Vila Dad Xa 36
　da Vila Tra Co 35
　de Flores de Dalat 37
　de Luta de Búfalos de Do Son 36
　de Marionetes na Água 34
　do Pagode do Perfume 34, 196
　do Pagode Keo 37
　do Templo Ba Chua Kho 34
　do Templo Chem 36
　do Templo Nguyen Trung Truc 37
　dos Pescadores 80
　dos Templos dos Reis Hung 35, 177
　Hai Ba Trung 34
　Hon Chen 35
　Le Van Duyet 36
　Lim 34
　Oc Om Boc 37, 100
　Tam Tong 36
　Tay Son 34
　Tet Doan Ngo 36
　Thanh Minh 35
　Trung Do 37
　Trung Nguyen 36
　Trung Thu ou de meados do outono 36
　Vu Lan 36
　Yen Tu 34
Filmes e cinemas 262, 263
Flora, Fauna e Pássaros
　delta do Mekong **101**
　norte do Vietnã **205**
Floresta Rung Tram 94

Fontes termais de Binh Chau 58, **81**
Footprints (Hanói) 265, 267
Forester Spa (Phan Thiet) 267
Fotografia 273
Franceses
  arquitetura gótica francesa 112
  colonização do Vietnã 18, 46-7, 57
  missionários 45
  veja também Arquitetura colonial francesa
Frango, vila do (Dalat) 120
Frente de Libertação Nacional (NLF) *veja* Vietcongue
Furniture Outlet (HCM) 256, 257
Fuso horário 273

G

Galerias de arte *veja* Museus
Galerie Quynh (HCM) 256, 257
Ganesha 70
Garnier, Charles 166
Garuda 139
  Esplanada dos Elefantes (Angkor Thom) 223
  Grupo de Roluos 225
  My Son 136
  Prasat Kravan 224-5
Gaya (HCM) 256, 257
Gays e lésbicas 275
"Gente do barco" 50
Gia Dinh 46
Gia Long, imperador
  Cidadela de Hue **144**, 147
  Dan Nam Giao (Hue) 148
  história 45-6
  ilha Phu Quoc (delta do Mekong) 105
  Templo da Literatura (Hue) 152
  Templo Le Van Duyet 68
  Túmulo de 149
Gia Thuong (Hoi An) 256, 257
Giac Phong 142
Golden Bell Theater (Hanói) 261, 263
Golfe 265, 267
Golfo de Tonquim 15, 48
Gorjetas
  em hotéis 235
  em restaurantes 243
Governo e política 20
Grand Hotel d'Angkor (Siem Reap) 212, 241
Grande Templo Divino (Sede Sagrada do Cao Dai) **78-9**
Green Trail Tours (Hanói) 265, 267
Greene, Graham 60, 62, 166
Gripe aviária 266, 275
Grou-de-cabeça-vermelha 22
Grupo de Roluos 210, 218, **225**
Grutas *veja* Cavernas e grutas
GTC Club (Hanói) 266, 267
Guarda-rio-de-peito-branco 23
Guerra do Vietnã 47, **48-9**, 107, 125, 209
  Ap Bac, batalha em (delta do Mekong) 92
  base americana em Danang (região Central) 137, 138
  Base de Combate Khe Sanh (região Central) **153**
  bombardeio de Kontum (região Centro-Sul) 122
  bombardeio de Nui Ba Den (HCM) 76
  complexos de túneis **77**
  danos a My Son (região Central) **137**
  destruição em Sapa (norte do Vietnã) 200

Guerra do Vietnã (cont.)
  guerra de guerrilha 48
  guerra química 48, 49, 69, 81, 89, 140
  massacre de My Lai (região Centro-Sul) **123**
  ofensiva do Tet 49, 153
  Prisão Hoa Lo (Hanói) 165
  Trilha Ho Chi Minh 48, 153, 155
  Túneis Cu Chi (HCM) **76**
  Túneis Vinh Moc (região Central) 153, **154**
  Zona Desmilitarizada (região Central) 125, 126, **153**
  veja também Museu de Memórias da Guerra
Guerra química 48, 49, 69, 81, 89, 140
Guerras da Indochina 47-8
  danos à Cidadela de Hue 142, 144, 147
  danos a Hanói 157
  Hoa Binh (norte do Vietnã) 198
  Primeira Guerra da Indochina 47

H

H&D Tailors (HCM) 256, 257
Ha Noi Silk (Hanói) 256, 257
Ha Tien 89, 90, **104**
  restaurantes 248
Hai Tinh Giac Vien 75
Haiphong 183, **192**
  hotéis 241
  restaurantes 252
Halong **189**, 192
  clima 39
  hotéis 241
  restaurantes 252
Halong, baía de 12, 183, 184, 185, **186-8**, 193
  mapa 186-7
Ham Rong (Sapa) 200
Handspan Adventure Travel (Hanói) 265, 267
Hang Bo Nau (baía de Halong) 187, 188
Hang Dau Go (baía de Halong) 186, 188
Hang Nga's (Casa Maluca de Nga) 118
Hang Pac Bo 204
Hang Puong (Parque Nacional Ba Be) 204
Hang Sung Sot (baía de Halong) 187, 188
Hang Thien Cung (baía de Halong) 186, 188
Hang Trong (baía de Halong) 187, 188
Hanói **156-81**
  clima 39
  como circular **284-5**
  fundação de Thang Long **164**
  história 46, 47, 50
  Ho Chi Minh **173**
  hotéis 239-40
  irmãs Trung **167**
  mapa 158-9
  mapa: Guia de Ruas 178-81
  Mapa Rua a Rua: Bairro Antigo 160-1
  nome de ruas do Bairro Antigo **161**
  restaurantes 250-52
  teatro de marionetes na água **163**
  Templo da Literatura **170–71**
Hanoi Gallery (Hanói) 256, 257
Hanoi Guest House 31
Hanoi Towers (Prisão Hoa Lo) 165
Hariharalaya, capital *khmer* em 225
Harshavarman I, rei 224
Hat boi veja Tuong
Hat chau van 28
Hat cheo 29, 260-1
Hebrard, Ernest 166

Heritage 260
Hidrofólios *veja* Barcos e ferryboats
Hien & Bob's Place (HCM) 262, 263
Hinduísmo 27
  influência em Angkor 208
  influência na arte *cham* 138, 139
  Templo Hindu Mariamman 70
História **40-51**
HIV 274
Hmong 18, 24, 182, 183, 198, **202-3**
  pretos 200, 201, 202-3
  verdes 203
  vermelhos 203
  veja também Povos do Vietnã
Ho Chi Minh (cidade) 11-3, 17, **57-87**
  clima 39
  como circular 59, **284-5**
  complexos de túneis **77**
  Edifício do Comitê do Povo 60, 63
  história 46, 50
  hotéis 236-7
  mapas 58-9
  mapa: Guia de Ruas 82-7
  Mapa Rua a Rua: Dong Khoi 60-1
  Olho Divino Cao Dai 56, 78-9
  Pagode do Imperador de Jade 11, 66-7
  Passeio a pé por Cholon **72-3**
  restaurantes 57, 246-7
  Vietnã em filmes **71**
Ho Chi Minh **173**
  nascimento 46
  aniversário 35
  casa da infância (Kim Lien) 155
  morte 49
  palafita **169**
  papel na história 47
Ho Chi Minh Drama Theater (HCM) 261, 263
Ho Hoan Kiem *veja* Lago Hoan Kiem
Ho Tay 10, **172**
Ho Truc Bach (Ho Tay) 172
Ho Xuan Huong 19
  lago Xuan Huong (Dalat) 118
Hoa 162
  comunidade em Cholon (HCM) 58, 72
  papel na história 50
Hoa Binh **198**
Hoa Lu 195
Hoa Ninh (Passeio de barco por Vinh Long) 95
Hoan Kiem, lago (Hanói) 10, 12, 158, **164**
  apresentações musicais 261
  hotéis 240
  restaurantes 251-2
Hoang Ho *veja* Khe Sanh, vila
Hoang Tru (Kim Lien) 155
Hoi An 125, **128-33**
  arquitetura **133**
  hotéis 239
  mapa 128
  Mapa Rua a Rua: Bairro Antigo de Hoi An 130-1
  restaurantes 249-50
Hoi An Art Gallery (Hoi An) 256, 257
Holandeses, influência dos 45
Hon Chen, templo (Hue) 152
  apresentações musicais 261
Hon Chong (Ha Tien) 104
Hon Chong (Nha Trang) 114
Hon Doi Moi (ilha Phu Quoc) 105
Hon Gai (Halong) 189
Hon Mieu (Nha Trang) 114
Hon Mun (Nha Trang) 115
Hon Ong (Nha Trang) 115

ÍNDICE GERAL | 291

Hon Tre (Nha Trang) 115
Hon Trung (ilhas Con Dao) 102
Honda om 284
  locações 283
Hospitais e atendimento médico 274, 275
  Angkor 229
Hotéis 232-41
  Angkor 228, **241**
  apartamentos para alugar 234, 235
  arredores de Ho Chi Minh **237**
  Caravelle Hotel (HCM) **62**, 236
  casas de família 234, 235
  check-in 233
  classificação 232
  Continental Hotel (HCM) 61, **62**, 232, 236
  crianças 235
  de luxo 233
  de rede 233
  delta do Mekong e sul do Vietnã **237-8**
  econômicos 234
  gorjetas 235
  Grand Hotel d'Angkor (Siem Reap) 212, 241
  Hanói **239-40**
  Ho Chi Minh **236-7**
  hotéis 234
  impostos 234
  Majestic Hotel (HCM) 234, 236
  norte do Vietnã **240-1**
  pedido de desconto 234-5
  portadores de deficiência 235
  pousadas 234
  preços 232
  região Central **239**
  região Centro-Sul **238-9**
  reservas 232, 235, 270
  resorts 233
  Rex Hotel (HCM) 55, **64**, 237
  Siem Reap 228, 241
  Sofitel Legend Metropole Hotel (Hanói) 10, 157, 166
  Victoria Can Tho Hotel (Can Tho) 237
House of Traditional Handicrafts (Hoi An) 256, 257
Hue 55, 125, 126, **142-51**
  capital da dinastia Nguyen 45
  Cidadela *veja* Cidadela de Hue
  clima 39
  hotéis 239
  mapa 143
  Passeio de barco pelo rio Perfume 152
  restaurantes 250
  túmulos reais 149
Hugo, Victor 79
Hung Mieu (Cidadela de Hue) 144, 147
Hung Vuong, rei 41

I

Igrejas *veja* Catedrais e igrejas
Ilhas de carste (baía de Halong) 190-1
  veja também Carste
Imigração e liberação na alfândega 280
  Angkor 227
Imperador de Jade 32
  pagode 11, **66-7**
  significado religioso do lar 67
Império Khmer 43, 208-9
  veja também Angkor
Incenso 26, 32
Indochina francesa 57
Indochine (Regis Wargnier) 71
Indravarman I, rei 208, 225

Informação de viagem **280-5**
Informação turística 272, 273
  Angkor 228, 229
  diversão 260
Informações úteis **270-9**
Ingressos 228, 272
Innoviet 234, 235
Instituto Oceanográfico (Nha Trang) 13, 114
Instrumentos musicais **28**
Internet 278
Intérpretes 272
Inverno no Vietnã 37
Irmãs Trung **167**
  Festival Hai Ba Trung 34
  levante contra os chineses 42
Islamismo 27
Descubra o Vietnã
  2 Dias em Hanói 10
  2 Dias em Ho Chi Minh 11
  2 Semanas de Hanói a Ho Chi Minh 8-9, 12-13

J

Japan Airlines 280, 281
Jarai, povo 122
Jardim Botânico (Palafita de Ho Chi Minh) 169
Jardim de Flores (lago Xuan Huong) 118
Jaya Simhavarman III, rei 111
Jayavarman II, rei 208, 213, 225
Jayavarman VII, rei 208, 209
  Angkor Thom 219, **220-1**, 223
  Preah Khan 213
  Preah Neak Pean 224
  Ta Prohm 224
Jetstar 226, 227
Jetstar Pacific Airlines 282, 283
Jibe's Beach Club (Phan Thiet) 264, 267
Jogo 262
Jornais e revistas 279
Juncos à vela 187

K

Kangaroo Café (Hanói) 283
Kenh Ga 195
Khai Dinh, túmulo de 149
Khai Silk (Hanói) 256, 257
Khe Sanh, vila 125, 153
Khleang do Norte e do Sul (Angkor Thom) 223
Khmer Angkor Tour Guide Association (Angkor) 228, 229
Khmer vermelho
  história 50, 209
  presença no delta do Mekong 89
  vítimas do 212
Khmer, povo
  Angkor **208-25**
  arquitetura 89, 98, 100, 213
  povos do Vietnã 18, 24
  presença no delta do Mekong 93, 100, 104
Khu Tuong (ilha Phu Quoc) 105
Khue Van Cac (Templo da Literatura) 170
Kim Lien 125, **155**, 169, 173
Kim Travel (HCM) 285
King's Island Golf Course (Ha Tay) 265, 267
Kinh, povo 17, 24, 121, 183, 200
  história 41, 42
Kitesurfe 8, 111, 264, 267
Kon Hongo (Kontum) 122
Kon Kotu (Kontum) 122

Kontum 107, 122
  hotéis 238
  paisagem 22
  restaurantes 249
Kwan Yin *veja* Quan Am

L

La Bella Napoli (Nha Trang) 262, 263
La Fenetre Soleil (HCM) 262, 263
La Gai Handicrafts (Hoi An) 257
Lac Long Quan 41
Laca, peças de 256, 257, 258
Lagos
  da Rã (ilha Cat Ba) 193
  dos Suspiros (Dalat) 120
  Ho Tay (Hanói) 172
  Ho Truc Bach (Hanói) 172
  Lak (região Centro-Sul) **121**
  Tonle Sap (Siem Reap) 212, 213
  Xuan Huong (Dalat) 118
  veja também Hoan Kiem, lago
Lan Ha, baía 193
Lan Handicrafts (Hanói) 256, 257
Lang Co **141**
  hotéis 239
  restaurantes 250
Lang Co, vila 126, 141
Lang Ha Driving Range (Hanói) 265, 267
Lang Hung (Templos dos Reis Hung) 177
Langur-de-canela-vermelha 205
Langur-de-nariz-arrebitado-de-tonquim 204, 205
Lanternas
  Compras 256
  Oficina de Artesanato de Hoi An (Hoi An) 132
  Rua Hang Ma (Hanói) 160
Lao Cai (Sapa) 201
  clima 38
  como cruzar a fronteira 281
Lao Tsé **26**
Laos 17
Lar, significado religioso do **67**
Lat, povo 120
Lat, vila (Dalat) 120
Le Dai Hanh 195
  fundador da primeira dinastia 44
Le Duan 50, 199
Le Hung 261
Le Loi 44
  Chua Con Son 189
  lago Hoan Kiem 164
Le Pub (HCM) 262, 263
Le Thai To, imperador *veja* Le Loi
Le Than Ton (última dinastia Le) 44
Le Thanh Tong, imperador 189
Le Van Chot 93
Le Van Duyet, general 68
Le Van Duyet, templo 11, 68
Leopardo-nublado 22
Levante de Lam Son 44
Level 23 (HCM) 262, 263
Li Nam De, imperador *veja* Ly Bon
Liga da Independência Vietnamita *veja* Viet Minh
Língua e literatura 19
  intérpretes 272
Literatura 19
Lojas de departamentos e shoppings 255, 257
Long Hai **80**
  hotéis 237
Louisiane Brewhouse (Nha Trang) 262, 263
Lufthansa 280, 281

292 | ÍNDICE GERAL

Lush (HCM) 262, 263
Ly Anh Ton, imperador 167
Ly Bon 37, 43
Ly Club (Hoi An) 262, 263
Ly Nam De, imperador 30, 172
Ly Nhan Tong, imperador 177
Ly Ong Trong 36
Ly Thai To, imperador 44, 157
   Fundação de Thang Long **164**
   Ho Tay 172
   Templo Bach Ma 162
Ly Thai Tong, imperador 169, 172
Ly Thuong Kiet, general 36

M

Ma Vien, general 162
Mac Cuu *veja* Túmulos Mac
Macaco-comedor-de-caranguejo 101
Macaco-cotó 23
Mãe de Cinco Budas (Pagode do Imperador de Jade) 67
Mai Chau, vale **198**
   hotéis 241
Majestic Hotel (HCM) 236
Makara 139, 213, 225
Malária 275
   Angkor 229
Malaysia Airlines 280, 281
Malraux, André 62
Mamíferos marinhos *veja* Vida marinha
Mangues-vermelhos 22
Mapas
   Angkor 210-1
   baía de Halong 186-7
   Can Tho 98
   clima 38-9
   Dalat 119
   delta do Mekong e sul do Vietnã 90-1
   distribuição de grupos étnicos 24
   Hanói 158-9
   Hanói: Bairro Antigo 160-1
   Hanói: Guia de Ruas 178-81
   Ho Chi Minh 58-9
   Ho Chi Minh: Dong Khoi 60-1
   Ho Chi Minh: Guia de Ruas 82-7
   Ho Chi Minh: Passeio a pé por Cholon 72-3
   Hoi An 128
   Hoi An: Bairro Antigo 130-1
   Hue 143
   ilha Cat Ba 193
   ilha Phu Quoc 105
   Nha Trang 113
   norte do Vietnã 184-5
   Pagode do Perfume 196-7
   Passeio de barco pelo rio Perfume 152
   Passeio de barco por Vinh Long 95
   península indochinesa 14-15
   praias ao redor de Nha Trang 115
   região Central 126-7
   região Centro-Sul 108-9
   Siem Reap 212
   túmulos reais 149
   Vietnã 14-15, 54-5
Mar da China Meridional 125, 141
   paisagem 23
Marionetes na Água 21, 29, **163**, 260
   Festival de Marionetes na Água 34
   Museu de História Vietnamita (HCM) 65
   Pagode Thay (Hanói) 34, **177**
   Teatro Thang Long de Marionetes na Água (Hanói) **162**
Massacre de My Lai 49, 107, **123**
Maugham, W. Somerset 62, 166

Mausoléu de Ho Chi Minh 10, 158, **169**, 271
Maxim's Dinner Theater (HCM) 261, 263
McCain, John 165
McNamara, Linha 153
Me Sanh 73
Medidas 273
Megastar Cineplex 262, 263
Memorial de Guerra (Cao Lanh) 94
Meo *veja* Hmong, povo
Mercados 255, 257
   Bac Ha (Bac Ha) 201
   Ben Thanh 11, **70**, 75, 255
   Binh Tay 11, **75**, 255
   Can Cau (perto de Bac Ha) 201
   Cho Dam (Nha Trang) 112
   Dong Ba (Hue) 142
   Dong Xuan 10, 160, **162**, 255
   Hang Da (Hanói) 255, 257
   Hoi An 255
   horários 254
   Mercado Antigo (HCM) 255, 257
   Mercado Central (Hoi An) 132
   Mercado Central de Dalat (Dalat) 120
   Mercado de eletrônicos 72
   Mercado de Roupas de Hoi An (Hoi An) 256, 257
   mercados flutuantes de Can Tho 98
   Psar Chaa (Siem Reap) 212
   veja também Mercados flutuantes
Mercados flutuantes
   Cai Be (Vinh Long) 94, 95
   Cai Rang (Can Tho) 38, 98
   Phong Dien (Can Tho) 98
   Soc Trang 88
Mergulho 264, 267
   Hon Ong 115
   ilha Phu Coc 105
   ilhas Con Dao 102
Mesquita Chau Giang (Chau Doc) 104
Mesquita Cholon 73
Mesquita Mubarak (Chau Doc) 104
Micro-ônibus fretado *veja* Ônibus 282
Minh Mang, imperador
   história 46
   Hue 142, 147
   Phan Thiet 110
   Templo Le Van Duyet 68
   túmulo de 149, 152
Miss Loi's Guesthouse (HCM) 233, 236
Miss Vy's Cooking Class 266, 267
Missionários cristãos 45
Mnong, povo 25, 121
Moc Chau **198**
Moda 18
Moeda corrente 254, **276-7**
   Angkor 229
   câmbio 276
Moedas 277
Monge do Coco 92
Montanhas
   Anamitas *veja* Cordilheira Truong Son
   de Mármore (Danang) 138
   do Macaco (Danang) 138
   do Norte 23
   Hon Long (rio Ba Ho) 114
   Sam 104
   Ta Cu **110**
   Yen Tu 188, 189
   Hoang Lien 183, 184, 200
Monte Fansipan (Sapa) 201, 205
Monte Meru
   Angkor Wat **216-7**
   Baphuon (Angkor Thom) 222
   estilo arquitetônico 208, 218, 219
   Grupo de Roluos 225

Monte Nghia Linh (Templos dos Reis Hung) 177
Monumento à Vitória (Buon Ma Thuot) 121
Mosaique (Hoi An) 256, 257
Móveis 256, 257
Mui Ne 13, 55, 108, **110-1**
   hotéis 238
   restaurantes 249
Mulheres em viagem 275
Muntiaco-de-truong-son 140, 205
Muong, povo 25, 198
Museus 54
   Museu Alexandre Yersin (Nha Trang) 112-3
   Museu Bach Dinh (Vung Tau) 80
   Museu Can Tho 98
   Museu da Casa Memorial (Hanói) 161
   Museu da Cultura Sa Huynh (Hoi An) 123, 129, 130
   Museu da História Vietnamita (HCM) 11, 65
   Museu da Minoria Khmer (Tra Vinh) 93
   Museu da Mulher do Vietnã do Sul (HCM) **69**
   Museu da Prisão Hoa Lo (Hanói) **165**
   Museu de Belas-Artes (Hanói) 10, **168**
   Museu de Belas-Artes (HCM) **71**
   Museu de Dien Bien Phu 199
   Museu de Escultura Cham (Danang) 127, 138
   Museu de Etnografia (Buon Ma Thuot) 121
   Museu de Etnologia (Hanói) 10, 176
   Museu de Haiphong (Haiphong) 192
   Museu de História Militar (Hanói) 10, **168**
   Museu de Ho Chi Minh **63**
   Museu de Memórias da Guerra (HCM) 11, **69**
   Museu do Comércio de Cerâmica (Hoi An) 131, 132
   Museu Dong Thap (Cao Lanh) 94
   Museu Ho Chi Minh (Hanói) **168**
   Museu Hoa Binh (Hoa Binh) 198
   Museu Khmer (Soc Trang) 100
   Museu Lam Dong (Dalat) 119
   Museu Nacional da História Vietnamita (Hanói) 10, 12, 123, **166-7**
   Museu Rach Gia **102**
   Museu Real de Antiguidades (Hue) 142
   Museu Revolucionário (HCM) *veja* Museu de Ho Chi Minh
   Museu Revolucionário (ilhas Con Dao) 102
Música **28-9**, 260-1, 263
   contemporânea e concertos 261, 263
   e dança reais **29**
   e teatro tradicionais **28-9**, 163, 260-61, 263
My Son 12, 124, 125, 126, **134-6**, 138, 139
My Tho 90, **92**
   hotéis 237
   restaurantes 248

N

Nam Huynh Dao School (HCM) 266, 267
Nam Phuong, imperatriz (Palácio de Verão de Bao Dai) 119
Nam Viet 42

ÍNDICE GERAL | 293

Nandi (Grupo de Roluos) 225
Natação 264, 267
    Parque Aquático Dam Sen (HCM) 75
    Parque Aquático Phu Dong (Nha Trang) 264
    praia Mui Ne 110, 264
Natal 37
National Cinema Theater (Hanói) 262, 263
Nghe, ilha 104
Ngo Dinh Diem, presidente 47, 48
    assassinato de 65, 69
    oposição budista 76, 112, 142, 143, 148
Ngo Kim Tong 100
Ngo Quyen 42, 43, 44
Ngo Van Chieu (caodaísmo) 27
Ngo Vuong, rei *veja* Ngo Quyen
Nguyen Ai Quoc *veja* Ho Chi Minh
Nguyen Anh *veja* Gia Long, imperador
Nguyen Binh Khiem 79
Nguyen Du 19
Nguyen Huy Thiep 19
Nguyen Minh Triet 51
Nguyen Quoc Quan 51
Nguyen Tan Dung 20, 51
Nguyen Tat Thanh *veja* Ho Chi Minh
Nguyen Thai Hoc 47
Nguyen Thanh Nam *veja* Monge do Coco
Nguyen Trung Truc 37
Nguyen Van Linh 50
Nguyen Van Sieu 164
Nguyen Van Trai 189
Nguyen, imperadores 148
Nha Bac Ho *veja* Palafita de Ho Chi Minh
Nha Hat Lon *veja* Ópera (Hanói)
Nha Hat Thanh Pho *veja* Teatro Municipal
Nha nhac 29, 146
Nha rong veja Casas comunitárias
Nha Tho Duc Ba *veja* Catedral de Notre Dam (HCM)
Nha Tho Lon *veja* Catedral de S. José
Nha Trang 13, 23, 107, 108, **112-5**, 233
    clima 39
    hotéis 238
    mapa 113
    praias **115**,116-7
    restaurantes 249
Nhac tai tu 28
Ninh Binh **195**
    hotéis 241
    restaurantes 252
Ninh Hoa (Nha Trang)
    hotéis 238
Nomes de ruas do Bairro Antigo (Hanói) **161**
Nong Duc Manh 51
Nove canhões sagrados (Cidadela de Hue) 146
Nove urnas dinásticas(Cidadela de Hue) 125, 144, 147
Nui Ba Den **76**
Nui Bai Tho (Halong) 189
Nui Chut (Cau Da) 114
Nui Co Tien (baía Hon Chong) 114
Nui Huong Tich *veja* Pagode do Perfume
Nui Lon (Vung Tau) 80
Nui Nho (Vung Tau) 80
Nun Nu Thanh Quang 142
Nung, povo 183, 201, 204
Nuoc mam 110, 111, 141, 245

O

O'Brien's (HCM) 262, 263
Oc Eo 43, 102
Ocean Dunes (Phan Thiet) 265, 267
Ofensiva do Tet (1968) 49, 153
    danos a My Son 137
    significado de Cot Co (Cidadela de Hue) 146
Oficina de Artesanato de Hoi An 132
Olho Divino 11, 27, 56, 76, **78-9**
Olhos vietnamitas 133
Ong Lang *veja* Pagode Quan Am
Ong Tao 67
Ônibus 283, 284
Ônibus expressos *veja* Ônibus
Opções para vegetarianos 245
Ópera (Haiphong) 192
Ópera (Hanói) 10, 12, 157, **166**
    apresentações musicais 261
Organização Mundial do Comércio 51
Orquídeas 101, 102, 205
Outono no Vietnã 36-7

P

Pac Ngoi, vila (Parque Nacional Ba Be) 204
Pagodes (geral) 21, 58
    arquitetura 30
    etiqueta: modo de se vestir 273
Pagodes (individual) 21, 58
    Ang (Tra Vinh) 93
    Bao Quoc (Hue) 142-3
    Bich Dong (Tam Coc) 195
    Chua Ba Da (Hanói) 165
    Chua Con Son (Yen Tu) 189
    Chua Dat Set (Soc Trang) 100
    Chua Doi (Soc Trang) 100
    Chua Dong (Yen Tu) 189
    de Um Pilar 10, 30, **169**
    de Um Pilar de Thu Duc (HCM) **76**
    Den Trinh (Pagode do Perfume) 197
    Dien Huu (Hanói) 169
    Dieu De (Hue) 142
    do Embaixador (Hanói) **165**
    do Imperador de Jade (HCM) 11, **66-7**
    do Perfume 183, 184, **196-7**
    Du Hang (Haiphong) 192
    Giac Vien (HCM) 11, **75**
    Giai Oan (Pagode do Perfume) 196
    Hang (Ha Tien) 104
    Hang (Tra Vinh) 93
    Hoa Yen (Yen Tu) 189
    Huong Tich (Pagode do Perfume) 196
    Im Som Rong (Soc Trang) 100
    Kim Lien (Hanói) **172**
    Khleang (Soc Trang) 100
    Lam Ty Ni (Dalat) 118-9
    Lien Phai (Hanói) **167**
    Linh Son Long Doan (montanha Ta Cu) 110
    Linh Son Truong Tho (montanha Ta Cu) 110
    Long Khan (Quy Nhon) 122
    Long Son (Nha Trang) 13, 112
    Long Tien (Halong) 189
    Nghia An Hoi Quan (HCM) 71, 73
    Ong (Can Tho) 98
    Ong (Tra Vinh) 93
    Ong Met (Tra Vinh) 90, 93
    Phap Lam (Danang) 138
    Phat Lon (Rach Gia) 102
    Pho Do (Danang) 138
    Pho Minh (Rach Gia) 102
    Phu Dung (Ha Tien) 104
    Phung Son (HCM) **75**
    Phuoc An Hoi Quan (HCM) 72

Pagodes (individual) (cont.)
    Quan Am (HCM) 72, **74**
    Quan Cong (Hoi An) 132
    Tam Son Hoi Quan (HCM) 73
    Tay Phuong (Hanói) 10, **177**
    Thanh Duyen (Thuan An) 141
    Thay (Hanói) 30, **177**
    Thien Hau (HCM) 11, 72, **74**
    Thien Mu (Hue) 148, 152
    Thien Tru (Pagode do Perfume) 196
    Thien Vuong (Dalat) 119
    Tien Chau (Vinh Long) 94
    Tien Son (Pagode do Perfume) 196
    Thap Rua (Hanói) 164
    Tran Quoc (Hanói) 30, 172
    Tu Dam (Hue) 143
    Tu Hieu (Hue) 148
    Vien Minh (Ben Tre) 93
    Vinh Nghiem (HCM) **68**
    Vinh Trang (My Tho) 92
    Xa Loi (HCM) **69**
    Xa Lon (Soc Trang) 100
    veja também Templos
Paisagem e vida selvagem **22-3**
    veja também Flora e Fauna; Pássaros
Palácio da Reunificação 65
    apresentações musicais 261
Palácio de Thai Hoa (Cidadela de Hue) 145, 146
Palácio Dien Tho (Cidadela de Hue) 147
Palácio Norodom *veja* Palácio da Reunificação
Palácio Presidencial 31
Palácio Real (Siem Reap) 212
Palafitas 10, **103**, 104
    de Ho Chi Minh 169
Pandaw Cruises 227
Panduranga (Phan Thiet) 110
Papel votivo 27, 74, 160
Para Salvar My Son **137**
    veja também My Son
Parkson (HCM) 255, 257
Parque Memorial (Son My) 123
Parques aquáticos
    Dam Sen (HCM) 75
    Ho Tay (Hanói) 264, 267
    Phu Dong (Nha Trang) 264, 267
Parques de diversões *veja* Parques aquáticos
Parques nacionais e reservas 22, 23
    Geoparque do Planalto de Carste Dong Van (norte do Vietnã) 204
    Parque Nacional Ba Be (norte do Vietnã) 183, **204**
    Parque Nacional Bach Ma (região Central) **140**
    Parque Nacional Cat Tien (HCM) 23, **81**
    Parque Nacional de Cat Ba (ilha Cat Ba) 193
    Parque Nacional Con Dao (ilhas Con Dao) 90, 102
    Parque Nacional Cuc Phuong (norte do Vietnã) 23, 183, **197**
    Parque Nacional Phu Quoc (ilha Phu Quoc) 105
    Parque Nacional Tram Chim 94
    Parque Nacional Yok Don (região Centro-Sul) 22, 108, **122**
    Reserva Natural Van Long (norte do Vietnã) 195
Partido Comunista Vietnamita 20, 34
Partido Nacional Viet Nam 46-7
Passaportes 270-1
    Angkor 226-7
    check-in 233
    precauções 274

Pássaros
 ilhas Con Dao 102
 Jardim da Cegonhas Bang Lang (Can Tho) 98
 Parque Nacional Bach Ma 140
 Parque Nacional Tram Chim 94
 pássaros do delta do Mekong **101**
 pássaros do norte do Vietnã **205**
 Santuário de Pássaros de Bac Lieu 100
Passeio em ônibus aberto 283
Passeios de barco
 rio Perfume (Hue) 12, **152**, 233
 Vinh Long (delta do Mekong) **95**
Passo da Amizade 281
Passo Hai Van 125, 126
 Danang 138
 Praia Lang Co 141
Passo Tram Ton (Sapa) 200, 201
Patrimônios da Humanidade da Unesco 125
 baía de Halong (norte do Vietnã) **186-8**
 caverna Phong Nha (região Central) **154-5**
 Cidadela de Hue (região Central) **144-7**
 Hoi An (região Central) **128-33**
 My Son (região Central) **134-6**
Pavilhão Hien Lam (Cidadela de Hue) 21, 55, 144, 147
Pechinchar 254
Pham Thi Hoai 19
Pham Van Dong 173
Phan Cong Tac (Sede Sagrada do Cao Dai) 79
Phan Rang-Thap Cham 107, **111**
 hotéis 238
Phan Thanh Gian 94
Phan Thiet 107, **110**, 233, 270
 hotéis 238
Phan Van Khai 51
Phat Tire Ventures (Dalat) 266, 267
Phimeanakas (Angkor Thom) 222
Phnom Bakheng 209, **213**, 218
Phnom Bok 218
Phnom Krom 218
Pho 242, 244
Phu Quoc, ilha 89, 90, **105**
 hotéis 238
 mapa 105
 restaurantes 248
Phuc Khoat 142
Picadas de insetos e infecções 275
Pico Ngu Lam 193
Planalto Dak Lak (lago Lak) 121
Platoon (Oliver Stone) 63
Pleiku
 clima 39
 paisagem 22
Po Klong Garai (Phan Rang-Thap Cham) 108, 111
Po Ro Me (Phan Rang-Thap Cham) 111
Po Ro Me, rei 111
Po Yan Inu Nagar 113
Poço da Clareza Celestial (Templo da Literatura) 170
Pol Pot 50, 209
Polícia turística 274
Ponte Coberta Thanh Toan (Hue) 143
Ponte do Dragão (Danang) 138
Ponte Hien Luong (DMZ) 153
Ponte Japonesa Coberta (Hoi An) 128-9, 130
Ponte Long Bien 162
Pontes volantes 103

Portadores de deficiência 235, 272, 273
 Angkor 229
Portão Hien Nhon (Cidadela de Hue) 31
Portão Ngo Mon (Cidadela de Hue) 31, 45, 145, 146
Portão Van Mieu (Templo da Literatura) 170
Porto de Danang 283
Porto de Haiphong 283
Portugueses, influência dos 45
Pousadas 233, 235
 vale do Mai Chau (Norte do Vietnã) **198**
 Vinh Long (delta do Mekong) **94**
Povos do Vietnã **24-5**
 bahnar 24, 107, 122
 bru 25
 co ho 24, 120
 dao 183, 204
 ede 24, 107, 121
 hmong 18, 24, 182, 183, 198, **202-3**
 hoa 162
 lat 120
 mnong 25, 121
 muong 25, 198
 nung 183, 204
 tai pretos 25, 176, 198
 veja também Comunidades étnicas
Praça An Duong (HCM) 255, 257
Praça Ba Dinh 47
Praça Bo De Dao Trang (Chau Doc) 104
Praça Trang Tien (Hanói) 255, 257
Praça Zen (HCM) 255, 257
Praia da China **137**
 hotéis 239
 restaurantes 249
Praias 23, 55, 107, 264
 baía Bai Tu Long 192
 Cua Dai 132
 Ho Coc **80-1**
 Hon Chong 104
 ilha Phu Quoc 105
 ilhas Con Dao 102
 Lang Co **141**
 Mui Ne 55, 108, **110-1**
 My An *veja* Praia da China
 My Khe 137
 Nha Trang, arredores 115
 Nhat Le 154
 Nho (ilhas Con Dao) 102
 Ninh Chu (Phan Rang-Thap Cham) 111
 Non Nuoc *veja* praia da China
 Phan Rang-Thap Cham 111
 praia da China **137**
 praia Municipal (Nha Trang) 112
 Quy Hoa 123
 Quy Nhon 123-4
 Thuan An **141**
 Vung Tau 80
Prasat Kravan **224-5**
Prathom Sva Pol veja Dança do macaco
Pratos locais e especialidades **244-5**
Preah Khan 210, **213**
Preah Ko (Grupo de Roluos) 225
 arquitetura 218
Preah Neak Pean 210, **224**
Preah Palilay (Angkor Thom) 222-3
Prey Nokor 45
Primavera no Vietnã 34-5
Primeira dinastia Le 44, 195
Primeira Guerra da Indochina 47, 140
Prisão de Son La 198-9
Prisão Phu Hai (ilhas Con Dao) 102
Produtos de imitação 255
Psar Chaa (Siem Reap) 212

Q

Qantas 280, 281
Quan Am 26
 Pagode de Um Pilar (Hanói) 169
 Pagode do Perfume 196
 Pagode Ong (Can Tho) 98
 Pagode Pho Do (Danang) 138
 Pagode Quan Am (HCM) 11, 72, 74
 Pagode Vinh Ngiem (HCM) 68
 Pagode Vinh Trang (My Tho) 92
 Praça Bo De Dao Trang (Chau Doc) 104
Quan Chuong 161
Quan com 242
Quan Cong, general 71, 72, 73, 93, 132
Quan ho 28, 34
Quan Lan, ilha (baía Bai Tu Long) 192
Quang Ngai **123**
 hotéis 239
 restaurantes 249
Quang Trung, imperador 45, 142
Quang's Ceramics (Hanói) 256, 257
Queen Travel (Hanói) 285
Quoc Hoc School (Hue) 173
Quoc ngu (escrita vietnamita) 19
Quy Nhon 12-13, **122-3**
 hotéis 239
 restaurantes 249

R

Rach Chiec Driving Range (HCM) 265, 267
Rach Gia 89, **102**
Rainbow Divers (Nha Trang) 264, 267
Rajendravarman II, rei 222
Rebelião Tay Son 45
 ilha Phu Quoc 105
 Templo Le Van Duyet 68
Recifes de coral e vida marinha 22, **194**
 Hon Mun (Nha Trang) 115
 ilhas Con Dao 102
 ilha Phu Quoc 90, 105
Redes de fast-food 242
Região Central **124-55**
 arte e escultura *cham* **139**
 como circular 127
 Hoi An 128–33
 hotéis 239
 Hue 142-51
 mapa 126-7
 My Son 134-6
 Passeio de Barco pelo rio Perfume
 restaurantes 249-50
Região Centro-Sul **106-23**
 como circular 109
 hotéis 238-9
 mapa 108-9
 Massacre de My Lai **123**
 praias 107, **115**
 restaurantes 248-9
Regras da estrada 285
Rei do Inferno (Pagode do Imperador de Jade) 66
Reino de Funan **43**
 Oc Eo (Rach Gia) 102
 Pagode Phung Son 75
 Parque Nacional Cat Tien 81
Reis Hung 41
Religiões do Vietnã 19, **26-7**
 Angkor 208
Remédios tradicionais chineses 58
Remessas 279
 Angkor 229
República Democrática do Vietnã 47
República do Vietnã (Vietnã do Sul) 47
República Socialista do Vietnã 50
Reserva Natural Van Long 195

Resorts 233
  Ancient House (praia Cau Dai) 132, 234
  Anoasis Beach Resort (Long Hai) 80, 237
  Fontes Termais de Binh Chau (Binh Chau) 81
  Hon Chong Beach Resort (Ha Tien) 104
  Mansões Bao Dai (Nha Trang) 114
  Saigon Morin Resort (Hue) 233, 239
  Sofitel Vinpearl Resort (Nha Trang) 115
  Sun Spa Resort (Dong Hoi) 233, 239
  Victoria Hoi An Beach Resort and Spa (praia Cau Dai) 132, 239
  Victoria Hotels and Resorts 233
  Whale Island Resort (Nha Trang) 264
Restaurant Bobby Chinn (Hanói) 251, 262, 263
Restaurantes e cafés 21, **242-53**
  Angkor 228-9, **253**
  cervejarias e *bia hoi* 243
  com 242
  comida de rua 242, 245
  costumes à mesa e etiqueta 243, 273
  delta do Mekong e sul do Vietnã **247-8**
  gorjetas 243
  Hanói **250-3**
  Ho Chi Minh 61, **246-7**
  pho 242
  preços 243
  região Central **249-50**
  região Centro-Sul **248-9**
  Sabores do Vietnã **244-5**
  vegetarianos 243
Reunificação do Vietnã 50
  Palácio da Reunificação **65**
Rex Hotel 61, **64**, 237
Rhodes, Alexandre de 45, 195
Rhododendron campanulata 23
Rinoceronte-javanês **81**
Rios
  Ba Ho (Nha Trang) 114
  Dak Krong 121, 122
  Han (Danang) 138
  Mekong 22, 54, 89
  Nam La (Son La) 198
  Perfume 127, 142, 148
  Phan Thiet 110
  Siem Reap 212
  Suoi Yen 196, 197
  Thu Bon 128, 131, 132
  Vermelho 22, 54, 160, 162
  Yen 17
Riverside Resort (praia Cau Dai) 132
Rizicultura 89, 98, **99**
  papel na economia 20
  plantio em terraços 54, 91, 200
Roi nuoc veja Teatro de Marionetes na Água
Roluos, capital khmer 208, 218
Rongao, povo 122
Rooftop Garden (Rex Hotel) 55, 64
Roupas 256, 257
Royal Arena (Hue) 148, 152
Rua Hang Buom (Hanói) 161
Rua Hang Ma (Hanói) 160
Rua Hang Mam (Hanói) 161
Rua Trieu Quang Phuc 73

S

Sa Huynh **123**
  Museu da Cultura Sa Huynh (Hoi An) 129
Sabores do Vietnam **244-5**

Saigon 47
  renomeação como Ho Chi Minh 50, 57
  veja também Ho Chi Minh
Saigon Center (HCM) 255, 257
Saigon Sports Club (HCM) 266, 267
Saigon Tax Trading Centre (HCM) 255, 257
Saigon Times 260
Saigon Tourist (HCM) 273, 285
Sailing Club (Nha Trang) 262, 263
Sailing Club Divers (Nha Trang) 264, 267
Sailing Club Kite School 264, 267
Salão das Dançarinas (Preah Khan) 213
Salão dos Dez Infernos (Pagode do Imperador de Jade) 66
Salões dos Mandarins (Cidadela de Hue) 146
Santuário da Senhora Branca (Preah Khan) 213
Santuário de Pássaros Bac Lieu (Bac Lieu) 100
Santuário de Pássaros Tam Nong 22
Saola 140, 205
Sapa (HCM) 256, 257
Sapa 54, 183, 184, **200-1**
  hotéis 241
  restaurantes 252
Saúde **274-5**
  Angkor 229
  vacinação 271
Sax n Art (HCM) 262, 263
Sea Links Golf and Country Club (Phan Thiet) 265, 267
Sedang, povo 122
Segurança **274-5**
  Angkor 229
Seguro de viagem 274
Seita budista Hoa Hao 19, 27
  presença em Chau Doc 104
Seita budista Truc Lam 34, 189
Seita do Lótus (Pagode Lien Phai) 167
Senhora Chua Kho 34
Serviços postais 278-9
Seventeen Cowboys (Hanói) 262, 263
Shiva
  Angkor 208, 213, 225
  My Son 134, 136
Siem Reap 208, 210, **212**
  código de área 229
  hotéis 228, 241
  mapa 212
  restaurantes 228-9, 253
Siem Reap Angkor Visitors Guide 228
Sin Chai 201
Singapore Airlines 280, 281
Sinhbalo Adventure Travel (HCM) 283
Siva *veja* Shiva
Snorkel e mergulho com tanque 264, 267
  ilha Phu Quoc 105
  praias ao redor de Nha Trang 115
Soc Trang 88, 90, **100**
  hotéis 238
  restaurantes 248
Sofitel Legend Metropole Hotel 10, 157, **166**, 240
Sofitel Vinpearl Resort (Nha Trang) 115
Son Doong (Caverna Phong Nha) 155
Son La 183, **198-9**
  clima 38
  hotéis 241
  represa Son La 199
Son My 107, 123
Song Cuu Long *veja* rio Mekong
Song Da, vale (Hoa Binh) 198
  reservatório 198
Song Huong *veja* rio Perfume

Spas 267
SpiceRoads 266, 267
Stern, Philippe 137
Sun Spa Resort (Dong Hoi) 233, 239
Sun Yat Sen 79
Suoi Nuoc Nong (Son La) 199
Suoi Tien (praia Mui Ne) 111
Suoi Voi **140-1**
Surfe 264, 267
  praia da China 137, 264
  praia Mui Ne 55, 111, 264
Suryavarman I, rei 223
Suryavarman II, rei 209, 216, 217

T

Ta Phin, vila (Sapa) 201
Ta Prohm 210, **224**
Tai 24, 25, 183
  branco 198
Tam Coc 195
Tam Giao 26
  veneração dos ancestrais e dos espíritos **27**
Tam Spa (Phan Thiet) 267
Tam Tam Café & Bar (Hoi An) 262, 263
Tan My (Hanói) 256, 257
Taoísmo 19, **26**
Tarifas aéreas 284-5
Tartaruga-asiática-de-três-listras 23
Tartaruga-verde 194
Taxa de embarque 281
  Angkor 227
Táxi 284, 285
  nos aeroportos 280-1
Tay 201, 204
Tay, povo 204
Teatro da Juventude (Hanói) 261, 263
Teatro de Artes Tradicionais (Hoi An) 261, 263
Teatro de Marionetes na Água **163**
Teatro de Ópera Clássica (Danang) 261, 263
Teatro Kim Dong (Hanói) 260, 263
Teatro moderno 261, 263
Teatro Municipal 11, 58, 61, **62**
  apresentações 261
Teatro Nacional Cheo (Hanói) 261, 263
Teatro Real (Cidadela de Hue) 144, 146
Teatro Thang Long de Marionetes na Água (Hanói) **162**, 260
  veja também Marionetes na Água
Teatros 261-2, 263
Teleférico de Dalat 120
Telefones 229, 278
Televisão e rádio 279
Temperatura 38-9, 270
Templos de Angkor **213-25**
  Angkor Thom **220-2**
  Angkor Wat **216-7**
  Bakong (Grupo de Roluos) 225
  Banteay Srei 225
  Baphuon (Angkor Thom) 222
  Bayon (Angkor Thom) 220-21
  Grupo de Roluos 225
  horários 228
  ingressos 228
  Lolei (Grupo de Roluos) 225
  Phimeanakas (Angkor Thom) 222
  Phnom Bakheng 213
  Prasat Kravan 224-5
  Preah Khan 213
  Preah Neak Pean 224
  Preah Palilay 222-3
  Ta Prohm 224
  Templo dos Quatro Rostos (Preah Khan) 213
  Tep Pranam (Angkor Thom) 222-3

ÍNDICE GERAL

Templos
  Angkor *veja* Templos de Angkor
  Den Ngoc Son (Hanói) 164
  Sede Sagrada do Cao Dai (HCM) **78-9**
  Templo Bai Dinh (Ninh Binh) 195
  Templo Bach Ma (Hanói) 161, **162**
  Templo Cao Dai (Danang) 138
  Templo Chau Phu (Chau Doc) 104
  Templo da Literatura (Hanói) 10, **170-1**
  Templo da Literatura (Hue) 152
  Templo de Confúcio (Templo da Literatura) 171
  Templo Hai Ba Trung (Hanói) **167**
  Templo Hindu Mariamman (HCM) **70**
  Templo Hon Chen (Hue) 152
  Templo Le Van Duyet (HCM) **68**
  Templo Mo Co (Long Hai) 80
  Templo Munirangsyaram (Can Tho) 98
  Templo Nguyen Trung Truc (Rach Gia) 102
  Templo Phat Thay Tay An (Chau Doc) 104
  Templo Quan Thanh (Ho Tay) 172
  Templo Thach Dong (Ha Tien) 104
  Templo Van Thanh Mieu (Vinh Long) 94
  Templos dos Reis Hung (Hanói) **177**
  veja também Pagodes
Tep Pranam (Angkor Thom) 222-3
Terminais de ônibus 283
Terra de paixões 71
Tet Nguyen Dan **32-3**, 34, 164, 270
  Imperador de Jade 67
  viajar durante 280
  xadrez humano 33, 170
Tet, fogos de artifício no **33**
Thac Bac 201
Thac Ban Gioc 204
Thai Airways 280, 281
Than Tai 98
Thang (Hoi An) 256, 257
Thang Loi Hotel (Hanói) 264, 267
Thang Long 44, 45, 46
  capital 157, 162
  fundação de **164**
Thanh Lam, lagoa (praia Thuan An) 141
Thap Ba Hot Springs (Nha Trang) 112, 114, 267
Thap Doi Cham (Quy Nhon) 13, 123
Thap Poshanu (Phan Thiet) 110
Thap Rua, pagode (lago Hoan Kiem) 164
Thay, pagode (Hanói) 10, 30, **177**
  Festival de Marionetes na Água 34
The Huc (lago Hoan Kiem) 164, 174-5
The Lost Art (HCM) 256, 257
The Mieu (Cidadela de Hue) 144, 147
The Sinh Tourist (HCM) 265, 273, 285
The Spotted Cow (Hanói) 262, 263
The Word 260
Thich Quang Duc 148
Thien Duong 155
Thien Hau 74, 129, 132
Thien Vien Truc Lam (Dalat) 120
Thieu Tri 46, 142
  túmulo de 149
Things of Substance (Hanói) 256, 257
Thoi Son (ilha Fênix) 93
Thuc Phan 41
Tien Hoang De, imperador 164, 195
Tigre-da-indochina 205
Tinh Do Cu Si 92
TNK Travel (HCM) 273, 285

Topas Adventure (Hanói) 265, 267
Torre da Tartaruga *veja* Thap Rua
Torre das Cinco Fênix (Cidadela de Hue) 146
Torres Cham de Thap Yang Prong (Nha Trang) 122
Torres Cham Po Nagar (Nha Trang) 55, 113
Tra Kieu 138, 139
Tra Vinh 54, 90, **93**
  hotéis 238
Tran Duc Luong 51
Tran Hung Dao, general 44, 164, 188, 189
Tran Luc 195
Tranh Nhan Trong, rei 189
Transporte local **284-5**
Traveler's checks 276
Tre Nho, ilha (ilhas Con Dao) 102
Trekking 265, 267
  Cao Bang 204
  Parque Nacional Bach Ma **140**, 265
  Parque Nacional Cat Ba (ilha Cat Ba) 193, 265
  Parque Nacional Cuc Phuong **197**, 265
  Sapa **200-1**, 265
  vale Mai Chau 198
Três santos, Os (Sede Sagrada do Cao Dai) 79
Tri Nguyen 114
Trieu Da, general 42
Trilha da Cachoeira dos Cinco Lagos (Parque Nacional Bach Ma) 140, 265
Trilha Ho Chi Minh 48, 153, **155**
Trinh Thap, senhor 167
Trinh, senhores 45, 154, 167, 172
Tristeza da guerra (Bao Ninh) 19
Troung Tan Sang 20
Truong Chinh 199
Tu Dao Hanh 177
Tu Duc, imperador 46
  túmulo do 149, 150-51
Tuan Travel (HCM) 273
Túmulos
  de famílias 26, 32
  de Nguyen Sinh Sac (Cao Lanh) 94
  de Soldados Espanhóis e Franceses (Danang) 138
  Mac (Ha Tien) 104
  reais (Hue) 12, **149**
Túneis, complexos de **77**
  Ben Duoc 76
  Cu Chi **76**
  Vinh Moc **154**
Tuong 29, 260
Tur (Buon Ma Thuot) 121
Turismo 20, 21, 270

U

Udayadityavarman II, rei 219, 222
Última Dinastia Le 44-5
União Indochinesa, criação da 46
Urso-negro-asiático 23
USS *Maddox* 48

V

Vacinas 271, 275
  Angkor 229
Van Don, ilha (baía Bai Tu Long) 192
Van Thieu, presidente 65
Vasco's 262, 263
Vauban, Sebastien de 144
Veloasia (HCM) 266, 267
Vendedores ambulantes 255
Veneração dos antepassados 26, **27**, 35
  no Tet Nguyen Dan **32**

Veneração dos espíritos 27
  veja também Veneração dos antepassados
Verão no Vietnã 35-6, 275
Viagem de trem 282, 283
Viagens aéreas 280-1
  aeroportos internacionais 280
  Angkor 226, 227
  empresas aéreas domésticas 282, 285
Victoria Hoi An Beach Resort and Spa (Hoi An) 132, 239
Victoria Hotels 233
Vida marinha **22-3**, **194**
  veja também Parques Nacionais e reservas; Flora, Fauna e Pássaros
Vien Dong Hotel (Nha Trang) 261, 263
Vien Thuc 118-9
Vientindo Travel (Hanói) 285
Viet Hien (Hanói) 256, 257
Viet Kieu (vietnamitas refugiados) 18, 270
Viet Kinh *veja* Kinh
Viet Minh 47, 173, 183 199
Viet Nam News 260, 279
Vietcongue 48, 76, 94
Vietnã em filmes **71**
Vietnã, norte do **182-205**
  baía de Halong 186-8
  como circular 185
  flora, fauna e pássaros do norte do Vietnã **205**
  hotéis 240-1
  mapa 184-5
  Pagode do Perfume 196-7
  povo *hmong* do norte do Vietnã **202-3**
  recifes de coral e vida marinha no Vietnã **194**
  restaurantes 252-3
Vietnã, sul do *veja* Delta do Mekong e sul do Vietnã
Vietnam Air Service Company (VASCO) 282, 283
Vietnam Airlines 280, 281
Vietnam Golf and Country Club (HCM) 265, 267
Vietnam Lodging 234, 235
Vietnam Pathfinder 260
Vietnam Stay 234, 235
Vietnam Tourism (Hanói) 273
Vietnamitas refugiados *veja* Viet Kieu
Vilas flutuantes 103
  baía de Halong 187, 188, 190-1
Vina Express 283
Vincom Mega Mall (Hanói) 255, 257
Vincom Shopping Center (HCM) 61, 255, 257
Vinh
  hotéis 239
Vinh Long **94**
  hotéis 238
  passeio de barco **95**
  restaurantes 248
Vinh Moc 125
  túneis 153, **154**
Vishnu 208
  Angkor Thom 220
  Angkor Wat 216
  Prasat Kravan 224
Vistos 270-1
  Angkor 226-7
Vo Nguyen Giap, general 47, 153, 173
Voice over Internet Protocol 278
Vung Tau **80**
  hotéis 237
  restaurantes 247
Vuon Co Thap Muoi 94

W

Wat Thmei (Siem Reap) 212
Westmoreland, William 153
Whale Island Resort (Nha Trang) 264, 267
White Marble 270, 271
Why Not Bar (Hue) 262, 263
Windsurfe 264, 267
  praia Mui Ne 111

X

Xadrez humano 33, 170
Xeo Quyt 94
Xich Qui, primeiro reino vietnamita 41

Y

Yaly Couture (Hoi An) 256, 257
Yasovarman I, rei 208–9, 213, 225
Yen Ky Sinh 189
Yersin, Alexandre 112-3, 118

Z

ZanZBar (HCM) 262, 263
Zodíaco, simbolismo dos signos do 35
Zona Desmilitarizada (DMZ) 17, 125, 126, **153**
Zoológico e jardim botânico de Saigon 11, 65

Agradecimentos

A Dorling Kindersley gostaria de agradecer às seguintes pessoas, cuja contribuição e assistência tornaram possível a preparação deste livro:

Colaboradores
Andrew Forbes é bacharel em chinês e doutor em história da China. Mora em Chiang Mai, na Tailândia, há vinte anos, onde é editor da CPA Media (www.cpamedia.com). Visitou o Vietnã anualmente na última década.

Richard Sterling escreve sobre viagens a partir da Grande São Francisco. Ganhou o Prêmio Lowell Thomas de literatura de viagem. Já fez muitos textos sobre o Vietnã e visita a região todos os anos.

Conferência de Informações
Adam Bray, Nam Nguyen, Nick Ray

Revisão
Shahnaaz Bakshi

Indexação
Jyoti Dhar

Dorling Kindersley, Londres
Editor Douglas Amrine
Gerentes Editoriais Jane Ewart, Scarlett O'Hara, Kate Poole
Editora Kathryn Lane
Editor do Projeto Ros Walford
Editores de Arte Gadi Farfour, Kate Leonard
Equipe de Revisão Alexandra Farrell, Emer FitzGerald, Fay Franklin, Anna Freiberger, Rhiannon Furbear, Camilla Gersh, Kaberi Hazarika, Jacky Jackson, Claire Jones, Sumita Khatwani, Priya Kukadia, Maite Lantaron, Hayley Maher, Alison McGill, Vikki Nousiainen, Catherine Palmi, Susie Peachey, Marianne Petrou, Khushboo Priya, Ellen Root, Sands Publishing Solutions, Janis Utton, Ajay Verma
Editor Sênior de Cartografia Casper Morris
Editoração Eletrônica Natasha Lu
Assistente de Pesquisa Iconográfica Rachel Barber
Biblioteca de Imagens da DK Romaine Werblow
Equipe de Mídia Digital Fergus Day
Controle de Produção Louise Daly

Fotografias Adicionais
Simon Bracken, Adam Bray, Eric Crichton, Tim Draper, Robin Forbes, Ken Findlay, Frank Greenaway, Colin Keates, Dave King, David Mager, Ian O'Leary, David Peart, Roger Smith, Kavita Saha, Kim Taylor, Álvaro Velasco, Jerry Young.

Auxílio Especial
A Dorling Kindersley gostaria de agradecer o auxílio dessas pessoas e instituições: Ton Sinh Thanh, e Nguyen Luong Ngoc, Embaixada da República Socialista do Vietnã em Nova Déli, na Índia; Pham Ngoc Minh, Buffalo Tours Vietnam; e todos os museus, igrejas, hotéis, restaurantes, lojas, galerias e atrações – numerosos demais para citar individualmente.

Créditos de Cartografia
Netmaps – Mapas básicos de Ho Chi Minh e de Hanói.

Créditos das Fotografias
a = acima; b = abaixo; c = centro; f = afastado; e = esquerda; d = direita; t = topo.

A Dorling Kindersley agradece aos seguintes indivíduos, empresas e bibliotecas de imagens por permitirem a reprodução de suas fotografias:

4Corners Images: Amantini Stefano 2-3.

akg-images Ltd: 53c; Amelot 6-7; François Guénet 259cd.

Alamy: A.M. Corporation 5te, 134be, 185td; Arco Images 22be; Bill Bachmann 69tc; Oliver Benn 109bd, 118ce; Blickwinkel 22cb, 101cdb, 205cdb; Tibor Bognar 94te, 235bd; Jon Bower 219td, 220ca, 224be; Rachael Bowes 49be; Paul Carstairs 27bd; Rob Cousins 3c, 17b; FLPA 186te; Glow Images 28te, 30ceb, 259bd; Alex Griffiths 27cd, 196ceb; Gavin Hellier 209t; Henry Westheim Photography 24td, 205cea; Hornbil Images Pvt Ltd 23ceb; Jeremy Horner 99ca; Imagebroker 103cda, 218cdb; ImageState 43t, 150-1; Index Stock 170cea; Ingo Jezierski 36cd; Jon Arnold Images 16, 18te, 156, 206-7, 208be; Elmari Joubert 186bc; E.J. Baumeister Jr 29bd; Christian Kober 29td; Serge Kozak 67bd; Kevin Lang 29be, 32be, 54cdb, 103cdb, 124,170bd; Barry Lewis 33be; Mary Evans Picture Library 44bd, 207c; Neil McAllister 131cdb, 132bd, 164te, 171te, Chris McLennan 163c, 164cd; Nic Cleave Photography 218be; David Osborn 22ceb; Papilio 101ceb; Edward Parker 196td; Paul Thompson Images 233be; Photobyte 203be; Photofrenetic 23ca, 102c; Photoz.at 133be; Pictorial Press Ltd 63cdb; Christopher Pillitz 268-9; Nicholas Pitt 265td; Popperfoto 48td, 49cdb; Royal Geographical Society 54cea; Marcus Wilson-Smith 23cda; Stephen Frink Collection 194be; The Photolibrary Wales 94be; Tribaleye Images/J. Marshall 183b; Ian Trower 28bc; Visual Arts Library (London) 41bd; Andrew Woodley 118td, 200be; WorldFoto 196cea.

Ardea.com: Jean Paul Ferrero 205c; Masahiro Iijima 205be; Jean Michel Labat 23bd; **Asian Explorers:** Timothy Tye 219te.

Adam Bray ©2008: 120td, 178ca, 284bd.

The Bridgeman Art Library: Archives Charmet/Private Collection The arrival of French troops in the Bay of Haiphong in June 1884 (colour litho), Vietnamese School (19th century) 46te; Archives Charmet/ Bibliotheque Nationale, Paris, France The Tours Congress, Ho Chi Minh (1890-1969) from 'L'Humanite', December 1920 (b/w photo) 173cda; Juliet Bui: 102td.

Corbis: 23bc, 265ce; Asian Art & Archaeology, Inc 41c;

AGRADECIMENTOS | 299

Bettmann 47bd, 48ce, 48bc, 48be, 49te, 49td, 49c, 49ceb, 49cdb, 50be, 50bd, 155cdb, 173cd, 173be; Christophe Boisvieux 32bd, 33cda, 34bc, 247c; Corbis Sygma/J.P. Laffont 50ceb, /Jacques Langevin 50td, /Les Stone 271bd, / Orban Thierry 173bd; Natalie Fobes 24bd, 37te; Owen Franken 78cea, 187cd; Michael Freeman 108ce, 136ce; Philippe Giraud 160cea; Robert van der Hilst 247te; Jeremy Horner 103ceb; Hulton-Deutsch Collection 46cb, 173ce; Catherine Karnow 24-5c, 32te, 186cea, 190-1, 261cb; Charles & Josette Lenars 42tc; Luong Thai Linh/Epa 260ca; Christophe Loviny 219cd; Wally McNamee 49bd; Kevin R. Morris 213te, 222bd; David A. Northcott 23c; Tim Page 35be, 36te, 123bd; Papilio/John R. Jones 24cea, 29cea, 29cda, 45tc; Steve Raymer 17b, 25te, 25td, 29cd, 34tc, 170cda, 171cea, 271te; Reuters/Dien Bien Phu Museum 47cdb; Roman Soumar 76te; Keren Su 23fcra; Luca Tettoni 267td; Brian A. Vikander 67te; Nevada Wier 28cda, 31cdb, 34cd, 35te; Alison Wright 202ceb; Michael S. Yamashita 103be; Zefa/Gary Bell 194cea.

CPA Media: 26be, 42ceb, 44c, 46bc, 47tc, 48cdb; Jim Goodman 28td, 28bd, 33cd; David Henley 26te, 27ce, 27ceb, 33ceb, 139ce, 139c.

David J. Devine: 48te. **Fusion Maia Da Nang resort:** 232be.

Frank Lane Picture Agency Limited: Colin Marshall 182.

Getty Images: AFP 284bd; AFP/Hoang Dinh Nam 28cea; Asia Images/Martin Puddy 196td; Eternity in an Instant 51cdb; Iconica/John W. Banagan 107b; Photographer's Choice/John W. Banagan 101ce; Planet Observer/Universal Images Group 15td; Riser: Astromujoff 14be; Robert Harding World Imagery: 22cda, Robert Francis 115cdb, 246ce, Occidor Ltd 203bd; The Image Bank/Peter Adams 20be; Time Life Pictures/Larry Burrows: 48-9c, Stringer 48ceb; Stone/Simeone Huber 214-5.

Hotel Continental Saigon: 61td, 232cd.

Tran Linh: 36bd.

Lonely Planet Images: John Banagan 4bd, 96-7, 106, 116-7, 230-1; Anders Blomqvist 52-3, 157b, 210be; Alain Evrard 23cea; Mason Florence 88, 168te; Kraig Lieb 122te; Craig Pershouse 197be; Peter Ptschelinzew 44te; Patrick Ben Luke Syder 27cea.

Mary Evans Picture Library: 7c, 26td, 26ceb, 40, 47be, 231c, 269c.

Masterfile: Pierre Arsenault 22cea, 89b.

naturepl.com: Jeff Foott 22c; David Kjaer 140c; Pete Oxford 205cd; **Ngoc:** 33cea; **Ngoc Dong Ha Nam Co. Ltd:** 259ceb, 259cb, 259fclb, 259bc; **Phong T. Nguyen:** 28ceb, 28cdb, 29ce.

Mick Palarczyk: 9bd; **Peter Pham:** 202bd; **Photographersdirect.com:** Images & Stories 202td; Jamie Marshall Photography 203te; Peter Schickert 197te; Steve MacAulay Photography 203td; tanchouzuru.com 55cd; Tanya D'Herville Photography 9ce.

Photolibrary: Oxford Scientific Films/Mary Plage 81bd.

Reuters: Larry Downing 51tc, 51bc; Kham 82tc; Nguyen Huy Kham 24ceb.

Rex Hotel: 64te.

Stars & Stripes: Fotografia de John Olson – "Cu Chi, Vietnã do Sul, novembro de 1967: Colt .45 e lanterna na mão, com máscara contra gases, "ratos de túnel" Sp4 Richard Winters do 2º Batalhão, 27ª Infantaria, 25ª Divisão de Infantaria, abaixa-se prudentemente num túnel vietcongue de mais de 3km, encontrado no "Triângulo de Ferro" do Vietnã 77cda;

swright.smugmug.com: Steven L. Wright 99be.

Sun Group Corporation: 137t.

Terra Galleria Photography: Q.T. Luong 69bd, 155td.

Louis Vuitton: 61te.

Wikipedia.com: Public Domain 43 bc; **World Pictures:** Eur 188b; Stuart Pearce 105be.

Guarda da frente: **Alamy:** Jon Arnold Images c, td; Kevin Lang cea; **Frank Lane Picture Agency Limited:** Colin Marshall te; **Lonely Planet Images:** John Banagan cd; Mason Florence be.

Créditos das Imagens da Capa
Frente – AWL Images: Keren Su; Dorling Kindersley: Demetrio Carrasco be; Lombada – AWL Images: Keren Su.

Todas as outras imagens © **Dorling Kindersley**
Para mais informações, acesse www.dkimages.com

Frases

O vietnamita pertence ao grupo *mon-khmer* da família linguística austro-asiática. Além do vietnamita padrão, falado na área de Hanói, há diversos dialetos, dos quais os mais importantes são o da região Centro-Sul. Eles se diferenciam principalmente na fonética (por exemplo: têm menos tons que o vietnamita padrão) e no léxico, e não na gramática.

Durante séculos, o chinês *(chu han)* foi o idioma oficial da administração e da educação, pois não havia escrita vietnamita. Mais tarde, uma escrita especial, chamada *chu nom*, foi criada para registrar a língua nativa. Por volta do século XVII, surgiu uma escrita romanizada, o *quoc ngu*, elaborada por missionários católicos do Sudeste Asiático, um modo simples de transcrever o vietnamita *(p. 41)*. Com a chegada dos franceses, o *quoc ngu* foi adotado oficialmente. Apesar da oposição inicial à nova escrita, considerada instrumento do regime colonial, o fato é que ficou relativamente fácil aprender o idioma, e as críticas foram vencidas.

Os Seis Tons

O vietnamita é um idioma tonal, o que significa que a mesma palavra pode ser pronunciada com entonações diferentes. O vietnamita padrão tem seis tons, marcados por sinais diacríticos geralmente colocados acima da vogal.

O tom pode afetar profundamente o significado da palavra. Por exemplo: ma tem seis significados, conforme a entonação. Na tabela abaixo, os sinais diacríticos indicam o tom de cada sílaba:

Ma (fantasma)	Tom alto e uniforme
Mà (mas)	Tom baixo (decrescente) e uniforme
Mã (cavalo)	Tom ascendente irregular, com oclusão glotal
Mả (sepultura)	Tom decrescente-ascendente
Má (bochecha)	Tom ascendente
Mạ (muda de arroz)	Tom descendente pronunciado, com oclusão glotal

Termos de Parentesco

As palavras que indicam relações familiares são usadas quando as pessoas se dirigem umas às outras. A escolha da expressão depende de: gênero, posição social e grau de intimidade entre os falantes. Os termos mais comuns são:

Anh (irmão mais velho), ao falar com jovens do sexo masculino.
Chị (irmã mais velha), feminino de **anh**.
Em (irmãos mais novos) ao falar com alguém mais novo que você.

Ông (avô) ao falar com homem mais velho, de modo formal e respeitoso (senhor).
Bà (avó) ao falar com mulher mais velha, de modo formal e respeitoso (senhora).
Cô equivale a "senhorita".

Guia de Pronúncia

As consoantes é abaixo oferecem dificuldade de pronúncia. Pronuncie:

d	como em Zoo (no norte) / como em lodo (no sul)
đ	como em Dado
gi	como em Zoo (no norte) / como em lodo (no sul)
kh	K aspirado
ng	n nasal, como em correNdo
ngh	n nasal, como em correNdo
nh	como em liNHa
r	como em zebRa
t	como em Topo
th	como em Topo
tr	como em TCHeco
x	como em Selo

A pronúncia das vogais é a seguinte:

a	como em tEste
â	como **ơ** porém mais breve
ă	como em pÂnico
e	como em Endereço
ê	como em amEba
i	como em Inglês
o	como em fOra
ô	como em bOia
ơ	como em Ônibus
u	como em sUco
ư	como em ontEm

Comunicação Essencial

Alô!	Xin chào!
Até logo!	Tạm biệt!
Sim/não	Vâng/không
Eu entendo	Tôi hiểu
Eu não entendo	Tôi không hiểu
Eu não sei	Tôi không biết
Obrigado(a)	Cám ơn!
O senhor fala inglês?	Anh/chị có biết tiếng Anh không?
Eu não sei falar vietnamita.	Tôi không biết tiếng Việt
Sinto muito/Desculpe!	Xin lỗi!
Não há de quê	Không dám
Entre, por favor!	Mời anh/chị vào!
emergência	Cấp cứu
polícia	Công an
ambulância	Xe cấp cứu
bombeiros	Cứu hỏa

Frases Úteis

Eu me chamo...	Tên tôi là …
Como você se chama?	Tên anh/chị là gì?
Como vai/ prazer em conhecê-lo(a).	Rất hân hạnh được gặp anh/chị
Como vai?	Anh/chị có khỏe không?
Trabalha em quê	Anh/chị làm nghề gì?
Quantos anos você tem?	Anh/chị bao nhiêu tuổi?
Qual é a sua nacionalidade?	Anh/chị là người nước nào?
O que é isto?	Dây là cái gì?
Tem... aqui??	Ở đây có… không?
Onde fica...?	…. ở đâu?
Quanto custa?	Cái này giá bao nhiêu?
Que horas são?	Bây giờ là mấy giờ?
Parabéns	Chúc mừng
Onde fica o banheiro/sanitário?	Phòng vệ sinh ở đâu?

Palavras Úteis

eu	tôi
homem	đàn ông
mulher	đàn bà
família	gia đình
pais	bố mẹ/cha mẹ/ ba má
pai	bố/cha/ba
mãe	mẹ/má/mạ
irmão mais novo	em trai
irmão mais velho	anh trai
irmã mais nova	em gái
irmã mais velha	chị
grande/pequeno	to/nhỏ
alto/baixo	cao/thấp
quente/frio	nóng/lạnh
bom/mau	Tốt/xấu
jovem/idoso	trẻ/già
velho/novo	cũ/mới
caro/barato	đắt/rẻ
aqui	đây
lá	kia
O quê?	gì?
Quem?	ai?
Onde?	(ở) đâu?
Por quê?	(tại) sao?
Como? Como é?	thế nào?

Dinheiro

Quero trocar US$100 por moeda vietnamita.	Tôi muốn đổi 100 đô la Mỹ ra tiền Việt.
taxa de câmbio	tỷ giá hối đoái
Gostaria de descontar travelers' checks.	Tôi muốn đổi séc du lịch này ra tiền mặt.
banco	ngân hàng
dinheiro/dinheiro vivo	tiền/tiền mặt
cartão de crédito	thẻ tín dụng
dólares	đô la
libras esterlinas	bảng
dong vietnamita	đồng (Việt Nam)

Telefone e Correio

Gostaria de fazer uma ligação telefônica.	Tôi muốn gọi điện thoại.
Gostaria de fazer uma chamada internacional.	Tôi muốn gọi điện thoại quốc tế.
telefone celular	máy điện thoại di động
auxílio à lista	chỉ dẫn điện thoại
cabine de telefone público	trạm điện thoại công cộng
código de área	mã (vùng)
agência do correio	bưu điện
selo	tem
carta	thư
carta registrada	thư bảo đảm
endereço	địa chỉ
rua	phố
cidade	thành phố
vila	làng

Compras

Onde posso comprar...?	Tôi có thể mua .... ở đâu?
Quanto custa?	Cái này giá bao nhiêu?
Posso experimentar?	Tôi mặc thử có được không?
Quanto?	Bao nhiêu?
Quantos?	Mấy?
caro/barato	đắt/rẻ
pechinchar	mặc cả
tamanho	số, cỡ
cor	màu
preto	đen
branco	trắng
azul	xanh da trời
verde	xanh lá cây
vermelho	đỏ
marrom	nâu
amarelo	vàng
cinza	xám
livraria	hiệu sách
loja de departamentos	cửa hàng bách hóa
mercado	chợ
farmácia	hiệu thuốc
supermercado	siêu thị
loja de suvenires	cửa hàng lưu niệm
suvenires	đồ lưu niệm
laqueado (pintura)	tranh sơn mài
pintura em seda	tranh lụa
estátua de madeira	bức tượng gỗ
lenço de seda	khăn lụa
toalha de mesa	khăn trải bàn
bandeja	khay
vaso	lọ hoa

Turismo

agência de viagem	công ty du lịch
Onde vendem passagens (avião) internacionais?	Phòng bán vé máy bay quốc tế ở đâu?
Vietnam Airlines	Hãng hàng không Việt Nam
praia	bãi
baía	vịnh
minoria étnica	dân tộc ít người
festival	lễ hội
ilha	hòn đảo
lago	hồ
floresta, selva	rừng
montanha	núi
rio	sông
templo	đền
museu	bảo tàng
pagode	chùa
interior, região rural	nông thôn
caverna, gruta	hang

Para Circular

estação de trem	nhà ga
aeroporto	sân bay
passagem aérea	vé máy bay
terminal de ônibus	bến xe búyt
passagem, bilhete	vé
passagem de ida	vé một lượt
passagem de ida e volta	vé khứ hồi
táxi	tắc xi
aluguel de carrol	thuê xe ô tô
carro	xe ô tô
trem	xe lửa
avião	máy bay
motocicleta	xe máy
bicicleta	xe đạp
ciclorriquixá, ciclo	xích lô
Quanto tempo leva até...?	Đi .... mất bao lâu?
Conhece a estrada...?	Anh/chị có biết đường .... không?
Fica longe?	Có xa không?
Vá reto.	Đi thẳng.
vire	rẽ
esquerda	trái
direita	phải
passaporte	hộ chiếu
visto	thị thực
alfândega	hải quan

Em Hotéis

hotel	khách sạn
hospedaria	nhà khách
quarto (solteiro, casal)	phòng (đơn, đôi)
ar-condicionado	máy lạnh
número do passaporte	số hộ chiếu

Em Restaurantes

Gostaria de reservar uma mesa para dois.	Tôi muốn đặt trước một bàn cho hai người.
garçom	người phục vụ
Posso ver o menu?	Cho tôi xem thực đơn
Tem algum prato especial hoje?	Hôm nay có món gì đặc biệt không?
O que gostaria de pedir?	Anh/chị muốn gọi gì?

Pode trazer, a conta?	Anh/chị cho hóa đơn	maçã	táo
Sou vegetariano(a).	Tôi ăn chay.	manga	xoài
saboroso/delicioso	ngon/ngon tuyệt	manteiga	bơ
apimentado	cay	menu	thực đơn
doce	ngọt	molho de peixe	nước mắm
ácido, azedo	chua	molho de soja	tương
amargo	đắng	ovo	trứng
café da manhã	bữa ăn sáng	pão	bánh mì
palitinhos (hashi)	đôi đũa	papaia	đu đủ
faca	dao	pato	vịt
garfo	nĩa	peixe	cá
colher	thìa	pêssego	đào
beber	uống	pimentão	hạt tiêu
comer	ăn	rã	ếch
com fome/com sede	đói/khát	rambotã	chôm chôm
restaurante	hiệu ăn, nhà hàng	rolinho primavera	nem rán (chả giò)
comida ocidental	món ăn Âu	sal	muối
especialidades vietnamitas	đặc sản Việt Nam	salada	xà lách
		sobremesa	(món) tráng miệng
		sopa	xúp
		sopa de talharim com carne/frango	phở bò/gà
		sopa de talharim vietnamita	phở

Comidas

açúcar	đường	sorvete	kem
arroz	gạo	talharim	mì, miến
arroz cozido	cơm	tangerina	quít
arroz não glutinoso	gạo (cơm) tẻ	vegetais	rau
arroz-glutinoso	gạo (cơm) nếp		
banana	chuối		
batata (batata-doce)	khoai tây (khoai)		
bife com cogumelos	bò xào mắm		

Bebidas

bolo	bánh ngọt	chá	trà, chè
broto de bambu	măng	café (com leite)	cà phê (cà phê sữa)
broto de feijão	giá	suco de fruta	nước trái cây
capim-limão	xả	água	nước
caranguejo	cua	água mineral	nước khoáng
carne	thịt	leite	sữa
bem passada,	tái,	refrigerantes	nước ngọt
ao ponto,	vừa,	cerveja	bia
malpassada	chin	vinho	rượu vang
carne bovina	thịt bò	copo	cốc
carne de porco	thịt lợn, thịt heo	garrafa	chai
cebola	hành		
coco	dừa		
cogumelos	nấm		

Saúde

enguia	lươn	O que você tem?	Anh/chị bị làm sao?
entrada	(món) khai vị		
escargô	ốc	acidente (trânsito)	tai nạn (giao thông)
frango	(thịt) gà	acupuntura	châm cứu
fruta	hoa quả, trái cây	alergia	dị ứng
gelo	đá	ambulância	xe cấp cứu
gengibre	gừng	antibiótico	thuốc kháng sinh
lagosta	tôm hùm	coração	tim
leite	sữa	dente	răng
limão	chanh	diabetes	bệnh đái đường
		diarreia	đi ngoài

doença	bệnh	calendário lunar	Âm lịch
dor de cabeça	đau đầu	calendário solar	Dương lịch
dor de dente	đau răng	Ano-Novo vietnamita	Tết Nguyên đán
dor de garganta	viêm họng	Que horas são?	Bây giờ là mấy giờ?
farmácia	cửa hàng thuốc	8h30	tám giờ rưởi
febre	sốt	8h45	tám giờ bốn mươi lăm phút/ chín giờ kém mười lăm (phút)
gripe	cúm		
higiene	vệ sinh		
hospital	bệnh viện		
injeção	tiêm		
injeção contra tétano	tiêm phòng uốn ván	10h15	mười giờ mười lăm phút
insônia	mất ngủ		
intoxicação alimentar	ngộ độc thức ăn	12h	mười hai giờ
malária	bệnh sốt rét	de manhã	buổi sang
medicina vietnamita tradicional	thuốc Nam	ao meio-dia	buổi trưa
		à tarde	buổi chiều
médico	bác sĩ	à noite	buổi tối
operar	mổ	noite	đêm
ouvido	tai		
pressão sanguínea (alta/baixa)	huyết áp (cao/thấp)	**Números**	
receita médica	đơn thuốc	1	một
remédio	thuốc	2	hai
sangue	máu	3	ba
temperatura	sốt	4	bốn
tontura	chóng mặt, hoa mắt	5	năm
tosse	ho	6	sáu
		7	bảy
Tempo e Estação		8	tám
		9	chín
minuto	phút	10	mười
hora	giờ	11	mười một
dia	ngày	12	mười hai
semana	tuần	15	mười lăm
mês	tháng	20	hai mươi
ano	năm	21	hai mươi mốt
segunda-feira	(ngày) thứ hai	24	hai mươi bốn/ hai mươi tư
terça-feira	(ngày) thứ ba		
quarta-feira	(ngày) thứ tư	25	hai mươi lăm
quinta-feira	(ngày) thứ năm	30	ba mươi
sexta-feira	(ngày) thứ sáu	40	bốn mươi
sábado	(ngày) thứ bảy	50	năm mươi
domingo	Chủ nhật	100	một trăm
estação	mùa	101	một trăm linh (lẻ) một
primavera	mùa xuân		
verão	mùa hè/mùa hạ	105	một trăm linh (lẻ) năm
outono	mùa thu		
inverno	mùa đông	200	hai trăm
estação seca	mùa khô	300	ba trăm
estação chuvosa	mùa mưa	1.000	một nghìn/ một ngàn
chuva (está chovendo)	mưa (trời mưa)		
		10.000	mười nghìn/ mười ngàn
vento	gió		
ensolarado	nắng		
tempo, clima	thời tiết		
quente/frio	ấm/lạnh	1.000.000	một triệu

Tudo para uma viagem perfeita.
Conheça todos os títulos da série Guias Visuais.

Guias Visuais
Os guias que mostram o que os outros só contam

África do Sul • Alemanha • Amsterdã • Argentina • Austrália • Áustria • Barcelona e Catalunha
Bélgica e Luxemburgo • Berlim • Brasil • Califórnia • Canadá • Caribe • Chile e Ilha de Páscoa • China
Costa Rica • Croácia • Cuba • Egito • Espanha • Estados Unidos • Estônia, Letônia e Lituânia • Europa
Flórida • França • Holanda • Ilhas Gregas e Atenas • Índia • Inglaterra, Escócia e País de Gales • Irlanda
Istambul • Itália • Japão • Jerusalém e a Terra Santa • Las Vegas • Lisboa • Londres • Madri • México
Moscou • Nova York • Nova Zelândia • Paris • Peru • Portugal, Madeira e Açores • Praga • Roma
São Francisco e Norte da Califórnia • Suíça • Turquia • Vietnã e Angkor Wat
Walt Disney World® Resort & Orlando

Guias Visuais de Bolso
Guia e mapa: a cidade na palma da mão

Amsterdã • Barcelona • Berlim • Boston • Bruxelas, Bruges, Antuérpia e Gent • Budapeste
Edimburgo • Las Vegas • Lisboa • Londres • Madri • Melbourne • Milão • Nova York • Paris • Praga
Roma • São Francisco • São Petersburgo • Sevilha • Sydney • Toronto • Vancouver • Veneza

Top 10
O guia que indica os programas nota 10

Barcelona • Berlim • Bruxelas, Bruges, Gent e Antuérpia • Budapeste • Buenos Aires
Cancún e Yucatán • Cidade do México • Florença e Toscana • Israel, Sinai e Petra
Istambul • Las Vegas • Londres • Los Angeles • Miami e Keys • Nova York • Orlando
Paris • Praga • Rio de Janeiro • Roma • São Petersburgo • Toronto

Estradas
Viagens inesquecíveis

Alemanha • Califórnia • Espanha • França • Inglaterra, Escócia e País de Gales • Itália

Férias em Família
Onde ficar, o que ver e como se divertir

Flórida • Itália • Londres • Nova York • Paris

Guias de Conversação para Viagens
Manual prático para você se comunicar

Alemão • Árabe • Chinês • Espanhol • Europa • Francês • Grego • Holandês
Inglês • Italiano • Japonês • Portuguese • Russo • Tailandês • Tcheco • Turco

Guias de Conversação Ilustrados
Essencial para a comunicação – livro e CD

Alemão • Chinês • Espanhol • Francês • Inglês • Italiano

15 Minutos
Aprenda o idioma com apenas 15 minutos de prática diária

Alemão • Árabe • Chinês • Espanhol • Francês • Inglês • Italiano • Japonês

Confira a lista completa no site da Publifolha
www.publifolha.com.br

Mapa Rodoviário do Vietnã

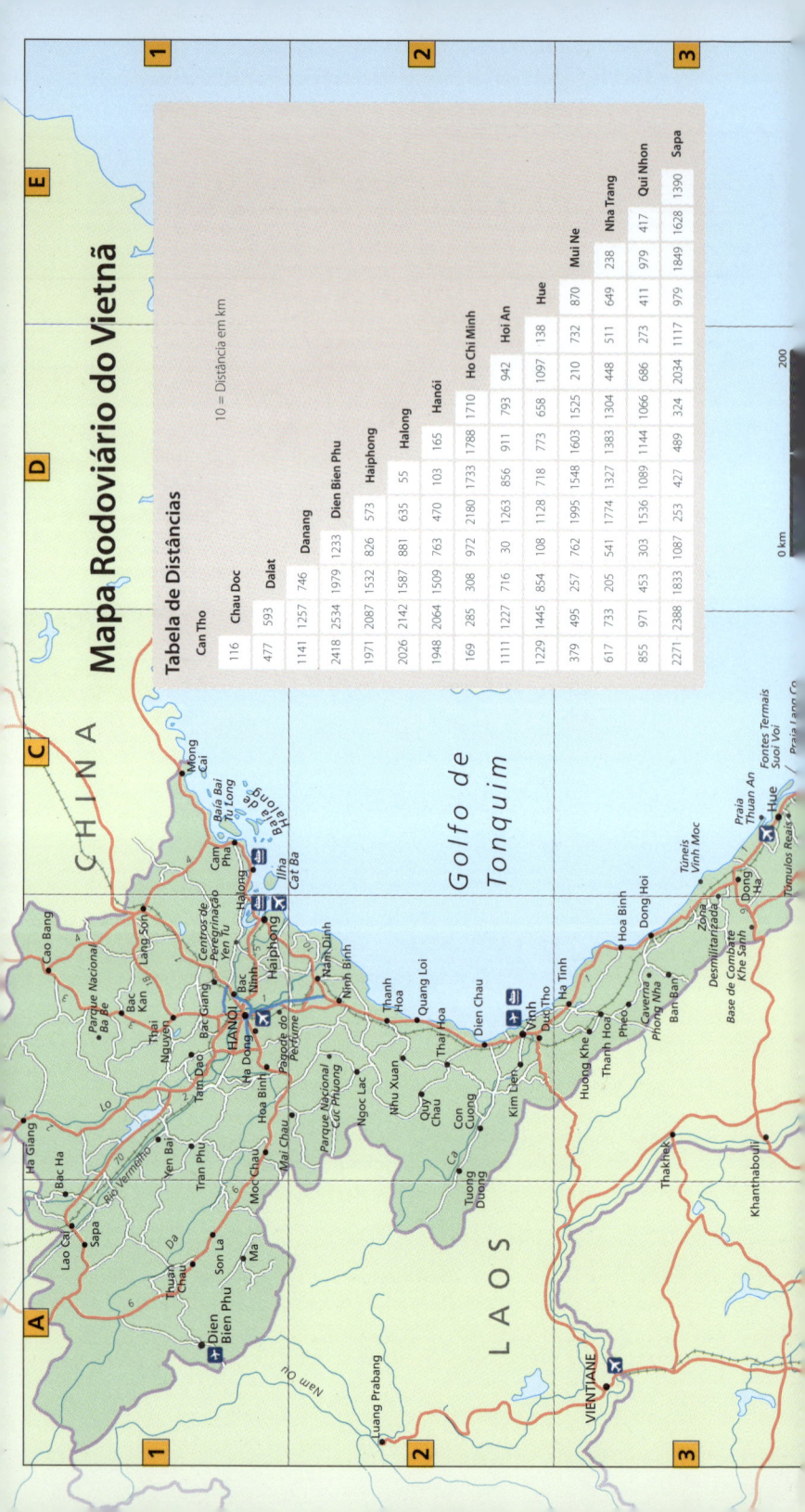

Tabela de Distâncias

10 = Distância em km

Can Tho	Chau Doc	Dalat	Danang	Dien Bien Phu	Haiphong	Halong	Hanói	Ho Chi Minh	Hoi An	Hue	Mui Ne	Nha Trang	Qui Nhon	Sapa
116														
477	593													
1141	1257	746												
2418	2534	1979	1233											
1971	2087	1532	826	573										
2026	2142	1587	881	635	55									
1948	2064	1509	763	470	103	165								
169	285	308	972	2180	1788	1710								
1111	1227	716	30	1263	911	793	942							
1229	1445	854	108	1128	856	658	1097	138						
379	495	257	762	1995	1603	1525	210	732	870					
617	733	205	541	1774	1327	1304	448	511	649	238				
855	971	453	303	1536	1089	1066	686	273	411	979	417			
2271	2388	1833	1087	324	489	427	253	2034	1117	979	1849	1628	1390	

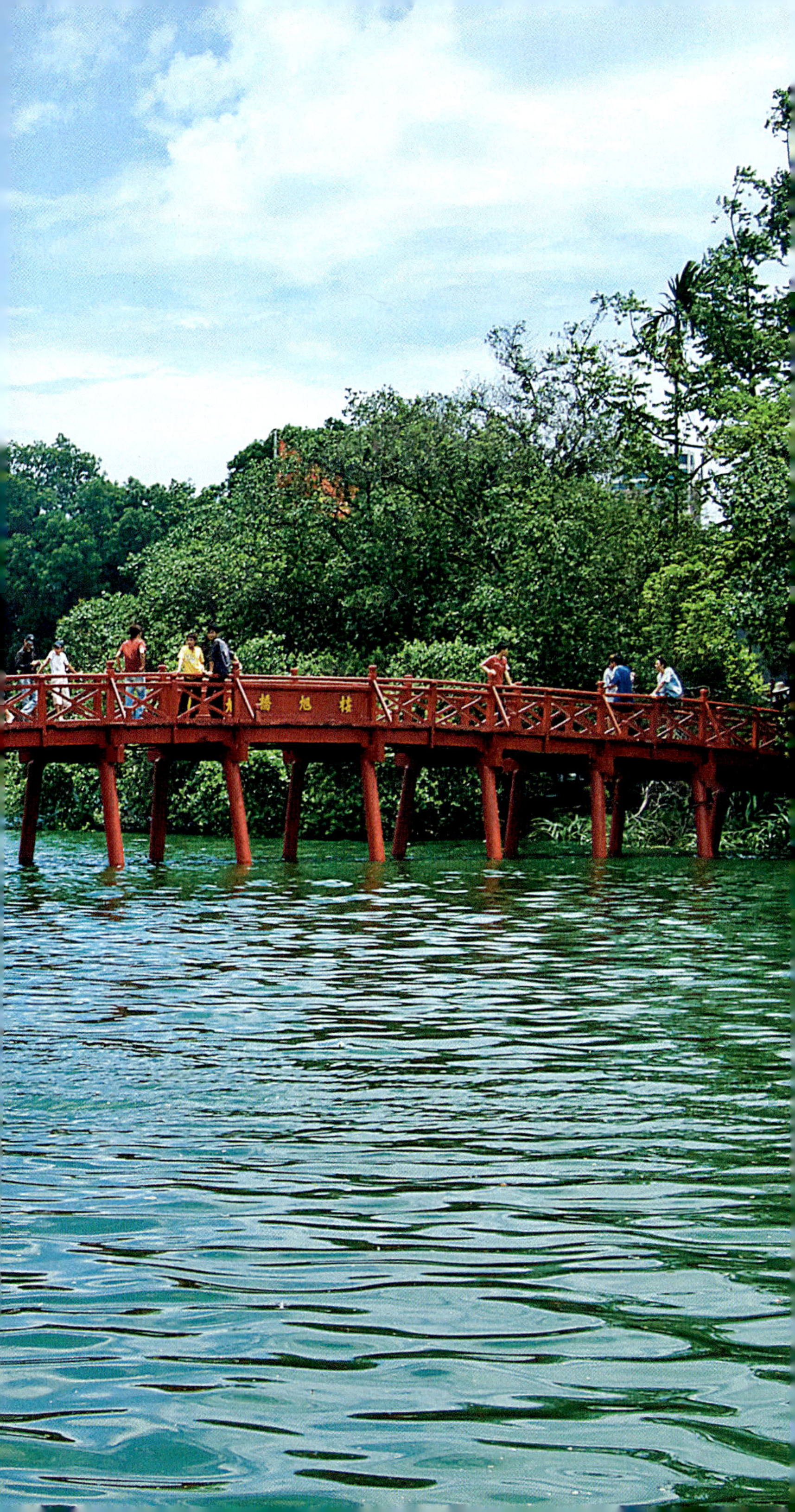

Reconstituição de casa típica do planalto Central, no Museu de Etnologia

㉒ Cidadela de Co Loa

16km ao N de Hanoi, Distrito de Dong Anh. ☐ 8h-17h diariam. Festival de Co Loa (fev).

Essa fortaleza data de um tempo em que a história mitológica evoluía lentamente para fatos históricos. As lendas sobre sua criação e posterior queda vêm da tradição oral. Já foram registradas por escrito, mas é impossível checá-las.

Acredita-se que a cidadela tenha sido construída pelo rei An Duong Vuong (p. 41) no século III a.C., mas ela foi invadida logo depois pelos chineses. Diz a lenda que o filho de um general chinês enganou My Chau, filha de An Duong, para que a moça desse a ele uma besta mágica do rei, que foi usada pelos chineses para derrotar o soberano. Os restos da grande cidadela e a enorme quantidade de pontas de flechas de bronze encontradas enterradas em volta da fortaleza indicam que nela foram travadas batalhas violentas. Hoje existem apenas vestígios da cidadela. No centro do complexo há templos dedicados a An Duong e My Chau. As construções estão bem conservadas, mas foram construídas muito tempo depois da destruição da cidadela, em 208 a.C.

Leões de pedra estilizados montam guarda no exterior do templo do rei An Duong. Um festival importante ocorre no local todos os anos em homenagem ao rei lendário, e uma estátua dele é carregada num palanquim do templo até a *dinh*, ou casa comunitária local. No esforço para promover o turismo e reavivar a cultura tradicional, as festas contam com jogos de xadrez humano, briga de galos, cantos e danças. No último dia, An Duong é carregado com pompa da *dinh* até o templo.

Atualmente o Departamento de Arquitetura e Planejamento de Hanói trabalha na restauração de uma área originalmente coberta pela cidadela.

㉓ Museu de Etnologia

Rua Nguyen Van Huyen 60, Distrito Cau Giay. **Tel** (04) 3756 2193.
☐ 8h30-17h30 ter-dom.
w vme.org.vn

No oeste da cidade, o Bao Tang Dan Toc Hoc (Museu de Etnologia) oferece mostras bem documentadas sobre os muitos grupos étnicos do país (pp. 24-5), que vão desde os *kinh*, dominantes, até as minorias dos planaltos do Norte e Central. As exposições do prédio principal contam com trajes coloridos e elaborados das tribos das montanhas, tecidos estampados, instrumentos musicais, implementos de pesca, ferramentas de trabalho e outros objetos utilitários. As mostras prosseguem pelo amplo terreno, com fascinantes exemplos de moradias das minorias do planalto Central, como casas comunitárias, com telhados quase verticais, e túmulos com entalhes caprichosos. O destaque é a reconstituição de uma casa da minoria tai preta.

O museu também serve de centro de pesquisa sobre os 54 grupos étnicos reconhecidos do Vietnã.

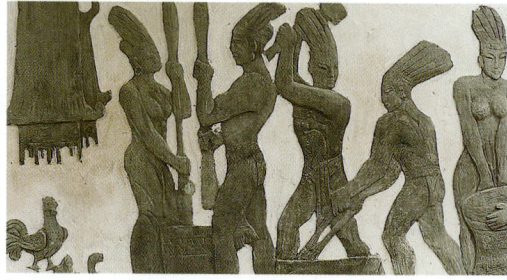

Mural retrata povo da cultura *dong son* na cidadela de Co Loa

Veja hotéis e restaurantes dessa região nas pp. 236-41 e 246-53

Imagem de argila maciça de um guerreiro atrás do altar, no Pagode Thay

❷❹ Pagode Thay

32km a O de Hanói, Província de Ha Tay. ◯ amanhecer-anoitecer diariam. 🌀 🎭 Festival do Pagode Thay (início abr).

Dedicado a Thich Ca, o Buda Sakyamuni, o Chua Thay (Pagode do Mestre) tem o nome de Tu Dao Hanh, monge e mestre em marionetes na água do século XII. O templo é famoso por acolher mais de cem imagens religiosas, incluindo as duas maiores do Vietnã. Feitas de argila e papel machê, cada uma pesa mais de 1 tonelada.

Dentro, à esquerda do altar principal, está uma imagem do mestre; à direita, a do imperador Ly Nhan Tong (reinado 1072-1127), que se acredita ser uma reencarnação de Tu Dao Hanh, e em cujo governo essa casa de orações foi fundada. O pagode também recebe espetáculos de marionetes na água (p. 163) durante seu festival anual, muito concorrido.

❷❺ Pagode Tay Phuong

38km a O de Hanói, Província de Ha Tay. ◯ amanhecer-anoitecer diariam. 🌀

Diz-se que esse pequeno templo no alto de um morro lembra um búfalo. Ele fica a pouca distância do Pagode Thay, a oeste, por isso o nome, que significa Pagode Ocidental. Data do século VIII e é mais conhecido pela impressionante coleção de mais de 70 estátuas finamente esculpidas em madeira de jaqueiras e que representam encarnações de Buda, discípulos de Confúcio e diversos *arhats* (santos budistas) em poses de meditação.

O Pagode Tay Phuong também se diferencia pelos delicados entalhes em madeira de flores e animais míticos, como dragões e fênix. Entre outros itens notáveis do templo estão o grande sino forjado em 1796 e o telhado duplo, com elegantes beirais, decorados com símbolos do sol, da lua e das estrelas.

Estátua de jaqueira, no Pagode Tay Phuong

❷❻ Templos dos Reis Hung

100km a NO de Hanói, Distrito Phong Chau, Província de Phu Tho. Museu: **Tel** (021) 386 0026. ◯ 8h-11h30, 13h-16h diariam. 🎫 no museu. 📷 🎭 Festival dos Templos dos Reis Hung (abr).

Os vietnamitas acreditam que os templos dos reis Hung sejam as primeiras relíquias de sua civilização. Estão localizados no monte Nghia Linh e foram construídos por governantes do reino de Vang Lang entre os séculos VII e III a.C., tornando-se objeto de grande veneração. Escadarias de pedra sobem abruptamente, e atravessam o arvoredo até o templo mais baixo, o **Den Ha**, o templo do meio, o **Den Hung**, e o templo mais alto, o **Den Thuong**, perto do topo do morro.

A área toda está repleta de pagodes, lagos de lótus e pequenos santuários. O mais importante deles é o **Lang Hung** – um santuário minúsculo, com castiçais para velas e incensários, localizado poucos metros abaixo do Den Thuong. Ao que consta, esse é o principal túmulo dos reis Hung, apesar de estar evidente que ele já passou por reformas profundas.

A vista do cume do monte Nghia Linh é espetacular e alcança toda a paisagem rural de Phu Tho.

No sopé do morro há um pequeno **museu**, no qual está exposto um variado acervo que reúne tambores *dong son*, cerâmicas, pontas de flechas e outras relíquias históricas. O festival anual dos reis Hung, em abril, tornou-se um feriado nacional e atrai multidões.

Um dos agradáveis templos dos reis Hung, no meio da vegetação

GUIA DE RUAS DE HANÓI

A majestosa cidade de Hanói divide-se em quatro distritos principais. Com o mesmo nome do encantador lago situado no centro da cidade, o distrito de Hoan Kiem abriga as movimentadas ruelas do Bairro Antigo, enquanto o antigo Bairro Francês da cidade fica no distrito de Hai Ba Tung. Os outros dois dristritos são o Ba Dinh e o Dong Da. O nome das ruas pode ser precedido das palavra *pho* (rua central), *duong* (rua comum) ou *dai lo* (avenida larga). Algumas palavras comuns empregadas no nome das vias foram abreviadas no Guia de Ruas. Por exemplo: Nguyen é Ng e Hang é H. Os símbolos utilizados para atrações e outros itens estão listados na legenda abaixo.

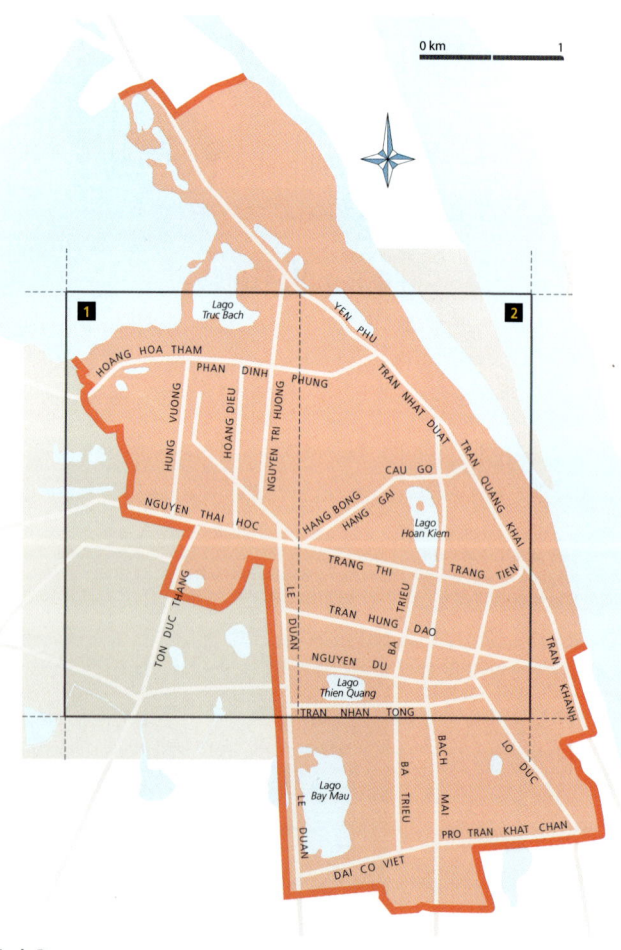

Legenda do Guia de Ruas

- Atração principal
- Outra atração
- Outro edifício
- Estação de trem
- Terminal de ônibus
- Barco de passeio
- Hospital
- Pagode/templo
- Igreja

Escala dos Mapas 1-2

0 m — 250

Índice do Guia de Ruas

A

Au Trieu	2 D3

B

Ba H Thanh Quan	1 B2
Ba Trieu	2 E5
Bac Son	1 C2
Bach Dang	2 F3
Bat Dan	2 D3
Bat Su	2 D2
Bich Cau	1 B4

C

Cam Chi	2 D3
Cao Ba Quat	1 C3
Cao Thang	2 E2
Cat Linh	1 A3
Cau Dong	2 E2
Cau Go	2 E3
Cha Ca	2 E2
Chau Long	1 C1
Cho Kham Thien	1 C5
Chu Van An	1 B3
Chua Mot Cot	1 B2
Chuong Duong	2 F3
Cong Trang	1 C5
Cua Bac	1 C1
Cua Dong	2 D2
Cua Nam	1 C4

D

D. That	2 E2
Da Tuong	2 D4
Dang Dung	1 C1
Dang Tat	1 C1
Dang Thai Than	2 F4
Dang Tran Con	1 B4
Dao Duy Tu	2 E2
Dien Bien Phu	1 C3
Dinh Le	2 E4
Dinh Liet	2 E3
Dinh Tien Hoang	2 E4
Doan Thi Diem	1 B4
Doc Lap	1 B2
Doi Can	1 A2
Dong Cac	1 A5
Dong Xuan	2 E2

G

Gam Cau	2 D2
Gia Ngu	2 E3
Giac	1 C4
Giang Van Minh	1 A3
Giang Vo	1 A3

H

Ha Hoi	2 D5
Ha Trung	2 D3
Hai Ba Trung	2 D4
Ham Long	2 E5
Ham Tu Quan	2 F3
Han Thyen	2 F5
Hang Bac	2 E3
Hang Bai	2 E5
Hang Be	2 E3
Hang Bo	2 D3
Hang Bong	2 D3
Hang Bun	2 D1
Hang Buom	2 E2
Hang Can	2 E2
Hang Chao	1 B3
Hang Chieu	2 E2
Hang Chinh	2 E2
Hang Chuoi	2 F5
Hang Cot	2 D2
Hang Da	2 D3
Hang Dao	2 E3
Hang Dau	2 E3
Hang Dieu	2 D3
Hang Dong	2 D2
Hang Duong	2 E2
Hang Ga	2 D2
Hang Gai	2 D3
Hang Giay	2 E2
Hang Hanh	2 E3
Hang Hom	2 D3
Hang Khoai	2 E2
Hang Luoc	2 D2
Hang Ma	2 D2
Hang Manh	2 D3
Hang Ngang	2 E3
Hang Non	2 D3
Hang Phuc	2 D1
Hang Quat	2 E3
Hang Than	2 D1
Hang Thiec	2 D3
Hang Thung	2 F3
Hang Tre	2 F3
Hang Trong	2 E3
Hang Vai	2 D2
Hang Voi	2 F3
Ho Giam	1 B4
Ho Xuan Huong	2 D5
Hoa Lo	2 D4
Hoang Dieu	1 C2
Hoang Hoa Tham	1 A1
Hoang Van Thu	1 C2
Hoe Nhai	2 D1
Hoi Vu	2 D3
Hung Vuong	1 B2

K

Kham Thien	1 B5
Khay Trang Tien	2 E4
Kim Ma	1 A3

L

La Thanh	1 A5
Lan Ong	2 D2
Le Duan	1 C4
Le Hong Phong	1 B3
Le Lai	2 E4
Le Phung Hieu	2 F4
Le Thach	2 F4
Le Thai To	2 E3
Le Thanh Tong	2 F5
Le Truc	1 B3
Le Van Huu	2 E5
Lien Tri	2D5
Lo Duc	2 F5
Lo Ren Hang	2 D2
Lo Su	2 F3
Luong Ngoc Quyen	2 E2
Luong Van Can	2 E3
Ly Nam De	2 D2
Ly Quoc Su	2 E3
Ly Thai To	2 F4
Ly Thuong Kiet	2 E4
Ly Van Phuc	1 B3

N

N C Nghia	2 E5
Nam Ngu	1 C4
Nghia Dung	2 E1
Ngo 1	1 A3
Ngo 15	1 A2
Ngo 55	1 A2
Ngo 82	1 A3
Ngo 93	1 A2
Ngo Bai	1 A4
Ngo Chua Nam Dong	1 A5
Ngo Hang Bot	1 B3
Ngo Hao Nam	1 A4
Ngo Huy Van	1 B5
Ngo Lenh Cu	1 B5
Ngo Linh Quang	1 C4
Ngo Luong Su	1 C4
Ngo Ngoc Ha	1 A2
Ngo Quan Tho	1 A5
Ngo Quyen	2 E5
Ngo Si Lien	1 C4
Ngo Tat To	1 B4
Ngo Thinh Hao	1 A4
Ngo Tho Quan	1 B5
Ngo Thong Phong	1 B4
Ngo Trai Toc	1 A5
Ngo Tram	2 D3
Ngo Trung Truc	2 D1
Ngo Van Chuong	1 B5
Ngo Van Hoang	1 B4
Ngo Van So	2 E5
Ngoc Ha	1 A2
Nguyen Bieu	1 C1
Nguyen Canh Chan	1 C2
Nguyen Du	2 D5
Nguyen Gia Thieu	2 D5
Nguyen Huu Huan	2 F3
Nguyen Huyen	2 D3
Nguyen Khac Can	2 F4
Nguyen Khac Hieu	1 C1
Nguyen Khac Nhu	2 D1
Nguyen Khiet	2 E2
Nguyen Khuyen	1 C4
Nguyen Nhu Do	1 C4
Nguyen Sieu	2 E2
Nguyen Thai Hoc	1 B3
Nguyen Thien Thuat	2 E2
Nguyen Thuong Hien	1 C5
Nguyen Tri Phuong	1 C2
Nguyen Truong To	2 D1
Nguyen Van To	2 D3
Nha Chung	2 E4
Nha Dau	1 C5
Nha Tho	2 E3

O

Ong Ich Khiem	1 B2

P

Pham Hong Thai	2 D1
Pham Ngo Lao	2 F4
Phan Boi Chau	2 D4
Phan Chu Trinh	2 F5
Phan Dinh Phung	1 C1
Phan Huy Chu	2 F5
Phan Huy Ich	2 D1
Phan Phu Tien	1 B3
Phan Van Tri	1 B4
Phu Doan	2 D3
Phuc Tan	2 E2
Phung Hung	2 D2

Q

Quan Su	2 D4
Quan Thanh	1 C1
Quang Trung	2 D5
Quoc Tu Giam	1 B4

S

Son Tay	1 A3

T

Ta Hien	2 E2
Tang Bat Ho	2 F5
Thanh Bao	1 A3
Thanh Ha	2 E2
Thanh Nien	1 B1
Thanh Thanh	2 D3
Thanh Yen	2 E2
Thien Hung	1 C5
Thien Quang	2 D5
Tho Nhuom	2 D4
Thuoc Bac	2 D2
Thuy Khue	1 B1
Ton Duc Thang	1 B5
Ton That Thiep	1 C3
Tong Dan	2 F4
Tong Duy Tan	2 D3
Tran Binh Trong	2 D5
Tran Hung Dao	2 D4
Tran Nguyen Ha	2 F3
Tran Nhan Tong	2 D5
Tran Nhat Duat	2 E2
Tran Phu	1 B3
Tran Quang Khai	2 F3
Tran Quoc Toan	2 D5
Tran Quy Cap	1 C4
Tran Thanh Tong	2 F5
Tran Xuan Soan	2 E5
Trang Thi	2 D4
Trieu Quoc Dat	2 D4
Trinh Hoai Duc	1 B3
Truc Bach	1 C1
Truong Han Sieu	2 E5
Tuc Mac	1 C4

V

Van Kiep	2 D4
Van Mieu	1 B4
Vong Duc	2 E5
Vu Thach	1 A4

Y

Yen Ninh	2 D1
Yen Phu	2 D1
Yen Thai	2 D3
Yen The	1 C4
Yet Kieu	2 D5

Map of Hanoi

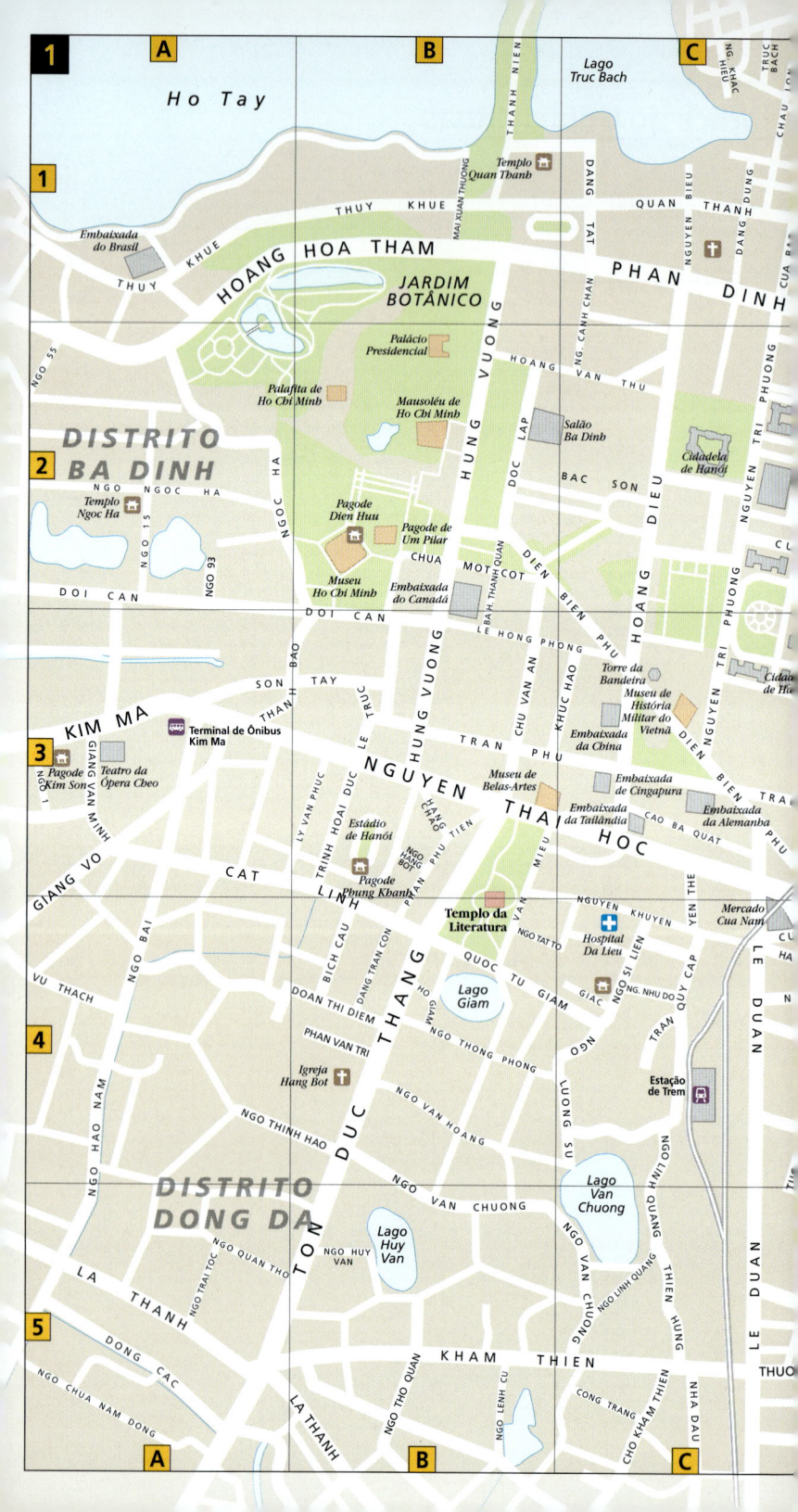

Grid reference: 1 A B C / 2 / 3 / 4 / 5 A B C

Bodies of water
- Ho Tay
- Lago Truc Bach
- Lago Giam
- Lago Van Chuong
- Lago Huy Van

Districts
- **DISTRITO BA DINH**
- **DISTRITO DONG DA**

Points of interest
- Embaixada do Brasil
- Templo Quan Thanh
- JARDIM BOTÂNICO
- Palácio Presidencial
- Palafita de Ho Chi Minh
- Mausoléu de Ho Chi Minh
- Salão Ba Dinh
- Cidadela de Hanói
- Templo Ngoc Ha
- Pagode Dien Huu
- Pagode de Um Pilar
- Museu Ho Chi Minh
- Embaixada do Canadá
- Torre da Bandeira
- Museu de História Militar do Vietnã
- Embaixada da China
- Pagode Kim Son
- Teatro da Ópera Cheo
- Terminal de Ônibus Kim Ma
- Museu de Belas-Artes
- Embaixada de Cingapura
- Embaixada da Tailândia
- Embaixada da Alemanha
- Estádio de Hanói
- Pagode Phung Khanh
- Templo da Literatura
- Mercado Cua Nam
- Hospital Da Lieu
- Igreja Hang Bot
- Estação de Trem

Streets
- THUY KHUE
- MAI XUAN THUONG
- THANH NIEN
- DANG TAT
- QUAN THANH
- NGUYEN BIEU
- DANG DUNG
- NG. KHAC HIEU
- TRUC BACH
- CHAU BA
- PHAN DINH
- HOANG HOA THAM
- NGO 55
- THUY KHUE
- HUNG VUONG
- HOANG VAN THU
- NG. CANH CHAN
- NGUYEN TRI PHUONG
- NGO NGOC HA
- HOANG DIEU
- BAC SON
- NGO 15
- NGO 93
- DOI CAN
- CHUA MOT COT
- BA H THANH QUAN
- DIEN BIEN PHU
- LE HONG PHONG
- HOANG DIEU
- NGUYEN TRI PHUONG
- SON BAO
- THANH TAY
- LE TRUC
- HUNG VUONG
- CHU VAN AN
- KHUC HAO
- DIEN BIEN PHU
- NGUYEN TRI PHUONG
- KIM MA
- GIANG VAN MINH
- NGUYEN THAI HOC
- TRAN PHU
- CAO BA QUAT
- GIANG VO
- LY VAN PHUC
- TRINH HOAI DUC
- HANG CHAO
- NGO BOT
- PHAN PHU TIEN
- VAN MIEU
- NGUYEN KHUYEN
- YEN THE
- LE DUAN
- NGO BAI
- CAT LINH
- BICH CAU
- DANG TRAN CON
- NGO TAT TO
- NGO SI LIEN
- NG. NHU DUY
- QUY CAP
- VU THACH
- NGO HAO NAM
- DOAN THI DIEM
- PHAN VAN TRI
- QUOC TU GIAM
- HO GIAM
- NGO THONG PHONG
- GIAC
- TRAN QUANG
- LINH QUANG
- NGO VAN HOANG
- LUONG SU
- LE DUAN
- NGO THINH HAO
- NGO VAN CHUONG
- NGO HUY VAN
- NGO LINH QUANG
- THIEN HUNG
- LA THANH
- NGO QUAN THO
- NGO TRAI TOC
- CONG TRANG
- CHO KHAM THIEN
- NHA DAU
- DONG CAC
- KHAM THIEN
- NGO CHUA NAM DONG
- NGO THO QUAN
- LA THANH
- NGO LENH CU
- THUO

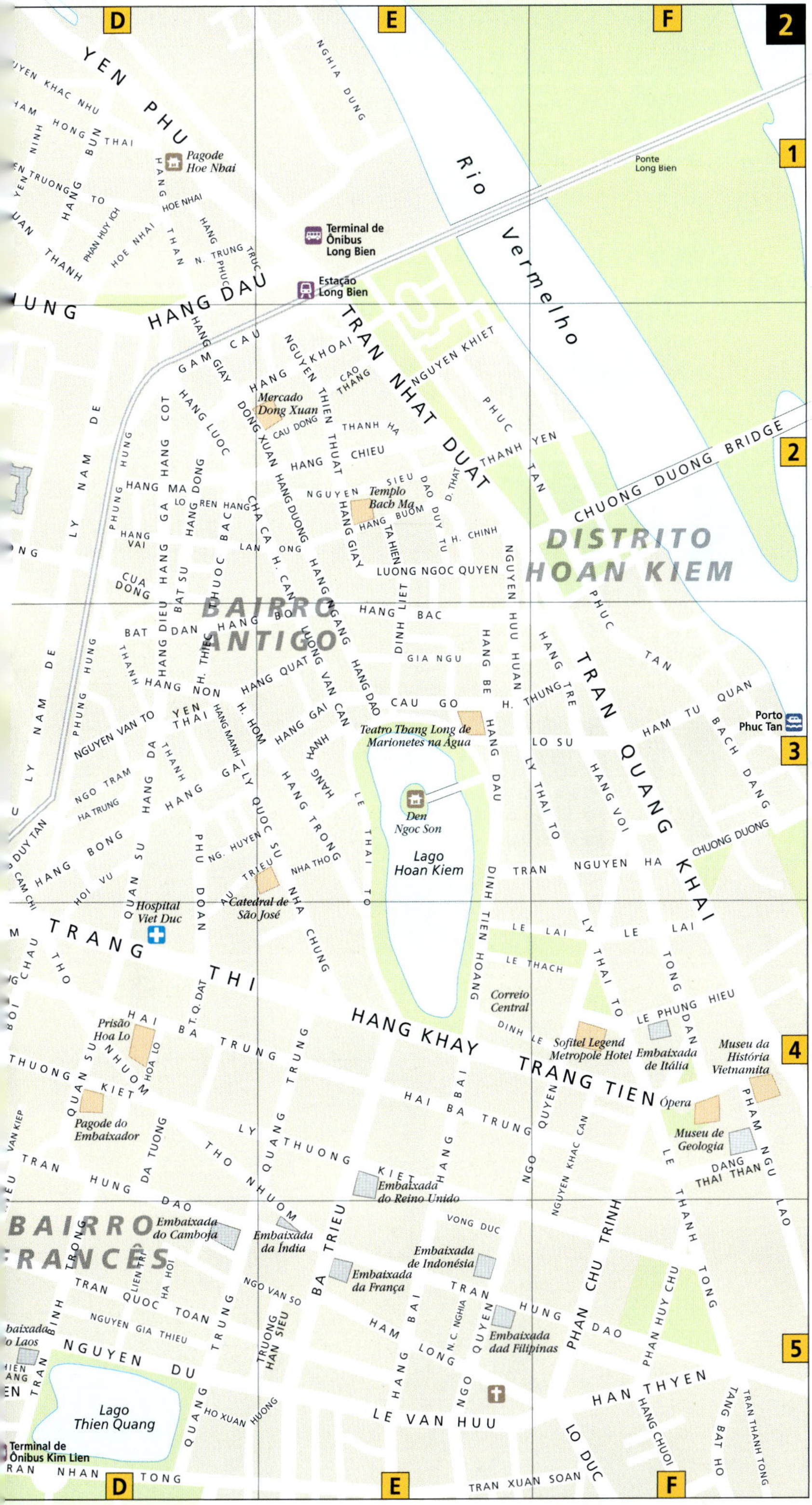

D
E
F
2
1
2
3
4
5
Rio Vermelho
Ponte Long Bien
Terminal de Ônibus Long Bien
Estação Long Bien
Pagode Hoe Nhai
Mercado Dong Xuan
Templo Bach Ma
DISTRITO HOAN KIEM
BAIRRO ANTIGO
Teatro Thang Long de Marionetes na Água
Porto Phuc Tan
Den Ngoc Son
Lago Hoan Kiem
Hospital Viet Duc
Catedral de São José
Correio Central
Prisão Hoa Lo
Sofitel Legend Metropole Hotel
Embaixada de Itália
Museu da História Vietnamita
Ópera
Museu de Geologia
Pagode do Embaixador
Embaixada do Reino Unido
BAIRRO FRANCÊS
Embaixada do Camboja
Embaixada da Índia
Embaixada de Indonésia
Embaixada da França
Embaixada dad Filipinas
Lago Thien Quang
Terminal de Ônibus Kim Lien
YEN PHU
HANG DAU
TRAN NHAT DUAT
CHUONG DUONG BRIDGE
TRAN QUANG KHAI
TRANG THI
HANG KHAY
TRANG TIEN
NGUYEN DU
LE VAN HUU
HAN THYEN
BA TRIEU
PHAN CHU TRINH
LY THUONG KIET
HAI BA TRUNG
TRAN HUNG DAO
DINH TIEN HOANG
LUONG NGOC QUYEN
NGUYEN HUU HUAN
LY THAI TO
LE THAI TO
HANG BAC
HANG GAI
HANG BONG
QUAN SU
PHU DOAN
LY NAM DE
PHUNG HUNG
NGUYEN VAN TO
TRAN XUAN SOAN
LO DUC